高等院校精品课程系列教材

管理学
MANAGEMENT

主编 刘力钢
副主编 王季 韩亮亮

本教材内容全面，囊括了管理学领域的基本知识，涵盖了管理学导论，以及计划、组织、领导、控制和创新五大管理职能，结合管理学领域最新理论研究和实践成果，对本专业知识进行了系统讲解。

本教材适合作为研究型高校、应用型高校的本科生和研究生等各种层次学生群体的管理学类专业的基础教材，也可作为相关人员的参考读物。

图书在版编目（CIP）数据

管理学 / 刘力钢主编 . —北京：机械工业出版社，2023.10
高等院校精品课程系列教材
ISBN 978-7-111-73899-2

Ⅰ. ①管⋯　Ⅱ. ①刘⋯　Ⅲ. ①管理学 – 高等学校 – 教材　Ⅳ. ① C93

中国国家版本馆 CIP 数据核字（2023）第 176661 号

机械工业出版社（北京市百万庄大街22号　邮政编码100037）
策划编辑：张有利　　　　　　　责任编辑：张有利　何　洋
责任校对：王荣庆　刘雅娜　陈立辉　责任印制：李　昂
河北鹏盛贤印刷有限公司印刷
2024 年 1 月第 1 版第 1 次印刷
185mm×260mm・20.5 印张・454 千字
标准书号：ISBN 978-7-111-73899-2
定价：69.00 元

电话服务　　　　　　　　网络服务
客服电话：010-88361066　机　工　官　网：www.cmpbook.com
　　　　　010-88379833　机　工　官　博：weibo.com/cmp1952
　　　　　010-68326294　金　书　网：www.golden-book.com
封底无防伪标均为盗版　机工教育服务网：www.cmpedu.com

前言
PREFACE

本教材是在教育部高等学校工商管理类专业教学指导委员会2020年"高等学校工商管理类专业核心课程金课建设实施研究"项目评审立项的"管理学"课程金课建设项目成果。经过项目团队的努力,完成了项目建设的各项内容,在此基础上编写出了具有一定特色的适合"新商科"建设的管理学教材。该教材也是管理学国家一流本科线下课程建设的阶段性成果。

管理学课程是工商管理一级学科的基础核心课程,该课程奠定了该学科领域中专业及方向的基础。多年来,对于管理学课程教材的结构、内容、案例、授课方式等,不同学者及学校都进行了深入探索,力求能够根据培养对象的特点编写出更符合时代要求以及有针对性的教材。特别是近年来,国家为了进一步加强高等学校的马克思理论研究,巩固马克思主义在意识形态领域的指导地位,实施了一项重大理论创新工程"马克思主义理论研究和建设工程"(以下简称"马工程")项目,这一项目总体规划了高校哲学、人文社会科学重点教材。这一重大工程的实施对提高人才培养质量、教学质量及水平有着重大的历史意义。大学教育是一项复杂系统的工程,在科学技术飞速发展的今天,许多传统的教学理念、教学方式和内容发生了颠覆性的变化。特别是数字化经济时代的到来,大数据、人工智能、区块链、物联网、脑联网和元宇宙等新技术、新概念的出现,对管理理论和管理学教学都提出了新的挑战,颠覆了传统的管理思维逻辑和理论内容。一些理论对现实问题解释乏力,使管理学的内容再次出现新的变化。如何面对这一挑战以适应时代对人才培养的要求,编写出符合时代发展特征的教学用教材,成为教育工作者必须思考的重大课题。管理学教材的选择和使用一直是高等学校工商管理学科课程建设过程中的关键、核心内容,如何在教学中既要坚持"马工程"理论创新工程的要求,实现立德树人"思政教育"的重要目标,又要突出学科人才培养特色,推进一流学科建设,是管理学教学中亟待解决的问题。近些年来,国家在工商管理学科人才培养战略方面提出培养具有"双创"能力和特色的"新商科"工商管理人才的目标和要求,而实现这一目标需要根据不同培养对象形成具有特色的教学方式和教材内容,培养有特色的、社会经济发展需要的人才。

本教材在编写过程中坚持"继承、创新、特色、融合、系统"的原则,力求在满足管理学教材一般规律要求的基础上,结合企业管理中面临的新挑战,提出新思想,整合新理论,突出理论和实践应用的特色，融合相关学科的理论思想，系统性地设计教学内容、方式及讨论的元素。本教材对工商管理学科领域出现的新问题以及环境变化对商业组织发展的挑战，进行了一些理论和方法上的探索，是对现有教材的一个补充。

本教材的编写与一般教材有所不同。首先，通过对国内不同办学层次高等学校的管理学教材使用情况进行了调查，重点调查了教学知识点、教学过程、教学方法应用、教学学时等情况。教材编写过程中，在全国范围内进行了实地调研及问卷调查，调研对象既包括研究型、研究教学型以及教学型高校的管理学课程授课教师，也包括应用型大学该课程的主讲教师；既包括为管理专业学生讲授课程的教师，又包括为非管理专业学生讲授课程的教师；既包括面向本科生讲授课程的教师，又包括面向研究生讲授课程的教师。因此，形成的课程知识点体系囊括了不同类型使用者的需求。其次，考虑到管理学课程的基础性、贯通性及梯度性的特点，教材编写过程中主要以课程知识点体系为核心，兼顾了不同层次、不同对象的不同要求，编写出这本具有信息量大、结构系统、适应性和灵活性较强等特征的模块组合式核心基础课教材。本教材可用于本科生和研究生、管理专业和非管理专业、研究型人才和非研究型人才的教学。任课教师按照教学目的，可以适当选择教材中适合的知识点讲授。

本教材通过6篇、18章、62节的内容构建了管理学内容的框架、逻辑及知识点。其中，第1篇管理学导论包括管理与管理者、管理理论的历史演变、管理环境、企业伦理与企业社会责任等知识点；第2篇管理的计划职能包括决策、计划、战略管理等知识点；第3篇管理的组织职能包括组织设计、群体与团队管理、人员配备等知识点；第4篇管理的领导职能包括领导概论、激励、个体行为、沟通等知识点；第5篇管理的控制职能包括控制工作、危机管理等知识点；第6篇管理的创新职能包括创新概述、创新原理等知识点。本教材还提供了配套的辅助资料，每章都有配套课件以及对应的教学案例、练习题和扩展教学资源。每章都提供了真实的管理实践教学案例，让学生增强对本土企业的了解与认同感。每章内的三级知识点都对应至少3道客观题和1道主观题，习题不低于20道，最多达56道，提供了习题库供任课教师选择。为了扩展教学资源，每章都提供了至少两个"互联网+"形式的数字教学资源供教师上课使用，促进学生对知识点的更好理解。

教材编写的具体分工如下：刘力钢负责全书框架设计，撰写前言与后记；李英撰写第1章；袁铎宁撰写第2、6章；孙薇撰写第3、4章；杨隆华撰写第5、9章；徐业坤撰写第7、12章；韩亮亮撰写第8、11章；邝红艳撰写第10、14章；王楚撰写第13、16章；李雪欣撰写第15章；王季撰写第17、18章。最后，由王季做全书的统稿工作，刘力钢做全书的定稿工作。教材最终能够在机械工业出版社出版，离不开出版社的帮助与支持，离不开编辑们的辛勤付出。本书在写作过程中参考了大量国内外学者的相关研究成果，得到了学术界及企业界同人的大力支持与鼎力相助，在此一并表示感谢。由于认知的角度不同，书中可能有一些问题需要进一步研究和商榷，还望有识之士不吝赐教。

编　者
2023年5月

目 录

前言

第 1 篇　管理学导论

第 1 章　管理与管理者 ⋯⋯⋯⋯⋯ 2
学习目标 ⋯⋯⋯⋯⋯⋯⋯⋯⋯⋯⋯ 2
1.1 管理的内涵 ⋯⋯⋯⋯⋯⋯⋯⋯ 2
　1.1.1 管理活动的形成过程及管理的概念 ⋯⋯⋯⋯⋯⋯⋯⋯⋯⋯ 2
　1.1.2 管理的特性 ⋯⋯⋯⋯⋯⋯ 4
　1.1.3 组织资源及其配置 ⋯⋯⋯ 7
1.2 管理的职能 ⋯⋯⋯⋯⋯⋯⋯⋯ 8
　1.2.1 管理的基本职能 ⋯⋯⋯⋯ 8
　1.2.2 管理职能的分类及相互关系 ⋯ 9
1.3 管理的主体 ⋯⋯⋯⋯⋯⋯⋯⋯ 10
　1.3.1 管理者的含义及分类 ⋯⋯ 10
　1.3.2 管理者的重要性 ⋯⋯⋯⋯ 11
　1.3.3 管理者的角色与技能 ⋯⋯ 12
　1.3.4 管理者的基本工作及时间分配 ⋯⋯⋯⋯⋯⋯⋯⋯⋯⋯ 14
本章小结 ⋯⋯⋯⋯⋯⋯⋯⋯⋯⋯⋯ 15
复习思考 ⋯⋯⋯⋯⋯⋯⋯⋯⋯⋯⋯ 15
本章参考文献 ⋯⋯⋯⋯⋯⋯⋯⋯⋯ 16

第 2 章　管理理论的历史演变 ⋯⋯ 17
学习目标 ⋯⋯⋯⋯⋯⋯⋯⋯⋯⋯⋯ 17
2.1 早期管理思想 ⋯⋯⋯⋯⋯⋯⋯ 17
　2.1.1 中国早期管理思想 ⋯⋯⋯ 17
　2.1.2 西方早期管理思想 ⋯⋯⋯ 21
2.2 古典管理理论 ⋯⋯⋯⋯⋯⋯⋯ 26
　2.2.1 科学管理理论 ⋯⋯⋯⋯⋯ 26
　2.2.2 一般管理理论 ⋯⋯⋯⋯⋯ 27
　2.2.3 行政管理理论 ⋯⋯⋯⋯⋯ 28
2.3 行为科学理论 ⋯⋯⋯⋯⋯⋯⋯ 29
　2.3.1 梅奥及霍桑实验 ⋯⋯⋯⋯ 29
　2.3.2 霍桑实验的结论 ⋯⋯⋯⋯ 29
　2.3.3 行为科学理论及其特点 ⋯ 30
2.4 现代管理理论 ⋯⋯⋯⋯⋯⋯⋯ 31
本章小结 ⋯⋯⋯⋯⋯⋯⋯⋯⋯⋯⋯ 32
复习思考 ⋯⋯⋯⋯⋯⋯⋯⋯⋯⋯⋯ 32
本章参考文献 ⋯⋯⋯⋯⋯⋯⋯⋯⋯ 33

第 3 章　管理环境 ⋯⋯⋯⋯⋯⋯⋯ 34
学习目标 ⋯⋯⋯⋯⋯⋯⋯⋯⋯⋯⋯ 34
3.1 管理外部环境 ⋯⋯⋯⋯⋯⋯⋯ 34

3.1.1 外部环境概述 ………………… 34
3.1.2 外部环境要素及其影响 ………… 35
3.2 管理内部环境 ……………………… 39
3.2.1 内部环境概述 ………………… 39
3.2.2 组织文化 …………………… 41
本章小结 ……………………………… 46
复习思考 ……………………………… 46
本章参考文献 ………………………… 46

第4章 企业伦理与企业社会责任 … 48

学习目标 ……………………………… 48
4.1 企业伦理 …………………………… 48
4.1.1 利益相关者 …………………… 48
4.1.2 企业伦理概述 ………………… 51
4.2 企业社会责任 ……………………… 55
4.2.1 企业社会责任的概念与内涵 …… 55
4.2.2 企业社会责任的理论基础 ……… 57
4.2.3 企业社会责任的发展历程 ……… 59
本章小结 ……………………………… 61
复习思考 ……………………………… 61
本章参考文献 ………………………… 62

第2篇 计　划

第5章 决策 ………………………… 66

学习目标 ……………………………… 66
5.1 决策的概念及其特征 ……………… 66
5.1.1 决策的概念与构成要素 ………… 66
5.1.2 决策的特征 …………………… 67
5.2 决策的类型与过程 ………………… 68
5.2.1 决策的类型 …………………… 68
5.2.2 决策的过程 …………………… 71
5.3 有限理性与决策 …………………… 72
5.3.1 决策中的理性 ………………… 73

5.3.2 决策者的理性限制 ……………… 74
5.3.3 决策的合理性要求 ……………… 75
5.4 决策方法 …………………………… 76
5.4.1 有关活动方向的决策方法 ……… 76
5.4.2 有关活动方案的决策方法 ……… 78
本章小结 ……………………………… 83
复习思考 ……………………………… 84
本章参考文献 ………………………… 84

第6章 计划 ………………………… 85

学习目标 ……………………………… 85
6.1 计划的概念与性质 ………………… 85
6.1.1 计划的概念 …………………… 85
6.1.2 计划的性质 …………………… 86
6.2 计划的类型与作用 ………………… 87
6.2.1 计划的类型 …………………… 87
6.2.2 计划的作用 …………………… 90
6.3 计划的编制原理与过程 …………… 90
6.3.1 计划的编制原理 ……………… 90
6.3.2 计划的编制过程 ……………… 91
6.4 计划的实施方法 …………………… 93
6.4.1 目标管理 ……………………… 93
6.4.2 滚动计划法 …………………… 94
6.4.3 网络计划法 …………………… 95
本章小结 ……………………………… 98
复习思考 ……………………………… 98
本章参考文献 ………………………… 98

第7章 战略管理 …………………… 99

学习目标 ……………………………… 99
7.1 战略管理概述 ……………………… 99
7.1.1 战略的概念 …………………… 99
7.1.2 战略管理的概念 ……………… 100
7.1.3 战略管理过程 ………………… 100

7.1.4 战略层次 …………………………… 101
7.2 战略分析 ………………………………… 102
　7.2.1 愿景、使命与战略目标 ………… 102
　7.2.2 外部环境分析 …………………… 103
　7.2.3 资源和能力分析 ………………… 105
7.3 战略制定 ………………………………… 106
　7.3.1 通用竞争战略 …………………… 106
　7.3.2 多元化战略 ……………………… 109
　7.3.3 并购重组战略 …………………… 110
　7.3.4 国际化战略 ……………………… 112
7.4 战略实施与评价 ………………………… 114
　7.4.1 战略实施 ………………………… 114
　7.4.2 战略评价 ………………………… 115
7.5 当代战略管理 …………………………… 116
　7.5.1 战略柔性 ………………………… 116
　7.5.2 战略联盟 ………………………… 117
　7.5.3 电子商务战略 …………………… 118
本章小结 ……………………………………… 119
复习思考 ……………………………………… 119
本章参考文献 ………………………………… 119

第3篇　组　织

第8章　组织设计 …………………………… 122
学习目标 ……………………………………… 122
8.1 组织设计概述 …………………………… 122
　8.1.1 组织设计的目的 ………………… 122
　8.1.2 组织设计的原则和内容 ………… 123
　8.1.3 组织设计的影响因素 …………… 125
8.2 组织部门化 ……………………………… 130
　8.2.1 部门划分 ………………………… 130
　8.2.2 组织部门化的基本原则 ………… 131
　8.2.3 组织部门化的方法 ……………… 131
8.3 组织层级化 ……………………………… 136
　8.3.1 组织层级化与管理幅度 ………… 136
　8.3.2 组织层级化与集权和分权 ……… 138
　8.3.3 组织层级设计中的授权 ………… 141
本章小结 ……………………………………… 144
复习思考 ……………………………………… 144
本章参考文献 ………………………………… 144

第9章　群体与团队管理 …………………… 145
学习目标 ……………………………………… 145
9.1 群体与群体行为 ………………………… 145
　9.1.1 群体概述 ………………………… 145
　9.1.2 理解群体行为 …………………… 147
　9.1.3 群体的发展 ……………………… 148
9.2 工作团队 ………………………………… 148
　9.2.1 工作团队与工作群体的区别 …… 148
　9.2.2 工作团队的类型 ………………… 148
9.3 高效团队的特征 ………………………… 150
　9.3.1 内生性特征 ……………………… 150
　9.3.2 外生性特征 ……………………… 151
9.4 群体动力与高绩效管理 ………………… 152
　9.4.1 群体规模、任务和角色 ………… 152
　9.4.2 群体领导 ………………………… 153
　9.4.3 群体规范 ………………………… 154
　9.4.4 群体凝聚力 ……………………… 155
本章小结 ……………………………………… 156
复习思考 ……………………………………… 156
本章参考文献 ………………………………… 156

第10章　人员配备 ………………………… 157
学习目标 ……………………………………… 157
10.1 人员配备概述 ………………………… 157
　10.1.1 人员配备原则 ………………… 157
　10.1.2 人员配备规划 ………………… 158
10.2 人员招聘与录用 ……………………… 159
　10.2.1 人员招聘 ……………………… 159

10.2.2 人员甄选 …………………… 161
10.2.3 人员录用 …………………… 162
10.3 人员培训与发展 ………………… 163
10.3.1 人员培训 …………………… 163
10.3.2 职业发展管理 ……………… 164
10.4 人员绩效评估 …………………… 165
10.4.1 绩效评估的含义与功能 …… 165
10.4.2 绩效评估的内容与过程 …… 166
本章小结 ………………………………… 167
复习思考 ………………………………… 168
本章参考文献 …………………………… 168

第4篇 领 导

第11章 领导概论 ……………………… 170
学习目标 ………………………………… 170
11.1 领导的内涵 ……………………… 170
11.1.1 领导与管理 ………………… 170
11.1.2 领导的作用 ………………… 171
11.1.3 领导权力的来源 …………… 171
11.2 领导风格类型 …………………… 174
11.2.1 按创新方式划分 …………… 175
11.2.2 按思维方式划分 …………… 178
11.2.3 按权力运用方式划分 ……… 179
11.3 领导理论 ………………………… 179
11.3.1 领导特质论 ………………… 179
11.3.2 领导行为论 ………………… 180
11.3.3 领导情景论 ………………… 183
本章小结 ………………………………… 188
复习思考 ………………………………… 189
本章参考文献 …………………………… 189

第12章 激励 ……………………………… 190
学习目标 ………………………………… 190
12.1 激励概述 ………………………… 190
12.1.1 需要、动机和行为 ………… 190
12.1.2 激励的类型、原则和作用 … 191
12.1.3 激励过程 …………………… 193
12.2 激励理论 ………………………… 193
12.2.1 内容型激励理论 …………… 193
12.2.2 过程型激励理论 …………… 198
12.2.3 综合激励理论 ……………… 201
12.3 激励实务 ………………………… 202
12.3.1 激励的一般形式 …………… 202
12.3.2 激励独特的员工群体 ……… 204
12.3.3 设计恰当的薪酬体系 ……… 206
本章小结 ………………………………… 208
复习思考 ………………………………… 208
本章参考文献 …………………………… 208

第13章 个体行为 ……………………… 209
学习目标 ………………………………… 209
13.1 态度与绩效 ……………………… 209
13.1.1 态度概述 …………………… 209
13.1.2 工作中的态度及其影响 …… 211
13.1.3 认识员工态度的方法 ……… 215
13.2 个性与情绪 ……………………… 216
13.2.1 个性概述 …………………… 216
13.2.2 个性特质的划分 …………… 217
13.2.3 情绪和情绪智力 …………… 222
13.3 感知与归因 ……………………… 225
13.3.1 感知概述 …………………… 225
13.3.2 感知的捷径 ………………… 226
13.3.3 归因理论 …………………… 228
本章小结 ………………………………… 230
复习思考 ………………………………… 231
本章参考文献 …………………………… 231

第 14 章 沟通 ... 232
学习目标 ... 232
14.1 沟通要素与功能 ... 232
14.1.1 沟通内涵与外延 ... 232
14.1.2 沟通要素 ... 233
14.1.3 沟通功能 ... 235
14.2 沟通方式 ... 235
14.2.1 人际沟通 ... 235
14.2.2 组织沟通 ... 236
14.3 沟通障碍 ... 240
14.3.1 有效沟通的标准 ... 240
14.3.2 有效沟通的障碍 ... 240
14.3.3 克服沟通障碍的策略 ... 242
本章小结 ... 242
复习思考 ... 243
本章参考文献 ... 243

第 5 篇 控 制

第 15 章 控制工作 ... 246
学习目标 ... 246
15.1 控制的内涵与类型 ... 246
15.1.1 控制的内涵 ... 246
15.1.2 控制的类型 ... 248
15.2 控制的重点对象和过程 ... 252
15.2.1 控制的重点对象 ... 252
15.2.2 控制的过程 ... 254
15.3 不同管理领域中的管理控制 ... 259
15.3.1 财务控制 ... 260
15.3.2 预算控制 ... 262
15.3.3 产品质量控制 ... 264
15.3.4 物流控制 ... 266
本章小结 ... 270
复习思考 ... 270

本章参考文献 ... 270

第 16 章 危机管理 ... 271
学习目标 ... 271
16.1 危机和危机管理概述 ... 271
16.1.1 危机概述 ... 271
16.1.2 危机管理概述 ... 274
16.2 危机预防 ... 277
16.2.1 危机预警体系 ... 277
16.2.2 危机管理计划 ... 279
16.3 危机处理 ... 282
16.3.1 危机处理的原则 ... 282
16.3.2 危机处理的内容 ... 283
16.4 危机恢复 ... 285
16.4.1 危机恢复的目标 ... 285
16.4.2 危机恢复的任务 ... 287
本章小结 ... 289
复习思考 ... 289
本章参考文献 ... 289

第 6 篇 创 新

第 17 章 创新概述 ... 292
学习目标 ... 292
17.1 创新的内涵 ... 292
17.2 创新的特征 ... 293
17.3 创新的价值 ... 294
17.4 创新的原则 ... 296
17.5 创新的分类 ... 297
本章小结 ... 299
复习思考 ... 299
本章参考文献 ... 299

第 18 章 创新原理 ... 301
学习目标 ... 301

18.1 创新的基本内容 …………………… 301
　18.1.1 战略创新 …………………… 301
　18.1.2 技术创新 …………………… 302
　18.1.3 组织创新 …………………… 303
　18.1.4 环境创新 …………………… 305
18.2 创新的过程 …………………… 305
　18.2.1 寻找机会 …………………… 306
　18.2.2 提出构想 …………………… 307
　18.2.3 迅速行动 …………………… 307
　18.2.4 忍耐坚持 …………………… 307
18.3 创新的激发 …………………… 307

18.3.1 结构因素 …………………… 308
18.3.2 文化因素 …………………… 309
18.3.3 人力资源因素 …………………… 309
18.4 新时代的创新 …………………… 309
　18.4.1 基于数字思维的创新 …………………… 309
　18.4.2 开展有责任的创新 …………………… 310
本章小结 …………………… 312
复习思考 …………………… 312
本章参考文献 …………………… 313

后记 …………………… 314

第1篇
PART 1

管理学导论

第 1 章　管理与管理者
第 2 章　管理理论的历史演变
第 3 章　管理环境
第 4 章　企业伦理与企业社会责任

第 1 章
CHAPTER 1

管理与管理者

学习目标

学习完本章后,你应该能够:
- 认识到管理的重要性。
- 掌握管理的内涵和管理的职能。
- 了解管理的特性、管理者的分类和管理者的技能。

1.1 管理的内涵

1.1.1 管理活动的形成过程及管理的概念

1. 管理活动的形成过程

管理活动自古有之,它起源于人类的共同劳动,是人类各项活动中最重要的活动之一。但把管理作为一门学科进行系统的研究,只是最近一二百年的事情。管理是管理者所从事的活动,管理者的工作就是在组织中开展管理活动,这使得管理者与操作者截然不同,管理活动与作业活动也截然不同。

1)管理活动是在特定组织、特定环境下的活动。组织是管理活动的载体,组织成员之间通过分工与合作形成上下级关系,组织是经由分工与合作以及明确不同管理层次的权力和责任制度而构成的人的集合,离开了组织,就不可能存在管理活动。

2)管理活动是有目的的活动。那么管理活动的目的是什么呢?显然这与管理者所要达到的目标相关,这一目标就是组织的目标。所以,管理活动的目的就是组织目标。

3)实现组织目标需要组织成员的共同努力,所以从本质上讲,管理活动就是组织成员通过共同努力实现组织目标的动态过程。

4）组织目标的实现还需要其他条件，那就是资源。实现组织目标是需要资源的，但世界上的资源是有限的，因此，管理活动所追求的不仅是实现组织目标，而且是以尽可能少的投入尽快实现组织目标。

管理活动的形成应具备三个基本条件：①要有管理的主体（管理者），即要确定由谁来进行管理。②要有管理的客体（管理对象），即要明确对什么进行管理。对于企业来说，管理对象包括人、财、物、信息和时间等。③要有管理的目的（既定目标），即要明确为什么要管理，概括来说就是高效率地获得经济效益和社会效益。当然，要进行有效的管理活动，一定要根据所处的环境和条件采取相应的管理方法，开展计划、组织、领导和控制等具体工作。管理活动的形成过程如图 1-1 所示。

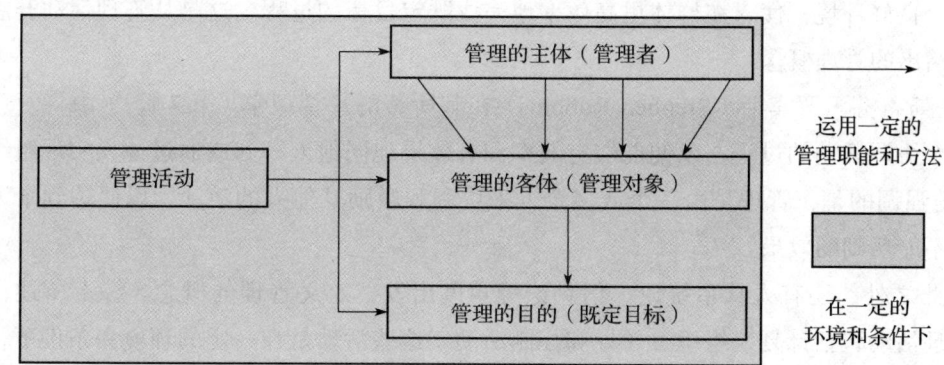

图 1-1　管理活动的形成过程

2. 管理的概念

管理的范围很广，大到一个企业、一个国家的管理，小到一个家庭以及个人的管理。管理是现实世界中普遍存在的现象。那么，究竟什么是管理呢？从字面上讲，"管理"就是管辖、处理。人们对"管理"一词本身也有不同的理解。本段列举两种不甚规范但耐人寻味的解释：一种解释是"管理就是你不管，下属就不理你"；另一种解释是"管理就是先理（梳理）然后才能管"。这两种解释都片面地强调了管理工作的控制职能，只是思考和表达的角度不同，但并不能严格表达出管理的完整含义。由于管理活动的广泛性和对管理活动研究的出发点及视角不同，对管理的理解也就不尽相同。在经济管理学家看来，管理是生产运转的一个条件，没有管理就没有生产。因为管理出高产、管理出质量、管理出效率所以在现代社会，管理和科学技术一样被视作重要的生产力。在社会学家看来，管理是一种职权系统。最初，管理是由少数上层人物来决定普通成员的行动，后来，一些管理部门施行家长式的管理，再后来便出现了规章制度管理。对管理概念的各种不同认识源于从不同的侧面来揭示管理的含义，或者揭示管理某一方面的属性。

在管理学发展过程中，关于管理的概念至今没有统一的定义。这里介绍比较具有代表性的五种概念。

1）科学管理创始人弗雷德里克·泰勒（Frederick Taylor）认为，管理就是"确切知道要别人干些什么，并使他们用最好、最经济的方法去干"。泰勒从学徒工一直干到总工，具有丰富的管理工作实践经验，这是从现场生产工作效率的角度给出的管理概念。

2）决策理论学派代表人物赫伯特·西蒙（Herbert Simon）认为，管理就是决策，决策贯穿于管理的全过程。也就是说，在管理过程中，每个职能要发挥作用，都离不开决策。这是从决策重要性的角度给出的管理概念。

3）经营管理理论创始人亨利·法约尔（Henri Fayol）认为，管理就是实行计划、组织、指挥、协调和控制。法约尔长期担任大公司的总经理，因此能够从全局的角度将管理工作加以概括，总结为计划、组织、指挥、协调和控制五大职能。这是第一次完整地进行管理职能的划分。

4）当代管理过程学派代表人物哈罗德·孔茨（Harold Koontz）认为，管理就是设计并保持一个良好环境，使人在群体里高效率地完成既定目标的过程。这是从管理活动开展过程的角度给出的管理概念。

5）斯蒂芬·罗宾斯（Stephen Robbins）在其所著的《管理学（第7版）》中将管理定义为"一个协调活动的过程，以便能够有效率和有效果地同他人一起或通过他人实现组织的目标"。他强调的是，管理是由一个或多个人来协调和激励其他人的活动，以便达到个人单独活动所不能达到的效果。

除此之外，还有人从系统论、信息论等角度出发，定义管理的概念。综上所述，本书认为管理活动包括计划、组织、领导和控制活动，这些活动是在一定的环境和条件下，为了实现组织既定目标而开展的。因此，本书将管理定义为：在特定的环境下，为了实现组织目标，对组织所拥有的资源进行有效的计划、组织、领导和控制的过程。

1.1.2 管理的特性

为了更好地掌握管理的内涵，需要进一步探究管理的特性，即管理的组织性与协调性、自然属性与社会属性、效率与效果、科学性与艺术性。

1. 管理的组织性与协调性

若人们组成一个集体去实现共同目标，就必须在这个集体中进行管理，目的是协调集体中每个成员的活动。这个集体是由两个或两个以上的人组成的，为了实现一个共同的目标，就必须在他们之间进行分工，在分工的基础上通过相互协作实现既定目标。这个集体被称为组织。因此，组织是一种由人组成的、具有明确目的和系统性结构的实体。

美国国际商业机器公司（IBM）创始人托马斯·沃森（Thomas Watson）曾经用一个故事生动地说明了管理在社会生活中具有的协调作用。一个男孩儿在穿一条新裤子时，发现裤子有些长，于是他请奶奶帮忙把裤子剪短一些。可奶奶说她现在还有一堆家务活要干，让他去找妈妈。而妈妈告诉他，她已经约好要去打桥牌，让他去找姐姐。可是姐姐告诉他，她要赶去约会。男孩儿认为第二天将穿不上这条新裤子了，非常失望地入睡了。奶奶忙完了家务活，想起了孙子的裤子，拿起剪刀把裤子剪短了一些；妈妈打完桥牌回到家后，也把裤子剪短了一截；姐姐约会回来，同样又把裤子剪短了一些。第二天，男孩儿发现自己喜欢的长裤已经变成了短裤。这就是家庭生活中缺乏协调的结果。美国管理学家詹姆斯·D. 穆尼（James D. Mooney）认为，管理工作必须协调分工。他举例"某个物体太重太大，一个人搬不动，两个人联合起来就能搬动"来说明，两个人必须以某种方式来协调共同的努力，必须同时举起这个物体，往两个人商定的方向搬动，又必须同时将这个物体放在两个人商定的地方。这个例子包含了管理工作中的所有因素：共同商定的地方相当于管理工作要收到的效果，举起、搬动、放下物体则相当于为收到效果而进行的各种活动，所做的事都需要通过协作才能达到理想的工作成效。协作的形成过程如图1-2所示。

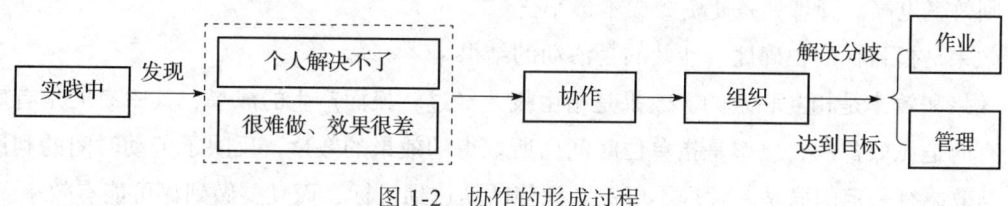

图1-2　协作的形成过程

2. 管理的自然属性与社会属性

管理具有二重性。马克思首先在《资本论》中提出了管理二重性，即管理的自然属性和社会属性。一方面，管理是许多人进行协作劳动而产生的，是有效组织共同劳动所必需的。这种指挥劳动具有同生产力和社会化大生产相联系的自然属性，该自然属性不以人的意志为转移，也不因社会制度意识形态的不同而有所改变，完全是一种客观存在。另一方面，管理又体现着生产资料所有者监督劳动的意志。从这方面来讲，管理是为生产资料所有者服务的。因此，它又有同生产关系和社会制度相联系的社会属性。管理的二重性是马克思主义关于管理问题的基本观点，它反映出管理的必要性和目的性。

管理二重性的相互联系、相互制约体现在以下两个方面：一方面，管理的自然属性不可能孤立存在，它总是在一定的社会形式、社会生产关系下发挥作用，同时，管理的社会属性也不可能脱离其自然属性而存在，否则，管理的社会属性就成为没有内容的形式；另一方面，两者又是相互制约的，管理的自然属性要求具有一定社会属性的组织形式和生产关系与其相适应，同时，管理的社会属性也必然对管理的方法和技术产生影响。

马克思主义观点认为，资本主义企业管理的社会属性具有剥削性和资本的独裁性。半个多世纪以来，各国政府都致力于本国经济的发展和人民生活的改善，世界的面貌发生了巨大的改变，企业管理的社会属性已经多元化。世界在变化，企业在变化，马克思、恩格斯曾经剖析过的企业已大不相同。西方发达国家实施政府干预的经济政策，促进经济的繁荣，制定相应的法律法规，保护消费者的利益和社会生态环境，避免竞争的盲目性和破坏性，普遍出现了一个中产阶层。随着科学技术的发展和经济的全球化，市场规模扩大后，企业可以获得更多的利润去分配，普通职工富裕起来，阶级的对抗性逐渐淡化。但是，从本质上讲，资本的剥削性和独裁性仍然存在。

正确认识管理二重性具有重要意义：既要学习、引进国外有益的管理理论、技术和方法，又要结合我国的实际情况。应该正确地评价资本主义的管理理论、技术和方法，取其精华，去其糟粕，洋为中用，博采众长，使其成为我国管理理论体系的有机组成部分。

3. 管理的效率与效果

管理的效率（Efficiency）和效果（Effectiveness）是指正确地做事和做正确的事。

效率是指输入和输出的关系，管理效率是产出与实现目标的投入之比，涉及的是活动的方式。在投入一定的情况下，产出越多，则效率越高；如果投入较少，能够获得较多的产出，则效率也高。管理就是使资源成本最小化。

效果是指目标的正确性，涉及的是活动的结果。

效果和效率是相互联系的。效果是指由投入经过转换而产生的成果，其中有的是有效益的，有的是无效益的；效率是指单位时间内所取得的效果的数量，反映了劳动时间的利用状况，与效益有一定的联系。管理不仅关系到使活动达到目标，而且要做到尽可能有效率。

是否存在有效率但是无效果的管理活动呢？在给出答案之前，先分析下面的故事。

有一天动物园管理员发现袋鼠从笼子里跑出来了，于是开会讨论，一致认为是笼子的高度过低导致的。所以他们决定将笼子的高度在很短的时间内由原来的10m加高到20m。结果，第二天他们发现袋鼠还是跑到外面来了，所以又决定再将笼子的高度加高到30m。

又过了一天，袋鼠还是全跑到笼子外面去了。管理员大为紧张，于是决定一不做二不休，将笼子的高度加高到50m。

一天，长颈鹿和几只袋鼠在闲聊："你们说，这些人会不会再继续加高你们的笼子？"

"很难说，"袋鼠说，"如果他们再继续忘记关门的话！"

这个故事生动地说明一个组织高效率地干了一件错误的事。效果与效率相比较而言，做正确的事比正确地做事更重要。

4. 管理的科学性与艺术性

管理的科学性是指管理活动虽然千差万别，但仍存在着可供遵循的基本原理和一般方法，且已经形成了比较系统的管理理论体系，揭示了一系列具有普遍意义的管理规律和管理原则。管理的科学性还要求管理者在从事管理工作时要高度规范化，克服靠经验办事的习惯，杜绝凭主观愿望和碰运气的做法。同时，管理又是一门艺术，要实现管理仅仅依靠理论的指导是不够的，还需要根据所处的环境和条件开展创造性的劳动。管理的艺术性要求在管理实践中发挥人的积极性、主动性和创造性，灵活地把管理知识与具体的管理活动结合起来，这样才能获得满意的管理效果。管理之所以具有艺术性，主要是因为在管理过程中存在很多不确定因素，包括突发性、偶然性的因素，这些因素复杂多变，单靠管理理论和方法不能够进行有效的管理。人们常说，企业家是干出来的，不是教出来的。企业家不仅要掌握一定的管理知识，更要具有随机应变的能力，在充分了解实际情况的基础上，善于总结经验，善于理论联系实际，能够在合适的时机、合适的场合运用合适的管理方法进行成功的管理。

管理的艺术性并不排斥管理的科学性。管理理论是管理实践的概括和总结，具有较高的原则性和普遍意义，而每一项管理活动都具有一定的特殊性，这就要求在管理过程中创造性地应用管理理论。前面提到的"企业家是干出来的，不是教出来的"这句话说明"只学不干"不能成为企业家，而"只干不学"同样也不可能成为企业家。有人可能会反驳说，某些文化素质不高的人在创业阶段抓住商机也能获得成功。这种情况的确存在，但一般只有在资本积累的初级阶段才会发生，如果企业走上正轨，仍没有进行系统化管理，那么这种成功注定不会走得很远。没有理论指导的实践是盲目的实践，盲目的实践最终是要失败的。管理的艺术性要求管理者既要注重管理理论的学习，又要重视因地制宜地灵活运用管理理论，这是进行成功管理的一项重要保证。

1.1.3 组织资源及其配置

任何组织的活动都离不开一定资源的投入。组织所拥有的资源不仅在客观上是有限的，而且管理者在主观上对这些资源的开发和利用能力也是有限的。为了实现组织的目标，一个组织不仅要拥有更多的资源，而且要高效率地实现对资源的有效配置。

1. 组织的资源种类

人"生而有欲"，人的欲望是无限的，而资源是有限的，不仅每个人拥有的资金、时间、知识、能力有限，而且每个组织拥有的资源同样是有限的。组织资源包括技术资源、人力资源、资金资源、物质资源、信息资源、客户资源等。在不同类型的组织中，上述资源所发挥的作用不尽相同。例如，技术资源在高新技术企业中的作用要远远高于非营利组织。但是，无论在什么类型的组织中，最宝贵的资源都是人力资源，即那些为实现组织目标而做出贡献的员工；最为短缺、最有限的资源应该是资金资源，它是组织开展活动的基础。管理的任务在于通过有效地配置人、财、物等资源来实现组织的目标，而要有效地配置这些资源，就需要充分利用反映这些资源情况的信息来开展管理活动，因而信息越来越受到管理者的重视。对于处于激烈竞争环境的企业来说，信息资源已经成为企业最重要的战略资源。同时，客户资源是企业利润的源泉，客户关系的维护也有助于企业高效地获取其他各类资源。

2. 资源配置与效率实现

由于组织各项活动的开展都离不开资源的投入，而组织所拥有的资源是有限的，对有限的资源进行配置的效率将直接影响组织目标的实现。为了提高资源的配置效率，管理者需要运用科学的管理方法开展管理活动，即在一定的环境下，管理者运用科学的管理方法来提高人力资源和其他资源的利用率，从而以有限的资源实现尽可能多（或高）的目标。高效率地配置组织资源，需要组织员工的有效参与。对于企业来说，将员工个人利益与企业利益联系在一起，可以使员工为了共同的目标而自觉努力奋斗，从而获得更高的工作效率。

1.2 管理的职能

1.2.1 管理的基本职能

管理是一个过程，是由一系列互相联系的、连续进行的工作活动构成的。我们将管理过程中所必需的活动或工作归结为计划、组织、领导和控制四个基本方面的活动，并将其称为管理的基本职能，即计划职能、组织职能、领导职能和控制职能。

1. 计划职能

计划职能就是对未来要开展的活动进行的预先筹划。首先对组织环境进行分析和预测，然后根据预测的结果确定目标，制定各种方针、政策并确定行动方案，做出日常计划，以保证组织目标的实现。任何管理活动都是从计划开始的，因此，计划是管理的首要职能。正确发挥计划职能的作用，使组织及时对各项生产经营活动做出统筹安排，不仅有利于组织正确地把握未来，而且有利于组织活动适应环境的变化。

2. 组织职能

一个组织至少是由两个人组成的，这就涉及工作分工及协作的问题。随着组织规模扩大，会出现许多小企业没有的难题，如人员增加、组织层次增多带来的信息传递迟缓和失真问题。无论组织规模大小，都要解决分工与协作、人力资源管理和企业文化等复杂的组织管理方面的问题。为了使组织成员能够共同工作以实现组织目标，管理者需要创建一个有助于实现组织目标的工作关系结构，即设计组织结构。在此基础上，明确组织部门及人员职责、组织运行与变革等活动。以上这些活动过程就是组织职能。组织职能具体包括决定组织要完成任务的具体实施方式，部门及管理层次的划分，明确职责权限，组织成员的选择和配备，以及企业文化建设等。

3. 领导职能

领导是指管理者利用组织所赋予的职权和自身拥有的个人影响力，去指挥、影响、激励组织成员为实现组织目标而努力工作的一门艺术性很强的管理活动。科学的领导在管理职能中变得日益重要。领导职能主要涉及组织活动中人的问题，具体包括：通过激励下属来调动他们的工作积极性；指导下属的活动；选择最有效的沟通渠道，解决组织成员之间的冲突；保证各单位、各部门之间的信息渠道畅通无阻等。对于企业这种类型的组织来说，领导职能涵盖的范围非常广泛，主要包括履行企业的职能、维持和提高企业的经营能力、构建管理框架体系并培育企业文化、协调外部关系和联结上级集团等。对企业管理实践活动的研究表明，卓越的领导是企业获得成功的重要条件之一，领导的平庸无能则是断送企业发展前途的致命因素。

4. 控制职能

为了保证组织各部门、各环节按预定的计划要求去实现组织目标，需要监视各项活动以保证它们按组织计划进行并纠正各种重要偏差，这个过程就是控制职能。控制职能是与计划职能紧密相关的，具体包括：制定各种控制标准；检查工作是否按计划进行，是否符合既定的标准；若工作发生偏差，要及时发出信号，然后分析偏差产生的原因，纠正偏差或制订新的计划，以确保组织目标的实现。

在管理的四个基本职能中，计划、组织和控制职能更加强调管理者的职责、程序化管理工作和规范性，注重管理的科学性；领导职能更加强调领导者的影响力、非程序化管理工作，注重管理的艺术性。

1.2.2 管理职能的分类及相互关系

最早对管理的具体职能加以概括和系统论述的是经营管理理论创始人法约尔。法约尔提出计划、组织、指挥、协调和控制五种职能，在此基础上，有人增加了筹集资源这项功能而提出管理六种职能，也有人增加了人事和通信这两项功能而提出管理七种职能，还有人将其概括为计划、组织、控制三种职能以及计划、组织、控制和激励四种职能。计划、组织和控制是各管理学派公认的管理职能，鉴于在现代管理中领导的作用日益突出，这里将管理的基本职能划分为计划、组织、领导和控制。这四项基本职能均离不开创新的作用。创新在管理上的本质是创造更有效的资源整合范式，主要内容包括对主要管理要素的创新与创新的管理方式、方法。各项管理职能的相互关系如图 1-3 所示。

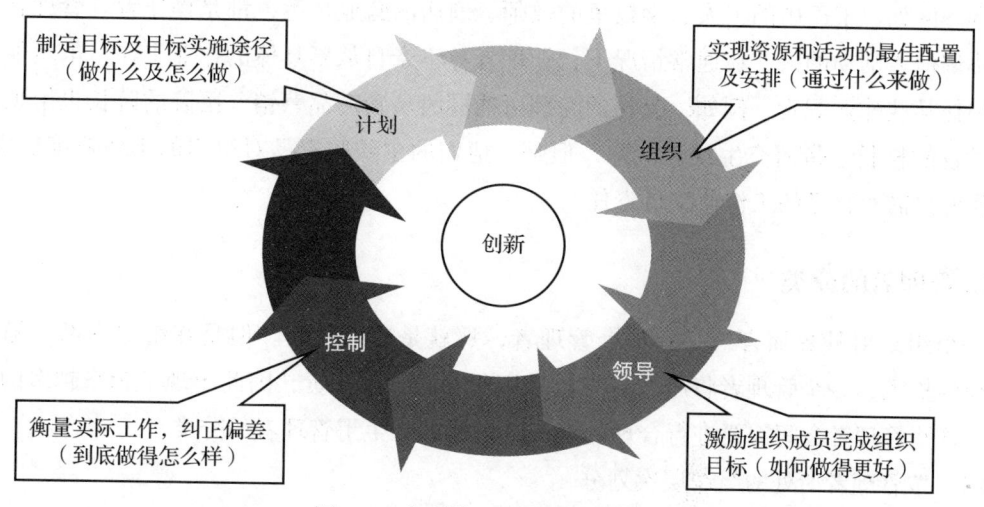

图 1-3　各项管理职能的相互关系

每一项管理工作一般都是从计划开始的，经过组织、领导到控制结束。各项职能之间同时相互交叉渗透，控制的结果可能又导致新的计划，又开始一轮新的管理循环。如此循环，把工作不断推向前。创新在这个管理循环中处于轴心的地位。

1.3 管理的主体

1.3.1 管理者的含义及分类

1. 管理者的含义

传统观点认为，管理者是对他人工作负有责任的人，或者是在组织中从事指挥他人工作的人员，也就是说，管理者有权命令下属。传统的管理者定义以正式职位和职权作为判断标准，定义范围过窄。在当今的组织中，那些以自己的专业知识对组织的发展、盈利能力及经营状况产生很大影响的人都是对组织做出贡献的人，也应该属于管理者范畴。当然，并非所有的专业人员都是管理者。经验主义学派的代表人物彼得·德鲁克（Peter Drucker）在《管理：任务、责任和实践》一文中指出，管理人员的责任在于要对本身的管理工作负责，对企业的经营成果负责。从广义上讲，管理者泛指所有执行管理职能，并对组织目标实现做出实质性贡献的人。这个概念既包括执行传统意义上的管理者，即对他人工作负有责任的人，也包括承担特殊任务而不对他人工作负有责任的人，还包括介于这两者之间的人。例如，高级成本会计师、高级化验师、高级经济师等，也属于管理者，因为他们利用其职位和知识，以个人的方式对组织管理工作做出实质性的贡献，使该组织工作有成果。因此，他们就是管理者，而不管其对他人是否具有管理监督的权力，是否拥有下属。

根据在组织中从事活动的不同，我们可以将组织成员分为两种类型：操作者和管理者。操作者是直接从事具体操作性业务的组织成员，也称为作业者，他们不具有监督其他人工作的职责。例如，工厂中的工人、学校里的教师、商店的营业员等，都是操作者。管理者是指挥与协调他人活动的人，在通常情况下，管理者并不亲自从事具体的作业工作，虽然他们也可能担任某些作业职责。例如，公司的经理可能同时负责产品营销，医院的院长也给患者看病，学校的校长也带研究生或者上课，但是，他们的主要职责是对组织的工作业绩负责任，而操作者只需对自己的工作业绩负责任。

2. 管理者的分类

一个组织对外界而言，只有一个管理者，那就是法人代表。但是在组织内部，随着组织规模的扩大，一个管理者将越来越难以承担所有的管理职责，因此出现了越来越多的管理者。在这些管理者之间需要进行合理的分工，由此就产生了管理者的分类。

（1）按管理者所处的组织层次划分

1）高层管理者。通常来讲，高层管理者就是组织中的高级领导者，他们对管辖范围内的管理工作负有全面责任，其主要任务是制定组织战略目标、把握组织发展方向、对组织资源具有分配权等，如学校的正校长和副校长、企业的董事会成员、城市的市长和副市长等。在西方，企业中的高层管理者一般是指首席执行官（Chief Executive Officer，CEO）、首席财务官（Chief Financial Officer，CFO）、首席运营官（Chief Operating Officer，COO）等。在知识经济时代，鉴于知识管理和员工培训的重要性，有些公司设立了首席知识官（CKO）、首席培训官（CLO）等职位，他们也属于高层管理者。可以说，关系到组织兴衰存亡的重大决策都是由高层管理者做出的，作为组织的代言人，他们要协调对外关系。因此，高层管理者把握宏观局势的综合分析（概念）能力要强，要擅长与人打交道，综合素质要高。

2）中层管理者。中层管理者介于高层和一线管理人员之间，一般是指负责制订具体的计划及有关细节和程序、执行重大决策和管理意图、监督和协调基层管理人员工作活动的人员。例如，厅、局级单位的处长及主任，企业中计划、生产、财务等部门的负责人等，都属于中层管理者。中层管理者既要把组织的发展计划加以细化，又需要为基层管理者制订具有可操作性的实施计划。因此，一般要求中层管理者的人事组织能力要强。

中层管理者一般可分为三类：行政管理人员、技术性管理人员和支持性管理人员。

3）基层管理者。基层管理者是最直接的一线管理人员，是直接监察实际作业人员的管理者，主要职责是执行上级的指示、计划，直接给下属分派任务，直接指挥和监督现场作业活动，以保证上级下达的各项计划和指令的完成，如工长、领班、小组长等。基层管理者又称为一线管理人员，他们工作的好坏直接关系到计划的落实情况和目标的实现程度，因此，对他们的专业技术能力一般要求较高，而对统筹全局的能力要求较低。

（2）按管理人员所从事的工作领域划分

1）综合管理人员。综合管理人员是指负责管理整个组织或组织中某个事业部的全部活动的管理人员。对于小型企业来说，企业的总经理就是综合管理人员。对于事业部制大型企业来说，各事业部拥有独立经营的自主权，那么事业部经理也属于综合管理人员。

2）专业管理人员。专业管理人员也称为职能管理者，是指负责管理组织中某一类活动（或职能）的管理人员，如生产部门管理人员、营销部门管理人员、人事部门管理人员、财务部门管理人员、研究部门管理人员等。这类管理人员以其专业知识对组织目标的实现做出贡献。

1.3.2 管理者的重要性

美国通用电气公司（General Electric，GE）的前董事长兼首席执行官杰克·韦尔奇（Jack Welch）就是一位杰出的管理者。在他担任首席执行官期间，通用电气的利润从1981年的16亿美元增长到1999年的107亿美元，他以其卓越的领导能力成功地使通用电气成为全球最受推崇的公司之一；他以其出色的管理艺术高效地管理着有100多年历史、近30万名员工的通用电气，使之成为世界上最具市场价值的公司之一，而他本人也成为受人尊敬的企业首席执行官。杰克·韦尔奇使通用电气公司取得了如此傲人的业绩，自己也成为一位传奇式管理奇才。他所追求的理念是行业中数一数二的，被许多管理者所认同。他所推行的"六西格玛"管理、全球化和电子商务几乎重新定义了现代企业。同时，这位锐意改革的管理者所开展的"无边界"管理运动，树立了打破"大企业"病的典范，使通用电气公司走上了灵活变化、适应环境的发展之路。他本人也被誉为20世纪最伟大的职业经理人之一。

在一个组织中之所以需要管理者，是因为一个人的时间、精力、知识和能力都是有限的，要实现组织的目标，就需要发挥群体的力量。在亚当·斯密提出劳动分工理论以后，人们通过劳动分工提高了生产效率，也认识到了劳动分工的好处。随着生产规模的扩大和生产经营活动的复杂化，管理者从生产劳动者中分离出来，专门从事财务管理、技术管理、供销管理等管理活动。美国的知名征信机构邓白氏公司（Dun & Bradstreet）对破产企业进行了大量调查。调查结果表明，在破产企业中，几乎有90%都是管理不善所致。国内相关调查显示，虽然我国国有企业面临许多其他困难，但是80%以上的亏损企业也是管理不善所致。由此可见，在企业的经营过程中，企业的成败往往取决于管理者胜任与否。

1.3.3 管理者的角色与技能

管理者通过了解管理者的分类，清楚自己目前所处的地位和在组织中的角色分工，从而能够正确地履行自己的职责。

1. 管理者的角色

明茨伯格对总经理的一项研究发现，当经理陷入大量变化的、无一定模式的和短期的活动中时，几乎没有时间静下心来思考，工作经常被打断，有半数的管理者活动的持续时间少于9分钟。研究结论是管理者扮演着10种不同的但高度相关的角色，这些角色可以被归为人际关系、信息传递和决策制定三类（见图1-4）。

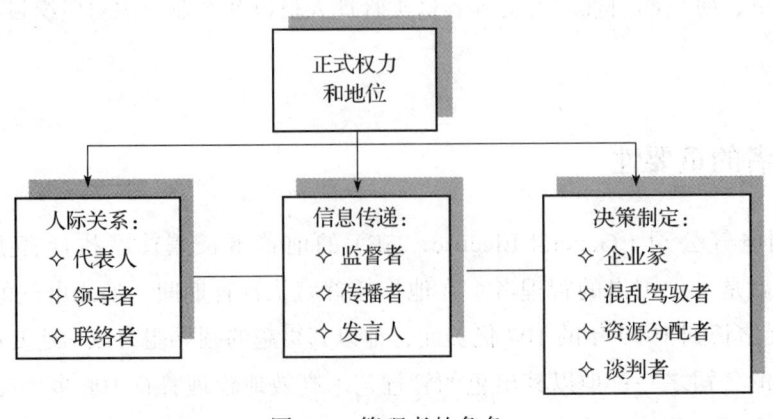

图1-4 管理者的角色

对管理者角色研究的评价是：

1）无论何种类型的组织和组织的何种层次，管理者都扮演着相似的角色。

2）管理者角色的侧重点是随组织等级层次变化而变化的。例如，传播者、代表人、谈判者、联络者和发言人角色对于高层管理者要比基层管理者更重要；而领导者角色对于基层管理者要比中、高层管理者更重要。

2. 管理者的技能

管理者需要某些技能以便履行他作为管理者的职责和活动。20世纪70年代初期，美国管理学学者罗伯特·卡茨（Robert Katz）的研究发现，管理者需要三种基本的技能：技术技能、人际技能和概念技能。这些技能对于不同层次管理者的重要性不同，如图1-5所示。

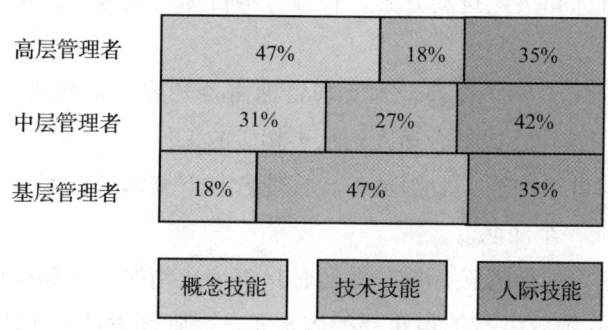

图1-5 不同层次管理者所需要的管理技能

（1）技术技能（Technical Skills）

技术技能是与特定工作岗位有关的专业知识和技能，如生产技能、财务技能、营销技能等。管理者不必成为精通某一领域技能的专家，但需要了解并初步掌握与其管理的专业相关的基本技能，否则很难与其所主管的组织内的专业技术人员进行有效的沟通，从而无法对所辖业务范围的各项工作进行具体的指导。

（2）人际技能（Human Skills）

人际技能是与处理人际关系有关的技能，即理解、激励他人并与他人共事的能力。人际技能包括领导能力，但其内涵远比领导能力广泛。因为管理者除了领导下属外，还要与上级领导和同级同事打交道，要学会说服上级领导、领会领导意图，以及与同事合作等。

（3）概念技能（Conceptual Skills）

概念技能是纵观全局、提出新想法和新思想的能力，即管理者在任何混乱、复杂的环境中，能敏锐地辨清各种要素之间的相互关系，准确地抓住问题的实质，果断地做出正确决策的能力。具有概念技能的管理者，能够把组织视为一个整体，并且了解组织各个部分的相互关系，准确把握工作单位之间、个人之间的关系，对组织任何行动的后果具有一定的预见性。

要成为有效的管理者，必须具备上述三种技能，缺一不可。但是，对于不同层次的管理者，各项技能要求的程度是不同的。例如，对于高层管理者，最重要的是概念技能；基层管理者最接近现场,对于他们而言,专业技能越发重要;由于管理者的工作对象是人,因此人际技能对各个层次的管理者来说都是重要的。

1.3.4 管理者的基本工作及时间分配

1. 管理者的基本工作

无论是高层管理者、中层管理者还是基层管理者,都要从事计划、组织、领导和控制工作,即制定目标和行动方案,分配各项工作任务和协调各类问题,激励下属努力工作以及检查各项工作的进展情况,纠正出现的偏差等。

管理者的基本工作主要包含以下五项基本活动。

1)管理者设定目标和决定行动方案。管理者将目标有效地传达给部门员工,并通过这些员工来实现目标。

2)管理者从事组织工作。管理者为实现目标需要开展一系列活动,将工作分门别类,并确定工作职务和部门结构,选择合适人选从事相应的工作。

3)管理者必须与员工沟通、激励员工。管理者与下属沟通,制定奖惩政策,并把不同职务和技能的人组建成一个团队。

4)管理者制定工作绩效考核标准,并监督检查完成情况。工作绩效考核标准是关乎组织绩效和每个成员个人绩效考核的最重要的因素之一。管理者从整个组织绩效的角度出发,确定每个职位的绩效考核标准,并协助员工实现个人绩效。

5)管理者必须培养人才。管理者在从较低职位晋升到较高职位的过程中,需要不断地指导下属去完成所分配的工作,帮助下属成长。管理者需要在日常的工作指导中为组织培养人才。

一个管理者做好本职工作的必要条件是正确地理解自己在组织中所处的地位和组织分工,这样才会去正确地做其应该做的事,并充分发挥自身才干做好工作。

2. 管理者的职能工作时间分配

随着管理者在组织中地位的不同,其工作内容和性质也存在很大的差别,但这并不意味着各级管理者的工作在本质上有什么不同,管理者都要从事计划、组织、领导和控制等职能工作,只是工作的侧重点和程度有所不同(见表1-1)。一般来说,基层管理者所关心的主要是具体的战术性工作,集中于工作小组和个人的工作设计上;而高层管理者所关心的则主要是抽象的战略性工作,需要考虑整个组织的设计。

表 1-1 不同层次的管理者每项职能的时间分配

层次	职能			
	计划	组织	领导	控制
高层管理者	28%	36%	22%	14%
中层管理者	18%	33%	36%	13%
基层管理者	15%	24%	51%	10%

为了更形象地展示不同层次的管理者每项职能的时间分配情况，根据表 1-1 数据绘制成饼形图（见图 1-6）。

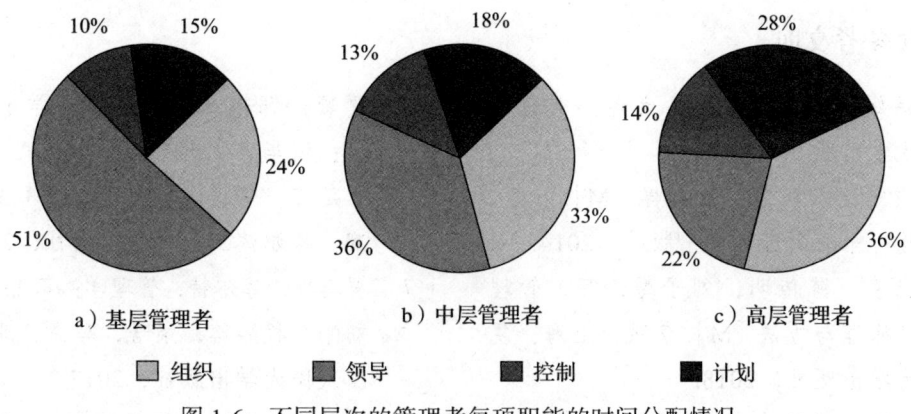

图 1-6　不同层次的管理者每项职能的时间分配情况

由图 1-6 可知，一个管理者随着在组织中地位的上升，将从事更多的计划工作，而更少地参与指挥、引导等直接领导工作。无论管理者在组织中的地位如何，其所承担的基本工作都是围绕着实现组织目标而开展的。

本章小结

管理是在特定的环境下，为了实现组织目标，对组织所拥有的资源进行有效的计划、组织、领导和控制的过程。管理的特性包括管理的组织性与协调性、管理的自然属性与社会属性、管理的效率与效果、管理的科学性与艺术性四个方面。管理的基本问题是高效率地实现组织资源的有效配置。管理的基本职能包括计划、组织、领导和控制。管理者泛指所有执行管理职能，并对组织目标实现做出实质性贡献的人。按管理人员所处的组织层次，管理者可分为高层管理者、中层管理者和基层管理者。管理者的角色可以被归为人际关系、信息传递和决策制定三类。管理者为了更好地开展管理工作，需要掌握三种基本的技能：技术技能、人际技能和概念技能，这些技能对于不同管理层次管理者的重要性不同。

复习思考

1. 管理活动的形式应具备哪些条件？
2. 简述几个有代表性的管理概念。
3. 管理的特性包括哪些？
4. 管理的四个基本职能包括哪些内容？并简述其含义。
5. 管理者应具备哪些技能？对于不同层次管理者来说，最重要的技能是什么？
6. 如何成为一名有效的管理者？
7. 高校的教师是管理者吗？以管理职能和管理者角色的观点进行讨论。
8. 20 世纪 90 年代，强生公司董事会主席拉尔夫·拉森年收入是美国总统克林顿的 4

倍。美国100家最大公司的高级经理几乎都比总统收入高。讨论拉森和总统作为管理者的角色有何异同？为什么拉森作为高级经理比总统工资高？

本章参考文献

[1] 李品媛. 管理学[M]. 大连：东北财经大学出版社，2005.

[2] 孙成志，刘明霞. 管理学[M]. 5版. 大连：东北财经大学出版社，2014.

[3] 周三多，陈传明，刘子馨，等. 管理学：原理与方法[M]. 7版. 上海：复旦大学出版社，2018.

[4] 邢以群. 管理学[M]. 4版. 杭州：浙江大学出版社，2016.

[5] 莫寰，邹艳春. 新编管理学[M]. 北京：清华大学出版社，2005.

[6] 程延江. 管理学教程[M]. 3版. 哈尔滨：哈尔滨工业大学出版社，2016.

[7] 罗宾斯，库尔特. 管理学：第13版[M]. 刘刚，程熙鎔，梁晗，等译. 北京：中国人民大学出版社，2017.

[8] 张英奎，孙军. 管理学[M]. 3版. 北京：机械工业出版社，2021.

第 2 章
CHAPTER 2

管理理论的历史演变

学习目标

学习完本章后,你应该能够:
- 了解中国早期管理思想的主流学派及其核心思想。
- 理解西方早期管理思想的发展历程及不同时期的核心内容。
- 明确古典管理理论中主流代表学派及其核心思想。
- 明确行为科学理论的主要内容。
- 了解现代管理论的学派划分。

2.1 早期管理思想

2.1.1 中国早期管理思想

中国是四大文明古国之一,产生出光辉灿烂的古代物质文明和精神文明。中国古代有许多成功的管理经验,形成了丰富的、独具特色的管理思想。美国学者克劳德·小乔治(Claude George Jr.)在《管理思想史》(*The History of Management Thought*)一书中曾说:"从《墨子》《孟子》和《周礼》(公元前 1100—公元前 500 年)的古代记载中,已看到当时的中国人早已知道组织、计划、领导和控制的管理原则。"但是,由于种种社会历史条件的限制,中国古代管理思想在近代没有能够与产业革命及资本主义企业经营相结合,尤其是没有能够与近代科学技术相结合,以至于其作用和影响为人们所忽视。但许多管理思想的精华对今天的管理实践仍然具有借鉴的价值。

中国古代管理思想主要有三大主流学派:

儒家——王者之道，仁政德治。

法家——霸者之道，法制刑治。

道家——王霸杂合之道，无为而治。

这三大学派都产生于中国古代思想最为活跃的春秋战国时代。其管理思想的基本逻辑结构是人性假设的管理方式。三大学派各自提出对人的基本看法，进而提出自己的管理方式，从而各自形成较为系统的治国治生的管理思想。

1. 儒家思想

儒家思想也称为儒教或儒学，由孔子创立，最初指的是司仪，后来逐步发展为以尊卑等级的仁为核心的思想体系，是中国影响最大的流派，也是中国古代的主流意识。儒家学派对中国、东亚乃至全世界都产生过深远的影响。儒家的"以民为本""以和为贵""为政以德"的管理思想与现代企业文化所倡导的"以人为本""团队精神""领导者的人格魅力"等管理思想基本一致。

中国古代儒家思想的发展历程可以分成四个阶段。第一个阶段主要是在春秋战国时期，是儒家思想产生并开始发展的时期，代表人物分别是孔子、孟子和荀子。孔子主张"仁"的思想，重视礼乐，强调为政以德；孟子发扬了孔子的思想，主张"仁政"，并提出了民贵君轻的思想，而且他认为"性本善"；荀子是较为后期的人物，提出"性本恶"，同时还将人民的地位进一步提高，提出了君舟民水的思想。第二个阶段是西汉时期，儒家思想成为正统思想，代表人物是董仲舒，他设立太学，以儒家经典教授学生，提出"罢黜百家，独尊儒术"。儒家思想自此成为封建社会的统治思想工具。第三个阶段是宋明时期，儒家思想得到了新的发展，并发展成为儒教，代表人物有北宋时期的程颐、程颢，南宋的朱熹，以及明朝的王阳明等。第四个阶段是明末清初时期，儒家思想得到批判继承式发展，代表人物有李贽、黄宗羲、顾炎武和王夫之等。

由孔子创立，经孟子、董仲舒、宋明理学、新儒家等一代代儒学学派的继承、改造和发展，并通过国家强制手段宣扬、传播，最终儒家管理思想成为中国古代社会占据主导地位的管理思想，并成为千百年来流传最广泛、最深入人心的管理思想之一。

2. 法家思想

法家思想在中国传统管理思想中占有重要的地位。它萌芽于战国初期，发展于战国中期，到战国末期，特别是秦始皇统一天下时发展到高峰。作为先秦法家最出名的代表和法家思想的集大成者，韩非子通过对前辈法家思想的系统总结，加上对儒、道、墨等其他学派理论与政策主张的借鉴，最后形成了自己博大精深的理论体系，实现了"法""术""势"的统一，认为这三者缺一不可。势是法治的基础，君主只有拥有了权势和权威，才能令行禁止，法律才能发挥应有的作用；法是法治的核心，要实行法治，就必须制定出严格的、赏罚分明的法律，并且法律对所有人必须一视同仁，才能使人民对法律具有应有的敬畏；术是君主驾驭臣下的技巧，既要充分发挥下属的才能，推进法的实施，又要防止下属谋权篡位，保证势的权威。

法家思想秉承中国传统思想的系统性，从哲学层面到实际操作层面为我们揭示了管理的许多核心问题，为我们继承传统文化、探索有中国特色的管理理论和方法具有很强的借鉴意义。

3. 道家思想

历史上视道家思想为一种管理文化，并明确做出了深刻总结的，首推司马迁。他指出："道家无为，又曰无不为，其实易行，其辞难知。其术以虚无为本，以因循为用；无成势，无常形，故能究万物之情。不为物先，不为物后，故能为万物主。有法无法，因时为业；有度无度，因物与合。故曰'圣人不朽，时变是守'。"道家的管理哲学以"道"为中心，认为人类社会的运行遵循"人法地，地法天，天法道，道法自然"的运行规律，并以其"反者道之动，弱者道之用"的辩证思维模式，提出管理者要按照"道"（客观规律）办事，即"处无为之事，行不言之教"的管理方式，展现了其管理艺术。

"无为"是老派道家管理哲学的最高原则，它具有以下几个明显的特点。

1）"无为"是一个普遍适用于任何管理过程的原则，不论是政治管理、经济管理、军事管理还是社会文化管理，概莫能外。

2）"无为"的原则是适用于一切人的，但首先是对上层统治者，尤其是对君主的要求。

3）"无为"作为一个宏观的管理原则，意味着国家对私人的活动（尤其是经济活动）采取不干预、少干预的态度，也即采取放任的态度。

道家的思想蕴涵了丰富的管理思想，"道"可以作为企业管理的指导原则："无为而尊"可以理解为企业管理的最高境界；"知可为而为"是企业管理的具体措施；"天下莫柔弱于水"的观念是领导者应具有的智慧。挖掘道家管理思想的现代意义，有助于我们深化现代管理理论。

综上所述，中国是世界四大文明古国之一，有着光辉灿烂的民族文化，并在长期的社会实践中，形成了许多优秀的管理思想和管理实践。遗憾的是，我国的管理思想与实践缺乏系统的整理和提炼，没有像西方那样形成系统的理论。中国古代的管理思想可归纳为如下九大要点。

（1）顺道

顺道意指管理要顺应客观规律。《管子》一书认为，自然界和社会都有自然的运动规律："天不变其常，地不易其则，春秋冬夏，不更其节，古今一也。"司马迁在《史记》中也把社会经济活动视为由一个个体为了满足自身的欲望而进行的自然过程。对于社会自发的经济活动，他认为，国家应顺其自然，少加干预。"故善者因之"顺应客观规律，符合其"道"，乃治国之善政。"顺道"，或者"守常""守则""循轨"，是中国传统管理活动的重要指导思想。

（2）重人

重人是中国传统管理的一大特点。这包括两个方面：一是重人心向背；二是重人才归离。得民是治国之本，欲得民必先为民谋利。例如，孔子提倡"行仁德之政""因民之所利而利之""修文德以来之""天下之民归心焉""近者说，远者来"。《管子》一书提倡"政之所兴在顺民心，政之所废在逆民心"。国家必须"令顺民心""从民所欲，去民所恶"，乃为"政之宝"。中国早期管理思想体现出求贤若渴的特点，表示对人才的尊重，并把能否得贤能之助视为关系国家兴衰和事业成败的关键。

（3）人和

"和"就是调整人际关系，讲团结，上下和，左右和。对治国而言，和能兴邦；对治理民众而言，和能生财。因此，我国历来把天时、地利、人和看成事业成功的三要素。孔子说："礼之用，和为贵。"《管子》云："上下不和，虽安必危。"其中，"上下和同"是事业成功的关键。古人还认为，求和的关键在于当权者，当权者只有严于律己，严禁宗派，不任私人，公正无私，才能团结大多数。

（4）守信

治国要守信，办企业也要守信。信誉是人们之间建立稳定关系的基础，是国家兴旺和事业成功的保证。孔子说："君子信而后劳其民。"他对弟子注重四教：文、行、忠、信。《管子》十分强调取信于民，提出国家行政应遵循一条重要原则："不行不可复。"该书认为："言而不可复者，君不言也；行而不可再者，君不行也。凡言而不可复，行而不可再者，有国者之大禁也。"我国从来有提倡"诚工""诚贾"的传统，商而不诚，苟取一时，终致瓦解，成功的商人多是商业信誉度高的人。

（5）利器

生产要有工具，打仗要有兵器，我国历来有"利器"的传统。孔子说："工欲善其事，必先利其器。"《吕氏春秋》也认为，使用利器可达到"其用日半，其功可使倍"的效果。中国古代的四大发明（造纸术、印刷术、指南针、火药）及其推广，极大地推动了社会经济、文化和世界文明的发展，并使"利器说"成为中国管理思想的重要内容。

（6）求实

实事求是，办事从实际出发，是思想方法和行为的准则。儒家提出"守正"原则，即看问题不要偏激，办事不要过头，也不要不及。"过犹不及"，即过了头，超越客观形势，会犯冒进错误；不及于形势又会错过时机，流于保守。这两种偏向都会坏事，应该防止。《管子》认为，凡事应量力而行，"动必量力，举必量技""量力而知攻""不知任不知器不可""妄行则群卒困，强进则锐士挫"。《管子》还提出了"时空"原则，即办事要注意时间（时机）和地点等客观条件。不顾时间的变化，用老一套的办法，不注意"视时而立仪""审时举事"，必然招致失败。空间不同，政策措施也应有异，不可将老一套办法到处运用。"以家为乡，乡不可为也；以乡为国，国不可为也；以国为天下，天下不可为也。"

（7）对策

对策即在治军、治国、治理民众等一切竞争和对抗活动中，都必须统筹谋划，正确研究对策，以智取胜。古语"运筹帷幄之中，决胜千里之外"，就是对于对策的形象描述。《孙子兵法》认为："知彼知己，百战不殆；不知彼而知己，一胜一负；不知彼，不知己，每战必殆。"《管子》主张："以备待时""事无备则废"，即治国必须有预见性，备患于无形，"惟有道者，能备患于无形也"。中国古代有许多优秀的对策实例，如田忌和齐王赛马，《三国演义》中的赤壁之战、空城计，孙膑的"减灶骄敌"等，都是系统运筹的结果。

（8）节俭

节俭意指用钱节省。孔子主张"节用而爱人，使民以时"。墨子说："其用财节，其自养俭，民富国治。"荀子有言："强本而节用，则天不能贫……本荒而用侈，则天不能使之富。"纵观历史，凡国用有度，为政清廉，不伤财害民，则会国泰民安；反之，凡国用无度，荒淫奢费，横征暴敛，必滋生贪官污吏，招致天下大乱。

（9）法治

我国的法治思想起源于先秦法家和《管子》，后来逐渐演变成一整套法制体系，包括田土法制、财税法制、军事法制、人才法制、行政管理法制、市场法制等。如韩非等人认为要严刑峻法，"设而不犯，犯而必诛"；要奖罚分明，"诱以重赏，赏且信；威以重罚，罚且必，使人怀德畏威"。

2.1.2　西方早期管理思想

现代西方管理思想的历史渊源可以追溯到远古时代，人类生活以集体为基础，而集体就需要一定的管理活动。随着人类蒙昧时代的结束和文明时代的到来，管理实践和管理思想也随之发展。西方古代管理思想主要源于文明古国，古巴比伦、古埃及、古罗马和古希腊。

1. 奴隶社会的管理思想

（1）古巴比伦的管理思想

古巴比伦位于美索不达米亚平原，大致在当今的伊拉克共和国版图内。在公元前 3000 年左右，这里的人们建立了国家，到公元前 18 世纪，这里出现了古巴比伦王国。

古巴比伦、古埃及、古印度和中国并称为"四大文明古国"。大约在公元前 1776 年，古巴比伦国王汉谟拉比颁布了《汉谟拉比法典》，它是世界上现存的第一部比较完备的成文法典。由于这部法典是用楔形文字刻在石柱上的，所以又叫"石柱法"。法典共分三个部分，即引言、法典本文和结语。法典本文共 282 条，内容涉及财产、借贷、租赁、转让、遗产、奴隶等各个方面，对各种职业、各个层面上的人员责、权、利关系给予了明确的规定。

巴比伦在汉谟拉比王之后长期处于衰微状态，直到公元前 604 年尼布甲尼撒成为国王后才复兴起来。在这一时期可以发现许多有关管理的思想。如在纺织厂中实行生产控制和工资刺激手段。他们用棉纱的颜色作为控制手段：第一个星期所用的棉纱可能附一个红色标签，第二个星期的棉纱附一个蓝色标签等。这样，管理人员就可以清楚地了解工厂中某一批原料用了多长时间。在谷仓中存放谷物的陶罐封口上也附有不同颜色的芦秆，每一年的颜色各不相同，以便很快地确定某一陶罐中的谷物储存了多久。在工资报酬方面，实行工资刺激的手段，如纺织厂中工人的工资是以食物形式支付的，其数额取决于每个人的生产量。这就是最早的计件工资制。

(2) 古埃及的管理思想

5000 多年前，古埃及人先后建造了大批金字塔。这些伟大工程创造了闻名世界的奇迹，集中体现了古埃及人出色的管理能力和管理思想。在此期间，大量的人员、食物、住房、运输等问题的解决，需要进行计划、组织和控制工作。金字塔所用石块的采掘和搬运，出色地表明了古埃及人的长期规划能力和组织能力。在什么地方和什么时间采掘石块，要多大的石块，如何搬运，这些都需要进行长期规划。例如，石块的采掘大都在冬季和春季进行，为了尽量减少陆地搬运，石块的运送是在每年涨水的季节进行的。所有的石块在砌上去以前都要在工地凿刻成型并编好号码。金字塔的修建使一个庞大的官僚机构发展起来。其主要任务就是为王室工程征集、组织和管理人力、物力资源。被称作"国王所有工程的监督者"的官员要负责这些建筑工作每个阶段的设计、劳力组织及监督。

古埃及的许多著作中还保存了不少关于管理思想的内容。如公元前 2400 年左右出现的普塔霍特普教诲儿子的《普塔霍特普箴言录》。该书提到："如果你是一个指挥大批人工作的领导者，你要努力把自己的工作做得尽可能地好，直到没有什么错误。""如果有人向你提出申请，你要冷静地听清申请人讲的话，在他离开或讲完话之前，不要冷淡地对待他。不一定批准他申请的每一件事，但是耐心地听取他的申请，对他的心灵是一种安慰。""你应该一视同仁，应该对你认识的人和不认识的人、接近的人或不接近的人一视同仁。""每一级官员，从最低级到最高级，都要到大臣的官邸去听取他的意见。"等等。

(3) 古罗马的管理思想

古罗马帝国强盛时期的疆域，西起英国，东至叙利亚，包括整个欧洲和北非，拥有 5 000 万人口。这个庞大帝国的治理，为我们提供了许多管理方面的经验，最主要的是如何把分权和集权恰当地结合起来。在罗马共和国和罗马帝国初期，由于疆域辽阔，更多地实行地方分权，以便适应地方的特点。但是，这又削弱了中央的控制力，降低了军人和地方对中央政府的忠诚程度。公元 284 年，戴克里先成为皇帝以后，实行了一种把集权和分权更好地结合起来的连续授权制度。他把整个罗马帝国划分为 101 个省，分归 13 个区领导，而 13 个区又归并为 4 个大区。他除了自己兼任一个大区的领导以外，授权给 3 个助手分别管辖其他 3 个大区。省长只管民政，无权控制各省的军队。这样，由于各省省长无权控制军队，而且低于皇帝两个层次，就没有足够的权力来反抗中央政权；同时，由于分布于全国的 101 个省长通过授权来管辖本省的民政事务，能够较好地适应地方特点。这样就把中央的集权控制和地方的分权管理较好地结合了起来，在多年内成功地控制了这个庞大的帝国。

古罗马没有管理方面的专著，但是从当时的政治家、思想家、哲学家的论述中可以发现古罗马萌芽状态的管理思想。比如，公元前一二世纪的奴隶主思想家贾图和瓦罗都曾撰写过有关罗马农庄管理的论文，论述对管理人员的选择标准。

（4）古希腊的管理思想

古希腊人在管理方面表现出巨大的才能，他们发展出一种民主的城市政府——城邦，并提倡进行协商式管理。在他们还没有产生国家的时候，对氏族部落就开始实行民主式的管理，采取的是"一长两会制"。"一长"是公举产生的军事首领；"两会"即长老会和民众会。其中，长老会由部落的氏族长老组成，民众会由成年男子，也就是全体参战战士组成。重大问题由军事首领和长老会做出决定，民众会表决，体现了民主管理的特点。

古希腊人很重视劳动分工和专业化生产。进行劳动分工，实行工作专业化，有利于提高人员的熟练程度和工作效率；但它也有缺点，比如容易使人感到单调乏味。古希腊人还提出了关于管理普遍性的原则。苏格拉底曾指出："私事的管理和公事的管理只有量上的差别，在其他方面都是相同的。"并且他认为，一个人如果不能管理他的私人事务，肯定也不能管理公共事务。因为公共事务的管理技术与私人事务的管理技术应该是可以相互通用的。

苏格拉底、柏拉图和亚里士多德师徒三人被称为古希腊哲学史上的"三杰"，他们的思想中也都孕育着管理思想的萌芽。

2. 封建社会的管理思想

欧洲中世纪指的是从罗马帝国的衰亡到文艺复兴前这段时期，属于封建社会时期，其政治管理体制和组织结构严密。西欧封建社会以土地为纽带，实行分封制，形成了从国王到诸侯、家臣和骑士一系列不同等级的封建主，他们既是政治统治者，也是土地的所有者。封建制度的实质就是维护封建地主阶级对农奴的统治。

这段时期的学者主要从管理国家的角度出发，提出的管理原则促成了现代管理中领导理论的发展，以及管理者职能的界定。随着城市的兴起和贸易的发展，商人行会和手工业行会制度诞生。行会的成立，是现代技术等级制度的最早尝试。行会也可以被看作最早的行业垄断组织。同时，银行的出现促进了管理信息系统的完善。

此外，中世纪也出现了十分出色的工厂管理实践。威尼斯兵工厂的管理代表了这一时期的管理水平：政府授权，厂长经营；政府给工厂下达明确的任务并实施控制；兵工厂在成品部件的编号和储存、安装船只的装配线、人事管理、部件的标准化、会计控制、存货控制、成本控制等方面积累了成型的管理经验。

历史学家弗雷德里克·莱恩（Frederic Lane）曾经写了两本书介绍14世纪到16世纪时威尼斯的工商业管理经验。莱恩在《威尼斯商人安德烈亚·巴巴里戈（1418—1449）》一书中选择典型的威尼斯商人巴巴里戈做主角来介绍15世纪上半叶威尼斯商业繁荣的景象和管理经验，重点介绍了当时所采用的企业组织的类型和作为管理措施的会计制度；在《文艺复兴时期的船舶和造船业者》一书中介绍了15世纪和16世纪时期威尼斯造船厂（即兵工厂）的管理经验。

威尼斯为了保护其日益增长的海上贸易，在1436年建立了政府的造船厂（即兵工厂）以改变依靠私人造船厂的情况。到16世纪时，威尼斯的兵工厂成为当时最大的工厂，占有陆地和水面面积 60 英亩（acre^①），雇用工人一两千人，在管理方面提供了许多有用的经验。

（1）组织机构和领导工作

兵工厂设有一位正厂长和两位副厂长。威尼斯元老院除了有时直接过问兵工厂的事务以外，还派一个特派员作为与兵工厂的联系者。兵工厂内部分成多个巨大的作业部门，由工长和技术人员领导。正副厂长和特派员主要从事财务管理、采购等工作，生产和技术问题则由各作业部门的工长和技术人员负责。兵工厂的管理工作较好地体现了互相制约和平衡的原则。

（2）部件的储存

兵工厂为了在接到通知后可以立即开始安装舰船，必须储存必需的零部件。如仓库中必须常备以下部件：5 000 块坐板、100 根桅杆、200 根圆材、5 000 副足带、5 000～15 000 根桨，再加上相应的索具支架、沥青、铁制品等。把这些部件都编上号码并储存在指定的地方，这样有助于实行装配线作业和精确计算存货，节省时间和劳力，加快安装舰船的速度。初期木料的储存没有次序，以致工人需要一块木料时要在大堆木料中寻找，所花的费用达木料本身价值的 3 倍；以后把木料加以分类并有次序地安放，提高了效率。

（3）装配线生产

兵工厂在安装舰船时采用了类似现代装配线生产的制度，将各种部件和备品仓库都安排在运河的两岸，并按舰船的安装顺序排列。当舰船在运河中被拖引着经过各个仓库时，各个部件和武器等从各个仓库的窗口传送出来进行装配。西班牙的一位旅行者曾参观过兵工厂，并在 1436 年对其装配线生产做了如下描述："人们一走进大门就会看到一条运河。运河的两边都是从兵工厂的房子开出的窗口。当舰船由一只小船拖着经过这些窗口时，从一个窗口传出索具，另一个窗口传出面包，再一个窗口传出武器，又一个窗口传出弩炮和臼炮。这样，从各个窗口传出所需的各种东西，当舰船到达运河的另一端时，所有的水手连同木桨都已在舰上了，整个舰船已装备完毕。这样，在 3～9 个小时内，安装好了 10 条全副武装的舰船。"当法国的亨利三世于 1574 年参观兵工厂时，在一个小时内就安装并下水了一条全副武装的舰船。1570 年 1 月 28 日，当得知土耳其人准备进攻塞浦路斯岛时，威尼斯元老院命令在 3 月中旬安装好 100 只舰船，结果在 3 月初就完成了。由此可见，装配线生产有很高的效率。

（4）部件标准化

所有部件都应有统一的标准，不允许每个工人师傅按自己的设计生产，以免在制造中造成浪费。如兵工厂计划委员会这样要求：所有的弓都应制造得使所有的箭都能适用；所有的船尾柱应按同一设计建造，以便每一个舵无须特别改装即可适合船尾柱；所有的索具和甲板用具也应该统一。他们已经认识到部件标准化的好处：既能提高生产速度和降低成本，又能以同样的方式、同样的速度和灵敏度来操纵，使得舰队中的各个船只能协同配合。

---

① 1acre = 4 046.856m^2。

（5）会计制度

兵工厂把会计作为一种管理控制的手段，对入厂和出厂的每个事物都有着细致的账目记录。兵工厂规定，所有的账目合并为两本日记账和一本分类账。其中，一本日记账由负责保管现金的厂长保存；另一本日记账由会计长把账户过到分类账中，然后由另一位会计保管。兵工厂中的这两位负责人每隔几个月就在一起核对日记账和分类账，每年9月结算分类账。

除此之外，威尼斯兵工厂在存货控制、成本控制等方面也有严格的规定。而且，兵工厂中有着严密的人事管理制度，严格规定上工下工和工间休息的时间。

3. 资本主义早期的管理思想

（1）亚当·斯密

亚当·斯密（Adam Smith，1723—1790）是古典政治经济学的杰出代表和理论体系的建立者。他最重要的著作《国富论》于1776年出版，它是现代政治经济学研究的起点。亚当·斯密认为经济问题的出发点是人的本性，即资本主义的利己主义。他的经济思想的中心是自由市场经济，其著作中涉及许多现代管理的核心问题。

亚当·斯密分析了国家财富和分工的关系，也就是提高生产效率的原因。他指出，一个国家财富的多少，是由这个国家的国民所提供的劳动数量决定的。劳动数量又取决于两个因素：一是从事有用劳动的人数；二是劳动生产率的高低。而劳动生产率由工人的技能或技巧决定，技能或技巧又由生产上的分工决定，因而分工才是劳动生产率高低的决定性因素。分工有三个好处：一是分工促使工人快速提高劳动技术的熟练程度；二是分工可以实现生产的专门化，节约劳动时间；三是分工有利于专门从事某项工作的劳动者有时间和能力改进劳动工具与发明创造。

亚当·斯密最早完整地论述了"经济人"假设。他认为一切经济问题的出发点都是人的本性使然，资本主义的人性基础是利己主义，人都是利己的、自私的，每个人的一切活动都受到这一本性的支配和控制。经济人就是要追求个人利益的最大化，只有实现个人利益的最大化，才能满足他们的利己心，使其利己行为也有利于他人，从而实现人与人之间的互惠，实现"国富"。主观利己，客观利于社会，但社会利益以个人利益为立足点。因此，亚当·斯密的经济思想以自由市场经济为中心，一切经济活动均应按照市场规则运行，反对政府干预。

亚当·斯密的"经济人"假设反映了当时资本主义生产关系的实质，成为资本主义管理的理论基础之一，对西方管理思想的发展过程有着深刻的影响。另外，他还提出了货币理论、价值论、分配理论、资本积累理论、赋税理论等理论。

（2）罗伯特·欧文

罗伯特·欧文（Robert Owen，1771—1858）是英国空想社会主义者，也是一位企业家、慈善家，现代人事管理之父，人本管理的先驱。欧文生活在英国产业革命的早期，目睹了工厂巨大的劳动强度、工人失业、恶劣的劳动条件，感受到了贫困、饥荒和愚昧对工人生命和道德的摧残与戕害。欧文决心向整个社会推广他的管理原则和思想。他对管理思想的重要贡献主要体现在新拉那克工厂的管理试验中的人事管理方面。欧文致力于改善工厂的条件和工人的生活、工作环境，为工人建造房屋，规定了工人申诉的规章制度，禁止雇用10岁以下的童工，建立公共食堂、医院，发放抚恤金等。同时，他也致力于以工厂为中心的社区社会改革，如对新拉那克的学校进行教育改革，建立晚间娱乐中心以解决工人闲暇时间增加的问题。

欧文是人本管理的先驱，他认为环境塑造了人性，非常重视人的因素在工业发展中的作用。因此，欧文痛斥了以惩罚为主要手段的管理方法，他认为管理者没有理由惩罚和训斥工人，而提倡以教育和感化为主要手段的柔性管理方法。欧文首先关注到人的因素，强调利用人力资源，为后来的人际关系学说和行为科学开创了理论先河。

（3）查尔斯·巴贝奇

查尔斯·巴贝奇（Charles Babbage，1792—1871）是英国著名的数学家和发明家，也是科学管理的先驱代表。他于1882年设计出世界上第一台现代计算机——小型差分机，还利用计数机来计算工人的工作数量、原材料的利用程度等。他把这叫作"管理的机械原则"。1832年巴贝奇发表了他的管理理论的代表作《论机器和制造业的经济》，详细论述了劳动分工、工作方法和生产成本等问题。

巴贝奇对管理理论的最大贡献在于科学方法在管理领域的应用。他根据科学精密的调查实验，提出了如何确定平均工时的方法、生产过程的精确成本、观察制造业的方法、生产程序的集中化管理，以及管理人员用一种标准提问表进行调查等问题。巴贝奇是科学管理的先行实践者，所有这些都体现了巴贝奇在管理思想上的远见卓识，也为科学管理理论的形成做了铺垫。

2.2 古典管理理论

西方的经济管理理论，由于历史的发展和现实的经济需要，形成了不同的学派。对于各个学派的划分，各国管理学者的观点不尽相同。

2.2.1 科学管理理论

弗雷德里克·泰勒（Frederick Taylor，1856—1915）是美国古典管理学家、科学管理创始人。他18岁从一名学徒工开始，先后被提拔为车间管理员、技师、小组长、工长、维修工长、设计室主任和总工程师。在他的管理生涯中，他不断在工厂实地进行试验，系统地研究和分析工人的操作方法与动作所花费的时间，逐渐形成其管理体系——科学管理。泰勒的主要著作是《科学管理原理》(1911)和《科学管理》(1912)。他在两部书中所阐述的科学管理理论，使人们认识到管理是一门建立在明确的法规、条文和原则之上的科学，它适用于人类的各种活动，从最简单的个人行为到经过充分组织安排的大公司的业务活动。

泰勒的科学管理的根本目的是谋求最高工作效率，而最高工作效率是雇主和雇员达到共同富裕的基础，使较高的工资和较低的劳动成本统一起来，从而实现扩大再生产的发展。达到最高工作效率的重要手段是用科学化、标准化的管理方法代替旧的经验管理。为此，泰勒提出了一些基本的管理制度。

1）对工人提出科学的操作方法，以便有效利用工时、提高工效。研究工人工作时动作的合理性，去掉多余的动作，改善必要动作，并规定出完成每一个单位操作的标准时间，制定出劳动时间定额。

2）对工人进行科学的选择、培训。将合适的工人安排在合适的岗位上，并培训工人使用标准的操作方法，使其在工作中逐步成长。

3）制定科学的工艺规程，使工具、机器、材料标准化，并将作业环境标准化，用文件形式固定下来。

4）实行具有激励性的计件工资报酬制度。对完成和超额完成工作定额的工人以较高的工资率计件支付工资，对未完成定额的工人，则按较低的工资率支付工资。

5）管理和劳动分离。管理者和劳动者在工作中密切合作，以保证工作按标准的设计程序进行。

上述这些措施虽然在现在已成为管理常识，但在当时却是重大的变革。随后，美国企业的生产率有了大幅度的提高，出现了高效率、低成本、高工资、高利润的新局面。

泰勒是科学管理的先锋，其追随者和同行者也对科学管理做出了重要的贡献。亨利·甘特（Henry Gantt）用图表进行计划和控制的做法是当时管理思想的一次革命。亨利·福特（Henry Ford）在泰勒的单工序动作研究基础之上，进一步对如何提高整个生产过程的效率进行了研究。他充分考虑了大量生产的优点，规定了各个工序的标准时间定额，使整个生产过程在时间上协调起来，并创建了第一条流水生产线——福特汽车流水生产线，使成本明显降低。泰勒及其追随者、同行者的理论与实践构成了泰勒制，人们称以泰勒为代表的学派为科学管理学派。

2.2.2 一般管理理论

法约尔对管理的定义是通过将经营与管理进行比较并对管理活动的要素进行分析来揭示的。他认为，"经营"的意思是指导或引导一个组织趋向一个目标。在他看来，经营包括六种活动，即技术活动、商业活动、财务活动、安全活动、会计活动和管理活动，而作为这六种活动中的一种，管理就是实行计划、组织、指挥、协调和控制。

管理的十四条原则构成了法约尔一般管理理论的核心内容，主要包括劳动分工、权力和责任、纪律、统一指挥、统一领导、个人利益服从整体利益、人员的报酬、集中、等级系列、秩序、公平、人员的稳定、首创精神、人员的团结。

法约尔的理论已由当代美国传统管理学派的学者加以继承并发展。这个学派也称"管理过程学派"，因为它把管理视为一个过程，并试图通过分析其中的要素，建立普遍的管理原则和组织理论。这一学派的理论观点对我国管理界有较大的影响，特别是管理要素说和管理原则，在很大范围内已经得到了直接或间接的应用，其中许多内容已经成为现代公共行政管理理论的重要组成部分。

2.2.3 行政管理理论

马克斯·韦伯（Max Weber）是德国著名的社会学家，他在19世纪早期的论著中提出了理想的行政管理组织理论，也就是"官僚体制"。所谓"官僚体制"，是指建立于法理型控制基础上的一种现代社会所特有的、具有专业化功能以及固定规章制度、设科分层的组织管理形式。它是一种理性地设计出来，以协调众多个体活动，从而有效地完成大规模管理工作，以实现组织目标为功能的合理等级组织。这一理论对工业化以来各种不同类型的组织产生了广泛而深远的影响，成为现代大型组织广泛采用的一种组织管理方式。韦伯认为，官僚体制是一种严密的、合理的、形同机器那样的社会组织。它具有熟练的专业活动、明确的权责划分、严格执行的规章制度以及金字塔式的等级服从关系等特征，从而成为一种系统的管理技术体系。

韦伯的行政组织理论的核心内容如下所述。

1. 权力的基础

行政组织理论的实质在于以科学确定的"法定的"制度规范作为组织协作行为的基本约束机制，主要依靠外在于个人的、科学合理的理性权力实行管理。韦伯指出，组织管理过程中依赖的基本权力将由个人转向"法理"，以理性的、正式规定的制度规范为权力中心实施管理。

2. 行政组织的特征

韦伯所提出的行政组织理论具有以下特征：劳动分工、权威等级、正式的甄选、正式的规则和法规、服从制度规定和管理者与所有者分离。

韦伯的理论所提出的科学管理体系是一种制度化、法律化、程序化和专业化的组织理论，阐明了官僚体制与社会化大生产之间的必然联系，突破了妨碍现代组织管理的以等级门第为标准的家长制管理形式，促进了管理方式的转变，消除了管理领域非理性、非科学的因素。理想的行政组织理论无论是对西方学术界，还是社会各个领域，都产生了深刻的影响，现代社会中的各种组织都是不同限度地按照科层制原理来建立和管理的。但是，韦伯的行政管理体制，即官僚制也存在着难以克服的缺陷：它忽视了组织管理中人的主体作用，偏重于从静态角度分析组织结构和组织管理，忽视了组织之间、个人与组织之间、个人之间的相互作用；突出强调了法规对于组织管理的决定作用，以及人对法规的从属和工具化性质。

2.3 行为科学理论

1929年，以美国哈佛大学教授乔治·梅奥（George Mayo，1880—1949）为代表的一批学者进行了霍桑实验，并提出了人际关系学说，这被后人认为是行为科学理论的开端。此后，许多专家都针对人的心理和行为提出了自己的观点，比如马斯洛的需要层次理论、赫茨伯格的双因素理论、麦格雷戈的X-Y理论、布莱克和莫顿的管理方格理论等。

2.3.1 梅奥及霍桑实验

霍桑实验是管理心理学中的一个著名实验，是关于人群关系运动的实验研究。它是1924—1932年由美国哈佛大学教授梅奥主持的在美国芝加哥郊外的西方电器公司霍桑工厂所进行的一系列实验。该实验发现工人不是只受金钱刺激的"经济人"，而个人的态度在决定其行为方面起重要作用。梅奥在霍桑工厂进行的实验主要有以下四个。

1）照明实验　此实验的目的是调查照明度与工作效率有无关系。结果发现没有单纯的直接关系，生产效率应该与其他未知因素有关。

2）继电器装配实验　此实验的目的是通过改变各种工作条件，如降低灯光照明度，延长工作时间，降低工资和奖金等，来考察对工作效率的影响。结果发现条件变差，但是产量在稳定上升。因此梅奥认为，生产效率的决定因素可能不是工作条件和环境，而是工人的情绪、人际关系方面的因素。

3）面谈计划　梅奥用了3年时间对2万多名工人进行面谈，目的是了解如何获取职工内心感受，进而帮助他们解决问题，提高生产效率。结果表明，工人都有个人不同的需求，这些影响着他们生产的积极性。梅奥认为管理者应该理解工人，倾听他们的意见，消除顾虑，才能使其提高工作热情、提高工作效率。

4）非正式群体实验　梅奥等人选择14名工人在单独的观察室中工作，并对这个班组实行特殊的计件工资制度。实验者原本设想，实行这套奖励办法会使工人更加努力工作，以得到更多的报酬。但是，在实验中却发现，工人私下规定了实际产量限额，即非正式产量标准；并且发现存在两个非正式组织，在同一组织内他们相互帮助，并且排斥其他的人。通过进一步调查发现，工人之所以这样做，是担心产量提高，管理当局会改变现行奖励制度，或裁减人员，使部分工人失业，或者会使干得慢的伙伴受到惩罚。

这一实验表明，为了维护班组内部的团结，可以放弃物质利益的引诱。由此提出了"非正式群体"的概念。

2.3.2 霍桑实验的结论

梅奥在上述实验的基础上，于1933年和1945年分别出版了《工业文明中人的问题》和

《工业文明中社会的问题》两部巨著。这代表着人际关系学说的诞生。其主要观点是：

1）工人是社会人，而不是经济人。梅奥认为，工人是社会人，除了物质需求外，还有社会、心理等方面的需求。工人是复杂的社会关系的成员，因此，要调动工人的积极性，不能忽视社会、心理因素对工人工作积极性的影响。

2）领导的责任是提高工人的满意度。工人的积极性取决于在家庭、社会和组织中人与人的关系，因此，管理人员应当关心下属，进行感情沟通，从而提高组织的士气。

3）企业中存在非正式组织，这是影响生产率的一个因素。

4）存在霍桑效应，即对新环境的好奇与兴趣，可以促进绩效的改进。

2.3.3 行为科学理论及其特点

行为科学管理理论起源于20世纪20年代末30年代初，以梅奥为代表的学者在霍桑实验之后开创了行为科学的早期研究，建立了人际关系学说，之后其他学者在这方面取得了突破性进展，这一系列的研究被称为行为科学。

1. 人的需求与动机的理论

1）马斯洛的需求层次理论。亚伯拉罕·马斯洛（Abraham Maslow）认为人的行为是由动机引起的，动机来源于不同的需求。他在《激励与个性》一书中对人的需要做出了如下解释：人是有需求的动物，只有需求得以满足后才能激发人的动机；人的需求分为五个层次，即生理的需求、安全的需求、社交的需求、尊重的需求和自我实现的需求；需求是由低级到高级的，只有低级需求得到满足后，才能产生高一级的需求。

2）赫茨伯格的双因素理论。美国心理学家弗雷德里克·赫茨伯格（Frederick Herzberg）提出了双因素理论，即保健－激励因素理论。他把影响人行为的因素分为两类：一类是保健因素，如政策、工资、同事关系和工作条件等；另一类是激励因素，比如上级赏识、事业的新的发展等。他认为保健因素不能起到激励的作用，但能防止职工不满情绪的产生，保健因素改善后，不满情绪会消除，但是不能导致积极后果，只有激励因素才能产生职工满意的积极效果。

3）弗鲁姆的期望理论。20世纪60年代美国心理学家维克托·弗鲁姆（Victor Vroom）提出了期望理论。他认为人们预期自己的行为能达到某种目标的时候，才会被激励起来，激励的力量等于目标价值与达成目标概率的乘积。

2. 管理中的人性理论

1）麦格雷戈的X-Y理论。美国管理学家道格拉斯·麦格雷戈（Douglas McGregor）在《企业的人性方面》一书中总结了X理论和Y理论。他认为管理者对人员的管理方式基于他们对人性的不同假设，这两种假设称为X理论和Y理论。X理论认为人的本性是不诚实的、懒惰的、愚蠢的和不负责任的，他们好逸恶劳，只有金钱和地位才能鼓励他们工作。基于这种假设的管理方式，应该是经济报酬诱导和制度约束控制相结合的"胡萝卜加大棒"的管理方式。Y 理论认为人能够主动承担责任，具有自我控制和自我约束能力，基于这种理论的管理方式应该是适当地分权放权，充分地调动员工积极性，发挥他们的潜能。麦格雷戈认为 X 理论已经过时。

2）莫尔斯和洛希的超 Y 理论。美国管理学家约翰·莫尔斯（John Morse）和杰伊·洛希（Jay Lorsen）认为人是复杂的，即使是同一个人，在不同时期、不同地点也会有不同的表现。人们的需要是多种多样的，并会随着发展不断变化。因此，没有一成不变的管理方式，必须根据组织内外环境自变量和管理思想及管理技术等因变量之间的函数关系，灵活地采取相应的管理措施。

3. 行为科学理论的特点

1）把人的因素作为管理的首要因素，强调以人为中心的管理，重视工人多种需要的满足。
2）综合利用多学科的成果，用定性和定量相结合的方法探讨人的行为之间的因果关系及改进行为的办法。
3）重视组织的整体性和整体发展，把正式组织和非正式组织、管理者和被管理者作为一个整体来把握。
4）重视组织内部的信息流通和反馈，用沟通代替指挥监督，注重参与式管理和工人的自我管理。
5）重视内部管理，忽视市场需求、社会状况、科技发展、经济变化、工会组织等外部因素的影响。
6）强调人的感情和社会因素，忽视正式组织的职能及理性和经济因素在管理中的作用。

2.4 现代管理理论

第二次世界大战以后，现代科技迅速发展，生产力迅速增长，企业的规模越来越大，生产的国际化进程加速，这一切都给管理工作提出了许多新问题，引起了人们对管理工作的普遍重视。科学技术，特别是运筹学、电子计算机等与管理紧密结合。除管理工作者和管理学家外，其他领域的一些专家，如社会学家、经济学家、生物学家、数学家等都纷纷加入了研究管理的队伍，他们从不同的角度，用不同的方法来进行研究。这一切为管理理论的发展创造了极其有利的条件，出现了研究管理理论的各种学派，呈现出"百花齐放、百家争鸣"的繁荣景象。美国管理学家哈罗德·孔茨形象地称之为"管理理论丛林"。

1961 年，孔茨把当时西方的管理学派分为 6 个学派：管理过程学派、经验学派、人群行为学派、社会系统学派、决策学派和数理学派。1980 年，孔茨又指出西方的管理理论已经发展到 11 个学派：经验案例学派、人际关系学派、群体行为学派、社会协作系统学派、数学（管理科学）学派、社会技术系统学派、决策理论学派、系统学派、权变学派、经理角色学派和经营管理（管理过程或管理职能）学派。

尽管学术界还有其他对西方现代管理论学派的划分方法，但纵观主要观点，国内外多数学者同意将"管理理论丛林"中的诸家观点归纳划分为6个学派：社会系统学派、决策理论学派、系统管理学派、经验主义学派、管理科学学派和权变理论学派，以便在理论上对它们进行归纳和研究。但这并不意味着这6个学派是彼此独立、截然分开的。

1）它们在历史渊源和论述的内容上互相影响且彼此交叉、融合。其中，管理科学学派就是对古典管理理论中科学管理理论的发展；经验主义学派和权变理论学派都体现了管理动态的特点，它们都认为不存在固定不变的管理理论和方法，因此都强调管理模式应根据具体情况来选择，但经验学派注重案例的研究，而权变理论学派试图建立理论上的权变管理模型；最后，社会系统学派、决策理论学派和系统管理学派之间的联系体现在它们都建立在系统科学的基础上，社会系统学派强调组织不仅是一个系统，而且是复杂的社会系统，应用社会学的观点去分析管理问题。

2）从研究方法来说，社会系统学派与人际关系学说有着密切关系。它们都建立在相同的理论基础之上，产生的历史背景也几乎相同。而决策理论学派强调了决策在系统运行中的重要作用；系统管理学派则突出用系统观去分析管理问题，追求系统的整体优化，重点在于建立适合现代系统的组织结构。

由此可见，各个学派之间相互影响、相互渗透，又有各自的研究特色，这就构成了现代管理理论丛林。

本章小结

中国与西方管理思想各自有其辉煌的一面。中国的管理思想曾经一度让中国走在世界前沿，屹立于世界强者之林；而西方管理思想在工业革命之后产生了比之前所有财富之和还要多的财富，确实让人叹为观止。但由于文化背景不一样，西方管理思想不一定适合中国的国情。因此，在借鉴的时候有必要对中国与西方的管理思想进行文化分析。

本章首先介绍了中国古代的管理思想，归纳了顺道、重人、人和、守信、利器、求实、对策、节俭、法治九大要点；然后分别介绍了奴隶社会、封建社会和资本主义早期的西方管理思想，阐述了以泰勒、法约尔和韦伯为代表的古典管理理论，以梅奥的霍桑实验等为代表的行为科学理论；最后介绍了现代管理理论的基本内容。

复习思考

1. 论述泰勒科学管理理论的主要观点。
2. 论述法约尔一般管理理论的主要观点。
3. 马斯洛需求层次理论的主要内容有哪些？结合实践谈一下你对马斯洛需求层次理论的认识。

本章参考文献

[1] 小乔治. 管理思想史 [M]. 孙耀君, 译. 北京: 商务印书馆, 1985.

[2] 张钢. 中国古代管理思想研究的现状与前瞻 [J]. 科学管理研究, 1998, 16 (1): 33-37.

[3] 黎敏. 论儒家思想对现代企业文化的影响 [J]. 长沙铁道学院学报(社会科学版), 2005, 6 (4): 97-98.

[4] 徐国利. 中国古代儒商发展历程和传统儒商文化新探 [J]. 齐鲁学刊, 2020 (2): 5-13.

[5] 徐从根, 陆鹏. 法家思想的现代管理之道 [J]. 北方经贸, 2008 (2): 107-108.

[6] 颜爱民, 张夏然. 道家"无为而治"思想及其在现代企业人力资源管理中的应用研究 [J]. 管理学报, 2011, 8 (7): 954-958; 1003.

[7] 马仁杰, 王荣科, 左雪梅, 等. 管理学原理 [M]. 北京: 人民邮电出版社, 2013.

[8] 施宙, 张永风, 王茗. 西方管理思想的发展历程与趋势 [J]. 科技创业月刊, 2009, 22 (2): 146-147.

第 3 章
CHAPTER 3

管理环境

学习目标

学习完本章后，你应该能够：
- 了解管理外部环境和管理内部环境。
- 理解外部环境要素及其影响。
- 理解组织内部硬环境和组织内部软环境。
- 明确组织文化的概念、功能及建设。

3.1 管理外部环境

3.1.1 外部环境概述

外部环境是组织生产经营所处的大环境，不同的外部环境因素对组织的发展和运营有着或多或少的影响。因此，管理者在运营的过程中需要将外部环境作为一个重要的考虑因素。

组织与外部环境是息息相关、相互制约、相互影响的。这具体体现在：首先，组织所需的各种资源都需要从外部环境中获取。任何企业无论生产什么产品或提供什么服务，都只能根据外部环境能够提供的资源种类、数量和质量来决定其生产经营活动的具体内容和方向。这对组织来说是一种挑战和约束。其次，组织所生产的产品和提供的服务需要被外部环境吸收，这样组织才能够循环运转。此外，组织决定从事哪些相关业务，制定什么样的战略目标等，都需要从外部环境中获取相关的信息和数据以提供支持。

外部环境对组织而言很重要，但是组织并不总是在消极、被动地适应环境，越来越多的组织在能动、积极地适应外部环境。组织可以根据已获得的数据和信息，对未来进行预测，从而更好地适应环境、控制环境。

这些对组织来说可能是一些约束和挑战，但同时也意味着机遇。

3.1.2 外部环境要素及其影响

按照环境要素是对所有组织都能产生影响还是仅仅只对特定的组织产生影响，可将环境要素分为一般环境要素和具体环境要素。一般环境要素主要包括政治法律环境、经济环境、技术环境、社会文化和人口环境等；具体环境要素主要包括顾客、供应商、竞争者、替代产品以及公众压力集团等。具体如表3-1所示。

表 3-1 外部环境要素

一般环境要素	政治法律环境
	经济环境
	技术环境
	社会文化和人口环境
具体环境要素	顾客
	供应商
	竞争者
	替代产品
	公众压力集团

1. 一般环境要素及其影响

（1）政治法律环境及其影响

政治法律环境包括一个国家或地区的社会制度和政治体制、对外关系以及国家或地区的方针、政策、法律和法规。不同行业其法律的成熟度也不尽相同，完备的法律体系对一个行业的标准有着举足轻重的作用。政治法律环境会影响一个国家或地区的整体环境，从而影响组织的生产运营。

不同的国家拥有不同的政治体制，对于组织而言，不同的政治体制意味着不同的限制和要求。管理者需要明确了解组织所在国家或地区的政治体制，在其约束范围内经营企业；组织要善于发现政策倾向，明确国家鼓励什么行为，国家对行业的扶持能够很好地促进该行业的发展。对外关系对组织的国际贸易有着较大的影响。若国家与某个国家关系紧张，组织需要将自己与该国的贸易进行转移；若国家与某个国家正在加强联系，则组织可增加与该国的贸易。

组织还必须了解相关的法律法规。法律对组织的生产、运营、销售、员工关系、缴税、破产、清算等各个环节都有相应的要求，管理者需要在法律范围内从事相关活动，使自己避免陷入法律诉讼、破坏企业声誉、阻碍组织发展的风险。

（2）经济环境及其影响

经济环境对组织的生产经营有着重要的影响，其可以分为宏观经济因素和微观经济因素。

宏观经济因素主要包括国民生产总值、国民收入水平、国家经济体系、通货膨胀率等。良好的宏观经济环境可以为组织提供稳定良好的生存环境，有利于组织发展。稳健上升的国民生产总值与国民收入水平意味着人们的经济生活水平提高，这种趋势对组织来说是积极的。衰退或萧条的宏观经济因素不利于组织的发展，甚至使得许多企业都无法生存。

微观经济因素主要包括人民可支配收入、储蓄、消费习惯偏好、就业情况等。如果消费者储蓄增多，可支配收入相应增长，那么对应的就会有较强的消费者购买力，消费者购买力一旦提升，市场增长潜力也会增强；如果就业比较充分，人民温饱基本解决就会开始享受生活，对组织发展也是有利的，但是前提是组织所提供的产品或服务是满足消费者偏好的，只有这样消费者才会选择购买。

此外，随着经济全球化的发展，组织对国际的依赖性加强，中外贸易不断增加，任何国家经济上发生比较大的变化都会对整个世界经济产生较大的影响。

（3）技术环境及其影响

技术环境主要是指引入新的机器设备、工作方法、软件应用等。随着社会的进步，技术环境对于组织的重要性也日益突出，组织对技术的依赖性加强，不论组织规模大小，其内部都存在技术因素。技术更新迭代速度加快，这就要求组织密切关注相关行业技术的发展趋势以做出相应的对策；电子信息技术的广泛应用，在很大程度上改变了人们的工作方式，工作不仅可以线下完成，而且可以线上完成，对工作地点的限制有所减少，除此之外，还大大提高了办事效率；工业化、智能化的发展使得大量的机器代替人工，许多传统行业消失，尤其是一些对人体有害的行业，又出现了一些新兴产业；技术的发展对员工也有了更高的要求，需要掌握新的技术操作，此外还需要很多创新人才，不断更新技术。但是，引用新技术成本较高，因此组织需要慎重考虑是否引用新技术，引用何种技术，以及何时引用。技术不仅会影响组织的生产方式，也会对消费者的消费方式及其宣传渠道产生影响。例如，互联网的发展使得电子商务应运而生，人们逐渐习惯在线上进行购物、消费，电商直播成为一种新兴的销售渠道。

（4）社会文化和人口环境及其影响

社会文化和人口环境主要包括风俗习惯、宗教信仰、道德水平、受教育程度、人口分布（性别、年龄、人口分布密度）等。风俗习惯和宗教信仰会对人们的消费偏好有所影响，也会影响人们对组织所提供产品和服务的可接受程度，如有一些民族对食物有所禁忌，组织一定要注意诸如此类的问题。随着社会的发展，人们的受教育程度提升，对新兴事物的接受程度逐步加强。除此之外，不同性别、不同年龄的人的消费习惯、消费需求也有所不同。例如，男性与女性的消费习惯，及其所需要的产品和服务也有所不同。

近年来我国的人口发展趋势是老龄化、城镇化、出生率下降。老龄化使得劳动力队伍结构发生改变，养老压力增加，也促使一批康养中心、养老院诞生。城镇化主要表现在人口流动性加强，越来越多的农村人口迁至城市。而随着人们生活水平的提高，对孩子的教育投入越来越大，培养孩子成本高昂，许多家庭选择了不生或者只生一个。

2. 具体环境要素及其影响

（1）顾客及其影响

顾客是指购买组织所提供产品或服务的消费群体。在当今社会的发展中，顾客已经占据了越来越重要的地位。如果一个组织没有足够的顾客，那么该组织就难以生存。顾客的需求决定了组织要生产什么产品、提供什么服务，组织需要积极响应顾客的需求。除此之外，组织还应敏锐地观察外部环境，调查顾客有哪些未满足的需求，对未来的发展趋势做出预测，基于顾客的偏好，创造需求，刺激需求。由于顾客的消费需求具有很大的不确定性，所以管理者必须时时关注顾客的动向，了解其消费心理与需求，并提供相应的产品或服务。对于涉及售后服务的组织，要培养一批以顾客为中心的员工，因为售后能够很大限度地影响顾客对组织的满意度，进而提升顾客的忠诚度。

组织需要知道自己顾客的消费购买力如何，年龄、性别的分布情况，以及哪些因素会影响顾客的购买欲望。只有对顾客进行了充分的了解，才能够提供令顾客满意的产品或服务，提高企业绩效，促进组织朝着更好的方向发展。

（2）供应商及其影响

供应商是指向组织提供所需资源的人或者组织，控制着组织的输入。若组织的供应渠道单一，占据了不利地位，那么供应商很有可能提出一系列不合理的要求，例如要求提高价格或者降低质量等。组织很多时候不得不答应此类要求，因为如果不答应，一旦供应商停止供货，组织的许多后续工作就无法开展，也无法满足订单需求，可能会面临高额赔偿；无法提供足够的产品或服务也会使得顾客大量流失，这都会使组织蒙受巨大的损失。此时组织应积极开发新的供应商或者寻找能够进行替代的资源或原材料，此外还可选择后向一体化，控制本组织的供应渠道。

在具有多个供应渠道的行业中，组织可以择优选择供应商，也可选择适当压低供应价格。为了保证供应的数量和战略的质量，组织还可培养自己的供应商战略伙伴。

（3）竞争者及其影响

在同一行业中，组织的规模、资金、产品的异质性都是影响竞争的重要因素。组织规模较大可以产生规模经济，使单位产品成本减少，占据成本优势，若组织在保证原来利润的基础上销售产品或提供服务，就会给规模较小的组织带来价格压力。组织资金雄厚可以引用新技术，通过多种方式拓宽消费者渠道，即使打价格战，组织也占据了有利地位。即使是同一行业中，不同组织提供的产品或服务也不是完全相同的，存在一定的差异性，组织所提供的产品或服务包含顾客看重的重要因素越多，越能得到顾客的青睐。

组织需要对竞争对手的市场占有率和预期增长率做完备的调查，在充分掌握了竞争对手的信息后，利用这些信息对竞争对手进行分析，分析其在哪些方面对组织构成了威胁，以及组织需要在哪些地方进行改进。所谓"知彼知己，百战不殆"，掌握竞争对手的有效信息越多，在其采取行动时，组织就越能得心应手地采取相应的举措，不至于处于被动地位。近年来，用来搜集竞争对手信息的竞争者情报也得到了广泛的应用。此外，竞争对手并不一定时时是竞争关系，有时也可进行合作，强强联手，打败其他竞争对手。

一个行业产生之后，会有许多组织想要加入。新进入者需要知道进入该行业的壁垒，组织需要多大的规模才能达到盈亏平衡，行业中已有组织的规模及其所占据的优势，市场空白有哪些等。如果潜在竞争对手成功进入该行业，势必瓜分市场份额，若以后发展成为规模较大的企业，对于组织来说就是一个强有力的竞争对手。

（4）替代产品及其影响

替代产品是指能够提供相同或相似功能的产品，功能越相似，替代性就越强。一旦有替代品介入，组织会想方设法提高产品质量、增加产品功能或者降低成本，从而降低销售价格，否则组织的销售量会减少，市场占有率会下降。替代产品对组织最大的威胁是价格优势，如果替代产品具有价格优势，势必对组织造成较大的冲击，价格优势越突出，冲击就越大。例如，微信的支付功能和支付宝的支付功能就具有替代性，支付宝未扩大自身用户量，曾推出扫码送红包的活动，而在此之后微信也推出了相应的活动。

（5）公众压力集团及其影响

公众压力集团即各类非政府的社会组织，如绿色和平组织、工会、妇联、消费者协会新闻媒体等。虽然这些群体不会对组织产生直接的约束和挑战，但是对组织的发展影响也是重大的。例如：工会会在很大程度上影响人力资源管理，干涉组织的招聘、晋升机制等；在人人都是自媒体的时代，新闻媒体所报道的内容对企业的声誉和知名度有着很大的影响，因为现在新闻媒体是大众获取信息最关键的渠道，如在"3·15"打假中会曝光许多企业的不法行为，使这些企业失去质量可信度，顾客大量流失，声誉受损，从而影响组织绩效。不同的公众压力集团会给组织施加不同的压力，基于不同的压力，组织也要采取相应的举措。

外部环境的变化对管理者也会有所影响。首先，人们的工作形式和岗位发生了变化，如许多终身职位变成了合同制，压缩工作周，实行弹性工作时间等。其次，环境的不确定性也会影响组织的绩效。环境的不确定性是指一个组织的外部环境的变化程度和复杂程度。表3-2中展示了这两个方面。依据变化程度，外部环境可以划分为稳定的和动态的。稳定的环境没有新的竞争对手出现，目前的竞争者也没有采取新的战略及措施，外部的利益相关群体也没有给组织施加新的压力；而动态的环境是指外部环境的构成要素频繁地发生变化，并且这些变化具有相当的不可预测性。依据复杂程度，外部环境可以划分为简单的和复杂的。简单的环境构成要素少，对要素的了解程度要求低；复杂的环境构成要素相对较多并且对要素的了解程度要求较高。当外部环境的变化程度和复杂程度都比较低时，管理者是影响组织绩效的主要因素；当环境的不确定性程度增强时，管理者对组织的影响程度相对减弱。外部环境对组织的决策以及目标确定也有所影响。组织在制定决策时会对外部环境进行考察，如当前的竞争者有没有采取新行动，是否有新竞争者的加入，市场分布情况如何，国家是否有扶持政策，与本行业相关的法律法规是否有变化等。通过对外部环境分析，管理者需要找到对组织有利的因素以及需要避免的威胁，以指导自己的管理决策。近年来外部环境动荡多变、不确定性增强，这也要求管理者在确定组织目标以及制定决策时需要富有弹性，制定的目标需要是具体的，但也要能够根据外部环境的变化随时进行调整。

表 3-2　环境不确定性矩阵

复杂程度	变化程度	
	稳定的	动态的
简单的	单元 1 稳定的、可预测的环境 环境的构成要素较少 各要素在某种程度上相似，且基本保持不变 很少要求对这些要素有深刻了解	单元 2 动态的、不可预测的环境 环境的构成要素较少 各要素在某种程度上相似，但会不断改变 很少要求对这些要素有深刻了解
复杂的	单元 3 稳定的、可预测的环境 环境的构成要素较多 各要素彼此不同，且基本保持不变 要求对这些要素有深刻了解	单元 4 动态的、不可预测的环境 环境的构成要素较多 各要素彼此不同，且不断改变 要求对这些要素有深刻了解

（资料来源：罗宾斯，库尔特. 管理学：第 13 版 [M]. 刘刚，程熙镕，梁晗，等译. 北京：中国人民大学出版社，2017.）

总之，外部环境与组织是相互制约、相辅相成的，外部环境是组织生存和发展的土壤，组织的发展需要受到外部环境的制约，要顺应外部环境的发展趋势。但是，当组织规模达到一定程度时，也可以反作用于外部环境。外部环境是组织生存发展过程中不可忽视的一个重要因素。管理者需要对外部环境保持敏锐度，当外部环境发生变化时，随时做出应对措施。

3.2　管理内部环境

3.2.1　内部环境概述

管理环境除了外部环境之外，还包括组织的内部环境。内部环境是指组织中对管理活动产生影响的各种因素的总和。它随着组织产生而产生，是组织做出各项战略决策的基础，对组织管理的成功与失败至关重要。影响管理活动的组织内部环境包括组织的硬环境和组织的软环境。

1. 组织的硬环境

组织的硬环境包括组织的物理资源、人力资源、物质资源和财务资源。资源的有效配置是组织战略顺利实施的必要保证；有效地利用自身资源、发挥组织的优势，是实现组织目标的前提条件。

（1）物理资源

组织的物理资源主要包括工作地点的空气、光线和照明、声音（噪声和杂音）、色彩等，这些因素对员工的工作安全、工作态度、行为以及工作效率都有极大的影响。因此，创造一种适应员工生理和心理要求的工作环境，是实施有序而高效管理的基本保证。

（2）人力资源

组织的人力资源是指组织为进行生产经营活动而雇用的各种人员，包括董事、监事、高级管理人员和全体员工。进一步说，人力资源也包括这些组织成员所具备的知识、技能、能力等。人力资源是组织最重要的因素。在组织的各项资源中，人力资源发挥着主导作用。

组织应该时刻关注员工数量、职位空缺、员工能力与职位是否匹配等相关问题，为组织筛选和留住为实现战略目标所需要的人才，并定期进行员工培训，让员工不断学习新的知识和技能，充实自己，以获得更高的绩效。只有这样，才能充分发挥组织中每个成员的作用，实现效用最大化。

（3）物质资源

组织的物质资源是指组织从事生产经营活动所需要的一切生产资料，是看得见、摸得着的资产。这些资产包括固定资产和流动资产，是组织进行运转的物质基础。例如，在制造类企业中，固定资产包括厂房、设备、工具等，可以用来进行组织再生产；流动资产包括原材料、辅助材料、燃料等，是组织再生产不断循环的重要条件。组织在进行物质资源管理时，应该对这些物质资产进行整合，分析组织拥有的资源总数，确定它们是否与生产技术相适应，以及如何提高其利用率，进而形成一套综合管理系统。

（4）财务资源

组织的财务资源顾名思义，就是组织所拥有的资本，包括组织各类资金的数量、构成以及融资渠道等。财务资源能够获取和改善组织其他资源条件，是各种经济资源的价值体现，能够反映组织活动条件。组织在进行财务资源管理时，应该注意组织是否对资金进行了合理配置，并将其用到的最需要的地方，以及组织资金是否能够支持开展新的业务。在财务资源配置方面，应注意对资本的形成进行组合和对资本的使用进行分配。

2. 组织的软环境

组织的软环境是指一个组织的员工队伍建设、员工心理环境及组织文化环境等情况。建设一支高素质的员工队伍是组织可持续发展的基础；员工心理环境能够影响员工对组织的满意度、忠诚度，从而影响工作效率；优秀的组织文化能够增强员工的凝聚力。

（1）员工队伍建设

员工队伍建设是对组织内部员工的人数、素质和队伍结构进行的优化、提升和完善。打造一支优秀、稳定的员工队伍是一项系统的、长期的、全局性的人才工程。成功的员工队伍建设能够实现对人力资源更有效、更合理的使用和配置，这也是组织未来持续发展的一项保证。

（2）员工心理环境

员工心理环境包括员工个人层面（如组织成员对组织的满足感、归属感、责任心和奉献精神等）与员工间的关系层面（如组织内部的人际关系、人事关系等）。员工心理环境对组织成员的工作积极性、创造性以及员工间的合作有着至关重要的影响，并且决定着组织管理效率和管理目标的达成。日益激烈的社会竞争、工作压力、工作环境、职位变迁、福利待遇等因素，都会影响员工的心理。

（3）组织文化环境

组织文化环境是组织为其成员构建的一套明确的价值观念和行为规范。它影响着组织内部员工的工作态度和行为方式，进而影响组织目标的达成。建立积极向上的组织文化，能够增强组织员工的凝聚力、向心力和持久力，对组织有序规范和可持续发展至关重要。

3.2.2　组织文化

1. 组织文化概述

（1）组织文化的定义

组织文化是组织的灵魂，是管理精神世界中最核心、最本质的东西。它是由一个组织的价值观、信念、仪式、处事方式等组成的特有的文化形式，形成于组织成长、变革的长期实践中，并随着组织的发展而不断丰富。组织通过塑造组织文化来影响其成员的工作态度和行为方式，从而实现组织目标。组织文化可以定义为：组织在长期实践活动中形成的且为组织成员普遍认可和遵循的具有本组织特色的价值观念、团队意识、工作作风、行为规范和思维方式的总和。

（2）组织文化的特点

1）客观性。组织文化是在组织所处社会物质环境的影响下客观、独立形成的。它的产生和存在不以人的意志为转移，因此具有客观性。只要是一个组织，其中就必然会形成组织文化。不管人们是否意识到，组织文化总是存在着，并发挥着或正或负、或大或小的作用。

2）独特性。每个组织都有自己独特的发展历史、经营类型、所属行业和人员规模等，在其长期发展中，必然会形成其独特的价值观、道德准则及行为方式。也就是说，每个组织的组织文化都具有鲜明的个体性和独特性。即使组织之间存在着行业、规模或者产品相似的情况，不同组织也会有不同的个性色彩。

3）相对稳定性。组织文化是组织在长期发展中逐渐积累起来的，一旦形成就具有较强的稳定性，不会因为组织结构的改变、组织战略的转移或产品和服务的调整而立即发生变化。这就如同人的脾气秉性一旦形成便很难改变一样。

4）发展性。组织文化会随着历史的演进、社会的进步、环境的变迁以及组织变革而逐步发展。那些积极的、有助于组织适应外部环境和变革的组织文化，逐渐被组织成员所接受和遵循；而那些消极的、可能导致组织不良发展的文化会不断被淘汰。这种组织文化不断变革的过程，就体现了组织文化的发展性。

5）民族性。组织文化根植于民族文化之中，具有极强的民族性。民族文化是影响组织环境的重要因素，它不仅会影响组织及其成员的价值观念、行为准则和道德规范，还会对组织经营管理的方针战略产生潜移默化的影响。每一个民族都有其独特的民族文化，而任何组织都是存在于某一区域内的，因此它们必然会受到所在地区民族文化的影响。

（3）组织文化的结构

组织文化的结构分为表层的物质文化、浅层的行为文化、中层的制度文化和深层的精神文化四个层次。其中，精神文化是组织文化的核心。

1）物质文化。组织的物质文化是组织文化的表层部分，其显著特点是以物质为载体。它是一种以物质形态为主要研究对象的表层组织文化，是看得见、摸得着的。它最直观，也最易于被人们所感知。组织的物质文化主要包括生产的产品和提供的服务，以及组织的生产环境、建筑风格、技术工艺、设施设备、广告、包装与设计、标志等。

2）行为文化。组织文化的第二层是行为文化，即浅层组织文化。行为文化是指组织员工在生产经营、管理服务及学习与娱乐活动中产生的活动文化。它包括组织在生产经营管理、教育宣传、人际关系活动、文娱体育活动中产生的文化现象，也包括组织行为的规范、组织人际关系的规范和公共关系及服务行为规范。组织员工是组织的主体，其行为决定了组织整体的文明程度。

3）制度文化。制度文化能够体现组织文化中的各项规章制度、行为规范和道德准则。组织的制度文化主要体现在组织领导机制、组织结构和生产经营管理制度上。其中，组织领导机制是领导结构、领导方式、领导制度的总称，是制度文化的核心；组织结构是组织全体成员为实现组织目标，在管理工作中进行的分工所形成的结构体系；生产经营管理制度是组织为实现利益最大化，在生产经营、管理实践活动中所制定的管理条例，并对员工采取一定的强制性措施来保证规定和条例的顺利实施。

制度文化是组织为实现目标而约束组织和员工行为的规范性文化，规范着组织中的每一个人。此外，制度文化在精神文化和物质文化之间起中介作用，这种中介作用使企业在复杂多变、竞争激烈的经济环境中保持自身优势，从而保证企业目标的实现。

4）精神文化。精神文化是指组织在一定的社会文化环境和意识形态的影响下，经过长期的生产经营、管理服务实践过程而形成的一种精神成果和文化观念。它在整个组织文化体系中处于核心和主体地位，是组织和全体成员共同而潜在的意识形态的总和。核心层的精神文化包括组织使命、组织愿景、组织道德、组织精神、组织价值观念、组织经营哲学等内容。

2. 组织文化的功能

组织文化一经形成，就会在无形中引导和规范组织成员的行为，使组织成员拥有相同的道德观和价值观，从而对组织经营和发展产生重要影响。组织文化具有很多传统管理所不能完全涵盖的新功能，如导向、凝聚、激励、规范和辐射等功能。

（1）导向功能

所谓导向功能，是指组织文化对组织整体和组织成员的价值观及行为方式所起的引导作用。组织文化是在一定的历史条件和长期的实践活动中形成的，在形成过程中，通过对组织成员共同的价值观和思想行为的塑造，从精神上引导员工的心理和行为，使员工知道应该做什么和不应该做什么。

组织文化一旦形成，就建立起自身独特的价值观和行为规范，并具有强大的感召力，使人们在潜移默化中接受共同的价值观，并能够长期地引导和调整全体员工的行为，使之为实现组织目标而共同奋斗。

（2）凝聚功能

组织文化的凝聚功能是指当一种价值观和行为规范被组织员工共同认可后，就会产生巨大的黏合力，从各个方面把员工聚合起来，从而产生一种强大的向心力和凝聚力。良好的组织文化意味着良好的组织氛围和工作环境，在这样的情境下，成员能够感到身心舒适，从而激发起为组织奋斗的热忱，并且产生对自己工作的自豪感、使命感和对组织的归属感。如果良好的组织理念能够被正确地运用和实施，它就会以特有的方式融合员工的理想、信念、作风，培养和激发员工的群体意识，使其为完成组织目标而共同努力。

（3）激励功能

组织中的激励就是通过采取一些外部刺激手段，使组织成员产生心理上的正向效应，如高昂的士气、不断拼搏的精神、更高的绩效等。组织文化能激发员工的工作热情、积极性和未发挥出的巨大潜能。

组织文化把尊重人作为中心内容，以人的管理为核心。在这样的文化氛围中，领导与员工、员工与员工之间互相关心、互相支持。特别是领导对员工的关心，会让员工感觉受到尊重，自然会加倍努力工作。并且，每个成员所取得的成就，都会得到领导的赞赏和集体的褒奖。其结果是，员工受到鼓舞，感到了自己存在和行为的价值，促使其为了进一步发挥个人才能而努力完成下一个目标，并保持旺盛的精力开展新的工作。积极的组织文化可以满足组织成员对高层次需求的追求，从而激发组织成员从内心深处自觉产生为组织目标拼搏的精神。

（4）规范功能

组织文化对员工的思想、行为、价值观都具有一定的规范和约束作用。虽然组织文化不具有强制性，但它的作用很强大。

每个组织都会有强制性的规章制度，但执行起来不一定十分有效。而组织文化的约束不是制度式的硬约束，而是一种依靠员工心理、组织风气、工作环境等来规范员工行为的软约束。当组织成员身处具有特定的群体行为准则和道德规范的组织中时，他们会在潜意识中产生自我心理压力和动力，从而产生自律意识，达到行为的自我控制。当员工意识到自己原有的思想行为与现在的集体不和谐时，就会逐渐放弃那些不协调的思想观念、行为方式等，接受并形成新的、适合组织的文化意识。

（5）辐射功能

一种优秀的、成熟的组织文化不仅会对本组织产生作用，还会不断地向周围传播和辐射。组织愿意把自己的价值观念、经营理念和组织精神展示给社会，也希望得到社会大众的认可。好的组织文化会随着时间的推移成为社会精神文明的重要组成部分，有的甚至会对社会文化的发展产生较大的影响。

3. 组织文化的建设

（1）组织文化建设的指导原则

在组织文化的建设中要遵循社会文化的形成和发展规律。建设组织文化，应遵循以下指导原则：

1）既要继承又要发展。我国有着5 000多年的悠久历史，有着优秀的民族文化，我们要从中吸取精华，用于指导形成本组织文化的大环境；还要继承本组织经过长期发展已经形成的优秀传统、作风和文化氛围。继承是发展的基础，而发展又是继承的延续。组织要始终认清社会环境形势，紧跟时代潮流，使组织文化不断发展和丰富。只有做到这些，组织文化才能既符合国情又独具自身特色，具有持久的生命力。

2）既要借鉴又要创新。组织文化理论形成于西方，具有其独特的经验和可取之处。对于我们来说，要学习人家的长处，而对其弊端也可作为前车之鉴。学习是为了借鉴，借鉴是为了创新。没有创新就没有发展，最终只能被时代所淘汰。因此，我国的组织要借鉴和吸收西方国家的有益经验，继承和发扬中华民族优秀的传统文化，建设成有中国特色的社会主义组织文化。

3）既要注意理论又要注重实践。在建设组织文化时，必须强调理论与实践的结合。一方面，我们要认真学习国内外优秀的经验和值得借鉴的理论，加强基本理论的研究；另一方面，要坚持从实际出发，扎根于组织中，总结已有的经验教训，创造性地进行新的探索，把理论研究和组织文化建设的实践紧密结合起来。只有这样，才能探索出一条建设独具特色的组织文化的成功之路。

（2）组织文化建设的基本内容

1）塑造组织形象。一个组织的形象如何，直接关系到组织的成败。上到领导，下到组织的每一个成员，都要高度重视塑造和维护本组织的良好形象。

组织形象主要由社会形象、产品形象、服务形象等要素构成。组织的社会形象就是社会公众对组织的印象和评价。维持良好社会形象的核心就是组织履行社会责任的程度。组织在追求自身利益和发展的同时，也应尽力为社会多做贡献，履行必要的社会责任和社会义务。组织的产品形象是社会公众对组织产品的质量、价格等的评价。产品形象关系到组织的经济竞争力，对组织来说十分重要。组织不仅要注重产品在外包装中的设计，也要注重产品的内在质量，这样才能赢得顾客的较高评价，从而提高市场竞争力。组织的服务形象是组织的软实力。组织向顾客提供什么样的服务，直接影响顾客对组织的印象和忠诚度。组织应该提供能够满足顾客期望的服务，追求服务完美和顾客的高度满意，从而保持组织持续的竞争优势。

2）文化心理建设。组织文化心理建设就是采取各种措施对组织成员的心理状态施加积极影响。组织的文化心理建设是组织文化建设的一项重大基础工作，涉及许多方面，主要包括：①增强主权感。使组织成员将自己的命运与组织的命运紧密联系在一起，让组织成员参与管理活动，从而激励成员关心组织目标，发挥积极作用。②培养使命感。加强思想教育和信念教育，使组织成员认识到促使组织生存和发展是自己的一项崇高使命。③满足安全。每个组织成员都希望获得安全感，组织应该满足成员的职业安全、人身安全和财产安全等。④增强信任感。信任是人与人之间交往的基础，包括领导与成员之间的信任、成员与成员之间的信任。拥有信任感就会增强责任心，组织成员感受到自己存在的价值，从而提高工作热情，彼此之间感情融洽，才能通力合作，为实现组织目标而共同奋斗。⑤提高满意感。组织应关注成员的满意度，最基本的是满足组织成员的生活需求、成长需求和社交需求等。

（3）组织文化建设的过程

组织文化建设是一个长期的过程，同时也是组织发展过程中一项艰巨、细致的系统工作。组织文化建设的过程包括以下几个方面：

1）选择合适的价值标准。组织价值观是整个组织文化的核心，因此，选择正确的价值观是塑造良好组织文化的首要问题。选择组织价值观首先要立足于本组织的具体特点，不同的组织有其自身独特的发展历史、所处环境、组织结构和行为方式，因此必须结合本组织的特点，选择适合自身发展的组织价值观，否则就不会得到广大员工和社会公众的认同与理解；其次要把握住组织价值观与组织文化各要素之间的相互协调关系。除此之外，选择正确的组织价值标准要注意以下四点。

①组织价值标准要正确、明晰、科学，具有鲜明特点。

②组织价值观和组织文化要体现组织的宗旨、管理战略和发展方向。

③要符合本组织员工的认可程度和接纳程度，使之与本组织员工的基本素质相匹配。

④选择组织价值观时要认真听取群众的各种意见，经过反复筛选，选出既符合本组织特点，又反映员工心态的组织价值标准。

2）强化员工认同。选择和确立了组织合适的价值标准后，就应采取一定的方式使其深入人心。

①充分利用一切宣传工具和手段，宣传组织文化的内容和精要，使之为大众所熟知，从而创造浓厚的环境氛围。

②培养和树立典型。应为组织成员树立一个具有特定感召力和影响力的具体榜样，成为组织成员仿效的对象，使组织成员从中深刻理解组织文化的实质和意义。

③加强培训教育。应有目的地培训与教育，使组织成员系统地接受和强化认同组织的价值观、组织精神和组织文化。

3）提炼定格。组织文化的形成是一个长期的过程，必须经过不断地分析、归纳和提炼才能定格。

①精心分析。在经过群众性的初步认同实践之后，应当对反馈的意见加以分析，并仔细比较实践结果与规划方案的差别。

②全面归纳。在精心分析的基础上，进行综合化的整理、归纳、总结和反思，淘汰那些

落后的、不为员工所认可的内容，保留那些进步的、有成效的、为广大员工所接受的内容。

③精练定格。把经过科学论证的和实践检验的组织精神、组织价值观、组织行为予以条理化、完善化、格式化，再经过必要的理论加工和文字处理，用精练的语言表述出来。

4）巩固落实。具体包括以下方面：

①建立必要的制度。要巩固落实已提炼定格的组织文化，首先要建立必要的制度保障，使每一位成员都能自觉主动地按照组织文化和组织精神的标准去行动。

②领导示范作用。组织领导者在塑造组织文化的过程中起着决定性的作用，应起到带头作用，及时更新观念，肩负起带领组织成员共建优秀组织文化的重任。

5）在发展中不断丰富和完善。任何一种组织文化都不是一成不变的，而应该随着组织的内外条件的变化不断丰富和完善。如果故步自封，将会被历史所淘汰。正是在这种旧文化不断淘汰和新文化不断生成的过程中，组织文化循环往复，达到更高的层次。

本章小结

管理环境包括外部和内部两个方面。外部环境是组织生产经营所处的大环境，不同的外部环境因素对组织的发展和运营有着或多或少的影响。内部环境是指组织中对管理活动产生影响的各种因素的总和，它是组织做出各项战略决策的基础。组织内部环境受到组织硬环境和组织软环境两方面影响。组织通过塑造组织文化来影响组织成员的工作态度和行为方式，从而实现组织目标；组织文化是组织的灵魂，是管理精神世界中最核心、最本质的东西。

本章首先介绍了管理外部环境，阐述了管理外部环境要素及其影响，包括一般环境要素及其影响和具体环境要素及其影响；然后介绍了管理内部环境，明确了物理资源、人力资源、物质资源、财务资源四大组织的硬环境和员工队伍建设、员工心理环境、组织文化环境三大组织的软环境；最后从概述、功能和建设三个方面介绍了组织文化。

复习思考

1. 外部环境包括哪些要素？它们如何影响管理活动？
2. 组织的硬环境和组织的软环境分别包括哪几个方面？
3. 什么是组织文化？它具有什么功能？
4. 以你所在的或熟悉的组织为例，描述一下该组织的文化具有哪些突出特点。
5. 你认为什么样的组织文化才能称得上是优秀的组织文化？

本章参考文献

[1] 杨娅婕. 管理学：理论与实务[M]. 云南：云南大学出版社，2010.

[2] BOURGEOIS L J. Strategy and environment: a conceptual integration[J]. Academy of

Management Review, 1980, 5(1): 25-39.

[3] 胡凌云. 管理学原理 [M]. 武汉：武汉大学出版社，2013.

[4] 万卉林，刘虹. 管理学：原理、方法与案例 [M]. 2版. 武汉：武汉大学出版社，2011.

[5] 罗宾斯，库尔特. 管理学：第13版 [M]. 刘刚，程熙镕，梁晗，等译. 北京：中国人民大学出版社，2017.

[6] 王亚丹，徐刚，宋谨. 管理学 [M]. 上海：上海财经大学出版社，2016.

[7] 蔡世刚. 管理学 [M]. 西安：西安交通大学出版社，2017.

[8] 季辉. 管理学 [M]. 重庆：重庆大学出版社，2017.

[9] 韩利红，赖应良. 管理学 [M]. 四川：西南交通出版社，2017.

[10] 广小利，李卫东. 管理学 [M]. 北京：北京理工大学出版社，2016.

[11] 姜磊，马玉梅. 管理学基础 [M]. 北京：北京理工大学出版社，2018.

[12] 杨仕梅，李晓楠，曾霞. 管理学 [M]. 北京：北京理工大学出版社，2017.

第 4 章
CHAPTER 4

企业伦理与企业社会责任

学习目标

学习完本章后，你应该能够：
- 明确企业的利益相关者。
- 理解企业伦理的概念。
- 了解企业伦理的产生、发展历程及建设。
- 理解企业社会责任的概念与内涵及理论基础。
- 了解企业社会责任的发展历程。

4.1 企业伦理

4.1.1 利益相关者

在经济全球化背景下，追求经济利润最大化是企业生存和发展的目标。但随着知识经济时代的来临，企业要想获得长远的发展，必须注重伦理道德的遵守。在现代经济管理中，企业不仅是提供产品和服务的组织，也是社会和谐稳定发展的重要力量，其利益关系也不再只是单纯的雇主和雇员之间的关系，而是以各种各样的方式与社会中的众多利益群体之间产生的联结。这就可以总结出利益相关者的概念，是指伴随着企业的生产经营状况而承担一定风险的个体和群体。它会对企业经营管理目标的确立产生影响，同时也影响着企业经营管理目标的实现。企业的利益相关者可以分为企业内部利益相关者和外部利益相关者。前者包括企业所有者和企业员工，也就是传统企业中的利益关系；后者则包括竞争企业、供应商、消费者、政府及生态环境。利益相关者的具体分类如图 4-1 所示。

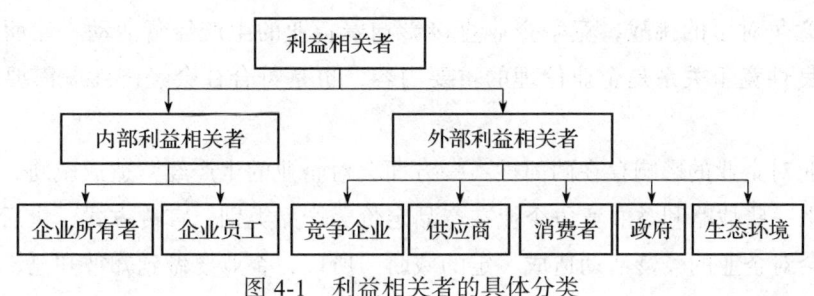

图 4-1 利益相关者的具体分类

1. 内部利益相关者

（1）企业所有者

随着现代社会的发展进步，遵守伦理道德越来越成为评价一个企业优劣的重要标准。只追求短期利益、不注重伦理道德的企业，终将被淹没在经济社会发展的洪流中。企业所有者作为企业未来发展走向的主导者，应该清楚地把握如何将企业塑造成为一个讲伦理道德的经济主体，而不是过度追求经济利益，利用不道德的手段达到经营目的，这都是短视的表现，不利于企业的长久稳定发展。反过来说，遵守伦理道德也对企业的发展产生一定的催化作用，一个讲伦理道德的企业会形成较高的企业声誉，进而为企业带来更多的附加效益。企业所有者应做出符合社会道德规范的伦理决策，以人为本，不断创新进取，形成良好的企业文化氛围，为企业的繁荣发展带来巨大的内在动力。

（2）企业员工

企业的持续稳定发展和员工的忠诚与积极劳动之间存在着密不可分的关系，从古至今，二者之间都存在着相辅相成的关系，不同的经济社会发展背景下，企业与员工之间关系的表现也不同。根据马斯洛需求层次理论，企业与员工之间的关系也存在从低层次到高层次的演化。在工业化时代早期，企业与员工之间主要是人身依附关系，员工的唯一劳动目的就是获取基本的生活保障，而不太关注自身的发展及环境的改善。从企业角度来看，企业从事的基本是粗放类的加工工作，不注重员工的产前培训与教育，只需要利用足够的劳动力完成加工任务即可。随着工业化时代的进步，知识经济时代的来临，这种简单的人身依附关系逐渐瓦解，员工不再只关注获取利益，而更加期望在工作中实现自身价值。企业也开始注重对员工的教育和培训。尤其在知识经济时代，企业对员工的劳动需求更多体现在脑力需求上，因此也更加重视对高技术人才的培养和挖掘。在信息化的新时代背景下，企业与员工之间的平等关系逐渐显著，传统的等级观念逐渐淡化，二者之间更倾向于一种战略伙伴关系。处理好劳资关系，尊重员工权利，建立合理的薪资福利制度体系，形成和谐的企业内部伦理氛围，对企业来说至关重要。

2. 外部利益相关者

（1）竞争企业

在商品经济条件下，竞争是一种必然的现象，任何企业在市场营销过程中，都会不可避免地遇到竞争对手的挑战，竞争企业直接影响着企业的生产经营活动。然而，企业保持和竞争者的良性竞争关系是企业伦理的重要内容，也是符合社会经济发展需要的重要战略需求。

竞争企业对企业的影响存在两面性：一方面会对企业的生产经营造成威胁，另一方面也会给企业带来一些战略利益。竞争企业在产品定价、产品类别、宣传方式、售后服务等方面的改善，都会对企业的经营活动造成一定的威胁。所以，企业要做到知彼知己，充分了解竞争对手的生产经营策略，方可在竞争市场中游刃有余、屡战不败。同时，竞争企业的存在还可以倒逼企业不断加强技术创新，进行产品的升级换代，开辟新市场，有效识别竞争对手，采用符合自身经营特点的竞争战略，如成本领先战略、差异化战略和集中性战略等。企业在遵守法律法规的前提下，应与竞争对手保持有序良性竞争。这有利于塑造良好的企业形象，稳固企业在市场中的有利竞争地位。

（2）供应商

供应商在企业的生存发展过程中扮演着合作伙伴的角色，二者的根本利益是一致的。企业与供应商之间的关系主要包括真诚合作、平等互利、质量保证及开放交流四个方面。供应商生产符合企业要求的材料、产品等，以维护长期稳定的合作关系，努力创建合作共赢的局面。企业也应该在遵守伦理道德的基础上与供应商加强合作，秉持平等互惠互利的交易原则，诚实守信，遵守契约精神，不断加强技术交流和信息共享，与供应商形成联盟体系，促进双方的共同成长进步。

（3）消费者

消费者是评价企业优劣的最直观主体，从产品质量到售后服务，无一不在消费者的考量范围之内。二者之间的关系更是市场经济中最突出的关系：消费者对企业的正向评价有利于企业良好形象的塑造，增强企业信心，促进企业发展；遵守伦理道德的企业也会拉近与消费者的距离，获得消费者的认可和支持，有利于企业经营目标的实现。消费者作为理性个体，一旦遭到欺骗背叛，就会不加犹豫地选择离开，更有甚者会对企业的声誉产生不可泯灭的负面影响。因此，企业要处理好与消费者之间的关系，切实考虑消费者的利益，为消费者提供有质量保证且安全可靠的产品和服务，尊重消费者的合法权益。

（4）政府

在市场经济条件下，政府扮演着多重角色，其既是企业是否合法合规经营的裁判员，又是为企业创造有利营商发展环境的服务员。政府这只"看得见的手"对市场经济进行有效的宏观调控，规范市场秩序，保证公平竞争，加速政企分离，兼顾协调效率，增强政府与企业的互动合作，为企业的改革发展提供政策支持和保障。作为企业，要切实杜绝官商勾结的不良行为，积极响应政府号召，遵守政府相关规定，不搞权钱交易、以权谋私，从自身建设入手，提高自身的道德素质和能力，形成"不依赖、不盲目、不投机"的"三不"作风。在政府提供的有利营商发展环境下，培养与增强自己的竞争优势，力求在全球化经济发展中占有一席之地。

（5）生态环境

企业的发展应该与生态环境相协调。企业在生产经营过程中，难免会对生态环境造成一定程度的破坏。例如：制造企业废水废气的排放，带来的水污染和大气污染；建筑企业带来的噪声污染；能源企业对资源的开采，对环境的过度索取等，都是企业破坏生态环境的鲜明例子。从环境角度来看，没有持续、健康、安全的生态环境，企业就没办法从事任何生产经营活动，资源枯竭风险也是所有企业需要关注的现实问题。因此，企业在追求经济效益的同时，也要注重维护社会效益，充分遵守节约资源和保护环境的责任伦理，与生态环境和谐共处，创造更多的生态价值和经济利益。

4.1.2 企业伦理概述

1. 企业伦理的概念

企业伦理是企业在生产经营过程中，在满足利益相关者要求的基础上需要遵守的伦理道德行为规范，其明确区分了企业行为中哪些是善，哪些是恶，具体分为企业内部伦理和企业外部伦理。企业内部伦理涉及在处理企业内部利益相关者之间关系时应遵守的伦理道德行为规范及善恶价值取向；企业外部伦理涉及在处理企业外部利益相关者之间关系时应遵守的伦理道德行为规范及善恶价值取向。

2. 企业伦理的产生与发展历程

（1）西方企业伦理的产生与发展

20世纪60年代，美国经济出现"黄金时期"，西方各国在第二次世界大战以后的20多年时间里迎来了经济高速发展时期。但经济繁荣的背后，矛盾也在逐渐激化，工人对人权的问题越来越重视，大批人权运动纷纷兴起，如西进运动、美国黑人民权运动等。另外，经济的高速发展也带来了环境资源受到破坏的风险。生产企业对资源的过度索取、对环境的大肆破坏，激起了大批环保运动出现，这也意味着人们的绿色环保理念逐渐形成。美国部分企业生产不合格、不安全产品的不道德行为丑闻频频爆出，一系列保护消费者权益的运动应运而生。在这种情况下，企业伦理问题引起了宗教人士的密切关注，并开始进行研究和探讨。

20世纪70年代，西方出现经济危机和滞胀，突出表现就是通货膨胀、物价上涨、失业率上升，社会矛盾日趋激化。"水门事件"发生以后，美国越来越多的企业卷入非法集资、行贿受贿、窃取商业机密等不道德事件中，企业经理人的伦理道德受到公众极大的质疑，甚至有些管理者已经达到道德沦丧的地步，违法犯罪的行为屡见不鲜。这种种社会现状使得人们对企业伦理的需求更加迫切，学者们对企业伦理的研究也逐步深入。

20世纪80年代，经济全球化逐渐显现，随着跨国公司的建立，企业伦理从美国和日本逐渐扩展到了澳大利亚、东南亚等地。跨国公司带来的环境问题和劳资问题也加剧了各国的不满,造成了严重的两极分化,使贫国越贫、富国越富。跨国公司为了降低成本,将污染严重和劳动密集的产业向工业发展程度较低的国家转移,由此引发的劳动用工和环保矛盾日趋激烈,成为各环保组织和绿色环保人士关注的焦点问题。

20世纪90年代至今,随着经济全球化的不断深入、区域经济合作进程的加快,人们对企业伦理的认识达到了新的高度。在全球经济发展浪潮下,许多企业开始热衷于炒股、投机房地产等各种投机行为。这些盲目跟风追求经济利益的做法受到学者们的质疑和批判。21世纪以来,安然公司、世界通信公司、安永会计师事务所等世界知名企业涉嫌欺诈交易、财务造假等商业丑闻的出现,使其原本崇高的企业形象瞬间崩塌。互联网信息科技的发展带来的诸多网络诈骗、不实信息泛滥、知识产权侵犯等众多违反法律和道德守则的行为事实,也促进了人们对企业伦理的重视和期待。发展至今,企业伦理已经是商业发展的必然选择,是良好经济秩序形成与维护的必然手段。

国外企业伦理的产生背景概况如表4-1所示。

表4-1 国外企业伦理的产生背景概况

20世纪60年代	20世纪70年代	20世纪80年代	20世纪90年代至今
人权运动	经济滞胀	跨国公司	财务造假
环境问题	"水门事件"	财务欺诈	网络诈骗
劳资关系	人权问题	环境问题	知识产权

(2)中国企业伦理的产生与发展

中国有着深厚的传统文化底蕴,对中国企业伦理影响最深的当数儒家传统思想。儒家思想中的"和为贵""仁爱""重义轻利"等思想对中国企业伦理的影响一直延续到当今社会的政治、经济和文化生活。"和"在中国古代被视为最高的价值准则,中国也一直秉承着宽大为怀的精神,无论是在自我建设还是在外交关系中,都秉持"以和为贵"的思想。"仁"是儒家文化的核心。孔子云:"仁者,人也"(《中庸》),强调了仁者爱人的重要性,这也在世界范围内达成共识。儒家文化强调重义轻利、重公轻私。孔子云:"君子喻于义,小人喻于利"(《论语·里仁》),即把是否推崇义作为衡量一个人品德的标准。诚实守信在儒家文化中被列为为人的基本操守。曾子曰:"吾日三省吾身:为人谋而不忠乎?与朋友交而不信乎?传不习乎?"(《论语·学而》)则鲜明地体现了儒家文化对守诚信的推崇。它既是个人的安身立命之本,也是成功企业的重要发展守则。

自改革开放以来,我国经济体制改革稳步推进,从国有企业改革到宏观管理体制改革,从两权分离到按劳分配,最终到社会主义市场经济的形成和发展,给企业带来了极大的生产积极性和发展空间。党的十六届四中全会提出了建设民主法治、公平正义、诚信友爱、充满活力、安定有序、人与自然和谐相处的社会主义和谐社会的目标,而企业作为市场经济的主体更是承担了重要责任和使命。但是,在我国企业蓬勃发展的同时也带来了许多问题,"地沟油""三鹿毒奶粉"等食品安全事件逐渐暴露在大众视野,使得众多消费者对部分企业产生了不信任心理，企业的公信力受到危害。另外，越来越多违反法律法规、无视社会公德的事件被揭露，也引起了人们对企业伦理的广泛关注和思考。企业伦理逐渐成为学者研究的热点，也成为企业成功路上所必须学习的关键一课。

中国企业伦理的产生背景概况如表 4-2 所示。

表 4-2　中国企业伦理的产生背景概况

中国古代儒家传统文化	计划经济时期	市场经济时期
和为贵	政府主管	权钱交易
仁爱	两权合并	产权问题
重义轻利	政治伦理	监管不当
诚实守信	无私奉献	信用危机

3. 企业伦理建设

（1）企业伦理建设的含义

企业伦理建设是指企业通过一定的途径和方法将企业伦理道德规范变成一种自发的行为准则，无须刻意为之，在企业内部和外部形成和谐、有序、合法、合规的环境氛围，将伦理道德体现在企业生产经营的各个方面。企业伦理建设具体包括企业内部伦理建设和企业外部伦理建设。

（2）企业伦理建设的意义

1）企业伦理建设具有一定的社会意义。从宏观层面上看，国民经济的发展需要有良好的经济秩序做支撑，而经济秩序的稳定与否在于人们对各种规章制度的遵守程度。在无规章制度束缚或者即使设立了各项法规但无人遵守的情况下，都不能形成良好的经济秩序，也不能进行有效的经济管理活动。另外，企业伦理建设有利于净化社会环境，形成社会新风尚。人人都有自己的价值观、善恶观、荣辱观，企业也不例外。企业伦理作为一种道德标准和行为规范，能够进化人们的思想，指导人们产生符合社会发展主旋律的行为，更有利于全社会在道德观念方面达成共识，形成全社会统一的新风尚。

2）企业伦理建设对企业自身的经营发展具有举足轻重的现实意义。首先，企业伦理建设有利于企业文化的形成，有利于企业形象的树立。任何一个企业都有属于自身经营管理风格的企业文化。从企业内部来看，企业伦理建设有利于形成和谐的员工关系网络，更有利于团队合作，解决劳资矛盾；从企业外部来看，企业伦理建设有利于在社会上为企业塑造良好的企业形象，提高企业声誉，使企业在社会中更加具有公信力，获得更多消费者的认可，迎得大众的好评。其次，企业伦理建设有利于促进企业管理。良好的企业伦理文化，有助于管理者做出正确的决策，有利于促进管理思想的变革和发展。讲伦理道德的企业能够更加注重人权保护，促进人本管理，有利于吸引并留住企业所需的优秀人才，为企业的人才储备提供源源不断的后备支持。企业做好伦理道德建设，意味着要处理好与利益相关者的关系，在与利益各方协调一致、和谐共处的前提下，企业的经营管理水平也会随之得到提升。

（3）我国企业伦理建设现状

我国目前存在的企业伦理问题主要表现为企业与内部利益相关者和外部利益相关者之间的伦理问题。

从内部利益相关者来看，尽管通过安然、世通等事件，大部分企业已经了解到不道德行为对自身的危害是致命的，但是仍有个别企业在利用非法手段挑战法律的权威，寻找可乘之机谋求不正当收益。这说明企业所有者并没有摆正发展的姿态，忽视了经济利益和企业伦理的关系，这种短视的行为终究会给企业带来致命的危害。另外，企业内部员工的诚信素质也处在较低水平。员工偷窃、泄露商业机密、忽视企业规章制度、同事之间相互推诿责任、窃取劳动成果，这种种现象都说明了企业伦理建设尚需完善与加强。

从外部利益相关者来看，每年的"3·15"晚会都会曝光一些企业通过生产假冒伪劣商品来欺骗消费者，赚"黑心钱"，危害消费者的生命健康安全。这种不负责任的行为严重扰乱了市场秩序，侵害了消费者的合法权益。同时，知名公司财务造假事件频频浮出水面。企业间的合同违约事件也层出不穷，据市场监管部门的统计数据，每年我国企业间签订的合同中，有一半存在违约现象。更有企业无视环保法规，肆意破坏环境，违规排放工业废料，对生态环境造成不可逆转的危害。

综上所述，我国目前存在多种的企业伦理问题，企业伦理建设既不全面也不彻底。然而，从过去的经验来看，伦理的发展必须紧跟经济发展的速度，否则必定要付出惨重的代价。

（4）企业伦理建设方式

1）发挥领导者遵守企业伦理的带头作用。领导者严于律己、宽以待人、诚实守信、认真负责的崇高个人品质，对员工的行为会产生直接且深刻的影响。这样的领导者会受到员工的尊重和爱戴，在员工中树立领导权威，博得员工信任。企业要想获得长久的发展，领导者必须具备道德观念，不断在实践中完善自己的行为模式，提高自身的道德素质。只有领导者自己做好了，才能在企业中形成良好的伦理氛围，更好地带领企业发展进步。

2）加强员工的企业伦理培训。目前企业对员工的培训多集中在职业技能方面，而往往忽视了对提升员工道德素质的培训，其实这是至关重要的。员工是企业日常经营管理活动的最直接相关者，员工群体的道德素质从根本上影响企业整体的道德水平。企业应该将对员工道德素质的教育落实于日常工作的方方面面，并做好监督工作，发现不道德行为必须及时揭发并处理，从而形成严格公正的员工道德建设氛围。

3）充分利用政府的宏观调控政策。在市场经济时代，人们在充分利用"看不见的手"促进资源合理配置的同时，也要更加关注政府这只"看得见的手"。目前，政府尽力建设完备的市场体系，转变政府职能，建立健全社会保障体系，给企业提供一个良好的发展环境；同时，加强信用建设，重视信用教育和宣传，对不守信用的行为采取严格的批判和惩罚也是政府工作的重中之重。企业要遵守政府出台的各项规定，响应政府号召，在政府的带领下，构建一个遵守伦理道德、安定有序的伦理社会。

4）强化消费者对企业行为的监督作用。随着互联网媒体的发展，企业的不正当行为会在极短时间内曝光于公众的视野中，使消费者的购买意愿和选择立刻受到影响，直接损害企业在消费者心中的形象，企业的社会地位也随之下降。一个企业是否成功，最直接的衡量标准就是消费者对企业的评价。一个长久发展的企业必定是消费者认可和满意的企业。同时，消费者对企业行为的监督也对促进企业的伦理道德建设起到至关重要的作用。

5）遵守法律法规，重视环境保护。在经济高速发展的今天，对生态环境的保护不容忽视。企业在向自然索取的同时，也要爱护自然，保护人类赖以生存的生态系统，积极践行"绿水青山就是金山银山"理念。企业在遵守法律法规的前提下，合理有序地排放工业废料，是对自然的一种爱护，也是对自己的一种馈赠。在法律法规的约束下，企业伦理建设能够更好地推进，从而促进企业伦理道德行为习惯的养成。

6）加强诚信合作，建立多元竞争体系。诚信是企业伦理建设的根本，也是从古至今贯穿于我国社会的行为准则。成功的企业避免不了存在竞争者和合作者，而在处理这些关系时，诚实守信是重中之重。良好的信用能够增强合作伙伴的认可，有利于加强合作，实现双赢。当然，在竞争激烈的市场经济环境下，保持自身竞争优势，建立多元化的竞争体系，通过公平竞争，靠产品和信誉赢得市场地位，是企业伦理建设的重要途径。企业应不断努力，争取与竞争者达成多赢共识，以国家和社会利益为出发点，将企业价值提升到新高度。

4.2 企业社会责任

4.2.1 企业社会责任的概念与内涵

"企业社会责任"这一概念源于20世纪20年代的美国，尤其是1929年资本主义制度矛盾带来的经济大萧条，更促进了这一概念的广泛热议。经济大萧条时期，世界各地的劳动者看到了资本主义制度的弊病所在，大规模失业、贫富分化严重、阶级斗争明显等社会问题的凸显使经济学家开始为社会发展探讨新的出路。此时人们意识到，单纯追求利润最大化已不能填补社会的漏洞，为经济的复苏与崛起寻找新的立足点成为重中之重。正是在这一历史背景下，企业社会责任的相关概念及理论开始在社会舞台上崭露头角。

美国学者对这一概念的界定经过了长时间的讨论与斗争。在企业社会责任的萌芽阶段，欧利文·谢尔顿（Oliver Sheldon）于1924年认为，企业承担的社会责任应当包含道德因素，提倡企业的经营战略能为社区提供服务与增加福祉。因此，在这一时期，企业家和学者们将是否能增进社区福祉作为检验企业承担社会责任的一项标准。霍华德·鲍文（Howard Bowen）于1953年在其著作《商人的社会责任》一书也提到了企业社会责任应当包括对社会公民的责任，企业的活动与社会公民息息相关。约瑟夫·麦克格尔（Joseph McGuire）于1963年认为，企业在承担经济责任的同时，也应当注重对社会的关爱。在萌芽阶段，学者们对企业社会责任的界定较为狭义，普遍认为企业在以利润最大化为经营目标的同时应当注重对社会的回报，但未明确应当为社会中的哪些群体负有何种具体的责任。

到了20世纪70年代，企业社会责任的内涵得到进一步丰富与发展。根据上述学者对企业社会责任的初步界定，以及美国劳工运动等现实社会情况的普遍发生，企业家和学者们急需对这一概念进行深入探讨。凯思·戴维斯（Keith Davis）于1975年提出的"扩展圈"理论使人们对企业社会责任的概念一目了然。他认为企业社会责任包括三个层次：内圈——企业为谋取利润而采取的一系列经济活动；中圈——对社会问题的敏锐感知；外圈——主动参与能够改善社会环境的活动。阿奇·卡罗尔（Archie Carroll）于1979年进一步发展了该理论，他认为完整的企业社会责任应当包括企业经济责任、法律责任、伦理责任和慈善责任四个部分。其中，经济责任同"扩展圈"的内圈；法律责任就是要求企业的一切经营活动都不得偏离法律的规定；伦理责任要求企业关注消费者、员工、社区、股东的福祉，它包含了企业广泛的行为规范和准则；慈善责任完全取决于企业的自主性，它超出了法律与伦理的规定，如为社会募捐、举办慈善拍卖等均属于企业承担慈善责任。由此可见，这一时期企业社会责任的概念内涵已初见雏形，人们对其探索不仅仅停留在理论层面，而是开始重视责任的实施，责任的内容也逐渐具体化。

对企业社会责任内涵的总结见表4-3。

表4-3　企业社会责任内涵

代表学者及提出时间	企业社会责任内涵
欧利文·谢尔顿（1924）	包含道德因素，提倡企业的经营战略能为社区提供服务与增加福祉
霍华德·鲍文（1953）	包括对社会公民的责任，企业的活动与社会公民息息相关
约瑟夫·麦克格尔（1963）	企业在承担经济责任的同时，也应当注重对社会的关爱
凯思·戴维斯（1975）	"扩展圈"理论：内圈——企业为谋取利润而采取的一系列经济活动；中圈——对社会问题的敏锐感知；外圈——主动参与能够改善社会环境的活动
阿奇·卡罗尔（1979）	企业经济责任、法律责任、伦理责任和慈善责任

企业社会责任的概念发展至今，虽然经过国内外学者多方探讨，但仍未达成一致。目前学术界对企业社会责任普遍认可的定义为企业在创造利润、谋取利益的同时，也要承担的对与其经营活动相关的所有社会群体的社会责任。企业应当负责的对象是多元的，包括员工、竞争者、政府、供应商、股东、消费者、环境、社区等。

具体来看，若企业以承担社会责任作为其战略宗旨，应当承担以下方面的责任（见图4-2）：

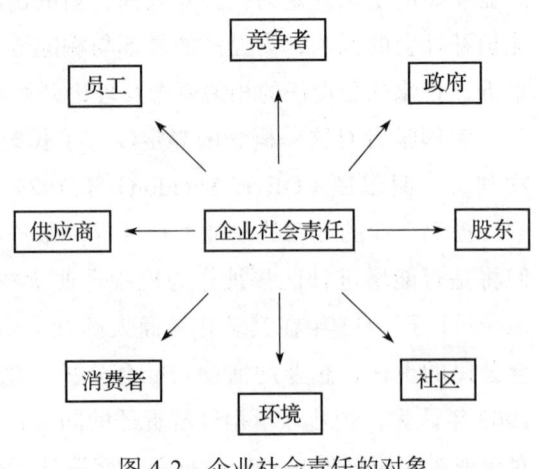

图4-2　企业社会责任的对象

①员工。企业必须完善并健全劳动保障制度，关心员工的福利待遇，为员工提供相应的工作培训和良好发展平台等。②竞争者。企业与同行企业的合作或竞争应符合竞业协议，诚信沟通。③政府。企业依照法律规定依法纳税，自觉接受政府的干预与监督。④供应商。企业应按时按量与供应商结清货款，不调控供应商之间的竞争。⑤股东。企业应维护并保障股东的权益，对股东的责任公正、公平、公开。⑥消费者。企业的产品不偷工减料，不搞虚假宣传，不制造伪劣产品。⑦环境。企业应减少工业流程对环境造成的污染，响应国家的可持续发展号召。⑧社区。企业应为社区贡献力所能及的力量，支持与发展当地的文化教育事业、福利事业等。

4.2.2 企业社会责任的理论基础

自企业社会责任这一概念得到发展以来，实践界和学术界对企业承担社会责任的呼声从未休止。企业社会责任适用的环境也不仅适用于西方资本主义社会，不论社会制度的异同，经济的繁荣都需要企业社会责任来指引企业和公民共同为其做出贡献。由此，有一个问题不得不引起人们的深思，那就是为什么要承担企业社会责任。过去几十年中，管理学界提出了多种观点，为企业社会责任提供了重要的理论基础。

1. 社会契约理论

社会契约理论认为：一方面，人们主动赋予统治当局一种权力来引导人们的活动；另一方面，人们为了能够在这一活动中得到权益，也期待统治当局能够按照约定来行使权力。虽然统治的权力不在于人们本身，但是在无形中人们已经形成了对统治当局的约束，从而统治当局与社会群体之间形成了契约关系。

社会契约理论虽然是一种抽象的表达，但它暗含了企业必须满足公众的愿望与期盼。在企业范围内，员工在工作中赋予了企业领导和决策的权力，相应地作为回报，员工希望自己能够获得公平公正的权益。当然，社会契约理论在企业当中的责任对象不仅限于员工，企业与竞争者、政府、供应商、股东、消费者、环境、社区等之间都应该主动完成契约。因此，企业履行与上述相关群体的责任，就被视为一个履行社会契约的过程。

2. 企业伦理理论

企业伦理理论学者认为，企业具有类似人格的特性，特别是在道德方面。虽然企业本身不是人类个体，不属于"道德人"，但是企业的一切经营活动都是由人操控的，企业的决策反映了人的意志，因此，企业可被称为"道德行为者"。公众无法评判企业背后的人类个体具备怎样的人格素养，但是公众可以对企业的道德行为进行评价。

企业伦理理论主张在企业法律法规之外建立一套潜移默化的道德行为准则，企业的经营活动不仅要依靠法律，更要符合道德规范。这一道德规范能够使企业充分考虑相关社会群体的利益福祉，对经营决策深思熟虑，并自觉抵制损人利己的不道德行为。由此，关于企业道德人格和道德行为者的观点，使人们有理由相信企业应当承担社会责任。

3. 企业公民理论

"企业公民"就是将企业拟人化，认为企业也是社会公民，企业在赚取商业利润的同时，与其他社会公民一样享受权利和履行义务。企业公民的权利就是按照国家法律规定，依法享有财产分配权利、生产经营权利等；企业公民的义务就是企业承担社会责任，包括经济责任、法律责任、环境责任、道德责任等。以企业公民理论支撑的企业社会责任，要求企业首先要履行经济责任，保证股东的权益不受亏损；其次要履行法律责任，依法纳税，不偷税漏税，与其他社会公民一样不得逾越法律红线；最后要承担对环境和道德的责任，确保企业的制造流程不会对环境造成过分的危害，在法律规定之外主动回应社会对企业道德的呼吁，使企业身份得到社会认可。

4. 利益相关者理论

利益相关者是指与企业利益相关的所有个人或群体。随着企业活动的丰富与发展，利益相关者的范围逐渐扩大。因此，学术界对这一内涵的界定逐步细致和深化，认为利益相关者分为直接利益相关者和间接利益相关者。其中，前者包括股东、员工、消费者；后者包括业务伙伴、行业协会、社区、政府、非政府组织、媒体等除直接利益相关者之外的所有个体和群体。也有学者将利益相关者分为核心、战略、环境利益相关者及主要和次要利益相关者等。

利益相关者理论认为，企业应当对所有与其利益相关的个人或群体负有相应的责任。企业的任何发展阶段都离不开各种利益相关者的投入与参与，他们或是为企业的利益增长提供了资金或技术支持，或是将企业的经营风险进行了分散。无论利益相关者以何种方式直接或间接为企业做出了贡献，都应当获得回报。因此，企业必须处理好自身与各种利益相关者之间的关系。由此可见，利益相关者理论促使企业必须承担社会责任，并且企业承担的社会责任覆盖面越来越大，企业不应该只单纯地从自身价值的角度出发，更应该实现自身与多方利益相关者之间利益共享。

对企业社会责任理论基础的总结如表 4-4 所示。

表 4-4　企业社会责任的理论基础

代表理论	理论基础内涵
社会契约理论	在企业范围内，员工在工作中赋予了企业领导和决策的权力，相应地作为回报，员工希望自己能够获得公平公正的权益报答
企业伦理理论	企业具有类似人格的特性，特别是在道德方面
企业公民理论	企业也是社会公民，企业在赚取商业利润的同时，与其他社会公民一样享受权利和履行义务
利益相关者理论	企业应当对所有与其利益相关的个人或群体负有相应的责任

4.2.3 企业社会责任的发展历程

1. 国外企业社会责任的发展历程

虽然企业社会责任在国外的发展历程已历经近一个世纪之久，但学者对其讨论从未休止。企业社会责任在国外的发展演变大致可以分为以下几个阶段：

第一阶段的开端以 20 世纪 30 年代的"贝利-多德"论战为标志。这一阶段学者争论的焦点在于企业是否应该承担社会责任。哥伦比亚大学教授阿道夫·贝利（Adolf Berle）针对当时美国企业股权结构的变化问题，指出股东利益最大化是企业追求的根本目标，是企业经营活动的动机所在，股东的利益也始终高于其他任何利益相关者的利益。贝利的观点将企业股东的地位提高至组织中至高无上的位置，企业一切经营活动的开展都应以股东的利益为重。而贝利的这种消极企业社会责任观受到了哈佛大学教授梅克里·多德（Merrick Dodd）的强烈否定。面对当时西方资本主义企业规模不断扩张的趋势，以及劳资争议的日益严重，多德认为企业的发展不应只关注股东的利益，企业资本的运用是受公共利益影响的，法律舆论在一定程度上迫使企业不断关注对员工、消费者、社区等企业利益相关者的保护。然而，关于这场争论始终没有一个确定的答案。多年以后，贝利和多德的观点甚至出现了换位的情况，这使得企业社会责任的观念在实践中没有受到长期且有效的支持，但这一论战的开展为企业社会责任的发展拉开了历史性的帷幕。

到了 20 世纪 50 年代，当贝利从反对企业社会责任转变为支持企业社会责任之后，有更多的学者加入到关于企业社会责任的讨论中，但是他们讨论的焦点并不是停留在企业是否应该承担社会责任，而是在于对企业社会责任这一概念的具体化与系统化。西方学者给出的关于企业社会责任的定义固然概括性强，但是对于企业的实践来说却没有更强的针对性。因此，企业社会责任的倡导者开始揭示其内在详细的应有之义。例如，美国经济开发委员会对企业社会责任给出了具体的表述。它在《商事公司的社会责任》这一报告中列出了为数众多的旨在促进企业与社会共同进步的行为，并要求企业付诸实践。这些行为包括 58 种具体要求，涉及 10 个方面：①经济增长与效率；②为教育事业贡献力量；③加强企业内部员工培训，为员工建立职业发展的美好愿景；④尊重公民权利与机会均等；⑤关注城市的建设与发展；⑥确保能够减少对环境的污染；⑦致力于资源保护与再生；⑧促进文化与艺术的发展进步；⑨为医疗服务提供资源；⑩对政府的支持。

自利益相关者理论于 20 世纪 80 年代得到发展以来，越来越多的学者开始从利益相关者的角度来研究企业社会责任。在实践中，利益相关者理论对企业社会责任的贡献也不容小觑。美国政府开始通过法律手段来推动企业将承担社会责任的对象由股东转向所有利益相关者，不仅包括股东，还包括员工、消费者、供应商、债权人、社区等。政府相应地设立信托责任条款、控股条款、转让条款、员工解雇补偿条款、劳动合同条款等，以保障各方利益相关者的权益。相应地，一些与企业社会责任有关的社会运动也随之开展，并在全球范围内产生了广泛的影响，如劳动者权益保护运动、自然资源和环境保护运动、消费者权益保护运动、企业主动承担社会责任运动、国际联合推动企业社会责任运动等。

2. 我国企业社会责任的发展历程

虽然企业社会责任由国外传入国内经历了一个较为缓慢的过程，但是经过各方努力，企业社会责任在我国的发展趋势始终在向好的方向前进，并且我国企业的社会责任发展踏上了从"引进来"到"走出去"的新征程。

自1978年改革开放至20世纪末，我国企业开始确定企业社会责任的履责主题和履责环境。首先在制度层面，伴随着原有计划经济体制的改革，一系列法律文件的出台为企业承担社会责任提供了明确的界定和坚实的保障。这一阶段基本形成了企业履行社会责任的法律环境。《外资企业法》《中外合作经营企业法》《私营企业暂行条例》确立了多种经济成分合法的法律地位，《环境保护法》《工会法》《劳动法》《消费者权益保护法》相应地保障了各方利益相关者的权益。由此，在法律制度层面，国家从宏观上奠定了企业社会责任的法律基础。但是，在这一阶段，大部分企业仍然以履行经济责任为主要目标，虽然法律界定了企业应当承担的社会责任，但其内容和监督机制仍有待成熟，只有少部分企业开始认识到扶贫、捐赠等慈善事业的重要性。总之，这一时期的主要成就在于法律的出台与逐渐完善，但在企业承担社会责任方面尚未形成一套完整的体系。

2000—2005年，尤其是2003年党的十六届三中全会明确提出科学发展观，成为包括企业在内的社会各界从事经营活动的基本准则。为此，企业将履行社会责任视为落实科学发展观的重要途径，找到了履行社会责任的本土依据。在这一时期，企业社会责任运动开始蓬勃兴起，全国各地相继成立了促进并监督企业履行社会责任的组织机构，如中国可持续发展工商理事会、中国社会工作协会（后更名升级为中国社会工作联合会）、企业公民委员会、广东省企业社会责任研究会等，将企业社会责任实现了由制度层面向组织机构层面的过渡。值得赞许的是，2005年中国纺织工业协会推出了我国第一个关于行业企业社会责任建设的管理体系，标志着我国第一波企业社会责任运动的开始。

2006—2011年，党中央和政府开始明确企业社会责任的主要内容，并注重考察企业承担社会责任的践行情况。在制度层面，2006年颁布实施的《公司法》等法律法规明确规定企业要承担社会责任；2007年发布的《关于中央企业履行社会责任的指导意见》中明确要求中央企业要按照八个方面的内容来履行社会责任。应党中央和政府的要求，各地方也纷纷成立企业社会责任的职能部门，因地制宜地制定政策条例。在行业层面，以中国工业经济联合会、中国纺织工业协会等为代表的协会组织积极打造培训企业社会责任的优势平台，为企业承担社会责任提供资源与保障，协助政府对企业进行监督。在企业层面，随着对企业社会责任认识的深入，各地企业纷纷开展了丰富的社会实践。在企业内部，企业开始有意识地提高员工的福利待遇；在企业外部，企业开始与供应链管理、社区发展、环境保护等领域相结合。在社会层面，科研院校、媒体行业等发挥自身优势，有效促进企业社会责任的宣传与普及。在国际合作层面，此时德国、瑞士、荷兰、美国等资本主义国家对企业社会责任的认识已基本成熟，企业社会责任的履行程度也成为外资企业是否在华投资的衡量标准之一。为此，我国进一步加快企业社会责任发展的脚步，积极学习他国经验，加强与他国的互动合作。

2012—2018年是我国企业社会责任发展的新阶段。2012年，国务院明确提出中央企业要加强社会责任的管理和实施；习近平总书记在党的十九大上指出了新时代企业社会责任的发展方向。40余家行业协会发布了行业应当履行的企业社会责任公约，为各企业承担社会责任提供了框架，也便于行业协会对各企业承担社会责任的状况进行监督。在企业内部，各企业开始以企业社会责任为模范重塑管理理念。紧跟企业社会责任推进的脚步，各类社会机构抓住契机，开始组建指引企业承担社会责任的专业咨询机构，为企业提供专业服务，包括向企业提供应当承担何种社会责任及如何承担社会责任的方案。在国际层面，中外合资企业在我国的发展为我国学习他国经验提供了优势平台，直接提升了我国企业履行社会责任的意识水平。

进入2018年，我国企业社会责任向海外管理发展的趋势日渐明显。我国制定的关于企业在海外承担社会责任的法律法规、行业协会在国外的积极宣传与引导、我国企业在海外投资的社会责任报告、国与国之间的经济贸易协会、党中央提出的"一带一路"倡议，无不将目光投至企业社会责任方面。这些实践表明，我国企业承担社会责任已经突破了国界、走向了世界。

◆ 本章小结

企业伦理是企业在生产经营过程中，在满足利益相关者要求的基础上需要遵守的伦理道德行为规范。企业社会责任是企业在创造利润、谋取利益的同时，需要承担的对与其经营活动相关的所有社会群体的社会责任。企业伦理和企业社会责任既有联系又有区别，两者是相互促进、相互提升的。

本章首先介绍了企业内部利益相关者和外部利益相关者，然后阐述了企业伦理的概念，明确了企业伦理的产生与发展历程，概括了伦理建设的基本内容；最后阐述了企业社会责任的概念与内涵，介绍了企业社会责任的四大理论基础，包括社会契约理论、企业伦理理论、企业公民理论和利益相关者理论，总结了企业社会责任在国内外的发展历程。

◆ 复习思考

1. 简述利益相关者的概念及分类。
2. 什么是企业伦理？什么是企业社会责任？两者有什么联系和区别？
3. 企业伦理建设的方式有哪些？
4. 企业为什么要承担社会责任？请列出几种有代表性的理论观点。
5. 请以一家熟悉的企业为例，简单说明该企业是如何承担社会责任的。

本章参考文献

[1] 王昆来，杜国海. 企业伦理新论[M]. 成都：西南财经大学出版社，2012.

[2] 曾萍. 企业伦理与社会责任[M]. 北京：机械工业出版社，2011.

[3] 杜莹，牛习昌，赵玉娟. 名牌企业道德失范与中国企业伦理构建[M]. 石家庄：河北科学技术出版社，2011.

[4] 郑琴琴，李志强. 中国企业伦理管理与社会责任研究[M]. 上海：复旦大学出版社，2018.

[5] 陈少峰. 企业文化与企业伦理[M]. 上海：复旦大学出版社，2009.

[6] 刘红叶. 企业伦理概论[M]. 北京：经济管理出版社，2007.

[7] 魏文斌. 企业伦理与文化案例精选[M]. 苏州：苏州大学出版社，2016.

[8] 何怀宏. 伦理学是什么[M]. 北京：北京大学出版社，2002.

[9] 王海明. 伦理学原理[M]. 3版. 北京：北京大学出版社，2009.

[10] 刘光明. 新商业伦理学[M]. 北京：经济管理出版社，2008.

[11] 魏想明. 管理学[M]. 武汉：湖北科学技术出版社，2014.

[12] 曾仕强. 管理的奥秘[M]. 广州：广东旅游出版社，2016.

[13] 李左峰. 关于我国MBA企业伦理教育的几点思考[J]. 管理世界，2012（11）：184-185.

[14] 陈爱清. 浅论中小企业战略管理中伦理道德缺失的原因和解决途径[J]. 管理世界，2009（6）：1-3；51.

[15] 陈爱清. 中小企业伦理道德体系建设：基于儒学伦理分析[J]. 管理世界，2009（12）：182-183.

[16] 侯亚丁. 跨文化企业伦理管理战略与实践[J]. 科学学与科学技术管理，2003，24（1）：114-117.

[17] 邓新明，田志龙，刘国华，等. 中国情景下企业伦理行为的消费者响应研究[J]. 中国软科学，2011（2）：132-153.

[18] 龚天平. 企业伦理学：国外的历史发展与主要问题[J]. 国外社会科学，2006（1）：15-21.

[19] 赵曙明，黄昊宇. 企业伦理文化与人力资源管理研究[J]. 经济管理，2006（16）：4-15.

[20] 陈银飞，茅宁. 心理距离、伦理判断与供应商伦理管理[J]. 管理科学，2014，27（3）：83-93.

[21] 熊胜绪，黄昊宇. 企业伦理文化与企业管理[J]. 经济管理，2007（4）：4-12.

[22] 石金涛，范丽群，周祖城. 我国企业伦理气氛及不道德行为差异的研究[J]. 科学学研究，2007（4）：756-763.

[23] 周祖城. 论企业伦理责任在企业社会责任中的核心地位[J]. 管理学报，2014（11）：1663-1670.

[24] 陈宏辉. 利益相关者管理：企业伦理管理的时代要求[J]. 经济问题探索，2003（2）：68-71.

[25] 王建芳. 中外企业伦理建设及差异性分析[J]. 科技管理研究，2005，25（10）：97-100.

[26] 杨同卫，封展旗. 企业伦理与建设和谐社会[J]. 经济管理，2005（9）：14-17.

[27] 吴新文. 国外企业伦理学：三十年透视[J]. 国外社会科学，1996（3）：15-21.

[28] 张晓明. 中国的企业和企业伦理问题 [J]. 哲学研究, 1996 (12): 11-17.

[29] 黄昊宇. 企业伦理文化与企业核心竞争力 [J]. 经济管理, 2004 (21): 39-44.

[30] 王艳艳, 赵曙明. 国外企业管理者道德问题研究综述 [J]. 外国经济与管理, 2007, 29 (3): 25-32.

[31] 陈雷. 企业伦理建设: 挑战、关键与路径选择 [J]. 伦理学研究, 2010 (4): 65-69.

[32] 陈雷. 企业伦理建设的困境与出路: 基于权利论的一种考量 [J]. 技术经济与管理研究, 2011 (3): 56-60.

[33] 蒋丽芹, 史敏, 张迪. 基于消费者感知的企业伦理行为与消费者响应分析 [J]. 商业研究, 2017 (9): 40-46.

[34] 黄国亮. 企业伦理中的义利价值权重问题 [J]. 伦理学研究, 2016 (6): 135-138.

[35] 窦争妍. 中国企业伦理失衡现状及其理性建构 [J]. 商业经济研究, 2015 (22): 143-145.

[36] 林洁珍, 黄元山. 从企业社会责任到社会创新: 发展和伦理问题 [J]. 伦理学研究, 2018 (6): 92-97.

[37] 刘琳. 我国当代经济伦理学研究的成就、问题及展望 [J]. 伦理学研究, 2019 (4): 20-27.

[38] 张彦. 论当代企业伦理建设中的价值排序问题: 马克思主义经济伦理学的一种现实解读 [J]. 伦理学研究, 2012 (5): 92-98.

[39] 夏绪梅. 基于利益相关者视角的企业伦理评价研究 [J]. 经济体制改革, 2011 (6): 104-108.

[40] 张志丹. 中国经济伦理学40年: 历程、创新与展望 [J]. 江苏社会科学, 2019 (2): 112-124; 258.

[41] 刘鸿宇, 王伟. 西方企业伦理实证研究的知识图谱分析 [J]. 中央财经大学学报, 2018 (5): 106-116.

[42] 方光罗. 试论企业伦理道德建设 [J]. 商业时代, 2009 (11): 121-123; 101.

[43] 殷格非, 管竹笋, 贾丽. 新纪元的开启: 中国企业社会责任发展历程研究 1978—2019 (三) [J]. 可持续发展经济导刊, 2020 (3): 53-56.

[44] 殷格非, 管竹笋, 贾丽. 共识的形成: 中国企业社会责任发展历程研究 1978—2019 (二) [J]. 可持续发展经济导刊, 2020 (Z1): 106-108.

[45] 殷格非, 管竹笋, 贾丽. 涌动的思潮: 中国企业社会责任发展历程研究 1978—2019 (一) [J]. 可持续发展经济导刊, 2019 (12): 58-60.

[46] 吴定玉. 国外企业社会责任研究述评 [J]. 湖南农业大学学报 (社会科学版), 2017, 18 (5): 87-94.

[47] 赵德志. 企业社会责任的理论基础研究: 视角与贡献 [J]. 辽宁大学学报 (哲学社会科学版), 2014, 42 (6): 123-128.

[48] 侯怀霞. 企业社会责任的理论基础及其责任边界 [J]. 学习与探索, 2014 (10): 67-73.

[49] 姜丽群. 国外企业社会责任缺失研究述评 [J]. 外国经济与管理, 2014, 36 (2): 13-23.

[50] 李彦龙. 企业社会责任的基本内涵、理论基础和责任边界 [J]. 学术交流, 2011 (2): 64-69.

[51] 段文, 晁罡, 刘善仕. 国外企业社会责任研究述评 [J]. 华南理工大学学报 (社会科学版), 2007 (3): 49-55.

[52] 黎友焕. 企业社会责任研究[D]. 西安：西北大学，2007.

[53] 黎友焕. SA8000与中国企业社会责任建设[M]. 北京：中国经济出版社，2004.

[54] 李国强. 正确认识"企业社会责任"[J]. 科学决策，2005（3）：20-21.

[55] 郑石明. 企业社会责任构建：公共责任研究的新视野[M]. 北京：经济管理出版社，2009.

[56] 赵丽芬，刘小元. 管理理论与实务[M]. 3版. 北京：清华大学出版社，2017.

[57] 田虹. 企业社会责任及其推进[M]. 北京：经济管理出版社，2006.

第 2 篇
PART 2

计　　划

第 5 章　决策
第 6 章　计划
第 7 章　战略管理

第 5 章
CHAPTER 5

决 策

学习目标

学习完本章后，你应该能够：
- 掌握决策的概念、构成要素、特征及类型。
- 明确决策制定的一般过程。
- 理解有限理性对决策制定的影响。
- 区分群体决策与个体决策的差异。
- 掌握的常用决策方法。

5.1 决策的概念及其特征

5.1.1 决策的概念与构成要素

1. 决策的概念

决策一般是指组织或个人为了实现某种目标而对未来一定时期内有关活动的方向、内容及方式的选择或调整过程。这个概念表明：决策的主体既可以是组织（群体），也可以是组织中的个人；决策选择或调整的对象既可以是活动的方式，也可以是活动的内容；决策涉及的时限既可以是未来较长的时期，也可以仅仅是某个较短的时段。

2. 决策的构成要素

一个比较完整的决策主要包括以下几个要素：①决策主体，可以是组织（群体），也可以是组织中的个人；②决策目标，即决策行动所期望达到的成果和价值；

③自然状态,即不以决策者主观意志为转移的情况和条件;④备选方案,也就是可供决策主体选择的各种可行方案;⑤决策后果,即决策行动所引起的变化或结果;⑥决策准则,即决策方案所依据的原则和对待风险的态度。

5.1.2 决策的特征

选择或调整组织在未来一定时间内活动方向、内容或方式的决策具有以下主要特征。

1. 目标性

决策目标就是决策所需要解决的问题。只有在存在问题的情况下,而且决策者认为这些问题必须得到解决时,才会有决策。决策是通过解决某些问题来达到目标。任何组织决策都必须首先确定组织的活动目标。目标是组织在未来特定时限内完成任务程度的标志。没有目标,人们就难以拟定未来的活动方案,评价和比较这些方案就没有了标准,对未来活动效果的检查也就失去了依据。

2. 超前性

任何决策都是针对未来行动的,是为了解决现在面临的、待解决的新问题及将来会出现的问题,所以决策是行动的基础。这就要求决策者具有超前意识,思想敏锐,目光长远,能够预见事物的发展变化,适时地做出正确的决策。

3. 科学性

科学决策并非易事,它要求决策者能够透过现象看到事物的本质,认识事物发展变化的规律性,做出符合事物发展规律的决策。科学性并不否认决策有失误、有风险,而是要善于从失误中总结经验教训,尽量减少风险。这是决策科学性的重要内涵。

4. 可行性

决策的可行性主要是指方案能够解决问题,实现预定目标;方案本身具有实行的条件,比如在技术上、经济上都是可行的;方案的影响因素及效果可进行定性和定量分析。组织的任何活动都需要拥有和利用一定的资源。如果缺乏必要的人力、物力和技术条件,则理论上比较完善的方案在实践中并不可行。因此,决策所做的若干个备选方案应是可行的,这样才能在实践中贯彻决策方案。

5. 选择性

决策的实质是选择。没有选择就没有决策;而要有所选择,就必须提供可以相互替代的多种方案。因此,决策必须具有两个以上备选方案,通过比较、评定来进行选择。如果无法制定方案或只有一个方案，那决策就失去意义。事实上，为了实现相同的目标，组织总是可以从事多种不同的活动，这些活动在资源要求、可能结果及风险程度等方面均有所不同。因此，不仅有选择的可能，而且也有选择的必要。

6. 过程性

决策既非单纯的出谋划策，又非简单的拍板定案，而是一个多阶段、多步骤的分析判断过程。虽然决策的重要程度、过程繁简及耗费时间长短不同，但都具有过程性。决策的过程性特点可以从两方面考察：①组织决策不是一项决策，而是一系列决策的综合。通过决策，组织不仅要选择业务活动的内容和方向，还要决定如何组织业务活动的具体展开，同时也要决定资源如何筹集，结构如何调整，人事如何安排。只有当这一系列的具体决策已经制定，相互协调，并与组织目标相一致时，才能认为组织的决策已经形成。②这一系列的决策本身就是一个过程。从活动目标的确定，到活动方案的拟定、评价和选择，这本身就是一个包含了许多工作、需要众多人员参与的过程。

7. 动态性

决策的动态性与过程性相联系。决策不仅是一个过程，而且还是一个不断循环的过程。作为过程，决策是动态的，没有真正的起点，也没有真正的终点。决策的主要目的之一便是使组织活动的内容适应外部环境的要求。然而外部环境是在不断发生变化的，因此，决策者必须监视并研究这些变化，从小处找到可以利用的机会，据此调整组织的活动，实现组织与环境的动态平衡。

5.2 决策的类型与过程

5.2.1 决策的类型

决策根据其解决问题的性质和内容不同，可分为许多类型。不同类型的决策，需要采用不同的决策方法。为了正确进行决策，必须对决策进行科学分类。

1. 群体决策与个体决策

按决策主体，决策分为群体决策与个体决策。群体决策的决策主体可以是组织中的几个人、一些人，甚至是整个组织的所有成员。群体决策主要是通过环境研究，认识外界变化对组织存在造成的某些威胁或者提供的某些机会，了解组织在资源拥有和应用能力上有何优势或劣势，据此制定组织调整活动的方向、内容或方式的决策过程。群体决策，更准确地说是为了组织的决策。群体决策要受到参与者某些特征的影响，比如受到其信息掌握情况、价值观念的影响等。既然是为了组织的决策，群体决策涉及的范围和时限通常都较为宽广。例如，就企业而言，关于生产何种产品、开发何种市场、利用何种技术手段的决策，不仅涉及整个企业经营方向的调整，而且可能因此而影响企业的长期发展，并需要较长的时间来组织实施。组织在决定是否采用群体决策方式时，必须考虑其决策质量和可接受性的提高是否足以抵消其决策效率方面的损失；群体决策方式是否能推广和应用并取得预期效果，与组织文化特征有密切的联系。个体决策的决策主体是组织中的单个人，它主要是指个体在参与组织活动中的各种决策。例如，个体可以做出是否接受组织交给的任务，以及采取怎样的方式完成任务等决策。个人参与组织活动的过程，实质上是一个不断做出决定或制定决策的过程。个人的这些决策通常是在无意中提出并在瞬间完成的。与之相反，群体的任何决策都是有意识地提出并解决的，并且由于其影响重大，涉及许多工作，需要多种信息，因而常常表现为一个完整的程序。有证据表明，尽管有可能存在群体思维，但一般而言，群体能比个人做出更好的决策。

2. 战略决策与战术决策

按决策调整的对象和涉及的时限，决策分为战略决策与战术决策。战略决策是事关企业兴衰成败，带有全局性、长远性的大政方针的决策。如企业方针、目标与计划，技术改造和引进，组织结构改革等，都属于战略决策。这类决策主要由企业最高层领导制定。战术决策又称管理决策或策略决策，是指为了实现战略目标而做出的带有局部性的具体决策，如企业财物决策、销售计划的制订、产品开发方案的制定等。它主要由企业中层领导制定。在管理学的研究中，战略决策与战术决策的区别主要表现在三个方面：①从调整对象来看，战略决策调整组织的活动方向和内容，战术决策调整在既定方向和内容下的活动方式。战略决策解决的是"干什么"的问题，战术决策解决的是"如何干"的问题，前者是根本性决策，后者是执行性决策。②从涉及的时空范围来看，战略决策面对的是组织整体在未来较长一段时期内的活动，战术决策需要制定的是组织的某个或某些具体部门在未来各个较短时期内的行动方案。组织整体的长期活动目标需要靠具体部门在各阶段的作业中实现。因此，战略决策是战术决策的依据，战术决策是战略决策的落实，是在战略决策的指导下制定的。③从作用和影响来看，战略决策的实施是组织活动能力的形成与创造过程，战术决策的实施则是对已经形成的能力的应用。因此，战略决策的实施效果影响组织的效益与发展，战术决策的实施效果则主要影响组织的效率与生存。

3. 程序化决策与非程序化决策

按决策的重复程度，决策分为程序化决策与非程序化决策。程序化决策（Programmed Decisions）又称常规决策或重复决策，是指经常重复发生，能按原已规定的程序、处理方法和标准进行的决策。其决策步骤和方法可以程序化、标准化，重复使用。如任务的日常安排、常用物资的订货与采购等，均属此类。中底层管理者甚至员工面临的决策多数属于此类。非程序化决策（Non-programmed Decisions）又称非常规决策、例外决策，是指具有极大偶然性、随机性，又无先例可循，且具有极大不确定性的决策。其方法和步骤难以程序化、标准化，不能重复使用。这类决策在很大程度上依赖于决策者的知识、经验、洞察力、逻辑思维判断及丰富的实践经验，如新产品开发决策等。中高层管理者面临的决策大多属于非程序化决策。所有的战略决策都是非程序化决策。一个计划周密、结构严谨的组织可以减少非程序化决策的数量，通过解释数以百计的政策，来帮助管理者了解遇到某个问题的时候应该如何做。对于管理者而言，必须具有创造性思维，才能适当地运用非程序化决策。决策所需的技巧与决策的常规程度成反比，极为常规的决策需要的决策技巧最低，而极不寻常的决策需要的技巧最高。

4. 初始决策与追踪决策

按决策需要解决的问题，决策分为初始决策与追踪决策。初始决策是指组织对从事某种活动或从事该种活动的方案所进行的初次选择。追踪决策则是在初始决策的基础上对组织活动方向、内容或方式的重新调整。如果说初始决策是在对组织内外部环境某种认识的基础上做出，追踪决策则是由于这种环境发生了变化，或者是由于组织对环境的认识发生了变化而引起的。组织中的大部分决策属于追踪决策。与初始决策相比，追踪决策具有如下特征：①回溯分析，是在原有方案已经实施，但发现环境、条件有了重大变化或原先的认识发生重大差异的情况下进行的。②非零起点，其所面临的条件与对象已经不是处于初始状态，而是随着初始决策的实施受到了某种程度的改造、干扰、影响。③双重优化，即所选方案不仅要优于初始决策，而且要能够从改善初始决策实施效果的各种可行方案中选择最优或最满意的方案。

5. 确定型决策、风险型决策与非确定型决策

按决策者所处的自然状态，决策分为确定型决策、风险型决策与非确定型决策。确定型决策面对的是有确定性结果的自然状态，即明确这一决策下的备选方案有多少，每一方案都只有一种确定无疑的结果。风险型决策是指方案实施可能会出现几种不同的自然状态，每种自然状态下的后果即效益是可以确定的，但不可确定的是最终将出现哪一种情况。当然，人们能够基于历史数据或以前的经验推断出各种自然状态出现的可能性，即概率。非确定型决策是指方案实施可能会出现的自然状态或者所带来的后果不能做出预计。在这种决策中，最不确定的情况是方案实施可能产生的后果都无法估计，这样的决策非常难以制定。稍为容易些的是方案实施的后果可以估计，即可确定方案在未来可能出现的各种自然状态及其相应的收益状况，但对各种自然状态在未来发生的概率无法做出判断，从而无法估算期望收益。在这种情况下，只能由决策者根据主观选择的一些原则来比较不同方案的经济效果，并选择相对收益最好的方案。

6. 其他分类

1）从决策者是基于经验还是科学分析做出的决策，可以将决策划分为经验决策与科学决策。

经验决策是指决策者主要根据其个人或群体的阅历、知识、智慧、洞察力和直觉判断等人的因素做出的决策。其主要缺陷是决策的优劣过于依赖决策者的个人因素。科学决策是指决策者以科学预测、科学思考和科学计算为依据做出的决策。

2）从决策的时间紧迫性，决策可以划分为时间敏感型决策和知识敏感型决策。

时间敏感型决策是指那些必须迅速而尽量准确做出的决策。知识敏感型决策强调决策质量，而非决策的速度。

3）从决策者所处的管理层次，决策可以划分为高层决策、中层决策和基层决策。高层决策是由高层领导集团做出的决策，决策的性质一般属于战略决策和宏观决策，通常具有全局性、整体性的特征；中层决策是由中层领导集团做出的决策，大多属于战略决策和宏观决策，也有一部分属于战术决策和微观决策；基层决策是由基层领导做出的决策，决策的性质一般属于战术决策和微观决策，是为了实现高层或中层决策而进行的决策。

5.2.2 决策的过程

1. 确定决策目标

确定决策目标是决策的前提。所谓决策目标，就是指在一定外部环境和内部环境条件下，在市场调查和研究的基础上所预测达到的结果。决策目标是根据所要解决的问题来确定的，因此必须把握所要解决问题的要点。只有找到了关键问题，才能明确决策的目标；只有明确了决策目标，才能避免决策失误。所以，确定决策目标是决策的首要环节。

根据决策目标在决策中的地位和重要程度，一般将其分为三类：必须达到的目标、希望完成的目标和不予重视的目标。必须达到的目标，对组织和决策来讲是绝对重要的，完成它就意味着决策取得了成功；希望完成的目标，对组织和决策来讲是相对重要的，能够全部完成更好，即使部分完成也算决策的收获，因此，它是一种弹性要求；不予重视的目标，是对组织和决策重要性不大的、在决策方案中不需要专门考虑的目标。区分决策目标的意义主要在于分析和判断决策目标结构，以及各类目标的具体要求是否合理，并针对存在的问题和缺陷进行调整、补充和完善。

在确定决策目标时，还应注意以下几个问题。

1）要把目标建立在需要和可能的基础上。

2）要使目标明确、具体，并尽可能量化。

3）要明确目标的约束条件。确定目标，不仅要提出目标，而且对那些与实现目标有联系的各种条件都应加以分析。直接影响目标实现的条件为目标的约束条件。

4）要明确主要目标。组织的决策目标往往是多元的，它们之间常常存在这样或那样的矛盾。确定决策目标时，要取消根本没有条件实现的目标，放弃某些相互矛盾的目标，以及合并相似的次要目标；然后，分清主次，使次要目标服从主要目标，突出主要目标，保证主要目标的实现。

2. 拟定备选方案

决策目标确定以后，就应拟定达到目标的各种备选方案。拟定备选方案，第一步是分析和研究目标实现的外部因素和内部条件、积极因素和消极因素，以及决策事务未来的运动趋势和发展状况；第二步是在此基础上，将外部环境的限制因素和有利因素、内部业务活动的有利条件和不利条件等，同对决策事务未来趋势和发展状况的各种估计进行排列组合，拟定出适量的实现目标的方案；第三步是将这些方案同目标要求进行粗略的分析对比，权衡利弊，从中选择若干个利多弊少的可行方案，供进一步评估和选择。由于所拟定的方案都是为了实现相同的目标，它们相互之间必然存在着一定程度的互补性，存在着有利于或不利于目标实现的因素，因此，决策过程往往是对众多方案进行取长补短的重新组合，形成两个以上新的备选方案。

3. 评价备选方案

备选方案拟定以后，随之便是对备选方案进行评价，评价标准是看哪一个方案最有利于达到决策目标。评价的方法通常有经验判断法、数学分析法和试验法。经验判断法是依靠决策者的实践经验和判断能力来选择方案的一种方法。对于比较复杂的方案，可以用起码的满意程度或关键评价标准淘汰一些方案。数学分析法是用数学模型进行科学计算后选择方案的一种方法。当选择重大方案时，若既缺乏实践经验，又无法采用数学模型，选择少数的几个典型环境为试点单位，以取得经验和数据，作为选择方案依据的方法，就是试验法。

评价的步骤一般分为：第一步，看备选方案是否满足必须达到的目标要求，如果方案满足这方面的要求，就予以保留，反之则淘汰；第二步，按希望完成的目标要求，对保留下来的方案进行评估，因为希望完成的目标是有弹性的，所以在评估时，应根据它们满足希望完成目标的程度进行评价，以区分方案在希望完成目标上的优劣程度；第三步，按方案在必须完成的目标和希望完成的目标评估中的满意程度，对各方案进行全面权衡，从中选择出满意的方案。

4. 选择方案

选择方案就是对各种备选方案进行总体权衡后挑选一个最佳方案。方案的选择方式依决策事务的重要程度不同而有所不同。重要的决策方案，首先要将方案印发给有关人员，准备意见；其次是召开会议，由专家小组报告方案评估过程和结论；最后由决策者集体进行充分的讨论，选择出满意的方案。

对重大决策，有条件的组织还应吸收高级顾问、咨询人员参加，以避免某些方面考虑不周，给组织带来不良后果；对一般性的、程序性的决策，可不吸收智囊人员参加，也可由决策者个人进行，以降低决策成本，提高工作效率。

5.3 有限理性与决策

所谓理性决策，就是完全着眼于组织所要实现的目标而进行的决策。所谓非理性决策，就是随意的、无目的的决策。它不考虑这次的决策会对组织带来什么样的影响,完全凭决策者自己的个人爱好或一时的喜怒哀乐行事。这种决策行为,毫无疑问,是不符合组织的需要,因而不应该在组织中实施的。但现实中,有不少管理人员的决策行为就表现出这种非理性的特征。对这些人,必须强化组织目标对其行为的约束力。

5.3.1 决策中的理性

应该指出,在决策中采用满意决策标准或合理性决策标准,是与人们有限理性特征的行为模式紧密相关的。

1. 完全理性决策

一个完全理性的决策者会是完全客观的和合乎逻辑的,会认真确定问题,并有一个明确、具体的目标,而且决策制定过程的步骤会始终如一地导向目标最大化的方案。然而,做出理性决策需要具有严格的限制条件,主要有:①问题清晰,决策者被假定拥有与决策情境有关的完整信息;②目标导向一致,没有目标冲突;③方案结果明确;④偏好一致,除了有一个明确的目标和偏好外,假定具体的决策标准是一贯的,这些标准的权重是不随时间变化的。

2. 有限理性决策

在现实中,理性决策所要求条件的严格性在实际工作中往往不能得到满足。例如:个人信息处理能力的有限性;决策制定者趋向于将解决方法和问题混合在一起,模糊了决策制定过程中制定方案阶段和评价方案阶段的客观性;感性认识的存在有时会歪曲问题的本质;信息的不完全性;主观倾向性;当前期的解决方法失效时,决策者进一步增加对先期行动的资源投入,以试图证明最初的决策是正确的,这就是所谓的承诺升级问题;组织目标的多样性及目标之间的冲突;时间的有限性等。因此,完全理性的决策是很难做到的,在制定管理决策时,管理者事实上是有限理性的。管理者通过把问题的本质特征抽象为简单的模型,而不是直接处理全部复杂性的决策行为,然后在组织的信息处理限制约束下,努力在简单的模型参数下采取理性行动。其结果将是一个满意的决策,而不是一个最大化的决策,即是一个"足够好"的决策。

完全理性与有限理性决策的比较如表 5-1 所示。

表 5-1 完全理性与有限理性决策的比较

决策制定步骤	完全理性	有限理性
提出问题	确定一个重要的、相关的组织问题	确定一个反映管理者利益和背景的、可见的问题
确定决策标准	确定所有标准	确定有限的一套标准
给标准分配权重	评价所有标准,并依据它们对组织目标的重要性排序	建立一个简单的评价模型,并对标准排序。决策者自身的利益强烈影响排序
制订方案	创造性地制订广泛的各种方案	制订有限的一系列相似方案

(续)

决策制定步骤	完全理性	有限理性
分析方案	依据决策标准和重要性评价所有方案,每一方案的结果是已知的	从希望的解决方法出发,依据决策标准评价方案
选择方案	最大化决策,选择获得最高经济成果的方案	满意决策,寻找方案,一直到发现一个满意的、充分的解决方案为止
实施方案	由于决策是最大化单一的、明确的组织目标,所以所有组织成员将会接受此方案	对政治和权力的考虑将会影响决策的接受和执行情况
评价	依据最初的问题,客观评价决策成果	对决策结果的评价只有消除评价者个人利益影响才能客观,对先前承诺的资源配置存在逐步升级的可能,而不管先前的失败和不顾追加资源仍难以成功的事实

(资料来源:罗宾斯,库尔特. 管理学:第13版[M]. 刘刚,程熙镕,梁晗,等译. 北京:中国人民大学出版社,2017.)

决策规定了组织在未来一定时期内的活动方向和方式,提供了组织中各种资源配置的依据,因而在组织活动尚未开始之前就已经在一定程度上决定了组织的活动效率。所以,决策的正确、合理性对组织的生存和发展是至关重要的。但是由于种种原因,决策者的理性是有限的,这就给合理决策造成了许多障碍。为了克服这些障碍,保证和促进决策的合理性,组织在决策过程中必须有意识地采取一定措施。

5.3.2 决策者的理性限制

遗憾的是,决策者不可能同时具备合理决策所需要的完全理性。一般地说,人的理性是有限的。决策者的理性限制主要表现在以下几个方面。

1. 知识有限

找出所有可供选择的行动方案,了解每一个备选方案在未来的实施后果,是以决策者拥有完全的知识为前提的。然而,决策者的知识是有限的。事实上,一个人对自己行动条件的了解,从来都只能是零碎的。组织活动是在一定环境中进行的,环境中存在的一切对组织活动均有不同程度的直接或间接的影响。然而,由于时间、精力、认识能力、信息收集所需成本的限制,决策者对环境中的不同因素对组织活动的内容、方式、程度的影响不可能有完全的了解。这种知识的不完整性必然限制着决策者对于行动方案的制订、实施后果的预见以及对不同方案的评价能力。

2. 预见能力有限

任何决策方案都需通过活动实施。然而外界环境不仅错综复杂,而且是多变的,未来组织活动的外界环境将表现出与目前不同的特点。要准确地预计各种行为方案在未来的实施效果,首先必须能够正确地描述未来的环境状况。为此,决策者不仅应掌握关于环境在历史上各个时期的信息资料，而且应能够根据这些资料正确地推理出环境变化的规律。然而，决策者不仅知识有限，而且对于掌握的有限知识，其认识、利用能力（比如计算能力）也是有限的。这种利用能力的限制决定了他们对未来的预测不可能是完全准确的，他们所预测的未来环境与未来发生变化后的环境状况不可能完全相符。对未来预见能力的限制，必会影响决策者对不同方案未来实施效果的评价，从而影响决策的合理性。

3. 设计能力有限

人的想象力、设计能力的有限性也影响着决策的合理性。在一定时间内，决策者能够考虑到的行动范围，能够设计出的备选方案的数量也是有限的。正如西蒙所指出的："一个仅仅受到物理、生理限制的人，即使是在一分钟这样短的时间里，其所能完成的动作之多也是无法想象的……在所有这些可能的动作中，一个人能想到当作备选行动的，永远都只能是非常少的几种动作。由于每一备选行动均有各自的独特结果，因此，有很多可能的结果根本未进入评价阶段，因为它根本就没有被想到是可以选用的备选行动的可能结果。"个人行动如此，组织就更是这样了。组织规模越大、面对的环境越宽泛，能存在的行动场所就越广阔，能够设计的行动方案相对于可能存在的行动机会也就越有限，决策合理性受到的干扰也就可能越大。

5.3.3 决策的合理性要求

合理性是一个与一定条件联系的概念。判断的主体、标准、角度、条件不同，结论也必然不一样。

美国决策理论大师西蒙曾经强调，应把"合理性同适当的副词连起来"。如果一项决策在既定状态下可以实现价值最大化，那么就可以说该决策"在客观上"是合理的；如果在本人实际具有的知识范围内，其决策可以收到最大成果，则该决策"在主观上"是合理的。使手段适合目标的过程是一个认识过程，如果认识是自觉的，则该决策"在认识上"是合理的；如果手段适合目标是个人或组织经过预先仔细考虑的结果，那该决策就是"经过考虑的"合理决策。如果某决策是为了组织的目标，则该决策"对于组织来说"是合理的；如果是为了个人目标，则该决策"对个人来说"就是合理的。

就组织而言，判断一项决策是否合理，实际上是要评价该项决策所选方案的实施相对于组织目标实现的效果。合理的决策应使得所选方案对于组织目标是最为有效的。为此，决策者必须具有完全的理性。当代行政学者布隆认为，理性决策者应同时具备下述条件：①认清决策所要解决的问题；②明确解决问题所需达成的一系列目标，并根据这些目标的重要性排列应处理的次序；③能够列出达成每一个目标的一切可能手段或方案；④估计每一个可行方案实施后所需的成本以及可以得到的利益；⑤根据上述条件，选择一个（批）将会带来最大相关利益和最少相关损失的目标及其活动方案。

西蒙则认为，理性决策者必须能够做到以下几点：①在决策之前，全面寻找备选方案；

②考察每一可能抉择所导致的全部复杂后果；③具备一套价值体系，作为从全部备选行为中选定其一的选择准则。也就是说，合理的决策不仅要求决策者事先了解所有可行的行动方案及其实施后果，而且具有一套客观的、能为组织成员广为接受的评价标准，这样才能够对各种方案进行客观、公正的评价，从而选择出其中最为合理者。

5.4 决策方法

5.4.1 有关活动方向的决策方法

管理者有时需要对企业或企业某一部门的活动方向进行选择，可以采用的方法主要有经营单位组合分析法和政策指导矩阵等。

1. 经营单位组合分析法

经营单位组合分析法由美国波士顿咨询公司建立，其基本思想是，大部分企业都有两个以上的经营单位，每个经营单位都有相互区别的产品－市场片，企业应该为每个经营单位确定其活动方向。

该方法主张在确定每个经营单位的活动方向时，应综合考虑企业或该经营单位在市场上的相对竞争地位和业务增长率。相对竞争地位往往体现在企业的市场占有率上，它决定了企业获取现金的能力和速度，因为较高的市场占有率可以为企业带来较高的销售量和销售利润，从而给企业带来较多的现金流量。

业务增长率对活动方向的选择有两方面的影响：①它有利于市场占有率的扩大，因为在稳定的行业中，企业产品销售量的增加往往来自竞争对手市场份额的下降；②它决定着投资机会的大小，因为业务增长迅速可以使企业较快收回投资，并取得可观的投资报酬。

根据上述两个标准——相对竞争地位和业务增长率，企业的经营单位可以分成四大类，如图 5-1 所示。企业应根据各类经营单位的特征，选择合适的活动方向。

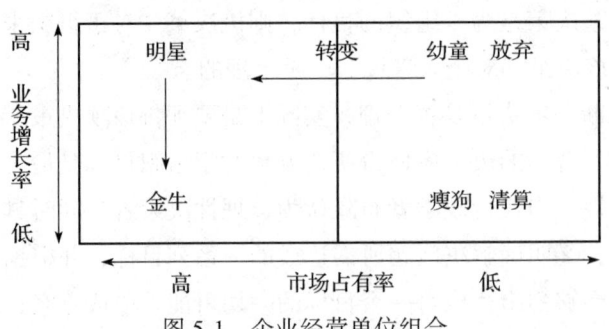

图 5-1　企业经营单位组合

"金牛"经营单位的特征是市场占有率较高，而业务增长率较低。较高的市场占有率为企业带来较多的利润和现金，而较低的业务增长率需要较少的投资。"金牛"经营单位所产生的大量现金可以满足企业的经营需要。

"明星"经营单位的特征是市场占有率和业务增长率都较高，因而所需要的和所产生的现金都很多。"明星"经营单位代表着最高利润增长率和最佳投资机会，因此企业应投入必要的资金，扩大其生产规模。

"幼童"经营单位的特征是业务增长率较高，而目前的市场占有率较低。这可能是企业刚刚开发的很有前途的领域，由于高业务增长率需要大量投资，而较低的市场占有率只能提供少量的现金。企业面临的选择是投入必要的资金，以提高市场份额、扩大销售量，使其转变为"明星"；或者如果认为刚刚开发的领域不能转变成"明星"，则应及时放弃。

"瘦狗"经营单位的特征是市场占有率和业务增长率都较低。由于市场份额和销售量都较低，甚至出现负增长，"瘦狗"经营单位只能带来较少的现金和利润，而维持其生产能力和竞争地位所需的资金甚至可能超过其所带来的现金，从而可能成为资金的陷阱。因此，对不景气的经营单位，企业应采取收缩或放弃的战略。

经营单位组合分析法的步骤通常如下：①把企业分成不同的经营单位；②计算各个经营单位的市场占有率和业务增长率；③根据其在企业中占有资产的比例来衡量各个经营单位的相对规模；④绘制企业的经营单位组合图；⑤根据每个经营单位在图中的位置，确定应选择的活动方向。

经营单位组合分析法以"企业的目标是追求增长和利润"这一假设为前提。对拥有多个经营单位的企业来说，它可以将获利较多而潜在增长率不高的经营单位所产生的利润投向那些增长率和潜在获利能力都较高的经营单位，从而使资金在企业内部得到有效利用。

2. 政策指导矩阵

政策指导矩阵法由荷兰皇家壳牌公司创立，采用矩阵来指导决策。具体来说，从市场前景和相对竞争能力两个角度来分析企业各个经营单位的现状与特征，并把它们标注在矩阵上，据此指导企业经营活动方向的选择。市场前景取决于盈利能力、市场增长率、市场质量和法规限制等因素，分为吸引力强、中、弱三种；相对竞争能力取决于经营单位在市场上的地位、生产能力、产品研究和开发等因素，分为强、中、弱三种。根据上述对市场前景和相对竞争能力的划分，企业的经营单位可分成九大类，如图5-2所示。

管理者可根据经营单位在矩阵中所处的位置来选择企业的活动方向。

处于区域1和4的经营单位相对竞争能力较强，市场前景也较好。应优先发展

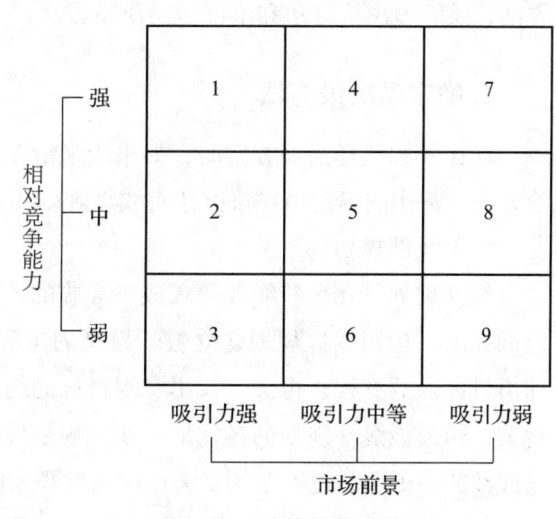

图5-2 政策指导矩阵

这些经营单位，确保它们获取足够的资源，以维持自身的有利市场地位。

处于区域 2 的经营单位虽然市场前景较好，但企业利用不够——这些经营单位的相对竞争能力不够强。应分配给这些经营单位更多的资源以提高其竞争能力。

处于区域 3 的经营单位市场前景虽好，但相对竞争能力弱。要根据不同的情况来区别对待这些经营单位：最有前途的应得到迅速发展，其余的则需逐步淘汰。这是企业的资源有限性决定的。

处于区域 5 的经营单位一般在市场上有 2～4 个强有力的竞争对手。应分配给这些经营单位足够的资源，以使其随着市场的发展而发展。

处于区域 6 和 8 的经营单位市场吸引力不强且竞争能力较弱，或虽有一定的竞争能力（企业对这些经营单位进行了投资并形成了一定的生产能力）但市场吸引力较弱。应缓慢放弃这些经营单位，以便把收回的资金投入盈利能力更强的经营单位。

处于区域 7 的经营单位相对竞争能力较强，但市场前景不容乐观。这些经营单位本身不应得到发展，但可利用它们的较强竞争能力为其他快速发展的经营单位提供资金支持。

处于区域 9 的经营单位市场前景暗淡，且竞争能力较弱。应尽快放弃这些经营单位，把资金抽出来并转移到更有利的经营单位。

5.4.2 有关活动方案的决策方法

管理者选定组织的活动方向之后，接下来需要考虑的问题自然是如何实现这一活动方向。由于实现这一活动方向的活动方案通常不止一种，所以管理者要在这些方案中做出选择。在决定选择哪一种方案时，要比较不同的方案，而比较的一个重要标准是各种方案实施后的经济效果。由于方案是在未来实施的，所以管理者在计算方案的经济效果时要考虑到未来的情况。根据未来情况的可控程度，有关活动方案的决策方法可分为三大类：确定型决策方法、风险型决策方法和不确定型决策方法。

1. 确定型决策方法

在比较和选择活动方案时，如果未来情况只有一种并为管理者所知，则应采用确定型决策方法。常用的确定型决策方法有线性规划和量本利分析法等。

（1）线性规划

线性规划是在一些线性等式或不等式的约束条件下，求解线性目标函数的最大值或最小值的方法。运用线性规划建立数学模型的步骤是：首先，确定影响目标大小的变量；其次，列出目标函数方程；再次，找出实现目标的约束条件；最后，找出使目标函数达到最优的可行解，即为该线性规划的最优解。线性规划模型的特点是目标函数与约束条件的数学表达式是线性的。下面通过一个例子来说明线性规划的基本结构和模型的建立。

例：某企业生产 A、B 两种产品，基本参数如表 5-2 所示。

表 5-2　生产 A、B 两种产品的基本参数

	甲、乙两种设备消耗定额		总体机时 /h
	单位 A 产品机时 /h	单位 B 产品机时 /h	
甲设备	2	4	180
乙设备	3	2	150
单位产品利润（元）	40	60	

如果以 X_1、X_2 表示 A、B 两种产品产量，以 P 表示两种产品的利润总额，可建立线性规划的模型如下：

目标函数为

$$\mathrm{Max}P = 40X_1 + 60X_2$$

约束条件为

$$\begin{cases} 2X_1 + 4X_2 \leqslant 180 \\ 3X_1 + 2X_2 \leqslant 150 \\ X_1, X_2 \geqslant 0 \end{cases}$$

关于线性规划的解法，可采用图解法和单纯形法。

图解法比较直观简单，适用于两个变量的情况，通过作图便可求解线性规划问题。该方法首先确定线性规划模型的可行解区域，而后再从中求得最优解。

设：X_1 为横坐标，X_2 为纵坐标。因变量非负，图解范围应在第一象限。

直线 MN 满足方程 $2X_1 + 4X_2 \leqslant 180$；

直线 EF 满足方程 $3X_1 + 2X_2 \leqslant 150$。

两直线相交于 H 点，OMHF 构成可行解区域，如图 5-3 所示。

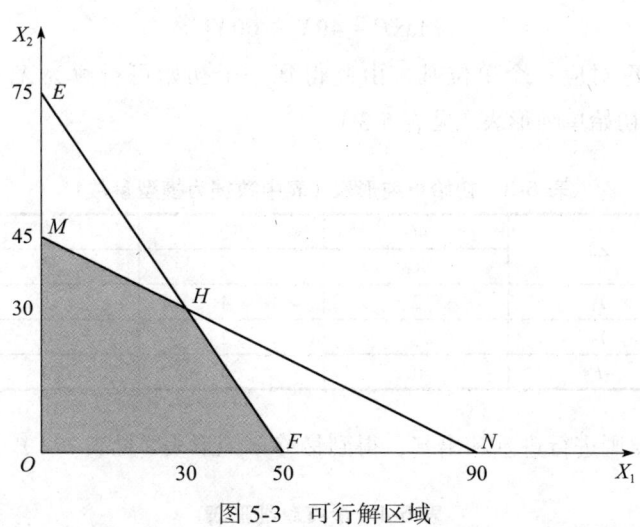

图 5-3　可行解区域

根据线性规划原理，最优解只能在可行解区域的边角线上，在满足约束条件又满足目标函数的解中选取，一般位于凸集的极点。因此，平行目标函数直线通过 O、M、H、F 四个

边角点，逐步迭代，发现距原点 O 最远的 H 点，将其坐标（$X_1 = 30$，$X_2 = 30$）代入目标函数，得到最大值

$$P = 30 \times 40 \text{ 元} + 30 \times 60 \text{ 元} = 3\,000 \text{ 元}$$

于是得到计划期内的最优生产计划：生产 A 产品 30 件、B 产品 30 件，可得到最大利润为 3 000 元。

虽然图解法很简便，可实际问题往往复杂得多，因而其应用受到一定的限制。

单纯形法原理与图解法基本相同，也是采取逐渐迫近的方法，直至找到最优解。不过，单纯形法可以求解两个以上变量的各种线性规划模型。

这里只以一般极大值问题为例。所谓一般极大值，是指目标函数为极大数，约束条件都是"小于等于型"的。建立的线性规划模型如下：

目标函数为

$$\text{Max}P = 40X_1 + 60X_2$$

约束条件为

$$\begin{cases} 2X_1 + 4X_2 \leq 180 \\ 3X_1 + 2X_2 \leq 150 \\ X_1, X_2 \geq 0 \end{cases}$$

首先，将约束条件不等式加松弛变量 Y_1、Y_2，使其变成等式方程

$$\begin{cases} 2X_1 + 4X_2 + Y_1 = 180 \\ 3X_1 + 2X_2 + Y_2 = 150 \\ X_1, X_2, Y_1, Y_2 \geq 0 \end{cases}$$

目标函数为

$$\text{Max}P = 40X_1 + 60X_2$$

松弛变量 Y_1、Y_2 对应一个单位基，由此得到一个初始可行解为 $X_1 = X_2 = 0$，$Y_1 = 180$，$Y_2 = 150$，并可得到初始单纯形表（见表 5-3）。

表 5-3　初始单纯形表（表中数据为模型参数）

C_B	Z_B	40	60	0	0
		X_1	X_2	Y_1	Y_2
0	Y_1	2	4	1	0
0	Y_2	3*	2	0	1
	$-P_0$	40	60	0	0

通过按照一定原则进行进基和出基，得到最终单纯形表（见表 5-4）。

表 5-4　最终单纯形表

X_1（件）	30	0	1	3/8	-1/4
X_2（件）	30	1	0	-1/4	1/2
$-P$（元）	-3 000	0	0	-100/8	-10

结果同图解法，即生产 A 产品 30 件、B 产品 30 件，最大利润为 3 000 元。

（2）量本利分析法

量本利分析法又称保本分析法或盈亏平衡分析法，是通过考察产量（或销售量）、成本和利润的关系以及盈亏变化的规律来为决策提供依据的方法。

在应用量本利分析法时，关键是找出企业不盈不亏时的产量（称为保本产量或盈亏平衡产量，此时企业的总收入等于总成本），常用方法有图解法和代数法两种。

2. 风险型决策方法

在比较和选择活动方案时，如果未来情况不止一种，管理者不知道到底哪种情况会发生，但知道每种情况发生的概率，则应采用风险型决策方法。常用的风险型决策方法是决策树法。

决策树法是指用树状图来描述各种方案在不同情况（或自然状态）下的收益，据此计算每种方案的期望收益，从而制定决策的方法。下面通过举例来说明决策树法的原理与应用。

例：某企业为了扩大某产品的生产，拟建设新厂。据市场预测，产品销路好的概率为 0.7，销路差的概率为 0.3。有三种方案可供企业选择。

方案 1：新建大厂，需投资 300 万元。据初步估计，销路好时，每年可获利 100 万元；销路差时，每年亏损 20 万元。服务期为 10 年。

方案 2：新建小厂，需投资 140 万元。销路好时，每年可获利 40 万元；销路差时，每年仍可获利 30 万元。服务期为 10 年。

方案 3：先建小厂，3 年后销路好时再扩建，须追加投资 200 万元，服务期为 7 年，估计每年获利 95 万元。

问：哪种方案最好？

画出该问题的决策树，如图 5-4 所示。

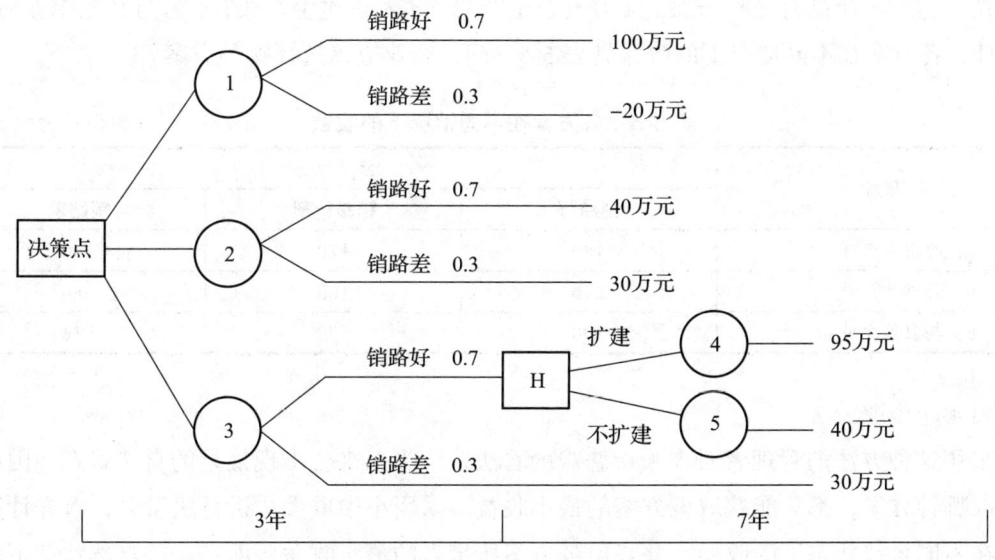

图 5-4 一个多阶段决策的决策树

图 5-4 中的矩形节点称为决策点，从决策点引出的若干条树枝表示若干种方案，称为方案枝；圆形节点称为状态点，从状态点引出的若干条树枝表示若干种自然状态，称为状态枝。图中有两种自然状态：销路好和销路差，自然状态后面的数字表示该种自然状态出现的概率。位于状态枝末端的是各种方案在不同自然状态下的收益或损失。据此，可以算出各种方案的期望收益。

方案 1（节点①）的期望收益为

$$[0.7 \times 100 \text{ 万元} + 0.3 \times (-20 \text{ 万元})] \times 10 - 300 \text{ 万元} = 340 \text{ 万元}$$

方案 2（节点②）的期望收益为

$$(0.7 \times 40 \text{ 万元} + 0.3 \times 30 \text{ 万元}) \times 10 - 140 \text{ 万元} = 230 \text{ 万元}$$

至于方案 3，由于节点④的期望收益 465 万元（95 万元 ×7 - 200 万元），大于节点⑤的期望收益 280 万元（40 万元 ×7），所以销路好时，扩建比不扩建好。

方案 3（节点③）的期望收益为

$$(0.7 \times 40 \text{ 万元} \times 3 + 0.7 \times 465 \text{ 万元} + 0.3 \times 30 \text{ 万元} \times 10) - 140 \text{ 万元} = 359.5 \text{ 万元}$$

计算结果表明，在三种方案中，方案 3 最好。

需要说明的是，在上面的计算过程中，没有考虑货币的时间价值，这是为了使问题简化。但在实际中，多阶段决策通常要考虑货币的时间价值。

3. 不确定型决策方法

在比较和选择活动方案时，如果管理者不知道未来情况有多少种，或虽知道有多少种，但不知道每种情况发生的概率，则应采用不确定型决策方法。常用的不确定型决策方法有小中取大法、大中取大法和最小最大后悔值法等。下面通过举例来介绍这些方法。

例：某企业打算生产某产品。据市场预测，产品销路有三种情况：销路好、销路一般和销路差。生产该产品有三种方案：a 为改进生产线；b 为新建生产线；c 为与其他企业协作。据估计，各方案在不同情况下的收益见表 5-5。问：企业应该选择哪种方案？

表 5-5　各方案在不同情况下的收益　　　　　　　　（单位：万元）

方案	自然状态		
	销路好	销路一般	销路差
a：改进生产线	180	120	-40
b：新建生产线	240	100	-80
c：与其他企业协作	100	70	16

（1）小中取大法

采用这种方法的管理者对未来持悲观的看法，认为未来会出现最差的自然状态，因此不论采取哪种方案，都只能获取该方案的最小收益。采用小中取大法进行决策时，首先计算各方案在不同自然状态下的收益，并找出各方案所带来的最小收益，即在最差自然状态下的收益，然后进行比较，选择在最差自然状态下收益最大或损失最小的方案作为所要的方案。

在例中，a 方案的最小收益为 -40 万元，b 方案的最小收益为 -80 万元，方案 c 的最小收益为 16 万元。经过比较，c 方案的最小收益最大，所以选择 c 方案。

（2）大中取大法

采用这种方法的管理者对未来持乐观的看法，认为未来会出现最好的自然状态，因此不论采取哪种方案，都能获取该方案的最大收益。采用大中取大法进行决策时，首先计算各方案在不同自然状态下的收益，并找出各方案所带来的最大收益，即在最好自然状态下的收益，然后进行比较，选择在最好自然状态下收益最大的方案作为所要的方案。

在上例中，a 方案的最大收益为 180 万元，b 方案的最大收益为 240 万元，c 方案的最大收益为 100 万元。经过比较，b 方案的最大收益最大，所以选择 b 方案。

（3）最小最大后悔值法

管理者在选择了某方案后，如果将来发生的自然状态表明其他方案的收益更大，那么他会为自己的选择而后悔。最小最大后悔值法就是使后悔值最小的方法。采用这种方法进行决策时，首先计算各方案在各自然状态下的后悔值（某方案在某自然状态下的后悔值 = 该自然状态下的最大收益 − 该方案在该自然状态下的收益），并找出各方案的最大后悔值，然后进行比较，选择最大后悔值最小的方案作为所要的方案。

在上例中，在销路好这一自然状态下，b 方案（新建生产线）的收益最大，为 240 万元。在将来发生的自然状态是销路好的情况下，如果管理者恰好选择了这一方案，他就不会后悔，即后悔值为 0；如果他选择的不是 b 方案，而是其他方案，他就会后悔（后悔没有选择 b 方案）。比如，他选择的是 c 方案（与其他企业协作），该方案在销路好时带来的收益是 100 万元，比选择 b 方案少带来 140 万元的收益，即后悔值为 140 万元。各方案在不同情况下后悔值的计算结果如表 5-6 所示。

表 5-6　各方案在不同情况下的后悔值　　　　　　　　　　（单位：万元）

方案	自然状态		
	销路好	销路一般	销路差
a：改进生产线	60	0	56
b：新建生产线	0	20	96
c：与其他企业协作	140	50	0

由表中看出，a 方案的最大后悔值为 60 万元，b 方案的最大后悔值为 96 万元，c 方案的最大后悔值为 140 万元。经过比较，a 方案的最大后悔值最小，所以选择 a 方案。

本章小结

决策一般是指组织或个人为了实现某种目标而对未来一定时期内有关活动的方向、内容及方式的选择或调整过程。组织决策具有目标性、超前性、科学性、可行性、选择性、过程性、动态性等特征。决策根据其解决问题的性质和内容不同可以分为群体决策与个体决策、战略决策与战术决策、程序化决策与非程序化决策、初始决策与追踪决策，以及确定型决策、风险型决策和非确定型决策等。

决策的过程主要包括确定决策目标、拟定被选方案、评价被选方案和选择方案等。其中确定决策目标是决策的前提，决策目标确定以后，就应拟定达到目标的各种备选方案，随之便是对备选方案进行评价，最后是对各种备选方案进行总体权衡，挑选一个最佳方案。

在现实中，理性决策所要求条件的严格性在实际工作中往往不能得到满足。因此，在做出管理决策时，管理者事实上是有限理性的。

常用的决策方法主要包括经营单位组合分析法、政策指导矩阵、线性规划、量本利分析法、决策树法、小中取大法、大中取大法和最小最大后悔值法等。

■ 复习思考

1. 简述决策的概念、构成要素、特征及类型。
2. 简述决策制定的一般过程。
3. 简述有限理性的表现，对决策制定的影响，以及如何克服有限理性。
4. 如何区分群体决策与个体决策的差异？
5. 制定的常用的决策方法有哪些？

■ 本章参考文献

[1] 罗宾斯，德森佐，库尔特. 管理学：原理与实践 原书第10版 [M]. 毛蕴诗，等译. 北京：机械工业出版社，2019.

[2] MICHAELSEN L K, WATSON W E, BLACK R H. A realistic test of individual versus group consensus decision making[J]. Journal of applied psychology, 1989, 74(5): 834-839.

[3] 罗宾斯，库尔特. 管理学：第13版 [M]. 刘刚，程熙鎔，梁晗，等译. 北京：中国人民大学出版社，2017.

[4] SKIDD D R A. Revisiting bounded rationality[J]. Journal of management inquiry, 1992, 1(4): 343-347.

第 6 章
CHAPTER 6

计 划

学习目标

学习完本章后,你应该能够:
- 理解计划的概念与性质。
- 明确计划的类型与作用。
- 明确计划的编制原理与过程。
- 了解计划的实施方法。

6.1 计划的概念与性质

6.1.1 计划的概念

在汉语中,"计划"既可以是名词也可以是动词。从名词意义上说,计划是指用文字和指标等形式所表述的,关于组织以及组织内不同部门和不同成员在未来一定时期内的行动方向、内容和方式安排的管理文件。从动词意义上说,计划是确定未来目标及实现目标预先进行的行动安排,即在时间和空间两个维度上进一步分解任务和目标,选择任务和目标实现方式,规定进度,以及对行动结果的检查与控制等。综上而言,计划工作是对决策所确定的任务和目标提供一种合理的实现方法。

计划工作有如下特点:①它与组织的未来有关。它既不是简单地总结过去的成绩和教训,也不是描绘现在的状况,而是在预测未来趋势的基础上对组织发展的一种前景规划。计划能使组织在一定程度上成功地应对未来。②它与人们的行动有关。它不是空泛的说教,而是制定一条应遵循的行动路线。③它与管理的其他职能相关。它影响并贯穿于组织工作、领导工作、控制工作中。根据计划的编制情况，合理有效地组织有限的人、财、物资源，在领导的带领、指导、协调、控制下，确保高效率地完成计划，即计划是要通过管理的其他职能活动去执行的。

在国外（主要在美国），计划工作的具体内容常用"5W1H"（即下列句子的英文首写字母）来描述：What to do it——做什么？计划的活动内容、工作要求及工作重点。Why to do it——为什么做？计划制订的理由、意义、重要性。Who to do it——谁去做？计划中的人员安排、部门安排、奖罚措施。Where to do it——在何地做？计划实施的地点、场所、空间组织和布局。When to do it——何时做？计划中各项活动的开始时间、进度安排、完成时间。How to do it——怎么做？实施计划的手段、途径、主要战术。

6.1.2　计划的性质

1. 计划的首位性

计划是进行其他管理职能活动的基础或前提条件。常言之，计划在前，行动在后。组织的管理过程首先应当明确管理目标、筹划实现目标的方式和途径，而这些恰恰是计划工作的任务，因此计划位于其他管理职能活动的首位。例如，在制定控制的标准时，必须以计划为主要依据，并且控制的目的就是更好地实现计划的目标，所以没有计划就谈不上控制。组织职能、领导职能也都与计划职能相关联。组织结构的设计和组织权责的划分是以实现组织目标为目的的，由计划制定的组织目标往往会导致组织结构的调整和组织权责的重新划分。各级管理者在行使领导职能时，对员工进行引导、激励、约束（如进行绩效评价、实施奖惩）也都是为了实现计划制定的组织目标，因此计划具有首位性。

2. 计划的普遍性

实际的计划工作涉及组织或企业中的每一位管理者及员工，上至首席执行官（CEO）、总经理，下至各部门经理、主管人员、组长、领班及员工。一个组织的总目标确定之后，各级管理人员为了实现组织目标，使本层次的组织工作得以顺利进行，都需要制定相应的分目标及分计划。这些具有不同广度和深度的计划有机地组合在一起，形成一个多层次计划系统。人们时常会错误地认为，计划是领导或高层管理者的事情，其实并非如此，组织中的大部分人员都会涉及计划工作，只是程度不同。如在企业里，最高管理层制订总计划，主要的职能部门根据总计划制订生产计划、市场计划、财务计划、人事计划，这些计划和目标又被层层分解，再由下级组织或人员制订各种子计划。因此，计划具有普遍性。

3. 计划的目的性

计划的目的性是非常明显的。任何组织或个人制订的各种计划都是为了促使组织的总目标和一定时期的目标的实现。确切地说，计划可以使组织有限的资源得到合理的配置，可以减少浪费，提高效率，规范组织人员行为，提高成员工作的目的性，以维持组织的生存和发展。

4. 计划的实践性

计划的实践性主要是指计划的可操作性。符合实际、易于操作、目标适宜是衡量一个计划好坏的重要标准。计划是未来行动的蓝图，计划一经以指令的形式下达，就会变成具体的行动。不切实际的计划在实际中是很难操作的，漏洞百出的计划将会给组织造成重大损失。为了使组织计划具有可操作性并获得理想的效果，在制订计划之前必须进行充分的调查研究，准确把握环境和组织自身的状况，努力做到目标合理，时机把握准确，实施方法和措施具体、明确、有效。另外，为了适应环境的变化，克服不确定因素的干扰，还要适当增加计划的弹性。

5. 计划的明确性

计划包括实施的指令、规则、程序与方法，直接指引行动。所以，它不仅需要明确的定性解释，而且应具有定量的标准和时间的界限。具体地讲，计划应明确表达出组织的目标与任务，实现目标所需用的资源（人力、物力、财力、信息等）和所采取行动的程序、方法和手段，以及各级管理人员在执行计划过程中的权力和职责。

6. 计划的效率性

计划的效率性主要是指时效性和经济性。任何计划都有计划期的限制，也有实施计划时机的选择。计划的时效性表现在两个方面：一是计划工作必须在计划期开始之前完成计划的制订工作；二是任何计划都必须慎重选择计划期的开始和截止时间。例如在企业中，一般会制订五年或十年期的长期规划、年度计划、季度计划、月度计划等，这些计划都具有不同的计划期。经济性是指组织计划应该是以最小的资源投入获得尽可能多的产出。

6.2 计划的类型与作用

6.2.1 计划的类型

任何一种未来的行动方案都属于计划。计划的种类很多，可以按不同的标准进行分类，常见的分类标准有计划期限、计划的明确度、计划的广度和计划的表现形式。了解各种计划类型有助于在实际编制计划的工作中避免漏掉或忽视某些重要的内容，提高计划的先导性和有效性。

1. 长期计划、中期计划与短期计划

同其他场合的期限划分一样，管理上计划的划分也可按其期限长短分为三种：长期计划、中期计划与短期计划。长期计划一般超过五年,它主要回答两个问题:一是组织的长远目标和发展方向是什么;二是怎样实现本组织的长远目标。例如,我国的"七五""八五""九五"计划,企业五年的发展规划等。中期计划介于长期计划与短期计划之间,不确定因素较少,可以较准确地制定计划期间的各项目标。期限在一年或一年以内的计划通常称为短期计划,它非常详细,有很具体的工作要求,能够直接指导一项活动的开展。例如,企业中的年度利润计划、销售计划、生产计划、季度计划、月计划、周计划等都属于短期计划。没有短期计划,长期计划就很难保证实现;没有长期计划,企业则很容易目光短浅,采取短期行为,不考虑后果,从而出现"踩着西瓜皮,滑到哪里算哪里"的盲目、随意的现象。

2. 具体性计划与指导性计划

计划按其准确和明确度可分为具体性计划与指导性计划。具体性计划有明确规定的目标,不存在模棱两可的情况,也没有容易引起误解的问题。例如,一位经理打算使企业的利润在未来的 6 个月内增加 10%,他或许需要制定一些特定的程序或方案,比如成本降低 5% 的成本控制计划、销售额增加 12% 的销售计划、产量提高 1 倍的生产组织计划等。上述这些计划就是具体性计划。当周围环境变化时,具体性计划所要求的明确的指标和条件不一定全部满足,此时具体性计划的缺点就出现了。比如上述例子中,在计划期的 6 个月内,企业突然资金短缺,没有足够的财力去实施销售计划中的广告、人员促销措施,或者市场销售不旺等环境因素,均会造成销售计划失效。这种情况下,指导性计划就显得更为可取。指导性计划只规定一些一般的方针,它指出重点,但不把管理者限定在具体的目标和特定的行动方案上。比如,上例中的指导性计划也许只提出未来的 6 个月中使利润增加 5% ~ 10%,或者使利润有所增加。显然,指导性计划在具有灵活性的同时,也丧失了具体性计划的明确性。因此,在制订计划时,要根据未来的不确定性因素在灵活性与明确性之间权衡,不确定性越大,计划越应当是指导性的。换句话说,环境变化越大,计划就越应具有弹性,管理工作也就越应具有灵活性。

3. 战略计划与作业计划

计划按其范围广度和时间跨度可分为战略计划与作业计划。应用于整个组织的,为组织设立总体目标和寻求组织在环境中的地位的计划称为战略计划;规定总体目标如何实现的细节的计划称为作业计划。战略计划与作业计划在时间框架、范围、目的等方面是不同的。战略计划考虑的是组织未来几年甚至几十年的发展规划;而对作业计划而言,一年就是一个相对的时间周期。战略计划一般听起来很简单、笼统;作业计划显得相对详细一些,因为它是从战略计划中派生出来的。战略计划影响组织广泛的活动,而作业计划只局限在很小的范围内,两者所涉及的关系、数量存在很大差别,因此有些管理学家把前者称为战略目标,把后者称为行动目的。

哈罗德·孔茨和海因茨·韦里克（Heinz Weihrich）从抽象到具体把计划分为一种层次体系：使命（Mission）、目标（Objective）、战略（Strategy）、政策（Policy）、程序（Procedure）和规则（Rule）、规划（Program）、预算（Budget）等。

（1）使命

任何一个在社会中运营的组织，都应有自己的宗旨或使命（Purpose or Mission）——组织存在于社会的基本职能或根本任务。宗旨或使命指明了组织是干什么的，以及应当干什么。例如，一般来讲，企业的使命是为社会提供可消费的商品或服务，给予投资者合适的回报，法院的使命是解释和执行法律，大学的使命是教学和研究，等等。组织的使命支配着组织的目标。确定组织一定时期内应达到的有意义的、合理的目标。因此，首先必须明确组织的使命或宗旨。

（2）目标

一定时期的目标或各项具体目标是组织经营活动所要达到的结果，它们都属于计划。组织一定时期的目标构成了组织的基本计划，但这种计划只是初始计划、简单计划，是未来行动蓝图上的一个终点目标，是制订全部具体计划的一个标准和参照的基石。

（3）战略

战略是实现目标的方针。来源于军事领域的"战略"一词，现在已越来越多地被用来反映组织经营的一种概括性的概念，用于描述为实现各项目标所选择的发展方向，所采取的行动方针和决定支配运用资源的政策的总纲。例如，福特汽车公司早期为扩大市场份额，它的战略就是通过大批量生产，大幅度降低生产成本。虽然战略并没有确切说明组织应如何实现其目标，这属于其他许多辅助性计划的内容，但就指导组织的经营思想和行动而言，战略则是一种有用的框架。战略的指导性说明战略也是一种计划。

（4）政策

政策是组织活动的指南，是表现在计划中的文字说明，它为决策活动提供了方针和自由斟酌的范围，保证了行动和目标的一致，有助于目标的实现。例如，企业为提高经济效益采取的奖罚政策、工资效益挂钩政策，为了吸引顾客采用的买一赠一或购物抽奖的优惠政策，等等。政策还有助于将一些问题确定下来，避免重复讨论，并给予其他计划一个全局性的概貌，从而使管理人员有可能控制全局。

（5）程序和规则

程序可看作是由一系列规则组成的，它给出了处理未来活动的例行方法或步骤。程序的实质就是对所进行的活动规定时间先后顺序，它为政策的执行提供了方法和步骤。规则往往是一种最简单的计划，是指在一定情况下采取或不采取某个特定的行动。例如，"工作现场禁止吸烟"就是一个规则。

（6）规划

规划是为实现既定方针所必需的目标、政策、程序、规则，是包含任务委派、采取的步骤、使用的资源等要素的综合性计划。它通常需要经营预算的支持。规划可大可小，大的规划一般可以派生出许多小规划，小规划的实现是大规划实现的基础。例如，一个五年规划，其实现依赖于它的派生计划，如年度计划、月计划、周计划的实现。

（7）预算

预算也可称为"数字化"的规划，它是以数字表示预期结果的一种说明书，如现金预算、费用预算等。编制预算是计划工作的内容。在许多国家和企业，预算是基本的计划工作手段。另外，预算也是一种重要的控制方法。

6.2.2　计划的作用

1. 计划是组织生存与发展的纲领

如今正处在经济、政治、技术、社会变革与发展的时代，既给人们带来了机遇，也带来了风险，特别是在争夺市场、资源、势力范围的竞争中更是如此。如果计划不周，或根本没计划，可能会遭遇严重的后果。

2. 计划是组织协调的前提

现代社会中各行各业的组织以及它们内部的各个组成部分，分工越来越精细，协调关系更趋严密。要把这些繁杂的有机体科学地组织起来，就必须有一个严密的计划。

3. 计划是指挥实施的准则

计划的实质是确定目标，以及规定达到目标的途径和方法。它指导不同空间、不同时间、不同岗位上的人们围绕一个总目标，秩序井然地去实现各自的分目标。

4. 计划是控制活动的依据

计划不仅是组织、指挥、协调的前提和准则，而且与管理控制活动紧密相连。计划为各种复杂的管理活动确定了数据、尺度和标准，不仅为控制活动指明了方向，而且还为控制活动提供了依据。

6.3　计划的编制原理与过程

6.3.1　计划的编制原理

1. 限定因素原理

限定因素原理是指在计划工作中，越能够了解和找到对达到所要求目标起限制性和决定性作用的因素，就越能准确、客观地选择可行的方案。其中，限定因素是指妨碍目标得以实现的因素。在其他因素不变的情况下，抓住这些因素，就能实现期望的目标。限定因素原理是决策的精髓，决策的关键就是解决抉择方案所提出的问题，即尽可能地找出和解决限定性的或策略性的因素。

"木桶原理"就是限定因素原理的形象说法。木桶原理又称短板理论，由劳伦斯·彼得（Laurence Peter）提出。其核心内容为：一只木桶盛水的多少并不取决于桶壁上最高的那块木板，而恰恰取决于桶壁上最短的那块。根据这一核心内容，"木桶理论"还有两个推论：其一，只有桶壁上的所有木板都足够高，木桶才能盛满水；其二，只要这个木桶有一块木板不够高度，木桶里的水就不可能是满的。

2. 承诺原理

承诺原理是指任何一项计划都是对完成各项任务所做的承诺，任务越多，承诺越大，实现承诺的时间就越长，计划的期限也就越长。

计划的期限与其所要完成的任务数量是成正比的。计划的承诺不能太多，否则会造成计划的期限过长，承诺所实现的可能性越小。

3. 灵活性原理

灵活性原理是指行政计划的灵活性越大，因未来意外事件引起损失的可能性就越小，两者成反比关系。灵活性原理是行政计划工作中最主要的原理，它主要针对计划的制订过程，使计划本身具有适应性，要求计划的制订"量力而行，留有余地"。至于计划的执行，则必须严格准确，要"尽力而为，不留余地"。

4. 改变航道原理

改变航道原理是指计划工作为将来承诺得越多，管理者定期检查现状和前景，以及为保证所要达到的目标而重新制订计划就越重要。

改变航道原理与弹性原理是有区别的。弹性原理是使计划本身具有适应性，而改变航道原理是使计划在执行过程中具有应变能力。所以，计划工作者不仅要制订弹性计划，而且在执行过程中还要不断检查计划，在必要的时候修订计划，以利于达到预期目标。计划制订出来后，计划工作者就要管理计划，促使计划的实施，而不能被计划所"管理"，不能被计划框住，必要时可以根据当时的实际情况做必要的检查和修订。因为未来情况随时都可能发生变化，制订出来的计划不可能一成不变。尽管在制订计划时已预见了未来可能发生的情况，并制定了相应的应变措施，但计划往往赶不上变化，因而在必要时就要调整或重新制订计划。就像航海家一样，必须经常核对航线，一旦遇到情况就可绕道而行，故此原理称为"改变航道原理"。

6.3.2 计划的编制过程

计划的编制过程如图 6-1 所示。

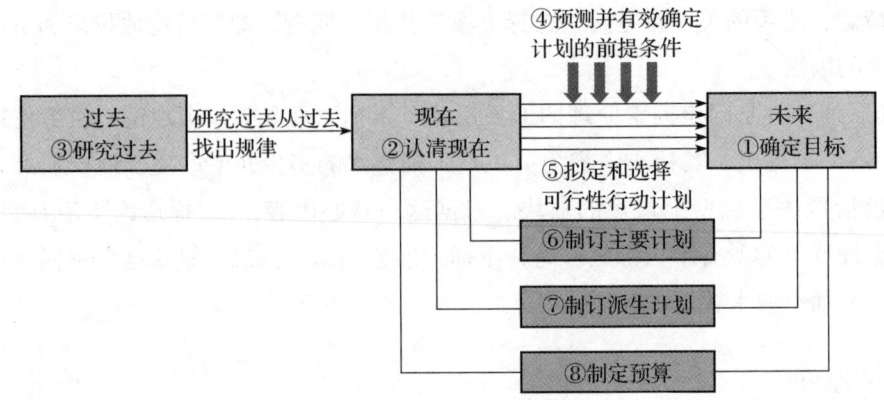

图 6-1 计划的编制过程

注：图中序号表示计划编制的步骤。
（资料来源：周三多，陈传明，刘子馨，等. 管理学：原理与方法［M］. 7 版. 上海：复旦大学出版社，2018.）

1. 确定目标

确定目标是决策工作的主要任务。制订计划的第一步必须认识我们将要走向何方。目标是指期望的成果，为组织整体、各部门和各成员指明了方向，描绘了组织未来的状况，并且作为可以衡量实际绩效的标准。

2. 认清现在

计划是连接我们所处的这岸和要去的对岸的一座桥梁。目标则指明了组织要去的对岸。因此，制订计划的第二步是认清组织所处的这岸，即认清现在。认清现在的目的在于寻求合理有效的通向成功的路径，也即实现目标的途径，不仅需要有开放的精神，还要有动态的精神。

3. 研究过去

不仅要从过去发生过的事件中得到启示和借鉴，更重要的是探讨过去通向现在的一些规律。从过去发生的事情中探求事物发展的一般规律，基本方法有两种：演绎法和归纳法。

4. 预测并有效确定计划的前提条件

前提条件是关于要实现计划的环境的假设条件，限于那些对计划是关键性的或具有重要意义的假设条件，是行动过程中的可能情况。预测并有效确定计划的前提条件的重要性在于，对前提条件认识越清楚、越深刻，计划工作越有效。

5. 拟定和选择可行性行动计划

拟定和选择可行性行动计划包括三项内容：拟定可行性行动计划、评估计划和选定计划。拟定可行性行动计划要求拟定尽可能多的计划。可供选择的行动计划越多，被计划的相对满意度就越高。评价行动计划要考虑以下几点：①认真考察每一个计划的制约因素和隐患；②要用总体效益的观点来评估计划；③既要考虑到每个计划的许多有形的、可以用数量表示的因素，又要考虑到很多无形的、不能用数量表示的因素；④要动态地考察计划的效果。这一阶段的最后一步是按一定的原则选择一个或几个较优的计划。

6. 制订主要计划

完成了拟定和选择可行性行动计划后，制订主要计划就是将所选择的计划用文字形式正式地表达出来，作为一项管理文件，清楚地确定和描述5W1H的内容。

7. 制订派生计划

基本计划需要派生计划的支持。例如，由业务计划派生的生产计划、销售计划、广告计划等。

8. 制定预算

在做出决策和确定计划后，赋予计划含义的最后一步就是把计划转变成预算，使之数字化。这样一方面是为了使计划的指标体系更加明确，另一方面企业更易于对计划的执行进行控制。

6.4 计划的实施方法

6.4.1 目标管理

目标管理由美国管理学家德鲁克于20世纪50年代提出，被称为"管理中的管理"。它一方面强调完成目标，实现工作成果；另一方面重视人的作用，强调员工自主参与目标的制定、实施、控制、检查和评价。目标管理是指组织的最高领导层根据组织面临的形势和社会需要，制定出一定时期内组织经营活动所需达到的总目标，然后层层落实，要求下属各部门主管人员以至于每个工人根据上级制定的目标，分别制定目标和保证措施，形成一个目标体系，并把目标的完成情况作为各部门和个人考核的依据。

1. 目标管理的基本思想

企业的任务必须转化为目标，企业管理人员要通过这些目标对下级进行领导，并以此保证企业总目标的实现。

目标管理是一种程序，它使组织中的各级管理人员统一起来制定共同的目标，确定彼此的责任，并将此项责任作为指导业务和衡量各自贡献的准则。

每个企业管理人员或工人的分目标就是企业总目标对他的要求，同时也是这个企业管理人员或工人对企业总目标的贡献。

企业管理人员和工人依据设定的分目标进行自我管理。他们以所要达到的目标为依据，进行自我指挥、自我控制，而不是由其上级来指挥和控制。

企业管理人员对下级进行考核和奖惩也是依据这些分目标。

2. 目标管理的过程

目标管理过程分为六个步骤，具体如下所述：

1）制定目标。具体包括组织的总体目标、各部门的分目标以及目标对应的职责。

2）明确组织的作用。每个目标和分目标都有责任人。

3）执行目标。根据目标，利用一定的资源开展恰当的活动。

4）评价成果。这是实行奖惩的依据、沟通的机会、自我控制和自我激励的手段，包括上下级和同级之间的相互评价。

5）实施奖惩。奖惩是目标管理的内容之一，也是一种激励手段，是更好地实施新目标的前提。

6）制定新目标。这代表着又一段时间循环的开始。

3. 目标管理的优缺点

优点：有利于提高管理水平，调动人员的积极性和责任心；有利于长期目标的实现，形成一个目标体系，并可将目标的完成情况作为各部门和个人考核的依据。

缺点：对目标管理的原理和方法宣传得不够，没有把指导方针向拟定目标的各级管理人员讲清楚，导致目标难以确定；目标一般是短期的，易造成短期目标与长期目标脱节、不灵活的危险。

6.4.2 滚动计划法

滚动计划也称滑动计划，是一种动态编制计划的方法。它不像静态分析那样，等一项计划全部执行完之后再重新编制下一时期的计划，而是在每次编制或调整计划时，均将计划按时间顺序向前推进一个计划期，即向前滚动一次，按照制订的项目计划进行施工，对保证项目的顺利完成具有十分重要的意义，如图 6-2 所示。但是由于各种原因，在项目进行过程中经常出现偏离计划的情况，因此要跟踪计划的执行过程，以发现存在的问题。另外，跟踪计划还可以监督过程执行的费用支出情况，跟踪计划的结果通常还可以作为向承包商支付部分费用的依据。

1. 滚动计划法的编制方法

其编制方法是：在已编制出计划的基础上，每经过一段固定的时期（如一年或一个季度，这段固定的时期被称为滚动期），便根据变化了的环境条件和计划的实际执行情况，从确保实现计划目标出发，对原计划进行调整。每次调整时，保持原计划期限不变，而将计划期顺序向前推进一个滚动期。

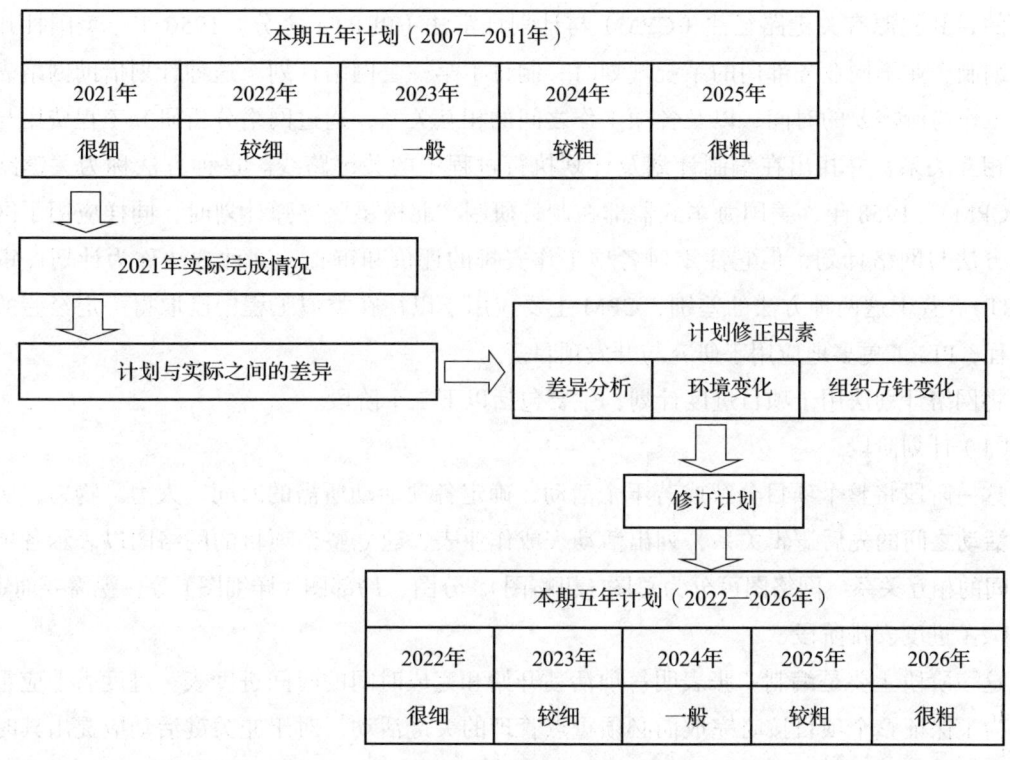

图 6-2　滚动计划法

2. 滚动计划法的编制流程

在计划编制过程中，尤其是编制长期计划时，为了能较为准确地预测影响计划执行的各种因素，可以采取"近细远粗"的办法，即近期计划订得较细、较具体，远期计划订得较粗、较概略。在一个计划期终了时，根据上期计划执行的结果和产生条件，以及市场需求的变化，对原计划进行必要的调整和修订，并将计划期顺序向前推进一期，如此不断滚动、不断延伸。

3. 滚动计划法的评价

滚动计划法最突出的优点是计划更加切合实际，并且使战略性计划的实施也更加切合实际。

它可以使长期计划、中期计划与短期计划相互衔接，短期计划内部各阶段相互衔接。这就保证了即使环境变化出现某些不平衡时，各期计划也能及时地进行调节，从而基本保持一致。

滚动计划法大大增强了计划的弹性，这在环境剧烈变化的时代尤为重要，它可以提高组织的应变能力。

6.4.3　网络计划法

网络计划法是用于工程项目计划与控制的一项管理方法。它是 20 世纪 50 年代末发展起来的,其起源有关键路径法(CPM)与计划评审法(PERT)之分。1956年,美国杜邦公司在编制企业不同业务部门的系统规划时,制订了第一套网络计划。这种计划借助网络表示各项工作与所需要的时间,以及各项工作之间的相互关系,通过网络分析研究工程费用与工期的相互关系,并找出在编制计划及计划执行过程中的关键路线。这种方法称为关键路径法(CPM)。1958年,美国海军武器部在制订研制"北极星"导弹计划时,同样应用了网络分析方法与网络计划,但它注重对各项工作安排的评价和审查。这种方法称为计划评审法(PERT)。鉴于这两种方法的差别,CPM主要应用于以往在类似工程中已取得一定经验的承包工程,PERT更多地应用于研究与开发项目。

将网络计划法用于项目进度计划,主要包括以下三个阶段。

(1) 计划阶段

这一阶段将整个项目分解成若干个活动,确定各项活动所需的时间、人力、物力,明确各项活动之间的先后逻辑关系,列出活动表或作业表,建立整个项目的网络图以表示各项活动之间的相互关系。网络图可分为总图(粗略图)、分图、局部图(详细图)等,视需要而定。

(2) 进度安排阶段

这一阶段主要是编制一张表明每项活动开始和完成时间的时间进度表。进度表上应重点明确为了保证整个项目按时完成而必须重点管理的关键活动,对于非关键活动应提出其时差(富余时间),以便在资源限定的条件下进行分配和平衡。为了有效利用资源,可适当调整一些活动的开始和完成日期。

(3) 控制阶段

这一阶段应用网络图和时间进度表,定期对实际进展情况做出报告和分析,必要时可修改和更新网络图,决定新的措施和行动方案。

1. 网络计划法的基本原理

利用网络图表达计划任务的进度安排及各项活动之间的相互关系;在此基础上进行网络分析,计算网络时间参数,找出关键活动和关键线路;利用时差不断改善网络计划,求得工期、资源与费用的优化方案;在计划执行过程中,通过信息反馈进行监督与控制,以保证达到预定的计划目标。

2. 网络计划法的基本内容

(1) 网络图

网络计划法的图解模型,反映了整个工程任务的分解和合成。分解是指对工程任务的划分;合成是指建立各项工作之间的协作与配合。绘制网络图是网络计划技术的基础工作。

(2) 时间参数

在实现整个工程任务过程中,包括人、事、物的运动状态,都是通过转化为时间参数来反映的。反映人、事、物运动状态的时间参数包括各项工作的作业时间、开工与完工时间、工作之间的衔接时间、完成任务的机动时间及工程范围和总工期等。

（3）关键路线

通过计算网络图中的时间参数，求出工程工期并找出关键路径。在关键路径上的作业称为关键作业，这些作业完成得快慢直接影响着整个计划的工期。在计划执行过程中，关键作业是管理的重点，在时间和费用方面要严格控制。

（4）网络优化

根据关键路径法，通过利用时差，不断改善网络计划的初始方案，在满足一定的约束条件下，寻求管理目标达到最优化的计划方案。网络优化是网络计划法的主要内容之一，也是该方法较之其他计划方法优越的主要方面。

3. 网络计划法的步骤

（1）确定目标

决定将网络计划技术应用于哪一个工程项目，并提出对工程项目和有关技术经济指标的具体要求。

（2）分解工程项目，列出作业明细表

一个工程项目是由许多作业组成的，在绘制网络图前要将工程项目分解成各项作业。对于上层机关，网络图可绘制得粗些，主要是通观全局、分析矛盾、掌握关键、协调工作、进行决策；对于基层单位，网络图就应绘制得细些，以便具体组织和指导工作。

在工程项目分解成作业的基础上进行作业分析，以便明确先行作业（紧前作业）、平行作业和后续作业（紧后作业），即在该作业开始前，哪些作业必须先期完成，哪些作业可以同时平行地进行，哪些作业必须后期完成。

（3）绘制网络图，进行节点编号

根据作业时间明细表，可绘制网络图。网络图的绘制方法有顺推法和逆推法。

1）顺推法，即从始点事件开始，根据每项作业的直接紧后作业，顺序依次绘出各项作业的箭线，直至终点事件为止。

2）逆推法，即从终点事件开始，根据每项作业的紧前作业逆箭头前进方向逐一绘出各项作业的箭线，直至始点事件为止。

（4）计算网络时间，确定关键路径

根据网络图和各项活动的作业时间，就可以计算出全部网络时间和时差，并确定关键路径。

（5）进行网络计划方案的优化

找出关键路径，也就初步确定了完成整个计划任务所需要的工期。这个总工期是否符合合同或计划规定的时间要求，是否与计划期的劳动力、物资供应、成本费用等计划指标相适应，需要进一步综合平衡，通过优化，择取最优方案。然后正式绘制网络图，编制各种进度表以及工程预算等各种计划文件。

(6)网络计划的贯彻执行

编制网络计划仅仅是计划工作的开始。计划工作不仅要正确地编制计划,更重要的是组织计划的实施。在应用电子计算机的情况下,可以利用计算机对网络计划的执行情况进行监督、控制和调整。只要将网络计划及执行情况输入计算机,它就能自动运算、调整,并输出结果,以指导生产。

本章小结

计划过程是决策的组织实施过程。计划通过将组织在一定时期内的活动任务分解给组织的每个部门、环节和个人,从而为这些部门、环节和个人在该时期的工作提供具体的依据。

本章首先介绍了计划的概念与性质,明确了计划具有首位性、普遍性、目的性、实践性、明确性和效率性;然后阐述了计划的类型与作用,可以按计划的期限、明确度、广度和表现形式进行分类;介绍了计划的编制原理和过程,总结了计划的编制过程包括确定目标、认清现在、研究过去、预测并有效确定计划的前提条件、拟定和选择可行性行动计划、制订主要计划、制订派生计划、制定预算;最后介绍了计划的实施方法,具体包括各种实施方法的内涵与编制过程。

复习思考

1. 计划是什么?计划的性质是什么?
2. 围绕组织的目标以及目标的实现途径,组织定期编制计划。请简述计划的编制过程。
3. 你所理解的目标管理的基本思想是什么?

本章参考文献

[1] 周三多,陈传明,刘子馨,等. 管理学:原理与方法 [M]. 7版. 上海:复旦大学出版社,2018.
[2] 秦勇,李东进. 管理学:理论、方法与实践 [M]. 北京:清华大学出版社,2013.
[3] 王芳. 目标管理在战略管理会计中运用探析 [J]. 现代商贸工业,2010,22(22):256-257.
[4] 张亚明,刘洋. 企业销售目标管理存在的误区与对策研究 [J]. 经济视角(下),2012(1):35-37.
[5] 郭金珊,方欣. 内部控制:管理学的视角 [J]. 管理观察,2011(4):49-50.
[6] 覃博. 基于KanBIM的工程进度管理方法研究 [D]. 武汉:华中科技大学,2014.

第 7 章
CHAPTER 7

战略管理

学习目标

学习完本章后,你应该能够:
- 理解和掌握战略及战略管理的概念和战略管理过程。
- 了解战略分析的相关知识。
- 理解和掌握常见的战略。
- 了解当代战略管理。

7.1 战略管理概述

7.1.1 战略的概念

"战略"(Strategy)一词最早用于军事领域,是对战争全局的谋划和指导,是指挥者根据战争状况制定并采用的从战争准备到战争实施整个过程所涉及的方针、政策及方法。战略具有对抗含义,其是针对竞争对手的优势和劣势,及其正在和可能采取的行动而制定的。只要存在竞争,就需要制定战略。在与对手的竞争中获胜往往取决于优势,而优势的取得又要依靠长期准备、持续努力和审时度势,所有这些都离不开战略。

"战略"一词引入管理中并得到广泛应用的时间并不长。最早把战略思想引进企业经营管理领域的是美国管理学家切斯特·I. 巴纳德(Chester I. Barnard)。其在代表作《经理人员的职能》一书中指出,企业是一个由物质、生物、个人和社会等多方面因素构成的综合系统。巴纳德运用了"战略因素"的概念对企业诸因素及其相互影响进行分析,用以说明企业组织的决策机制,但该词并没有受到广泛重视。

1957 年，菲利普·塞尔兹尼克（Philip Selznick）和艾尔弗雷德·钱德勒（Alfred Chandler）出版了著作《经营中的领导能力》，战略思想被首次正式引入企业管理领域。1962 年，钱德勒又出版了著作《战略与结构》，掀起了研究企业战略的浪潮。1965 年，伊戈尔·安索夫（Igor Ansoff）的著作《企业战略》问世后，"战略管理"一词开始被广泛运用。

由于企业战略的概念来源于企业生产经营活动实践，关于如何界定企业战略，国内外学界并未达成统一，不同的学者从不同的角度赋予企业战略不同的含义。综合来看，企业战略是企业设计用来开发核心竞争力、获取竞争优势的一系列综合的、协调的承诺和行动。从该定义来看，对战略的选择表明了企业打算做什么以及不做什么。

7.1.2 战略管理的概念

战略管理，顾名思义，就是对战略的管理。1976 年，安索夫在其著作《从战略规划走向战略管理》中将战略管理定义为，高层管理者为保证企业的持续生存和发展，通过对企业外部环境与内部条件的分析，对企业全部经营活动所进行的根本性和长远性的规划和指导。他认为，战略管理是面向未来、动态而连续的从决策到实现的过程。1982 年，乔治·斯坦纳（George Steiner）在其著作《企业政策与战略》中认为，企业战略管理是确定企业使命，根据企业外部环境和内部经营要素确定企业目标，保障目标的正确落实，并使企业使命最终得以实现的动态过程。简言之，战略管理是指企业或组织为了获取战略竞争力和超额利润而采取的一系列承诺、决策和行动的过程。

7.1.3 战略管理过程

战略管理是包括战略分析、战略制定、战略实施和战略评价的动态过程。在战略管理过程中，组织需要根据不同情况对战略进行适时的调整，以更好地适应内外部环境的变化，实现组织目标。

1. 战略分析

战略分析是战略管理过程的起点，可以为战略制定提供决策依据，在战略管理过程中具有重要地位。在进行战略分析时，管理者首先需要明确组织愿景、使命和战略目标，在此基础上，运用环境分析方法进行组织外部环境分析，发现市场中的机会，明辨市场中存在的威胁，并通过对组织内部资源和能力的评估，认清自身的优势和劣势，从而确定组织核心竞争力。

2. 战略制定

通过对组织内外部环境的分析，结合战略目标，管理者需要把组织的优势与劣势和环境中的机会与威胁进行匹配，以使组织的未来发展与所处环境相适应，继而形成战略模式雏形。在上述分析的基础上，组织可以设计各层次需要的战略备选方案，对每一备选方案都应进行详细论述，备选方案的数量应该合理。备选方案设计完成之后，还要对各备选方案进行评价，以选定相对较优的战略方案。在战略制定环节，组织需要充分考虑竞争性互动或对抗，寻求恰当的定位，以便获得领先于竞争对手的竞争优势。越来越多的研究表明，高层管理者的个人特质，如性格、经历，对战略制定有着重要影响。

3. 战略实施

战略实施是将战略制定阶段选定的战略转化为行动和结果的过程。这种转化需要充分运用包括计划、组织、领导和控制在内的各项管理职能。无论战略制定得多么完美，如果不能得到恰当的实施，就无法保证组织和战略的成功，难以获得竞争优势。战略实施过程中，管理者需要重视组织结构、公司治理、资源配置以及组织文化等，识别和明确战略资源、关键成功要素。

4. 战略评价

战略实施之后，需要对战略实施的效果进行及时评价，包括：对战略实施过程进行跟踪检查，以明确各项活动进展正常与否；预期成果的实现情况；采取必要的纠偏措施，等等。战略评价阶段用来衡量战略执行效果的指标体系是战略评价标准。战略评价标准的制定以战略制定时确定的各种预期成果为基础，通常包括定量标准和定性标准。通过战略评价，组织可以明确战略实施的效果，必要时对原定战略目标和战略方案进行调整，以保证战略能够适应环境的变化，为组织创造竞争优势。

7.1.4 战略层次

不同类型的企业所需要的战略有所不同。从事单一业务经营的中小企业，通常内部没有相对独立的经营单位，其战略一般分为两个层次，即公司层战略和职能层战略。而从事多元化经营的大型企业，其战略一般分为三个层次，即公司层战略、经营层战略和职能层战略。

1. 公司层战略

公司层战略也称为总体发展战略，是高层管理者为实现组织目标而制订的方向和计划。公司层战略解决组织应该进入哪些业务领域，以及这些业务之间存在怎样的联系等问题。如果组织从事的业务种类单一，那么公司层战略基本等同于经营层战略；如果组织从事多种业务，就需要制定公司层战略。公司层战略主要有稳定型战略、增长型战略（如集中化战略、一体化战略、多元化战略）和收缩型战略等类型。

2. 经营层战略

经营层战略是组织中特定业务单位制订的发展方向和计划，是对某项业务进行竞争方式选择的过程，通常是各业务部门、分部或子单位的战略，主要是为了合理安排组织所有业务种类的关系，实现组织在该层次的目标，以保证总体战略目标的实现。经营层战略大致可分为适应战略和竞争战略。适应战略主要包括防御者战略、探索者战略、分析者战略、反应者战略。竞争战略主要包括成本领先战略、差异化战略、聚焦战略等。

3. 职能层战略

职能层战略是在经营层战略指导下，按照专业职能将经营层战略进行落实和具体化，是将组织总体战略转化为职能部门具体行动计划的过程。根据这些行动计划，职能部门的管理者可以更清楚地认识到本部门在实施总体战略中的责任和要求。对企业而言，职能层战略通常包括市场营销、财务、生产、研究与开发、人力资源等职能部门战略。

7.2　战略分析

7.2.1　愿景、使命与战略目标

1. 愿景和使命

建立愿景，明确使命，是企业战略分析阶段的重要活动。企业愿景是指在集合员工对企业共同期望的前提下形成的企业长期愿望和发展蓝图，体现的是企业未来发展的基本框架。愿景回答"我们想成为什么样的企业"的问题。

企业使命是指企业存在的目的、性质及承担的责任和义务等。使命指明企业意图参与竞争的一个或多个业务以及所要服务的顾客，决定着企业的业务性质、经营理念和发展方向，说明企业存在的理由，回答"我们的业务是什么"的问题。

企业愿景与企业使命既有区别又有联系。企业愿景是比较抽象而长期的，而企业使命是比较具体的；企业愿景决定企业使命，企业愿景和使命决定企业战略目标，即先有企业愿景，才有企业使命，再有企业战略目标。

2. 战略目标

企业战略目标是指企业在一定时期内根据其外部环境的变化和内部条件的可能，为完成愿景和使命所预期达到的效果。战略目标依据企业愿景和使命延伸确定，目的是将企业愿景和使命规划的宏伟目标转化为现实的、具体的业绩目标，可以是定性的，也可以是定量的。如果没有战略目标，企业愿景和使命只会是一种"乌托邦"式理想，只有设定了战略目标，并为达到目标而采取适当的行动，企业愿景和使命规划的宏伟目标才可能实现。

企业战略目标的设定，需要遵循系统原则、平衡原则、权变原则、关键性原则、可行性

原则、定量化原则、激励性原则、连续性原则等。战略目标主要体现在市场地位目标、创新目标、生产效率目标、实物和财力资源目标、获利能力目标、管理绩效和培养管理者目标、员工绩效和工作态度目标、社会责任目标等方面。

7.2.2 外部环境分析

1. 宏观环境

（1）政治和法律环境

企业政治环境是指影响和制约企业的各种政治因素及其运行所形成的环境系统，包括政治制度、政治团体及其制度、国家方针政策和政治形势等。政治环境分析主要包括国内政治环境和国际政治环境。

企业法律环境是指与企业相关的社会法制系统及其运行所形成的环境系统，包括法律法规、司法与执法机关、社会法律意识、法律执行等。一般来说，政府主要通过制定和执行法律法规等方式影响企业生产经营活动。

（2）经济环境

企业经济环境是指构成企业生存发展的社会经济状况、形势及国家经济政策等，包括社会经济结构、经济发展水平、经济体制、宏观经济政策如财政、货币、产业政策等。经济环境分析在企业宏观环境分析中居于核心地位。

（3）社会文化环境

企业社会文化环境包括社会阶层的形成和变动、人口流动、人们生活方式及工作方式的改变，以及就业状况、城乡差别、社会文化、社会习俗、社会福利、社会道德观念、社会价值观念等。这些因素会反映到企业生产经营活动中，影响公众对产品和服务的需求以及各类市场交易，也会影响企业战略决策。

（4）科技环境

企业科技环境是指企业所处环境中的科学技术要素及与该要素直接相关的各种社会现象的集合。企业科技环境大体包括以下基本要素：社会科技水平、社会科技力量、国家科技体制、国家科技政策和科技立法等。

2. 行业环境

对企业进行行业环境分析，通常从行业总体形势、行业生命周期、行业经济结构和行业竞争形势四个方面展开。

（1）行业总体形势

行业总体形势分析主要是考察行业的基本特性、行业在社会经济中的地位与作用及行业所处的发展阶段。例如，行业性质如何，行业在国民经济中的地位和作用如何，行业的市场总容量及未来增长前景如何，行业技术变革的速度，行业的市场边界等。这些显然是企业进行行业选择以及在行业中如何经营所要考虑的重要因素。

（2）行业生命周期

行业生命周期是指行业从出现到完全退出社会经济活动所经历的时间。行业生命周期主要包括四个发展阶段：初现期、成长期、成熟期及衰退期。在行业生命周期的不同阶段，企业所面临的经营环境有较大差别，客观上要求企业必须制定相匹配的战略。识别行业生命周期不同阶段的指标主要有市场增长率、需求增长率、产品品种、竞争者数量、进入/退出壁垒、技术变革、用户购买行为等。在制定企业战略时，明确企业所处的行业生命周期阶段非常有必要。

（3）行业经济结构

行业经济结构随着该行业中企业的数量、产品的性质、价格的制定和其他一些因素的变化而变化。由于经济结构的不同，行业大致可分为四种市场类型：完全竞争、垄断竞争、寡头垄断和完全垄断。要制定有效的企业战略，必须对企业所在行业或所要进入的行业进行深度分析，把握竞争形势。

（4）行业竞争形势

企业战略本质上是一种竞争战略，行业竞争形势在决定企业竞争原则及战略选择方面具有关键影响。在对所处行业总体形势做出分析的基础上，企业需要进一步分析行业内现有的竞争力量及其强度，明确面对这些竞争力量时具有的优势及存在的劣势，从而确定企业对各种竞争力量的基本态度和相应战略。企业在进行行业环境分析时，尤其应该关注所处行业的竞争形势。

行业竞争形势分析常用的方法是波特五力模型。波特认为，行业竞争激烈程度取决于五种基本的竞争力量，即行业内现有的竞争者、潜在进入者的威胁、替代品的威胁、购买者的讨价还价能力及供应商的讨价还价能力。

1）行业内现有的竞争者。行业内各企业为增强自身的经营能力，不可避免地展开竞争。行业内现有企业之间的竞争是五种力量中最主要的一种。企业与行业内现有企业之间的竞争激烈程度主要取决于以下因素：竞争者的多少及力量对比、市场增长率、固定成本或库存成本、产品差异性或可替代性、退出壁垒等。

2）潜在进入者的威胁。新进入者通常会带来大量资源和额外的生产能力，瓜分市场份额和利润，从而影响行业竞争程度，给行业内现有企业带来竞争威胁。潜在进入者的竞争威胁取决于进入障碍和现有企业的报复程度。进入障碍高、报复程度强，则进入威胁小，反之，则进入威胁大。决定进入障碍高低的因素主要有经济规模、资本需求、分销渠道、绝对成本优势、政府政策，以及行业内企业的预期反击等。

3）替代品的威胁。替代品是指那些与企业生产的产品具有相同或类似功能的产品。替代品的存在为企业生产产品的价格设置了上限，当产品价格超过上限时，客户将转而购买替代品。虽然生产替代品的企业带来的威胁通常比行业内竞争对手的威胁要小，但对企业获利能力影响很大。当行业内企业生产的产品存在替代品时，生产替代品的企业会对现有企业形成一定的竞争威胁。决定替代品威胁大小的因素主要有替代品的价格、替代品的质量和性能、购买者的转换成本等。

4）购买者的讨价还价能力。购买者影响行业的盈利性，表现为购买者会索要更低的价格，或者要求更高的质量、更多的附加服务。为此，他们可能促使生产者互相竞争，或者不从任何单个生产者那里购买产品。当购买者分布集中、规模较大或大批量购买时，他们的讨价还价能力将成为影响行业竞争强度的主要因素。决定购买者讨价还价能力的因素主要有购买者的集中程度、购买产品的差异性、购买者购买产品占其成本或购买额的比重、购买者的转换成本、购买者后向一体化程度等。

5）供应商的讨价还价能力。供应商往往通过提高价格或降低质量、服务等手段向产业链下游企业施加压力，以此获取尽可能多的利润。供应商的讨价还价能力越强，下游行业的盈利空间就越小。因此，供应商的讨价还价能力影响行业竞争程度，尤其是供应商垄断程度较高、提供的原材料或零配件替代品较少，或者改用其他原材料的转换成本较高时更是如此。决定供应商讨价还价能力的因素主要有供应商集中程度和本行业集中程度、本行业对供应商的重视或依赖程度、供应商对本行业的重视程度、供应产品的差异性和转换成本、替代品的情况等。

五力模型要求企业对五种竞争力量分别进行分析，根据它们的综合影响确定市场竞争情况，在分析企业自身优势和劣势的基础上，制定企业战略。

7.2.3 资源和能力分析

1. 企业资源

资源是企业所拥有的、能够为顾客创造价值和实现自身战略目标的各种要素禀赋。企业资源按其存在形态可分为两大类，即有形资源和无形资源。由于企业能够投入到经营活动中的资源是有限的，企业资源的现状、配置和变化趋势是制定战略时最根本的制约条件。企业资源分析主要包括分析企业现有的资源、资源的利用情况、资源的应变力及明确战略性资源等。

（1）企业资源分类

有形资源主要是指企业的固定资产和金融资产。固定资产主要包括厂房、土地、机器设备等资产；金融资产主要是指筹资和借款。无形资源是指那些根植于企业历史、长期积累下来的、不容易辨识和量化的无形资产。例如，创新能力、声誉、专利、版权、商标、品牌、专有知识、商业机密等均属无形资源。无形资源大体可归为两大类，即技术资源和商誉资源。

（2）明确企业战略性资源

战略性资源的基本特征是价值性、稀缺性、异质性和不可完全转移性。价值性是指能够增加顾客价值，同时可以提高企业经营绩效的属性。稀缺性是指能够为企业创造并维持竞争优势的属性。只有稀缺的资源才能够使企业获得高于平均水平的利润，帮助企业获得竞争优势。异质性表现为不可完全模仿性和不可等效替代性。在市场竞争中，资源的异质性能够成为保护经济租金或超额利润的市场力量。资源的不可完全转移性主要来源于要素或资源市场的不完全竞争性。

2. 企业能力

企业能力是指企业将众多资源结合运用以完成一项任务或活动的才能，是协调资源并将其发挥作用的技能。能力是建立核心竞争力和竞争优势的基础。一种能力要成为企业核心竞争力和竞争优势的来源，则该能力必须使企业能够以一种超过竞争对手所提供价值的方式来执行活动，或者开展竞争对手无法模仿的活动。

企业能力分析包括资源能力分析、生产能力分析、研究与开发能力分析、营销能力分析、财务能力分析等。通过与其他企业，特别是竞争对手进行比较，明确自身能力方面存在的优势和劣势，对于企业制定合适的战略进而获得竞争优势具有重要价值。

3. 企业核心能力

企业核心能力是指积累性学识，特别是关于如何协调不同的生产技能和有机结合多种技术流的学识。核心能力是能够帮助企业创造并保持优于竞争对手的、更好地满足客户要求的特殊能力，其很难被竞争对手模仿。积累、保持和运用核心能力是企业生存和发展的根本任务，也是企业经营管理的永恒目标。计划、组织、领导与控制等管理职能都应该围绕企业核心能力的培育而展开，生产、营销、财务、人力资源等经营管理活动都应该以企业核心能力为中心。

企业核心能力分析是从企业的本质和目标出发，从不同角度对核心能力进行层次分解和比较，将核心能力的培育、运用落实到各管理职能和经营管理活动中，从而形成核心竞争力，为企业创造竞争优势。

7.3 战略制定

7.3.1 通用竞争战略

所谓竞争战略，就是创造差异性，即有目的地选择一整套不同的运营活动以创造一种独特的价值组合。在公司层战略确定业务组合后，竞争战略主要解决其中的每一项具体业务应当选择什么样的竞争策略，建立什么样的竞争优势，怎样建立竞争优势，以及怎样建立与竞争战略相应的核心竞争力等问题。

通用竞争战略由波特提出。在五力模型分析的基础上，波特认为，要对抗这些竞争力量，组织需要建立自身的竞争优势，而企业的竞争优势主要有两种：一是低成本；二是产品差异性。据此，波特提出成本领先和差异化两种基本的竞争战略。任何类型、规模的组织，甚至非营利组织都可以采用这两种战略。根据获取竞争优势的类型和战略目标的范围，组织可以采用的通用竞争战略有三种：成本领先战略、差异化战略和聚焦战略。

1. 成本领先战略

成本领先战略也称低成本战略，是指通过在企业内部加强成本控制，在研究开发、生产、销售、服务和广告等生产经营活动中把成本降到最低限度，以低成本取得行业中领先地位的战略。组织凭借其成本优势，可以在激烈的市场竞争中获得竞争优势。

成本领先优势有利于建立起行业壁垒，巩固和维护企业的市场地位与市场占有率，甚至获得超出平均水平的利润，还有利于采取灵活的定价策略，将竞争对手排挤出市场。为了成功地实施成本领先战略，企业所选择的市场应该对某类产品有稳定、持久和大量的需求，产品的设计要便于制造和生产，产品的价格要有较大的弹性，要能够广泛地推行标准化、通用化和系列化。

选择成本领先战略有一定的风险。如果竞争对手的竞争能力过强，采用成本领先战略有可能使自身处于不利境地。竞争对手开发出成本更低的生产方法或工艺、竞争对手的模仿以及顾客需求的改变，都可能削弱企业成本领先战略的效果。如果企业过分地追求低成本，还可能导致产品和服务质量下降，影响顾客需求，结果会适得其反——企业非但没有获得竞争优势，反而可能使自己处于劣势。

组织实施成本领先战略时，一般需要考虑所需要的资源和能力，以及组织落实的必要条件。要通过成本领先战略获得竞争优势，企业价值链上的累积成本必须低于竞争对手的累积成本。达到该目的有两个途径：一是比竞争对手更有效地开展内部价值链活动，更好地管理影响价值链活动成本的各个因素，即控制成本驱动因素；二是改造价值链，省略或跨越一些高成本的价值链活动。

2. 差异化战略

差异化战略是指整合的一系列行动，以对顾客来说很重要的方式向他们提供不同的产品或服务的战略。成本领先其实也是一种价格差异化。组织形成差异化战略主要依靠产品和服务的特色，而不是产品和服务的成本。但是，差异化战略并不意味着可以忽略成本，只是强调此时的战略目标不是成本。

差异化可以产生较高的边际收益，创造超额利润。差异化的核心是取得某种独特性，如果顾客认为这种独特性有价值，就会形成顾客忠诚，则差异化可以持续下去，而容易被复制的差异化并不能产生持续的竞争优势。因此，最具有吸引力的差异化方式是那些使竞争对手难以模仿或代价高昂的方式。组织必须将持续的差异化与自身独特的能力、核心能力和核心竞争力紧密相连。一般来说，如果差异化的基础是产品革新、技术的卓越性、产品质量或性能的可靠性及优质的服务，那么差异化战略形成的竞争优势能够持续相对更长的时间。

差异化战略是一种十分有效的竞争战略,但是并不能保证一定能够创造持续的竞争优势。如果组织所强调的特色或者独特能力在顾客看来并没有多大价值,那么差异化将无法获得积极的市场反应。另外,由于竞争对手的模仿,企业的差异化优势可能会削弱甚至丧失。例如,对竞争产品的不断体验可能降低顾客对企业差异化特征价值的评价。若要通过差异化打造竞争优势,组织必须找出独特的核心能力,从而增加竞争对手模仿的难度。最后,还应该认识到,并不是所有顾客都愿意或能够支付与产品差异化相伴的较高价格。如果顾客满足于基本的产品需求,认为附加的属性并不值得支付更高的价格,这种情况下成本领先战略相较差异化战略更具优势。

组织可以从产品、市场、形象、服务等方面实现差异化。例如,独特的口味、特有的产品属性、物超所值的体验、高质量的制造、全系列的服务、居于同类产品线高端的形象和声誉等。

3. 聚焦战略

聚焦战略又称集中化战略、专一化战略,是指战略的重点放在特定的目标市场上,为特定的地区或特定的顾客群体提供产品或服务。聚焦战略与其他两种竞争战略有所不同:成本领先战略与差异化战略面向全行业,在整个行业范围内进行活动,而聚焦战略则是针对特定的细分市场。该战略依据的前提是,业务的专一化便于组织以更高的效率为狭窄的细分市场服务,从而在某方面或某个点上超越那些业务范围较宽的竞争对手。组织一旦选定了目标市场,便可以通过成本领先或差异化的方法,形成聚焦成本领先或聚焦差异化两种战略。

组织实施聚焦战略的关键是选好战略目标。要尽可能地选择竞争对手最薄弱的目标和最不易受替代产品冲击的目标,同时注意以下前提条件:①顾客群体的需求存在差异;②目标市场上没有其他竞争对手试图采用聚焦战略;③目标市场在市场容量、成长速度、获利能力、竞争强度等方面具有相对较大的吸引力;④组织自身资源、实力有限,无法在广泛的市场上展开竞争;⑤能够比竞争对手更有效地服务于狭窄的细分市场。如果满足以上前提条件,不管是以低成本为基础的聚焦战略还是以差异化为基础的聚焦战略,组织都具有较强的竞争优势。

组织实施聚焦战略可以集中所有资源于特定的细分市场,提升服务顾客群体需求的能力,在目标市场上形成一定的竞争优势,获得较高的市场份额。但也可能会面临以下风险:①以较宽市场为目标的竞争者采用同样的聚焦战略,或者竞争对手从目标市场中找到了可以再细分的市场,并以此为目标实施聚焦战略,从而使原来采用聚焦战略的组织失去优势;②由于技术进步、替代品出现、价值观念更新、消费者偏好变化等原因,目标市场与总体市场之间产品或服务的需求差别变小,组织原来赖以形成聚焦战略的基础不复存在;③在较宽的市场范围开展经营活动的竞争对手与采取聚焦战略的组织之间在成本上的差异日益扩大,抵消了为目标市场提供服务的成本优势或者通过聚焦战略而取得的差异化优势,导致聚焦战略失败。

实施聚焦战略的组织往往无法同时采用成本领先和差异化的方法。采用聚焦战略的组织要实现成本领先,可以在专用品或复杂产品上建立成本优势。这类产品难以进行标准化生产,不容易形成生产上的规模经济效益,很难获得经验曲线的优势。采用聚焦战略的组织要实现差异化,可以运用所有差异化的方法以达到预期目标。与差异化战略不同的是,采用聚焦战略的组织是在特定的目标市场中与实行差异化战略的对手进行竞争,而不在其他细分市场上与其竞争对手展开竞争。由于市场宽度较窄,组织可以更好地了解目标市场和顾客,提供更好的产品与服务。

7.3.2 多元化战略

1. 多元化战略的类型

多元化战略是如今风靡全球的经营战略。多元化经营的企业可以根据其多元化程度以及各业务间的关联度加以区分。

(1)低程度多元化

低程度多元化经营将多元化战略运用于单一业务或某主导业务。单一业务的多元化战略是指95%的销售收入来自某一核心业务时所使用的公司层战略。主导业务的多元化战略是指70%~95%的销售收入来自某一单一业务时所使用的公司层战略。研究表明,专注于一个或少数几个行业、市场的组织能够获得更高的回报,因为它们更可能培育出适用于这些市场的能力,充分利用资源为顾客提供优质的产品或服务。另外,这些组织面临的挑战较小,有助于获得规模经济,充分利用自身过剩资源,创造更大价值。

(2)中高程度多元化

中高程度多元化包括相关多元化和非相关多元化等类型。相关多元化是指超过30%的收入来自主导业务之外的业务,并且业务间是通过相关多元化公司层战略中的某些方法联系起来的。当这种联系相当直接时,使用的就是相关约束型多元化战略。实行相关约束型多元化战略时,组织在各业务间共享资源和行为。

当各业务间仅存在较少联系时,多元化经营的企业可称为混合相关型企业或者非相关型企业,相应的战略是相关联系型多元化战略。与相关约束型多元化战略相比,相关联系型多元化战略在各业务间共享的资源和行为更少,更关注各业务间知识和核心竞争力的传递。

如果高度多元化的企业各业务间不存在联系,则采用的是非相关多元化战略。非相关多元化战略没有在各业务间进行行为共享或核心竞争力传递。

2. 实施多元化战略的原因

企业实施多元化战略有许多原因,资源基础理论、能力理论、交易成本理论、资产组合理论、代理理论、高阶理论等从不同的理论视角进行了解释。通过实施多元化战略来提升价值是最典型的原因。

企业实施多元化战略也可能与增加价值无关,甚至可能会降低价值。原因通常包括:①多元化经营意味着参与更大范围的竞争,而削弱不同竞争对手的市场优势需要付出代价;

②拓宽业务组合可以分散经营和管理风险,但也可能因为资源配置、协同效应等问题而对价值产生负面影响;③多元化战略通常会带来企业规模的扩大以及管理层薪酬福利的增加和职业风险的下降,因而即使多元化战略降低价值,管理层也会倾向于实施多元化战略。

经营层面相关性(行为共享)和企业层面相关性(传递核心竞争力)是多元化战略创造价值的两种途径,资源和核心竞争力无疑是关键。这两种途径的区别在于如何整合分散的资源,实现范围经济。组织可以通过共享任一主要活动或辅助活动来创建经营层面的相关性,通过行为共享创造价值。然而,行为共享是有风险的,因为需要对参与其中的企业或业务进行充分、有效的协调,从而增加了多元化经营的管理难度。企业层面的核心竞争力是关系到不同业务的资源和技术的综合,主要包括管理与技术知识、经验和专门技术。企业可以通过企业层面的相关性来实施相关联系型多元化战略。相关联系型多元化战略至少可以在两个方面创造价值:一是节约开发核心竞争力所需消耗的资源;二是由于无形资源很难被竞争对手理解和模仿,因此可以通过传递企业层面的竞争力迅速获得竞争优势。

实施非相关多元化战略时,既不追求经营层面的相关性,也不追求企业层面的相关性。尽管如此,非相关多元化战略可以通过有效的内部资本配置和资产重组两种财务经济的方式创造价值。

7.3.3 并购重组战略

1. 并购

并购是实现企业价值增长和超额收益的重要来源。并购是指为了获得其他企业的控制权而进行的交易活动,是合并与收购的简称。其中,合并是指两家企业在相对平等的基础上对业务进行整合。收购是指一家企业通过购买另一家企业的部分或全部股权,将被收购方的业务纳入其战略投资组合。接管是收购的一种特殊方式,被收购方往往并非出于自愿与收购方达成交易协议。因此,接管属于恶意收购。

2. 并购的类型

按照不同的分类标准,并购可以划分为不同的类型。

1)从行业角度划分,并购可以分为横向并购、纵向并购与混合并购。横向并购是指并购处于同一行业的竞争者。纵向并购是指处于同一产品不同生产阶段的企业之间的并购。纵向并购可以实现纵向一体化的战略目标,又可分为前向并购、后向并购和前后双向并购。混合并购是指处于不同产业部门、不同市场且这些产业部门之间没有特别的生产、技术联系的企业之间的并购。

2)从融资方式角度划分,并购可以分为杠杆收购、管理层收购与联合并购。杠杆收购是指筹资企业以其拟并购目标的资产和未来收益作为抵押,通过大量的债务融资实现的并购。管理层收购是指管理人员通过大举借债,与金融机构合作,收购其所在企业,从而改变企业的所有者结构、控制权结构和资产结构，达到重组该企业并获得收益的目的。联合并购是指两个或两个以上的并购方事先就各自取得被并购方的某一部门或业务，并在实施并购时就各自应承担的费用达成协议而进行的并购。

3. 并购的原因

（1）增强市场影响力

市场影响力源于企业规模及其所拥有的能够在市场中竞争的资源和能力，受企业市场份额的影响。大多数并购是通过收购竞争对手、供应商、分销商或者与该行业高度相关的业务，达到增强市场影响力的目的，进而巩固企业在行业中的市场地位，获取竞争优势。

（2）克服市场进入壁垒

市场进入壁垒是指市场或在该市场中现有企业的业务活动，给试图进入该市场的新企业造成困难或增加其进入成本。面对市场进入壁垒或差异化产品市场，新进入者收购市场中现有企业可能要比以挑战者身份进入该市场继而向消费者提供新产品或服务的企业更有效率。市场进入壁垒越高，新进入者采取并购战略的可能性越大。

（3）降低新产品开发成本和加快进入市场的速度

企业通过自身力量在内部开发新产品并将其推向市场，往往需要耗费大量的资源和精力，需要付出时间成本。与自行开发相比，并购现有企业能够快速获得生产能力，降低新产品开发成本，使得回报更具可预测性，且更容易快速进入市场。

（4）实现多元化

企业往往采用并购战略实现多元化经营。相关多元化和非相关多元化都可以通过并购实现。多数情况下，被并购企业与并购企业的业务、资产、技术等越相关，并购成功的可能性越大。因此，尽管在不同行业进行互补性并购有助于增强企业能力，但是横向并购和相关并购更能提升竞争力，而并购与自身主业完全不相关或差异较大的企业，效果往往并不理想。

（5）重构企业竞争力范围

为了减轻激烈的行业竞争的影响，企业会采用并购战略以降低其对某种单一产品或某个市场的依赖程度，而对单一产品或市场依赖性的下降会改变原来的竞争力范围。

（6）学习和发展新的能力

通过并购，组织可以获得额外的能力，如关键技术、管理经验、诀窍，拓展知识基础，缓解组织惯性。为了建立自身的知识基础，创造协同效应，企业寻求的并购对象应该与自身既有区别又有相关性和互补性，这样才能提高并购绩效。

4. 阻碍并购成功的因素

（1）整合的困难

并购后的整合是一项复杂的工程，对于管理者来说极具挑战性。在并购整合过程中，通常会因为文化或者组织制度、政策差异而导致并购双方的管理层、员工之间融合困难，增加运营风险。并购面临的整合问题还包括不同财务控制系统的连接，有效工作关系的建立，以及如何安排被并购方原有管理层人员和员工等。

（2）对并购对象评估不充分

实施并购之前，需要充分评估并购对象，分析并购可能出现的问题，以确保并购能够获得回报。尽职调查是对并购对象进行充分评估的过程。有效的尽职调查主要涉及并购的财务和税务问题，并购双方的文化差异，以及如何整合双方管理层和员工等。尽职调查的失效往往会导致实施并购的企业支付更高的并购费用，影响并购整合和并购绩效。

（3）巨额或超正常水平的债务

一些企业通过大量负债实施并购战略。负债的大量增加会加剧并购风险，影响并购绩效。采用并购战略的企业必须确保并购不会产生超出偿债能力的负担。

（4）难以形成独有的协同效应

只有并购交易能够产生独有的协同效应时，组织才能通过并购战略形成竞争优势。独有的协同效应是指并购双方通过联合和整合资产所产生的能力与核心竞争力是其中任何一家企业与其他企业整合所无法达到的。独有的协同效应使竞争对手难以理解和模仿，需要对并购对象进行充分评估和有效的并购整合。

（5）管理者过度关注收购

实施并购战略需要花费大量时间和精力，涉及的管理工作包括：寻找合适的并购对象；有效完成尽职调查；准备谈判；并购实施；并购后整合。这些活动容易分散管理者有限的注意力，影响一些与长期竞争优势相关的活动，如创新的投入。

5. 重组

重组是指企业对其业务架构或财务体系进行改变的战略行动。重组战略主要包括放弃部分业务和精简规模。虽然重组战略主要用在并购战略失败之后，企业有时也会因为察觉到外部环境变化而进行重组。在管理实践中，可以采用三种重组战略：精简、收缩和杠杆收购。一般来说，精简并不会带来良好的业绩表现，收缩无论短期还是长期都要比精简和杠杆收购更容易产生积极效果。

7.3.4 国际化战略

1. 国际化战略及其分类

国际化战略是指让企业在本国市场以外的市场销售产品或服务的战略。按照全球整合的需求和本土迅速反应的需求，国际化战略可以划分为多国化战略、全球化战略和跨国化战略。

（1）多国化战略

多国化战略是指企业将战略和经营决策权分配给各国或地区的战略业务单元，从而使各业务单元有机会为当地市场提供更加本土化的产品。采用多国化战略时，企业对本土敏捷反应的需求比较高，而对全球整合的需求比较低。当服务的市场和消费者的需求存在明显差别时，采用多国化战略最为合适。

（2）全球化战略

全球化战略是由企业总部决定各个国家或地区的业务单元的战略。全球化战略意味着对全球整合的需求比较高，而对本土敏捷反应的需求比较低。与多国化战略相比，全球化战略寻求在不同国家或地区的市场上销售标准化程度更高的产品，更容易形成规模经济。当不同市场和消费者的需求没有明显的差别时，全球化战略最有效。

（3）跨国化战略

跨国化战略是指企业寻求同时实现全球化效率和本土化敏捷反应的战略。实施跨国化战略的企业对全球整合和本土迅速反应的需求都很高，实施难度较大。跨国化战略的实施需要灵活的协调，如果能够有效实施，企业可以获得比多国化战略和全球化战略更高的业绩回报。

2. 国际化战略的动因

（1）扩大市场规模

通过国际化战略的实施，企业可以在本国以外的市场上建立强有力的市场地位，扩大潜在市场规模，产生的回报相当可观。

（2）规模经济和学习效应

通过增加市场数量，企业可以收获规模经济的好处，尤其是在生产运营方面。企业通过将产品生产、销售、配送和服务过程标准化，强化持续降低成本的能力，为消费者增加价值。

通过在不同国家或地区的部门、商业网络伙伴之间资源和知识的共享，企业还可以充分发掘核心竞争力，学习如何创造协同效应，有助于以更低的成本生产更高质量的产品。此外，多样化的国际市场经营还创造了许多学习的机会，尤其是为研发创新提供了学习机会，这对于企业发展非常关键。

（3）区位优势

通过国际化战略把工厂建到海外市场，企业可以降低成本，获取廉价的劳动力、能源和其他资源。区位优势还包括获得重要的供应商和客户。一旦获得区位优势，企业就必须通过有效的管理来实现区位优势的最大利益。

3. 国际市场进入模式的选择

企业进入国际市场的主要模式有五种：出口、特许经营、战略联盟、收购和新建全资子公司。每一种模式都有其优缺点，对进入模式的选择会影响企业国际化战略成功与否。

出口是将产品或服务从本国市场销售到国际市场。特许经营是指将经营权出售给外国企业，允许外国企业在其所在国市场或他国市场制造和销售本企业的产品。战略联盟是指企业为了进入一个或多个国际市场，采取与其他企业合作的策略。跨国收购是指某国企业通过购买其他国家企业的部分股权或购买该企业而进入国际市场。新建全资子公司又称为绿地投资,是指直接在其他国家或市场建立新的全资子公司。

影响企业进入国际市场模式选择的因素主要包括国家层面的优势或地理位置优势、企业层面的资源优势、内部协调或管理优势。

4. 国际化战略的风险与挑战

国际化战略面临的最大挑战是外来者劣势（Liability of Foreign）。外来者劣势主要源于所在国与进入国在文化、制度、地理和经济等方面的差距。

企业进入新市场时,会遇到一系列因规章制度不同引致的风险。常见的风险包括政治风险、市场风险、技术风险、管理风险。

有效实施国际化战略能够给企业创造收益,有助于获得战略竞争力。然而,企业想要获得收益并不容易,主要是因为管理国际化战略的复杂性以及国际扩张的局限性。

7.4 战略实施与评价

7.4.1 战略实施

1. 战略实施过程

战略实施是战略管理过程的行动阶段,是非常关键的阶段。整个战略实施过程又包括四个相互联系的阶段。

（1）战略发动阶段

该阶段管理者需要研究如何将战略变为大多数员工的实际行动,调动员工实施新战略的积极性和主动性。战略实施是发动广大员工的过程,要向员工讲清楚企业内外部环境变化带来的机遇和挑战、旧战略存在的弊端、新战略的优点以及存在的风险等,使大多数员工能够认清形势,认识到实施新战略的必要性和迫切性。企业应提出新的口号和新的概念,消除一些不利于战略实施的旧观念和旧思想,使大多数人逐步接受新战略。在发动过程中,企业还要努力争取关键执行人员的理解和支持,考虑机构和人员调整,扫清战略实施的障碍。

（2）战略分解阶段

将战略分解为几个实施阶段,每个实施阶段有分阶段的目标、政策措施、部门策略以及相应的方针等。战略分解主要包括定出分阶段目标的时间表,对各分阶段目标进行统筹规划、全面安排,并注意各阶段之间的衔接。对于远期阶段的目标方针可以概括一些,而对于近期阶段的目标方针则应该尽量详细。第一阶段的分目标及计划应该更加具体化和易操作化,通过制定年度目标、部门策略、方针与沟通等措施,使战略最大限度地具体化,变成企业各部门可以具体操作的方案,以使新战略与旧战略有效衔接,减少阻力和摩擦。

（3）战略运作阶段

战略运作主要与以下因素有关:①各级领导人员的素质和价值观念;②企业的组织结

构；③企业文化；④资源结构与分配；⑤信息沟通；⑥控制及激励制度。通过这六项因素，战略真正进入企业的日常生产经营活动，成为制度化的工作内容。

（4）战略控制与评估阶段

战略是在变化的环境中实施的，企业只有加强对战略执行过程的控制与评估，才能不断适应环境的变化，完成战略任务。战略控制与评估阶段的主要任务是建立控制系统、监控绩效和评估偏差、控制并及时纠正偏差。

2. 战略实施的基本原则

（1）合理性原则

在设定经营目标和制定战略过程中，受到信息、决策时限以及认知能力等的限制，高层管理者对未来的预测存在或多或少的偏差，所制定的战略通常并不是最优的，而且战略实施过程中内外部环境变化较大，情况比较复杂。因此，只要在主要战略目标上基本达到了预定的战略目标，就应当认为战略的制定及实施是成功的。在管理实践中，组织不可能完全按照原定的战略计划进行，战略实施不是一个简单机械的执行过程，需要执行人员大胆创造、改革创新。

（2）统一性原则

高层领导人员对战略的领会和理解最深刻。一般来说，他们要比中低层管理人员和普通员工掌握的信息更多，对战略各方面的要求以及相互关系了解得更全面，对战略意图领会最深。因此，战略实施应当在高层领导人员的统一领导、统一指挥下进行。只有这样，资源的分配、组织结构的调整、企业文化的建设、信息的沟通，以及控制、激励制度的建立等才能相互协调、平衡，从而使企业为实现战略目标而卓有成效地运行。

（3）权变性原则

环境变化是影响战略制定和实施的重要因素。在战略实施过程中，如果内外部环境发生重大变化，以致原定战略不可行，就需要对原定战略进行重大调整。这就是战略实施的权变性原则，其关键在于如何掌握环境变化的程度。权变性原则应贯彻于战略实施全过程，从战略制定到战略实施，权变性要求识别战略实施中的关键变量。当关键变量的变化超过一定限度时，原定战略就应当调整，并准备相应的替代方案，以使企业能够及时适应环境的变化。

7.4.2 战略评价

1. 制定战略评价标准

组织要根据预期战略目标或战略计划，分析应当实现的战略结果，制定具体的评价标准。评价标准是企业战略目标或计划的具体表述，为各项工作成果提供了评判的尺度。这些标准既可以是定性的，也可以是定量的，要根据具体的企业和目标灵活选用。

常见的定性评价标准包括：①战略内部的各部分内容具有统一性；②战略与环境保持平

衡性；③战略执行中注意评估风险性；④战略在时间上保持相对稳定性；⑤战略与资源保持原配性；⑥战略在客观上保持可行性和操作性。

定量评价标准常见的具体指标包括销售额、销售增长、净利润、资产、销售成本、市场占有率、价值增值、产品质量和劳动生产率等。战略的各项定量标准应与本行业企业的有关指标相比，特别是要与竞争对手，甚至国外同行业领先者的指标对比确定。

2. 比较预期结果与实际结果

该步骤主要是判断和衡量实现结果的实际条件。管理者需要搜集和处理数据，进行具体的职能控制，并且监测环境变化的信号。管理者在判断和衡量实际结果时，一旦发现环境变化的信号，就应对此进行监控，并制订采取应对措施的计划。在评价实际结果的基础上，要把实际结果与预期结果进行比较，确定两者之间的差距。如果实际结果在计划结果范围内，表明实现了预期的战略目标，应当总结成功的经验，必要时将其提升为内部惯例或行为规范；如果实际结果与计划结果出现偏差，则要进一步分析形成偏差的原因，并制定相应的对策。

3. 采取纠偏行动以确保绩效符合预期计划

如果战略评价是在战略执行过程中进行的，那么一旦战略实施出现了偏差，就必须针对存在的问题及时采取相应的纠偏对策和措施，以确保绩效符合预期计划；如果战略评价是在战略实施结束后进行的，则必须认真分析导致战略实施出现偏差的原因，提出可行性建议，为新的战略制定和实施提供借鉴。

7.5 当代战略管理

7.5.1 战略柔性

1. 战略柔性的概念

战略柔性是指企业用来应对不断变化的竞争环境所带来的各种需求和机遇的一系列能力，涉及处理各种不确定性及其伴随的风险。市场是企业立身之本，市场上的风吹草动可能引发企业翻天覆地的变化。然而，市场变化不应该是威胁，问题的关键在于企业自身是否具备战略柔性。

战略柔性是对传统企业战略理论的革命，它在颠覆传统战略假设的基础上创新了企业战略的逻辑和范式。与传统企业战略理论把市场环境看作给定变量、企业只能接受和适应市场变化的假设相反，战略柔性理论主张，企业可以通过利用、制造和驾驭市场变化来改变市场环境，寻求更好的发展机会和空间。

战略柔性是企业战略本身的特性和企业柔性的最高表现，包括竞争互动柔性、产能柔性、多元化柔性、供应链柔性等。

2. 提升战略柔性的措施

（1）提高管理者战略思维能力

高层管理者，尤其是最高领导者的战略思维能力是决定企业战略柔性的关键。战略思维能力不同于一般的观察、分析、预见、处理问题的能力。首先，要求管理者及时了解内外部环境的变化，并能够准确地分析、判断变化趋势及其对本企业产生的影响，着重于长远意义和长远发展的思考；其次，需要管理者在及时获得信息的基础上，灵活地、创造性地提出解决问题的思路与方法。

（2）提高员工对战略的响应能力和执行力

正确的战略决策需要员工积极主动、创造性地执行与落实。首先，需要员工在思想观念和心理情绪上进行响应，如果没有这种积极的响应，企业成长是不太可能的；其次，需要有效的执行和较强的内部协调能力，这就要求管理者应对企业内部进行整合，及时消除冲突，形成和维护和谐的气氛。但是，它并非决定战略柔性本身，而只是作为战略柔性的支撑，是实现战略柔性的一种基础性因素。

（3）提高组织学习能力

企业战略柔性是企业整体最高水平的反映。当成长环境越来越复杂、变化越来越快时，对企业整体水平的要求越来越高，这就需要组织具有比较强的学习能力。组织学习能力包括接受和创造新思想、新观念的能力，积累和发挥优秀传统的能力，以及创新技术和处理问题的组织能力等。

7.5.2 战略联盟

1. 战略联盟的概念

战略联盟是指两个或两个以上的企业为了实现资源共享、风险或成本共担、优势互补等战略目标，在保持自身独立性的同时，通过股权参与或契约联结的方式，建立较为稳固的合作伙伴关系，并在某些领域采取协作行动，从而取得双赢效果的合作形式。企业之间的资源相互依赖性和经济活动互补性在战略联盟中能够得到新的组合和延伸，从而降低交易成本，获取更高的潜在利润，并且在联盟中相互学习，实现共赢。

战略联盟包括合资企业、股权参与、功能性协议等类型。参与联盟的企业通常具有某方面的比较优势，具有可相互利用之处，双方合作是为了实现各自与联合体的战略目标，寻求联合的协同效应，获得经济效益。

2. 战略联盟的优势

（1）提升竞争力

在分工高度专业化、产品技术日益分散化的今天，没有哪家企业能够长期拥有生产产品的全部最新技术，单纯依靠自身能力已经很难掌握竞争主动权。为此，多数企业的对策是尽量借用外部资源并积极创造条件，以实现内外资源的优势相长。比较典型的做法是与其他企业结成战略联盟，借助与联盟内企业的合作，加快研发进程，获取本企业缺乏的信息和知识，创造协同效应，提升竞争力。

（2）获得规模经济的同时分担风险与成本

新产品、新技术的研究和开发需要耗费大量资源，伴随着很高的风险和不确定性。企业通过建立战略联盟，扩大信息传递的密度与速度，能够避免单个企业研发的盲目性以及重复劳动和资源浪费，降低研发创新的成本与风险。市场和技术的全球化提出了在相当大的规模和多个行业进行全球化生产的要求，建立战略联盟是实现规模经营并产生范围经济的重要途径。

（3）低成本进入新市场

战略联盟是以低成本克服市场进入壁垒的有效途径。20世纪80年代中期，摩托罗拉开始进入日本移动通信市场时，由于贸易壁垒，摩托罗拉公司举步维艰。1987年，它与东芝结盟制造微处理器，并由东芝提供市场营销帮助。此举大大提高了摩托罗拉与日本政府谈判的议价能力，最终获准进入日本移动通信市场，成功克服了进入日本市场的壁垒。

3. 战略联盟的管理

战略联盟面临的主要问题是如何在各成员间建立信任关系。如果联盟中的合作伙伴彼此互不信任，就无法达到建立战略联盟时所制定的目标，建立联盟后，各成员也不会与其他企业分享重要的资源。对联盟进行有效的管理可以减少合作风险，然而这并不是一件容易的事。一些企业会在与合作伙伴建立联盟时订立详细的合作合同，以防止联盟中的机会主义行为。

7.5.3　电子商务战略

1. 电子商务战略的概念

电子商务战略是企业充分利用信息技术和互联网提供的条件，以电子商务为手段，通过在价值链上增加价值，缩减成本，提高业务活动效率，创造新的商机，以提高企业盈利能力和竞争力的战略。

电子商务战略改变了传统商业模式，其凸显了非中间化的特征，更加强调与消费者的有效互动，能够降低交易成本，提高交易效率，为中小企业创造更多机会。

2. 电子商务战略与通用竞争战略的结合

"互联网+"时代涌现出了一些新兴商业模式，如经纪商模式、广告商模式、信息媒体模式、社区服务模式、订阅模式。不仅如此，利用电子商务大数据，企业可以更好地实施通用竞争战略，提升战略竞争力。

电子商务可以减少交易和流通环节，降低成本。成本领先者可以通过电子商务以不同的方式降低成本。例如，通过网络招标和订单处理程序减少电话销售的需求，降低销售支出；

采用基于网络的库存控制系统降低储存成本；通过第三方物流实现零配件和成品的零库存，缩短生产周期。

差异化战略需要为顾客提供独特和有价值的产品或服务。一项业务可以采用基于互联网的知识管理系统以缩短顾客响应时间，为顾客需求提供快速的在线回应，或者通过自动化购买和支付系统获得详细的现状报告和购买历史记录，使服务内容的差异化变得相对容易。此外，通过互联网，企业还能够获得更多的信息反馈，产生更多的创新思维和产品构思，进一步促进产品的差异化。

聚焦战略以定制化的产品瞄准狭窄的细分市场。利用信息技术和互联网，企业可以提供聊天室或讨论板块用于顾客与拥有共同兴趣爱好的其他人交流，或设计一个定位于具有特定兴趣爱好的特定群体的网站以方便沟通、交流。这些都有助于更好地实施聚焦战略。

◆ 本章小结

战略是决定组织将要做什么以及如何做的重要问题，如何对战略进行有效的管理事关组织成败以及竞争优势的构建和维持。本章首先介绍了战略和战略管理的概念，简要阐述了战略管理过程和战略层次；接着从战略分析、战略制定、战略实施与评价几个环节详细介绍了战略管理过程，重点介绍了通用竞争战略、多元化战略、并购战略、国际化战略等内容；最后简要介绍了当代战略管理。

◆ 复习思考

1. 什么是战略？战略管理过程包含哪几个环节？
2. 愿景、使命与战略目标的关系如何？
3. 如何进行战略环境分析？
4. 请阐述各类通用竞争战略的适用条件、优势和风险。
5. 你是如何看待多元化战略的？
6. 企业实施并购战略的常见原因有哪些？如何提升并购绩效？
7. 你认为企业应如何更好地实施国际化战略？

◆ 本章参考文献

[1] 罗宾斯，库尔特. 管理学：第13版 [M]. 刘刚，程熙鎔，梁晗，等译. 北京：中国人民大学出版社，2017.
[2] 希特，爱尔兰，霍斯基森. 战略管理：竞争与全球化（概念）原书第12版 [M]. 焦豪，等译. 北京：机械工业出版社，2018.
[3] 霍春辉，王楚，徐业坤. 战略管理 [M]. 北京：清华大学出版社，2016.

第 3 篇
PART 3

组　织

第 8 章　组织设计
第 9 章　群体与团队管理
第 10 章　人员配备

第 8 章
CHAPTER 8

组织设计

学习目标

学习完本章后,你应该能够:
- 了解组织设计的目的、原则、内容和影响因素。
- 掌握组织部门化的基本方法。
- 理解组织层级化中管理幅度、集权和分权以及授权的确定。

迅速变化的市场环境和国际环境对组织的生存和发展提出了新的要求,组织正面临着前所未有的变革和挑战。快速反应、灵活多变、组织创新与信息技术已成为今天组织成功的制胜法宝。传统的组织结构和旧的经营观念不再灵验,新的管理思想与方法层出不穷,组织需要变革,需要创新,需要从内容到形式的彻底转变。

切斯特·巴纳德认为,组织是一种有意识地对人的活动或力量进行协调的关系,是两个以上的人自觉协作的活动或力量所组成的一个体系。也就是说,组织是管理者在员工内部建立一种工作关系结构,从而使他们高效地实现组织目标的过程。

8.1 组织设计概述

8.1.1 组织设计的目的

管理是对人们从事业务活动的计划、组织、协调和控制,组织是管理过程中不可或缺的手段,在组织目标明确之后,就必须考虑进行有效的组织设计以保证组织目标的实现。概括国内外学者的基本观点,组织设计就是对组织的结构和活动进行创构、变革和再设计。对一个现代化的大型组织,管理者由于能力和精力的有限性,无法直接安排组织内部的所有活动,以及组织中每一个人的每一项具体工作。

这就必须通过组织设计对组织的活动进行细分，通过进一步区分管理工作的类型和相互关系，确定有效的组合方法。

传统的组织设计建立在劳动分工的基础上。斯密认为，分工程度越高，工作效率也会越高。在外部环境相对稳定的条件下，为了圆满地完成组织任务，组织设计者只需要把工作任务按其复杂程度和难易程度进行分解，然后委托一定数量的管理者负责具体的管理工作，并授予一定的权力，就能够保证工作任务的顺利进行。然而，随着外部环境条件日趋复杂，单一封闭式的组织设计模式往往会导致组织的僵化，这就必须以系统、动态、权变式的观点来理解和重新设计新的组织。在权变思想的指导下，组织被设计成一个开放系统，它不断地与外部环境进行资源和信息的交换，不断地进行组织内部各种关系的调整，从而保持组织的灵活性和适应性。

组织设计的目的就是要通过创构柔性灵活的组织，动态地反映外在环境变化的要求，并且能够在组织演化成长的过程中，有效积聚新的组织资源，同时协调好组织中部门与部门之间、人员与任务之间的关系，使员工明确自己在组织中应有的权力和应担负的责任，有效地开展组织活动，最终保证组织目标的实现。

8.1.2 组织设计的原则和内容

1. 组织设计的原则

在组织设计的过程中，应遵循一些基本原则，这些原则应该为组织设计者所重视。

（1）专业化分工原则

专业化分工原则是组织设计的基本原则。企业是两个以上的劳动者在一起进行分工劳动的集合体。企业的生产过程包括许多不同阶段，要求一定数量的参与者利用不同的技能和知识在不同时空进行或组织不同的活动。企业生产活动过程的复杂性决定了任何个人都不可能同时拥有现代工业生产所需的所有知识和技能，每个人都只能在有限的领域中掌握有限的知识和技能，从而相对有效率地从事有限的活动。专业化分工就是要把企业活动的特点和参与企业活动的员工的特点结合起来，把每个员工都安排在适当的领域中积累知识、发展技能，从而不断地提高工作效率。

（2）统一指挥原则

统一指挥原则就是要求每位下属应该有一个并且仅有一个上级，从而在上下级之间形成一条清晰的指挥链。如果下属有多个上级，就会因为不同上级可能下达彼此不同甚至相互冲突的命令而无所适从。虽然有时在例外场合必须打破统一指挥原则，但是为了避免多头领导和多头指挥，组织的各项活动应该有明确的区分，并且应该明确上下级的职权、职责以及沟通联系的具体方式。

（3）控制幅度原则

控制幅度原则是指一个上级直接领导与指挥下属的人数应该有一定的限度，并且应该是有效的。管理幅度不能够无限度增加，毕竟每个人的知识水平、能力水平都是有限的。影响管理幅度的因素有多种，至今尚未形成一个可被普遍接受的有效管理幅度标准。值得注意的是，随着计算机技术的发展和信息时代的到来，运用信息技术处理信息的速度大大加快，每个管理者对知识和信息的掌握以及实际运用的能力都有普遍提高，这使得管理幅度有可能大幅度增加，管理者协调上下左右之间关系的能力也有可能大幅度提高。

（4）权责对等原则

组织中的每个部门和部门中的每个人员都有责任按照工作目标的要求保质保量地完成工作任务，同时，组织也必须委之以自主完成任务所必需的权力。职权与职责要对等。如果有责无权，或者权力范围过于狭小，责任方就有可能因缺乏主动性、积极性而导致无法履行责任，甚至无法完成任务；如果有权无责，或者权力不明确，权力人就有可能不负责任地滥用权力，甚至助长官僚主义的习气，这势必影响到整个组织系统的健康运行。

（5）柔性经济原则

所谓组织的柔性，是指组织的各个部门、各个人员都是可以根据组织内外部环境的变化而进行灵活调整和变动的。组织的结构应当保持一定的柔性，以减小组织变革所造成的冲击和震荡。所谓组织的经济，是指组织的管理层次与幅度、人员结构以及部门工作流程必须设计合理，以实现高效率管理。组织的柔性与经济是相辅相成的，一个柔性的组织必须符合经济的原则，而一个经济的组织又必须使组织保持柔性。只有这样，才能保证组织机构既精简又高效，避免形式主义和官僚主义作风的滋长和蔓延。

2. 组织设计的内容

组织设计的内容包括设计清晰的组织结构，规划和设计组织中各部门的职能和职权，确定组织中的职能职权、参谋职权、直线职权的活动范围，并编制职务说明书。所谓组织结构，是指组织的基本架构，是对完成组织目标的人员、工作、技术和信息所做的制度性安排。组织结构可以用复杂性、规范性和集权性三种特性来描述。复杂性是指每一个组织内部在专业化分工程度、组织层级、管理幅度，以及人员之间、部门之间关系上存在巨大差别。分工越细、组织层级越多、管理幅度越大，组织的复杂性就越高；组织的部门越多、分布越散，人员与事物之间的协调也就越难。规范性是指组织需要靠规章制度以及程序化、标准化的工作，规范地引导员工的行为。规范的内容既包括以文字形式表述的规章制度、工作程序、各项指令，也包括以非文字形式表达的组织文化、管理伦理、行为准则等。组织中的规章条例越多，组织结构也就越正式。集权性是指组织在决策时，正式权力在管理层级中分布与集中的程度。当组织的权力高度集中在上层，问题要由下至上反映，并最终由最高层决策时，组织的集权化程度就较高；反之，当一些组织授予下层人员更多的决策权力时，组织的集权化程度较低，这种授权方式被称为分权。

组织的活动可以分解为横向和纵向两种结构形式。组织横向结构设计的结果是组织的部门化，即确定了每一个部门的基本职能、每一位部门负责人的控制幅度、部门划分的标准及各部门之间的工作关系；组织纵向结构设计的结果是决策的层级化，即确定了由上到下的指挥链，以及链上每一级的权责关系，这种关系具有明确的方向性和连续性。

在创建组织时，可以根据组织的宗旨、任务、目标，以及组织内外部环境的变化，自上而下地确定组织运行所需要的部门、职位及相应的权责。另外，组织设计也可以根据组织内部的资源条件，在组织目标层层分解的基础上从基层开始自下而上地进行。

为了达到组织设计的理想效果，组织设计者需要完成以下几项工作。

（1）职能与职务的分析与设计

组织首先需要将总的任务目标进行层层分解，分析并确定完成组织任务需要哪些基本的职能与职务，然后设计和确定组织内从事具体管理工作所需的各类职能部门及各项管理职务的类别和数量，分析每位职务人员应具备的资格条件、应享有的权力范围和应负的职责，形成职务说明书。

管理岗位职务说明书包括的主要内容有该职务的工作内容、职责与权力，该职务在组织中与其他职务之间的区别与联系，从事该职务的人员需具备的专业背景、知识结构、工作经验、管理能力等基本条件。

（2）部门设计

根据每位职务人员所从事的工作性质及职务间的区别和联系，按照组织职能相似、活动相似或关系紧密的原则，将各个职务人员聚集在"部门"这一基本管理单位内。由于组织活动的特点、环境和条件不同，划分部门所依据的标准也不一样。对同一组织来说，在不同时期、不同战略目标的指导下，划分部门的标准可以根据需要进行动态调整。

（3）层级设计

在职能与职务设计及部门划分的基础上，必须根据组织内外能够获取的现有人力资源情况，对初步设计的职能和职务进行调整和平衡，同时要根据每项工作的性质和内容确定管理层级，并规定相应的职责、权限，通过规范化的制度安排，使各个职能部门和各项职务形成一个严密、有序的活动网络。

8.1.3 组织设计的影响因素

面对竞争日趋激烈的外部环境和不确定的市场需求变化，任何组织都会察觉到管理日趋复杂和自身能力有限。这就需要把权变的组织设计观引入组织设计的思想中。所谓权变的组织设计，是指以系统、动态的观点来思考和设计组织，它要求把组织看成一个与外部环境有着密切联系的开放式组织系统。因此，权变的组织设计必须考虑战略、技术、规模、生命周期和环境等一系列因素，针对不同的组织特点设计不同的组织结构。

1. 战略的影响

战略是指决定和影响组织活动性质及根本方向的总目标，以及实现这一总目标的路径和方法。钱德勒的研究认为，新的组织结构如不因战略而异，将毫无效果。具体来讲，战略发展有四个不同阶段，每个阶段应有与之相适应的组织结构。

第一个阶段为数量扩大阶段，即许多组织开始建立时，往往只有一个单独的工厂，比较单一地执行制造或销售等职能。这个阶段的组织结构很简单，有的只有一个办公室。在这一阶段组织面临的重要战略是如何扩大规模。

第二个阶段为地区开拓阶段，即随着组织向各地区开拓业务，为了把分布在不同地区的业务单元有机地组合起来，就产生了协调、标准化和专业化的问题。这就要求建立一种新的组织结构，即职能部门。

第三个阶段为纵向联合发展阶段，即组织在同一行业发展的基础上进一步向其他领域延伸扩展，如零售商店从专门销售服装用品扩大到销售各种用具和家具等。这种发展战略要求建立与之相适应的职能结构。

第四个阶段为产品多样化阶段，即为了在原产品的主要市场开始衰退的时候，更好地利用组织现有的资源、设备和技术，转向新行业内新产品的生产和新服务的提供。这种战略的组织结构要考虑对新产品与新服务的评价和考核，考虑对资源的分配，以及部门的划分、协调等问题。这就要求建立与此相适应的产品型组织结构。

研究发现，许多经营成功的企业，如保持在单一行业内发展，则偏好采用集权的职能结构；而那些实施多元化经营的企业，一般采用分权的事业部结构。为了不断适应新的发展战略的要求，企业也要适时地变革组织结构，以保持组织的自适应性。

2. 技术的影响

技术是指把原材料等资源转化为最终产品或服务的机械力和智力。任何组织都需要通过技术将投入转换为产出，于是组织的设计就需要因技术的变化而变化，特别是技术范式的重大转变，往往要求组织结构做出相应的改变和调整。伍德沃德（Joan Woodward）等人根据制造业技术的复杂程度把技术划分为三类：单件小批量生产技术、大批量生产技术和流程生产技术。其中，单件小批量生产（Unit Production）技术被定制产品（如定制服装和水力发电用涡轮机等）生产单位或小批量生产单位所采用。大批量生产（Mass Production）技术被大批和大量生产的制造商采用，它们提供诸如家电和汽车之类的产品，这些产品一般可以通过专业化流水线技术生产实现规模经济。流程生产（Process Production）技术是最复杂的一类技术，适用于如炼油厂、发电厂和化工厂这类连续流程的生产单位。学者们发现，这些不同的技术类型和企业组织结构之间存在着明显的相关性，而且组织的绩效与技术和结构之间的"适应度"密切相关。伍德沃德得出这样的结论：随着技术复杂程度的提高，企业组织结构的复杂程度也相应提高，管理层级数、管理人员同一般人员的比例以及高层管理者的控制幅度也随之增加。因此，大批量生产组织通过严格的规范化管理，可以有效地提高管理效率。然而，权力过分集中和规范化，对于小批量生产企业或流程生产企业来说不太合适。这三类企业都有相对应的特定结构形式，成功的企业大多是那些能根据技术的要求采用合适组织结构的企业。制造业企业的组织并不存在一种最好的方式。例如，单件生产和连续生产企业采用有机式结构最为有效，大量生产企业若与机械式结构相匹配，则是最为有效的。

随着计算机革命和信息技术的发展，制造业技术有了质的飞跃，包括机器人、计算机数控（CNC）、计算机辅助制造（CAM）、计算机辅助设计（CAD）、管理自动化等技术在内的计算机集成制造系统（CIMS）或柔性制造系统（FMS）的运用，使得生产部门能够以较低的成本、在较短的时间内大量生产高质量的各种定制产品，从而改变了伍德沃德所描述的大批量生产技术无法实现定制生产的传统格局。拥有 CIMS 或 FMS 的组织具有管理幅度较小、层级较少、专业化程度较低、高度分权的结构特点，容易实现理想的规模经济和范围经济。

3. 组织规模的影响

组织规模是影响组织结构的最重要的因素，即大规模会提高组织复杂化程度，并连带提高专业化和规范化的程度。可以想象，当组织业务呈现扩张趋势、组织员工增加、管理层次增多、组织专业化程度不断提高时，组织的复杂化程度也会不断提高，这必然给组织的协调管理带来更大的困难。而随着内外部环境不确定因素的增加，管理层也越来越难以把握实际情况的变化并迅速做出正确决策，这时组织进行分权式的变革成为必要。

大型组织与小型组织在组织结构上的区别主要体现在以下几个方面。

（1）规范化程度

研究表明，大型组织可以通过制定和实施严格的规章制度，并按照一定的工作程序来控制和实现标准化作业，其员工和部门的业绩也容易考核，因而组织的规范化程度比较高；相反，小型组织可以凭借管理者的能力来对组织进行控制，组织显得比较松散而富有活力，因而规范化程度比较低。

（2）集权化程度

在大型官僚或层级组织中，决策往往是由那些具有完全控制权的高层主管做出的，因而组织的集权化程度比较高。事实上，为了快速响应日趋复杂的环境变化，组织规模越大，就越需要分权化。在分权化程度较高的组织中，决策更多是在较低的层级上做出的，因此决策速度越快，信息反馈也就越及时。

（3）复杂化程度

大型组织的高度复杂性是显而易见的。由于横向和纵向关系的复杂性，大型组织经常需要组建新的部门来应对由于规模扩大所带来的新问题。同时，随着组织中部门规模的扩大，部门管理者的控制力也会不断减弱，部门又会产生新的部门再细分压力，结果造成部门林立的臃肿格局。另外，随着员工数量的增加，在一定控制幅度条件下的管理层级数也必然增多。这些都会大大增加管理成本，降低管理效率。

（4）人员结构比率

帕金森定律（Parkinson's Law）认为，由于各种原因，受到激励的管理者往往会倾向于在组织中增加更多的管理者，建构自己的帝国大厦以巩固地位。一些研究表明，在迅速成长的组织中，管理人员比其他人员增幅大得多，而在组织衰退过程中，管理人员的减幅要比其他人员的减幅小得多。这说明，管理人员最先被聘用而最后被解聘。也有研究表明，随着组织规模的扩大，管理人员的比率是下降的，而其他人员的比率则是上升的。总体而言，高层管理人员与一般员工之间的结构比率应当是均衡的，任何不一致都应当通过积极主动的变革加以调整。

4. 组织生命周期的影响

组织的演化成长呈现出明显的生命周期特征，组织结构、内部控制系统以及管理目标在各个阶段都可能是不同的。拉瑞·葛雷纳（Larry Greiner）最早提出企业生命周期理论。他认为，企业的成长如同生物的成长一样，要经过诞生、成长和衰退几个过程。罗伯特·奎因（Robert Quinn）和金·卡梅隆（Kim Cameron）把组织的生命周期细划为四个阶段：创业阶段、集合阶段、规范化阶段和精细阶段。他们认为，组织的成长是一个由非正式到正式、低级到高级、简单到复杂、幼稚到成熟的阶段性发展过程。具体来讲，每个阶段都由两个时期组成：一个是组织的稳态发展时期，组织在这个时期的结构与活动都比较稳定，内外条件较为吻合；另一个是组织的变革时期，即当组织进一步发展时，就会从内部产生一些新的矛盾和问题，使组织结构与活动不相适应，此时必须通过变革使组织结构适应内外环境的变化，使组织保持适应性。组织就是通过如此循环往复而不断成长发展的。

综合来看，组织生命周期的各个阶段及特点如下所述。

（1）创业阶段

起初的组织是小规模的、非官僚制的和非规范化的。高层管理者制定组织结构框架并控制整个运行系统，组织的精力放在生存及单一产品的生产和服务上。随着组织的成长，组织需要及时调整产品的结构，这就必然会产生调整组织结构和调换更具能力的高层管理者的压力。

（2）集合阶段

这是组织发展的成长期。一般情况下，组织在调换了高层主管之后便会明确新的目标和方向，此时便进入了迅速成长期。员工在受到不断激励之后，也开始逐渐与组织的使命保持一致。尽管某些职能部门已经建立或调整，并可能也已开始程序化工作，但组织结构可能仍然欠规范、欠合理。一个突出的矛盾是，高层主管往往居功自傲，迟迟不愿放权。此时组织面临的任务是如何使基层管理者更好地开展工作，如何在放权之后协调和控制好各部门的工作。

（3）规范化阶段

组织进入成熟期之后就会出现官僚制特征。组织可能会大量增加人员，并通过建构清晰的层级制和专业化劳动分工进行规范化、程序化工作。组织的主要目标是提高内部的稳定性和扩大市场。组织往往会通过建立独立的研究和开发部门来实现创新，这又使得创新的范围受到限制。因此，高层管理者不仅要懂得如何通过授权调动各个层级管理者的积极性，还要能够确保不失控。

(4) 精细阶段

成熟的组织往往显得规模巨大和官僚化，继续演化可能会使组织步入僵化的衰退期。这时，组织管理者可能会尝试跨越部门界限组建团队来提高组织的效率，阻止进一步的官僚化。如果绩效仍不明显，就必须考虑更换高层管理者并进行组织重构以重塑组织形象，否则组织的发展将会受到很大的限制。

5. 环境的影响

环境包括一般环境和特定环境两部分。一般环境包括对组织管理目标产生间接影响的经济、政治、社会、文化、技术等环境条件，这些条件最终会影响组织现行的管理实践。特定环境包括对组织管理目标产生直接影响的政府、顾客、竞争对手、供应商等具体环境条件。特定环境对每个组织而言都是不同的，并且会随一般环境的变化而变化，两者具有互动性。

环境的复杂性和变动性决定了环境的不确定性。不确定性是指决策者由于缺乏完整的外部环境信息，无法预测未来的变化，进而无法做出正确的判断和决策。当环境由简单的稳定性向复杂的变动性转移时，关于环境的信息不完整性逐渐增加，管理决策过程中的不确定性因素也大为增加，只有与外部环境相适应的组织结构才可能成为有效的组织结构。组织设计者可以通过以下几种方法提高组织对环境的应变性。

(1) 对传统的职位和职能部门进行相应的调整

当外部环境的复杂性增加时，传统的应变方法是增设必要的职位和缓冲部门。这些职位和缓冲部门主要是围绕组织的核心能力设立的，其目的是促使组织资源与环境之间更好地交流和平衡。随着外部竞争的不断加剧，信息变得越发重要，组织设计者还要能够跨越组织边界聘用一些外部专家或建构信息情报部门来搜集必要的信息，以使决策者能够及时了解外部环境的动态变化，防止组织僵化。

(2) 根据外部环境的不确定程度，设计不同类型的组织结构

外部环境与组织内部结构具有关联性。当外部环境较为稳定时，内部组织为了提高组织运行的效率，往往需要制定明确的规章制度、工作程序和权力层级，组织的规范化、集权化程度比较高，其组织结构的设计可以采用机械式的层级结构形式；而当外部环境较为不确定时，内部组织比较松散，决策权力分散并下移，权力层级不明确，组织结构设计可以采用柔性灵活的有机结构形式。

(3) 根据组织的差别性和整合性程度，设计不同的组织结构

一个组织中不同的部门面对不同的外部环境，必须采用不同的组织结构与之相匹配。例如，研究与开发部门因为面临的是动荡的市场环境，选择有机结构较为妥当；而生产部门面临的是相对稳定的环境，选择层级结构或许更为合适。另外，在不同产业里，各个组织内部的差别性程度与其面临的环境有关。高度差别化的一个后果是组织内各部门之间的协作变得

更为困难。各个部门面临的环境越不确定，其结构的差别性程度就越高，也就越需要花费时间、精力和资源进行部门间的整合。越成功的组织，其整合性程度越高，即这些组织能够更有效地协调好各个部门，使之朝向组织的整体目标。

（4）通过加强计划和对环境的预测减少不确定性

在相对稳定的环境条件下，组织考虑的是如何集中精力去解决当前的主要问题。对组织本身来讲，未来环境的要求与当前是一致的，因此制订长期计划并预测未来似乎意义不大，组织的效率主要体现在对一些现实问题的有效处理上。而在相对动态、不确定的环境条件下，加强计划和对环境的预测可以大大减少外部环境变化对组织所造成的负面影响。当然，计划需要及时更新，计划部门的活动也不能替代其他部门的活动。

（5）通过组织间合作，尽量减小组织自身要素资源对环境的过度依赖性

组织存在的一个重要前提是能够确保从外部环境中连续不断地获取关键的组织要素资源，如原材料、资金、劳动力等。如果这些资源被其他组织所控制，组织的活动将会变得十分被动。为此，组织需要通过与其他组织建立广泛的合作关系来确保这些资源的及时供给。合作的方式可以是多种多样的。例如，通过并购来获取对关联组织的控制，通过与其他组织建立战略联盟实现资源的共享和互补，选择有重要影响力的人士加入董事会，通过广告和公共关系树立组织形象等。当然，组织也可以通过并购或剥离等变革方式彻底改变组织所依存的环境，从而保持相对的自主性和独立性。

8.2　组织部门化

8.2.1　部门划分

在明确了为完成目标所必需的各个职位之后，还必须按照一定的方式对其加以组合。根据各个职位工作内容的性质及职位间的相互关系，依照一定的原则，可以将各个职位组合成被称为"部门"的管理单位，使之形成便于管理的单位或部门。这一步骤在管理的组织职能中被称为部门划分或部门化。

部门是指组织中的主管人员为完成规定的任务而有权管辖的一个特定领域。它在不同的组织中有着不同的称呼，如企业称为分公司、部、处等，军队称为师、团、营、连等，政府机关则称为部、局、处、科等。

组织活动的特点、环境和条件不同，划分部门所依据的标准也是不一样的。对同一组织来说，在不同时期的背景下，划分部门的标准可能会不断调整。部门划分就是要确定组织中各项任务的分配与责任的归属，以求分工合理、职责分明，从而有效地实现组织的目标。正如法约尔所指出的，它是"为了用同样多的努力生产出更多和更好的产品的一种分工"。从一定意义上可以认为，部门划分使得组织规模突破了管理宽度的制约。至少从理论上而言，把组织的各种活动和人员划分为部门，使组织的扩大具有了无限可能性。

8.2.2 组织部门化的基本原则

组织部门化是为了实现组织的目标。在划分部门时，组织应遵循如下一些具体原则。

1. 精简原则

精简原则是指力求维持最少的部门。组织结构是由管理层次、部门结合而成的，组织结构要求精简，部门必须力求最少。但这是以能有效地实现组织的目标为前提的。

2. 柔性原则

柔性原则是指组织机构应具有应变性。部门划分应随环境和市场的需要变化。在一定时期内划分的部门并不是永久性的，其增设和撤销应随业务工作而定。临时出现的问题可通过设立临时部门或工作组的方式加以解决。

3. 实现目标原则

实现目标原则是指确保目标的实现。组织应具备必要的职能，以确保目标的实现。

4. 任务平衡原则

任务平衡原则是指各部门的任务指派应达到平衡，避免忙闲不均、工作量分摊不均。

5. 监督与执行部门分立原则

监督与执行部门分立原则是指承担监督检查职能的部门与承担执行职能的部门要分别设立。

8.2.3 组织部门化的方法

组织部门化有多种方法，从而形成不同形态的组织结构。但必须强调的是，并不存在适合所有情况的唯一最佳方法。到底应采用何种划分方法，取决于所面对的组织的具体情况、环境、组织战略、组织规模及技术等因素。以下将对组织部门化的基本方法逐一加以讨论。

1. 按时间、人数、地点划分部门，形成简单的直线结构

这是最为传统的部门化方法。它是为了管理方便而将相同任务的人员划分为几个部门，划归不同的管理者领导，因此不体现管理的专业化分工思想。根据时间来组织业务活动是最古老的部门化方法之一，多见于组织的底层。在许多组织中，由于经济的、技术的或其他一些原因，正常的工作日不能满足要求，而必须采用轮班的做法。例如，炼钢炉、医院的集中

监护室、消防队等,均采用这种方法来进行组织。

单纯地按照人数来安排业务活动也是一种最原始、最简单的部门化方法,早期的部落、氏族和军队普遍采用这种方法。在现代社会中,单纯根据人数来划分部门的方法一般局限于基层等场合,从总体上来看这种方法有逐渐被淘汰的趋势。当代科学技术的发展要求组织中的成员必须具备更加专业化和多样化的知识和技能,由各种专业人员构成的群体能够发挥出更大的效率。

采用这种方法有利于连续、不间断地提供服务和进行生产,有利于使设备、设施得到最充分的利用,管理权力高度集中,命令统一,决策迅速,指挥灵活。

其缺点在于要求最高管理者通晓多种专业知识,协调和沟通有时会比较困难。这种形式适用于规模比较小、任务比较单一的组织。

2. 按职能划分部门,形成职能结构

这是将工作方法作为部门化的依据,是应用最广泛的方法之一,几乎在所有类型的组织结构中都可以找到它的踪迹。因为任何一个组织存在的目的一般都是要创造某种为他人所需要的物品或服务,所以可以说生产(创造或增加物品或服务的效用)、销售(寻找愿意以一定价格购买物品或接受服务的顾客)和财务(资金的筹措、保管和运作)是所有组织的基本职能。因此,以这些基本职能为依据,便可以将组织划分为生产部门、销售部门、财务部门等。当然,由于各种组织的活动领域不同、同一职能在不同组织中的重要程度不同等原因,现实中这些职能部门在不同类型的组织中会有不同的具体名称。

按照职能划分部门的优点在于:有利于确保组织的主要基本活动得到重视;由于遵循专业化原则,有利于提高人员使用效率,同时简化了培训工作;由于最高主管要对最终成果负责,从而为最高层实施严格控制提供了手段。

这种方法的缺点在于:容易产生由于人们过度局限于自己所在的职能部门而忽视组织整体目标的"隧道视野"现象;导致部门间的协调比较困难;由于只有最高主管才能对最终成果负责,因而对各部门的绩效和责任很难进行评价;不利于培养综合全面的管理人才,组织适应环境变化的能力较差。图8-1是一个典型的按职能划分的部门化组织。

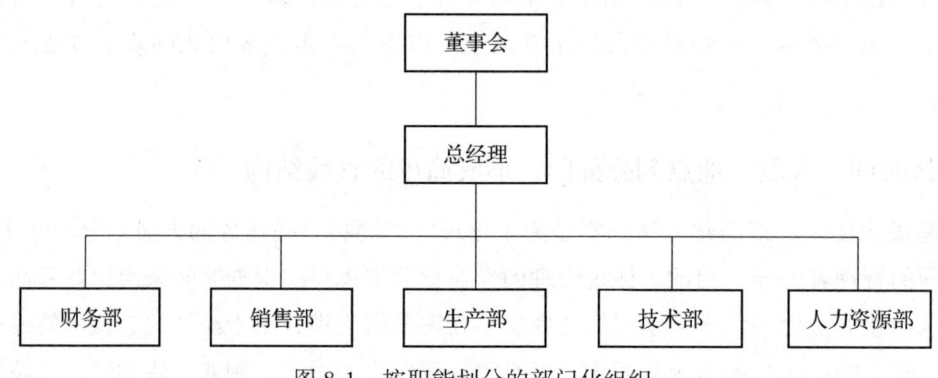

图 8-1　按职能划分的部门化组织

3. 按产品、地域或顾客划分部门，形成事业部结构

这是基于工作结果来进行部门划分的方法，被许多多元化经营的大型组织采用。这种方法最早是从按照职能划分部门的组织中发展起来的。随着组织规模的扩大，管理工作变得越来越复杂，部门主管的工作负担也越来越重，管理宽度的限制使得他们难以通过增加直接下属的办法来解决问题，因而此时按照产品、地区、顾客或销售渠道来重新组织企业活动就成为必要。

按照产品、地域或顾客划分部门，可以形成准独立性经营单位，其具体表现可以是事业部、分部、分厂或分公司。在这样的结构下，分公司、事业部拥有较大的经营自主权，且内部也有较完备的职能机构，它们通常成为自主经营、自负盈亏的利润中心。总公司对分公司和事业部拥有行政指挥命令关系，总公司一般采取分权的管理方式，将日常的经营管理决策权下放给这些单位的负责人。

事业部结构的好处是：有利于取得产出方面的协调，各分部能够从内部的职能部门中获得所需的技能、支持和帮助；采用专门设备，促进协调；能够明确利润责任；有利于锻炼和培养独当一面的总经理型人才。

这种结构的缺点主要有：要求部门主管具备全面的管理能力，各分部的独立性较强而整体性较弱；由于各分部也需要保持职能部门或职能人员，使得部门重叠、管理费用增加；总部对各分部控制的难度较大。

图 8-2～图 8-4 分别是按产品、地域和顾客划分的部门化组织。

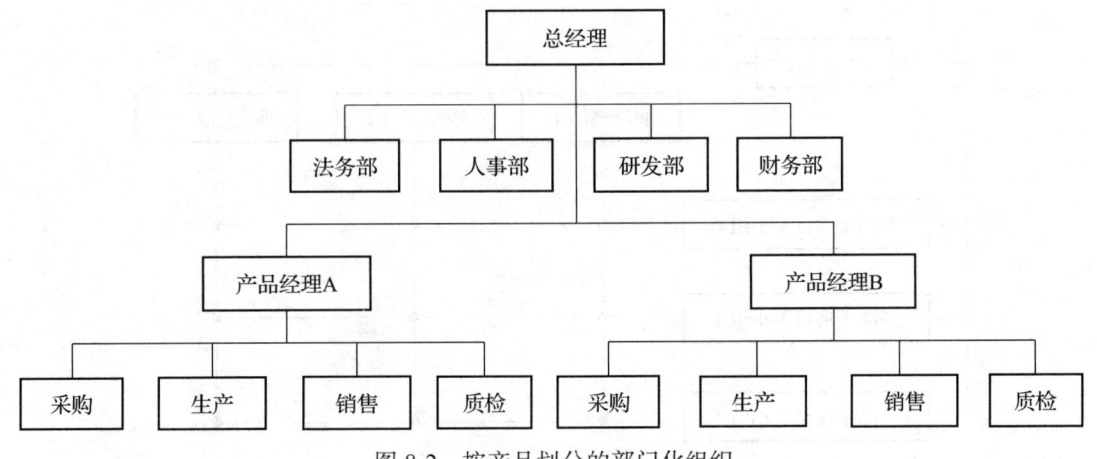

图 8-2　按产品划分的部门化组织

4. 按组织内不同部门组合，形成矩阵结构

事业部结构使组织的管理者能够更加迅速、灵活地对所面临的特殊环境做出反应。但是，如果环境总是在迅速变化，是动态的、复杂的，并且不确定性程度也比较高时，那么即使是事业部结构，可能也无法灵活应对快速变化的环境。当今消费者需求多样化、个性化，信息技术发展迅速，使环境具有高度的不确定性，所以管理者必须设计一种弹性程度最高的组织结构——矩阵结构，如图 8-5 所示。

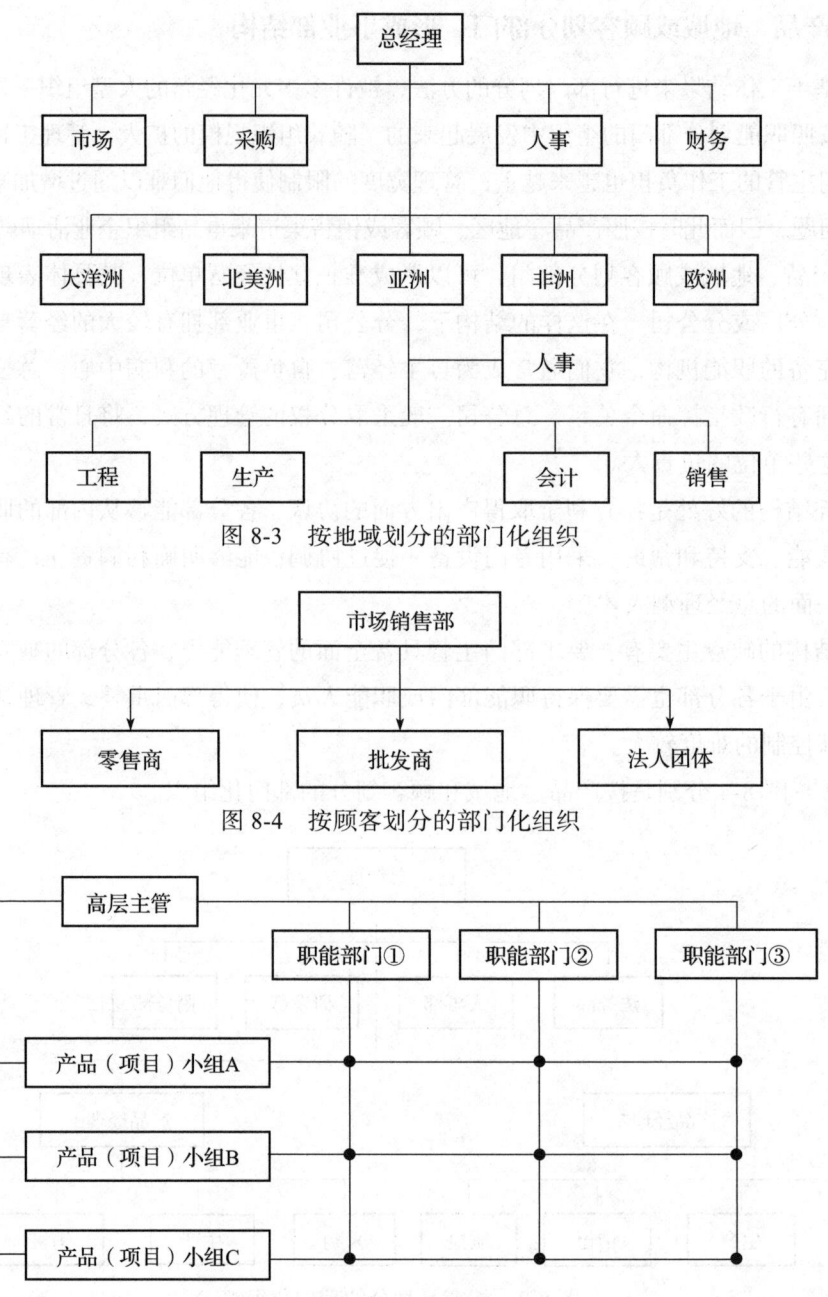

图 8-3 按地域划分的部门化组织

图 8-4 按顾客划分的部门化组织

图 8-5 矩阵结构

矩阵结构是一种被广泛应用的组织结构类型。它是由按照职能部门化所建立的结构和按照产品（或项目）部门化所建立的结构重合而成的一种双重结构的组织形式。在这种组织中，每个成员既要接受垂直职能部门的领导，又要在执行某项任务时接受横向产品小组负责人的指挥。在矩阵结构组织中，每一个成员既隶属于纵向的职能单位，又同时隶属于一个或几个横向的产品单位或项目单位。这也就是说，矩阵中的每一个成员要接受至少两个上级的指示，同时也必须向至少两个上级报告。可以说，矩阵结构是对统一指挥原则的一种有意识的违背。

这种结构的主要优点是：灵活性和适应性较强，因为员工是根据职能进行组合的，这使他们能够互相学习，从而变得更加熟练，具备更高的生产力；有利于加强各职能部门之间的协作和配合，并且有利于开发新技术、新产品和激发组织成员的创造性。

其主要缺点是：被指派到产品小组中的职能部门员工随时间的推移而不断变换，因为产品小组需要的具体技能发生了改变，人员随之也需要更换，所以组织结构稳定性较差。产品小组中的每一个成员都要向两个或更多上级报告：①职能部门的上级，该上级指派个人进入产品团队，并从职能的角度来评估个人的工作绩效；②产品小组的上级，该上级对成员在团队中的工作绩效进行评价。因此，双重职权关系容易引起冲突，还可能导致项目经理过多、机构臃肿。

这种组织结构主要适用于外界环境变化非常剧烈，组织需要处理的信息量巨大，分享组织资源的要求特别迫切的科研、设计、规划项目等创新性较强的工作或者机构。在高科技领域，新产品的开发日新月异，快速创新的能力对于组织来说至关重要。矩阵结构所具备的丰富弹性使管理者能够与不断变化、日益复杂的环境保持步调一致。

5. 按组织间不同功能组合，形成网络型结构

网络型结构是一种以项目为中心，通过与其他组织建立研发、生产制造、营销等业务合同网，有效发挥核心业务专长的协作型组织形式。网络型结构是组织基于日新月异的信息技术，为了应对更为激烈的市场竞争而发展起来的一种临时性组织形式。它以市场组合的方式替代传统的纵向层级组织，实现了组织内在核心优势与市场外部资源优势的有机结合，进而更具敏捷性和快速应变能力。

这种结构的主要优点是：组织结构具有更强的灵活性和柔性，以项目为中心的合作可以更好地结合市场需求来整合各项资源，而且容易操作，网络中的各个价值链部分也可以随时根据市场需求的变动情况增加、调整或撤并；这种组织结构简单、精练，由于组织中的大多数活动都实现了外包，而这些活动更多地靠电子商务来协调处理，组织结构可以进一步扁平化，效率也更高。

这种结构的缺点是：可控性差，由于存在着道德风险和逆向选择性，一旦组织所依存的外部资源出现问题，如质量问题、提价问题、及时交货问题等，组织就将陷入非常被动的境地；另外，外部合作组织都是临时的，如果网络中的某一合作单位因故退出且不可替代，组织将面临解体的危险；网络组织还要求建立较高的组织文化以保持组织的凝聚力，然而，由于项目是临时的，员工随时都有被解雇的可能，因而员工对组织的忠诚度也比较低。

图 8-6 是一个典型的网络型结构。

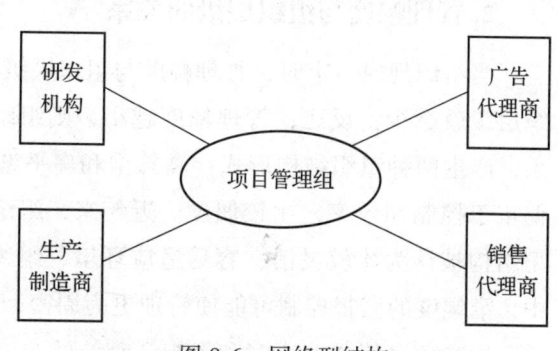

图 8-6　网络型结构

8.3 组织层级化

组织层级化是指组织在纵向结构设计中需要确定层级数目和有效的管理幅度，需要根据组织集权化的程度，规定纵向各层级之间的权责关系，最终形成一种能够对内外部环境做出动态反应的有效组织结构形式。

8.3.1 组织层级化与管理幅度

1. 管理幅度的概念

设想一下，如果组织的最高领导者是一个万能领导者，是否还需要有组织部门化和层次化设计？答案是否定的。因为这个万能领导者可以指挥和监督一切活动，而无须借助他人的帮助。但现实世界的管理者做不到这一点，因为人类存在着身体的、生理的、心理的和社会的种种限制，每一个管理者所能直接指挥和监督的下属数量总是有限的，这个限度就称为管理幅度或管理跨度。从一定意义上来讲，正是由于管理幅度的存在，当组织规模扩大到一定程度时，才产生了分权的必要性。

管理幅度是影响组织内部各单位规模大小的重要决定因素。在一个单位内，究竟能将多少相近或相关的工作职位或职务组合在一起，主要取决于该单位主管人员的有效管理幅度。所谓管理幅度，就是一个管理者直接指挥和监督的下属数量。一个人受其精力和能力范围的限制，能直接有效管理的下属数量总是有限的，这就是管理幅度作为组织设计的一条基本原则的缘由。

当组织规模有限时，一个管理者可以直接管理每一个成员的活动，而无须假他人之手；当规模的扩大导致管理工作量超出了一个人所能承担的范围时，为了保证组织的正常运转，管理者就必须委托他人来分担自己的一部分管理工作；随着组织规模的进一步扩大，受托者又不得不进而委托其他人来分担自己的工作，以此类推，就形成了组织的等级制或层次性的管理结构。由以上分析可知，只是由于存在管理宽度的限制，或者说因为管理者所能有效监督的下属数量是有限的，才形成了这种层次性的管理结构。

2. 管理幅度与组织层级的关系

当组织规模一定时，管理幅度与组织层级之间存在着一种反比关系：管理幅度越大，组织层级就越少；反之，管理幅度越小，则组织层级就越多。由于管理幅度与组织层级的关系，产生两种组织结构形式：高耸型和扁平型。一般来说，传统的组织结构倾向于高耸型，偏重于控制和效率，比较僵硬。近年来，组织结构有一种由高耸向扁平演化的趋势，扁平型结构被认为比较灵活，容易适应环境，组织成员的参与程度也相对较高。在高耸型组织中，窄幅度的监督控制可能使管理更为周密，但由于组织层级多，不仅加长了信息的传递渠道，影响信息传递的速度和组织活动的效率，而且还使管理人员数量增多。以一家有 4 096

名作业人员的企业为例，如果按管理幅度分别为 16 和 4 对其进行组织设计（这里假设各层级的管理幅度相同），那么其相应的组织层级分别为 3 和 6，所需的管理人员数量为 273 名和 1 365 名。当管理幅度从 16 变为 4 时，管理人员从 273 名增至 1 365 名，增多 4 倍，从而造成管理费用上升。相比之下，宽幅度的监督控制可以克服窄幅度管理的缺陷，但是会降低管理效能，导致管理者不能对下属进行密切监督和有效的控制。

3. 管理幅度的影响因素

多年来，许多学者和管理者对管理幅度这一问题进行了研究，试图找到一个广泛适用的最佳管理幅度，但实践表明，这种普遍最佳的管理幅度是不存在的。管理者所能有效监督的下属数量在客观上的确是有限度的，但具体的数量取决于特定条件下各种因素的综合作用。因此，找出特定情景下影响管理幅度的各种具体因素，考察哪些因素使得管理者在处理上下级相互关系中消耗了过多的时间，哪些措施有利于减少这些时间，将有助于确定在这种情况下的适当的管理幅度。这要比追求一个普遍适用的最佳管理幅度更有价值，也更有现实意义。

一个管理者能够有效管理的下属数量受到多种因素的影响。

1）管理者的能力。能力较强的管理者所能够有效管理的下属数量相对要多一些。

2）下属的素质。素质较高、训练有素的下属不需要过多的监督和指导，因而与其上级的接触次数和接触时间都比较少，从而可以使其上级的管理幅度大一些。

3）计划的完备性。良好的计划有助于下属明确自己所承担的任务，以及应当取得的成果，有助于了解自己与他人之间的关系，可以有效地减少上级用于指导的时间，从而有利于增加管理幅度；反之，则要求较多的上级指导，而会使得管理的下属数量减少。

4）环境变化的程度。有些组织所处的环境变化较快，有些组织则处于相对比较稳定的环境之中。环境以及组织本身变化的激烈程度，极大地影响着组织的政策稳定性与计划的详尽程度，从而也有力地影响着管理者所能有效管理的下属数量。一般来说，变化相对较小、较慢的环境下，其管理幅度要大一些；反之，则要小一些。

5）授权的程度。如果管理者善于把管理权限充分地授予下属，让下属有充分的自主权，则管理者本人需要处理的问题就可相对减少，管理幅度就可大一些；如果管理者不能授权或不愿意授权，则管理幅度就应相应小一些。因为适当而充分的授权可以减少管理者与下属之间的接触，节省管理者的时间和精力，锻炼和提高下属的能力和积极性。

6）沟通的手段和方法。如果所有的指示、计划和命令都必须面对面传达，所有的机构变动和人事问题都必须口头交代，则管理者用于上下级关系方面的时间将是极多的，因而其所能有效指挥和监督的下属数量也将是很有限的。采用适当且高效的沟通方式和手段将有助于管理幅度的扩大。

7）工作的复杂性和相似性。主要面临常规性、日常性问题的管理者，可以有较大的管理幅度；而经常面对复杂多变或方向性、战略性问题的管理者，则管理幅度要小一些。另外，如果所管理下属的工作比较相似或基本相同，则管理幅度也要大一些；如果下属的工作各不相同，则管理幅度相对要小一些。

8）个别接触的必要程度。在一些场合下，管理者必须依靠与其下属面对面的个别接触才能解决问题。这种场合越多，管理者的精力和时间消耗也就越大，从而能够有效管理的下属数量也就越少。

9）组织机构在空间上的分散程度。所管辖的组织机构如果在空间上比较接近，那么管理幅度就可以相对大一些；如果地理位置很分散，那么管理幅度就必须小一些。

8.3.2　组织层级化与集权和分权

1. 职权、职责与责任

管理者必须拥有职权（Authority）才能承担其职位所对应的职责。职权是权力（Power）的一种，权力是比职权含义更为广泛的一个概念。职权等级体系（Hierarchy of Authority）是组织的一条指挥链，即包括高层的首席执行官、中层管理者、基层管理者以及实际生产产品和提供服务的非管理层员工在内的每一个组织成员所拥有的相对职权。

（1）职权

职权是组织的一个重要概念，是指管理者依据其在组织中的地位，所享有的为达到组织目标而进行决策和使用资源的权力。"职权"和"权力"两个词经常被混淆。职权既是职责，又是责任。在运用职权的时候，员工既要履行这一行动的职责，还要为行动的成败承担责任。当管理者将任务向下授权时，应该注意下放的权力与职责要一致，而且应该坚持对结构负责。

职权是一种基于掌握职权的人在组织中所居职位的合法权力，所以职权是与职务相伴随的，是由一个人在组织层级中的纵向职位决定的。每一个管理职位都具有某种特定的、内在的权力，任职者可以从该职位的等级或头衔中获得这种权力。因此，职权与组织内的一定职位相关，而与担任该职位管理者的个人特性无关，即它与任职者没有任何直接的关系。职权是更广泛的权力概念的一部分。换句话说，与一个人在组织中所居职位相联系的正式权力，只是影响决策过程的一种手段。

（2）职责

职责是指员工完成一项指定任务的义务。当员工接受某项工作或者一个具体指令后，就得负担这种义务。管理者不仅要对工作任务的实施负责，而且要对其下属的行动负责。

（3）责任

责任是指员工因其工作而受到肯定或者责备的一种期望。没有一个管理者能对员工所做的任何事情一一核查，所以通常制定了履行职责的方针和业务标准。这一制定过程可能是与那些要对这些职责负责的员工一起讨论后进行的。责任是自上而下的，一个部门的员工要对部门经理负责，部门经理要对上一级领导负责。责任是职权和职责的交汇点，而且是实现高绩效所必不可少的。如果职权和职责同时缺失，那么管理者就不能公正地判断其下属的工作成果；如果管理者不让其下属对其工作负责，那么他们就能轻易地逃脱责任。

2. 集权和分权

集权和分权是用来描述决策权在组织中或在指挥链上分布情况的一对概念。集权化是指决策权在组织系统中较高层次上一定程度的集中；与此相对应，分权化也称职权分散化，是指决策权在组织系统中较低层次上一定程度的分散。分权化这种方法要求管理者决定什么时候向下授权，仔细选择并培训人选，以及制定恰当的控制手段。

在现实中，既不存在绝对的集权，也不存在绝对的分权。因为绝对的集权意味着职权全部集中在一个人手中，因而不存在下级管理者，这实际上等于组织是不存在的；绝对的分权也是不存在的，因为这意味着没有管理者，组织也不能存在，一个组织的存在必然意味着某种程度的分权。集权和分权同时也是两个彼此相对、互相依存的概念。称一个组织是集权或是分权的，意味着或者是在同其自身过去的情况比较，或者是在同其他组织比较。

（1）过度集权的弊端

1）不利于合理决策。在过度集权的管理体制下，随着组织规模的扩大，组织的最高层领导者很难迅速准确地把握组织的具体情况，他们总会显得心有余而力不足，而且各项决策与命令需要传达到下属各执行单位时，往往会因层次过多而造成信息失真，就无法保证正确、合理地决策。

2）不利于调动下属的积极性。由于实行高度集权，几乎所有的决策权都集中在最高管理层，结果使中下层管理者变成了纯粹的执行者，他们只能按照上面的指示、命令和规定的程序行事，没有任何的决策权、发言权和自主性，变成了上传下达和被动执行的"机器人"，积极性和创造性受到压抑，导致其工作热情低下，并且会减弱其对组织的关心程度。同时也不利于培养人才，使中下层管理人员无法独当一面，没有机会在实际工作中得到锻炼，增长才干。

3）阻碍信息交流。在高度集权的组织中，由于决策层即最高管理层与中下层执行单位之间存在多级管理层次，信息传输路径长、经过环节多，因而信息的交流比较困难，使下情难以上达。

4）助长组织中的官僚主义。过度集权的管理体制势必需要制定许多烦琐的办事程序和各种各样的规章制度，以确保权力的实现，而这极易助长官僚主义作风，使组织机关化、办事公式化，导致组织毫无活力和生气。

（2）分权的潜在优点

1）有利于组织决策的合理化。分权以后，组织的决策权不再完全集中在最高管理层，而是将某些决策权适当地分配给下属各有关单位，使它们有一定程度的自主权，能够根据各单位的具体情况和所面临的形势与任务做出决策，从而增强了决策的灵活性与及时性。由于下属比上级更多地接触实际行动，所以他们对实际情况要掌握得更好一些，这样就使得他们能够及时做出更合理的决策。如果下属或者团队凡事都要获得管理者的认可才能行动，宝贵的时间就白白浪费掉了。

2）使高层管理者解放出来，得以集中精力制定组织的规划和战略。有些程序性、日常性的事务性决策，由低层管理者和员工自主决策、处理，甚至会决策得更科学、更好。分权有利于明确地实行分级决策和分层负责，使高层管理者有更多的时间制定组织的长远规划和战略方针。

3）有助于培养组织管理专家。分权意味着赋予中下层管理人员更大的自主权力，同时也交给他们更大的责任。对权力的运用本身就是一门管理艺术，也是一门高深的学问。分权迫使中下层管理人员更快地走向成熟。因为，如果他们不能恰当地运用自己的权力，就无法很好地完成他们所担负的职责，就会被迫丧失领导者的身份和地位，这是一种巨大的压力。另外，分权后，更需要中下层管理人员独当一面地工作，因而他们可以有更多的机会施展才华，得到锻炼，积累经验。

（3）衡量分权程度的标志

集权与分权在组织中只是职权分散的程度问题，衡量的标志主要有以下四个。

1）决策的数量。组织中较低管理层次做出决策的数量或频度越大，则分权程度越高。

2）决策的幅度。组织中较低管理层次决策的范围越广、涉及的职能越多，则分权程度越高。

3）决策的重要性。组织中较低管理层次做出的决策重要性越大，则分权程度越高。

4）决策的控制程度。上级管理者对组织中较低管理层次做出决策的审核程度越低，这个组织的分权程度越高；如果做出决策后必须报上级批准，则分权程度越低。

（4）影响分权的因素

集权或者分权不能简单地用"好"或"坏"来加以判断。在成功的企业中，既有许多被认为是相对分权的企业，也有许多被认为是相对集权的企业。集权与分权的程度是随条件变化而变化的。因此，并不存在一个普遍的标准，可以使管理者据以判断应当集权到什么程度，或是应当分权到什么程度。一个组织中职权分散的程度，除了受到管理者个性的影响之外，还取决于许多其他因素。这些影响因素主要包括以下方面。

1）决策的成本。在决定集权化程度的时候，成本是最重要的因素之一。作为一条普遍原则，获得结果的成本越高，由管理者制定最终决策的可能性也就越大。

2）政策的统一性。如果最高管理者希望保持政策的一致性，即在整个组织中采用统一的政策，就必须趋向于集权化，因为集权是达到政策一致性最方便的途径。这些管理者可能希望向客户保证每个人在质量、价格、信用、送货以及服务方面都会受到同等的待遇。举例来说，在家得宝公司开展的一项全国性的关于家居改善的油漆促销活动中，所有商店被要求启用同一价格。统一的政策对会计、生产和财务部门都有好处，而且使得管理者对不同部门的相对效率能够进行比较。采用一致的政策，便于比较各部门的绩效，以保证步调一致。

3）组织的规模。组织规模扩大后，所需要做出的决策数目就越多，需要做出决策的场所也会越多，协调起来也就越困难，此时集权管理不如分权管理有效和经济。这种情况必然会降低决策的速度，从而导致决策的成本增加。为了加快决策速度、减少失误，使最高管理者能够集中精力处理重要决策，也需要向下分权。具体的做法多种多样，如大企业常常采用事业部形式，将过大的组织分解为若干个子系统。

4）组织的历史。一个组织形成的方式常常决定着其集权或分权的程度。从组织成长的方式来看，如果组织是从内部发展起来的，由小组织逐渐发展成为大组织，则分权的压力比较小；如果组织是由合并的方式发展起来的，则分权的压力比较大。但有些情况下，企业并购也可能会导致职权集中。这往往是因为占支配地位的集团急于接管，或者希望尽快获得合并经营的经济效果。从组织成长的阶段来看，组织通常在成立初期采取和维护高度集权的管理方式。随着组织逐渐成长，规模日益扩大，则由集权的管理方式逐渐转向分权的管理方式。

5）权力认知。管理者的权力认知影响组织的分权程度。专制、独裁的管理者不能容忍别人触犯他们小心戒备的权力，往往采取集权式管理；反之，则会倾向于分权。

6）能力水平。很多组织都努力确保有能力的管理者和员工的充足供给，这是分权的一个绝对条件。如果人员的数量和素质不高，会限制分权；如果管理人员数量充足、经验丰富、训练有素、管理能力强，则可较多地分权。因此为了保证分权，必须注重管理者的培养工作。

7）控制机制。是否有合适的控制手段也是影响分权程度的一个重要因素。分权不可失去有效的控制。许多高层主管不愿意向下分权的原因是他们对下属的工作和绩效没有把握，担心分权之后下属无法胜任工作而承担连带责任，认为与其花更多的时间去纠正错误，不如多花一些时间自己去完成这项工作。因此，要有效地实施分权，就必须同时解决如何控制的问题。统计技术、会计控制方法、计算机技术等各方面的进展有利于促进分权。

8）组织营运的分散化。组织营运的分散化是指组织的各个部门及管理者分散在不同的地理区域。通常，这种分散化是由于诸如分工、机器设备的利用、工作的性质、原材料的利用等技术方面的原因造成的。一般来说，组织营运的分散化在一定程度上有利于促进分权。但这并不意味着运营的集中就一定会导致集权，如地理因素对集权与否并无决定性的影响。

9）外部环境的影响。以上讨论的大多是组织内部的因素，许多外部因素也影响着组织中的分权程度。其中最重要的因素包括法律、法规、宏观经济体制等。

8.3.3 组织层级设计中的授权

1. 授权的含义及步骤

（1）授权的含义

组织是依靠职权等级体系——指挥链来行动的。职权在组织中各个职位上的分配或配置，即指挥链的建立，是通过授权（Delegation of Authority）来进行的。授权是指授予某个个人（或者群体）在某种条件下制定决策以及实施相应行动的权力的过程。所以，除了让员工对其职责内的绩效负责之外，管理者还要赋予其能够有效实施这一职责的权力。当一个组织设立了组织结构并进行了分工之后，就要开始授权了；而在日常工作过程中增加了新的工作和任务的时候，还要接着进行授权。

授权意味着在上下级之间建立起某种形式的职权关系。具体而言，授权就是管理者将自己的部分决策权或工作负担转授给下属的过程。授权可以说是组织规模扩大的结果。没有人能够承担实现组织目标所必需的一切任务，同样也没有人能够行使所有的决策权力。由于存在着管理幅度的限制，管理者必须将职权授予下属，以使他们在各自的职责范围内进行决策。

分权与授权虽然都与职权下授有关，但两者是有区别的。分权一般是组织最高管理者的职责，授权则是各个层次的管理者都应掌握的一门艺术；分权是授权的基础，授权以分权为前提。

（2）授权的基本步骤

1) 分派任务。授权的第一步就是要将任务委派给接受授权的下属，并明确应当取得的成果。这一步骤是要使下属明确他将承担什么任务，以及这些任务应当完成到什么程度或应当取得什么样的成果。

2) 委任权力。授权的第二步是将完成任务所必需的职权授予下属，使之有权处置原本无权处理的工作。

3) 明确责任。授权的第三步就是要使下属承担起对其所接受的任务、成果要求和职权的义务，也就是要使下属认可或同意由上级所授的任务和职权，并做出完成任务的承诺。这要求被授权人对托付的工作负全责。负责不仅包括完成指派的任务，也包括向上级汇报任务的执行情况和成果。

授权的这三个步骤是不可分割的。只是要求某人完成某一任务而不授予相应的职权，或者授予了职权却不清楚最终要取得什么成果，都不能算是真正的授权。在授权过程中，责任是不可下授的。这称为授权的绝对性原则。上级即使授权下属去完成某项任务，自己也仍负有对该项任务的责任。这也是许多管理者不愿授权或不敢授权的原因之一。

2. 有效授权的原则

有效授权应掌握以下原则。

（1）重要性原则

组织授权必须建立在相互信任的基础上。所授权限不能是一些无关紧要的部分，而要敢于把一些重要的权力下放，使下属充分认识到上级的信任和管理工作的重要性，并把具体任务落到实处。

（2）适度原则

组织授权还必须建立在效率的基础上。授权过少往往会造成主管工作量过大，授权过多又会造成工作杂乱无序，甚至失控，所以不能无原则放权。

（3）权责一致原则

组织在授权的同时，必须向被托付人明确所授任务的目标、责任及权力范围，权责必须一致。否则,被授权人要么可能会滥用权力导致形式主义,要么会对任务无所适从造成工作失误。

（4）级差授权原则

组织只能在工作关系紧密的层级上进行级差授权。越级授权可能会造成中间层次在工作上的混乱和被动,伤害他们的负责精神,并导致管理机构的失衡,进而破坏管理的秩序。

3. 有效授权的途径

管理者必须从思想上认识到授权的必要性和重要性。为了实现组织的目标、维持组织的成长,授权是管理者所面临的不可回避的选择。授权不当常常是造成许多管理问题的最主要原因。为了进行有效的授权,管理者应做到以下几方面。

（1）设立目标和标准

不管是个人还是团队,都应该参与目标的制定过程,这些目标都是他们必须达到的。从理想状况来说,他们也应该认同那些用来测量其绩效的标准。

（2）接受不同的意见

管理者要能够听得进他人的意见,而且能够欣赏和接受下属所做出的不同于自己的决策。一个好的管理者并不会认为他的意见一定比下属高明,更不会主观地认为下属的意见和建议毫无益处,而总是善于看到并敢于承认别人的长处,从而积极地加以采纳。

（3）确保职权明确

不管是个人还是团队,都应该明确地了解分派给他们的工作,认识到自己的职权范围,并承担相应的责任后果。

（4）全面投入

工作本身的挑战并不能总是激励个人或者团队接受并执行所分派的任务。管理者可以通过将下属纳入决策制定之中,使他们保持对信息的了解,并帮助他们提高技能和能力,从而激励他们。

（5）学会放手

在某些问题上,或许上级管理者的确比下属更高明、更有经验,但即使如此,也不应越俎代庖。如果管理者能够集中精力于那些最有利于实现组织目标的工作,同时将其他工作委派给下属去做,即使这些工作他或许会比部下做得更好。这时管理者对组织整体的贡献将会是最大的。此外,优秀的经理人员还必须能够接受他人的工作方式,尽管他们的做法可能与自己一贯采用的方式有所不同。因为只有存在差异性,才会有创造性。

（6）提供培训

授权只有在能够制定出对实施工作很有必要的决策,并且实际上能够完成这项工作的时候才是有效的。管理者应该经常对所分配的职责进行评估,并且提供旨在提高能力、克服不足的培训。

（7）要善于适度控制

由于管理者的责任不会随着授权而消失,因此必须确保所授职权确实是在为实现组织目标而被使用的，必须对下属的工作绩效心中有数。而要做到这一点，必须将目标、方针和计划作为判断的标准和依据。因此，计划工作不周，害怕失去控制，是管理者不能充分授权的重要原因。

（8）及时的反馈

应该为个人和团队提供及时、准确的反馈，这样他们才能参照预期比较自己的表现并纠正不足。

◆ 本章小结

组织是两个以上的人在一起为实现某个共同目标而协同行动的集合体。组织目标一经确立，决策与计划一旦制定，为了保证目标与计划的有效实现，管理者就必须设计合理的组织架构，整合这个架构中不同员工在不同时空的工作，并使之转换成对组织有用的贡献。组织设计涉及两个方面的工作内容：在职能与职务分析和设计的基础上进行横向的管理部门设计和纵向的管理层级设计。

本章首先介绍了组织设计的目的、组织设计的基本原则和内容及组织设计的影响因素；然后阐述了组织部门化的基本原则，以及组织部门化的方法；最后介绍了组织层级化与管理幅度、集权和分权，以及组织设计中的授权。

◆ 复习思考

1. 组织设计的任务是什么？组织设计受到哪些因素的影响？
2. 什么是组织部门化？组织部门化的方法有哪些？这些不同方法各有何特征？
3. 什么是管理幅度？如何确定合理的管理幅度？
4. 组织层级设计中影响分权的因素有哪些？
5. 为什么要授权？如何进行有效的授权？

◆ 本章参考文献

[1] 高闯. 管理学 [M]. 2版. 北京：清华大学出版社，2009.
[2] 周三多，陈传明，刘子馨，等. 管理学：原理与方法 [M]. 7版. 上海：复旦大学出版社，2018.
[3] 《管理学》编写组. 管理学 [M]. 北京：高等教育出版社，2019.
[4] 罗宾斯，库尔特. 管理学：第13版 [M]. 刘刚，程熙鎔，梁晗，等译. 北京：中国人民大学出版社，2017.
[5] 凯斯勒. 管理学理论百科全书 [M]. 韩殿秀，李达，译. 山西：山西经济出版社，2019.
[6] 德鲁克. 管理的实践 [M]. 齐若兰，译. 北京：机械工业出版社，2018.
[7] 焦叔斌，杨文士. 管理学 [M]. 5版. 北京：中国人民大学出版社，2019.

第 9 章
CHAPTER 9

群体与团队管理

学习目标

学习完本章后，你应该能够：

▶ 区分各种不同类型的工作团队。
▶ 了解高效运作的团队的主要特征。
▶ 说明管理者如何才能够激励群体成员，使其努力实现组织目标。

9.1 群体与群体行为

9.1.1 群体概述

群体可以定义为两个或两个以上相互作用与影响、以实现共同目标为目的的个体。对群体的这一定义意味着其并非个体的简单集合。例如，电影院门口涌出的人群、图书馆阅览室里查阅资料的人都不应该属于群体，因为这两个人群中的个体之间没有任何的相互作用与影响，同时也不是为了实现一个共同的目标。那么，群体与组织又是否一样呢？二者也不相同。组织包含系统的努力、生产产品或提供服务，是人们为了达到特定目标而有计划地建立起来的具有比较严密结构的制度化的群体。群体或社会群体是指通过一定的社会关系结合起来进行共同活动而产生相互作用的集体。群体规模可以比较大，如几十人组成的班集体；也可以比较小，如经常一起上街购物的两位邻居。群体成员之间一般有较经常的接触和互动，从而能够相互影响。

社会成员构成一个群体，应具备以下基本特征：①群体成员需以一定纽带联系起来。如以血缘为纽带组成了氏族和家庭，以地缘为纽带组成了邻里群体，以业缘为纽带组成了职业群体。②成员之间有共同目标和持续的相互交往。公共汽车里的乘客、电影院里的观众不能称为群体，因为他们只是偶然和临时性地聚集在一起，缺乏持续的相互交往。③群体成员有共同的群体意识和规范。

群体对于组织来说是至关重要的，因此，在各种组织中都可以看到群体运作的不同表现形式。群体的类型有很多种，但是最终都可以归为两大类：正式群体和非正式群体。

1. 正式群体

正式群体是组织为了某个特定目的而由官方正式设立的群体，其有明确的组织目标、正式的组织结构，成员有着具体的角色规定。具体而言，正式群体是为实现组织目标而建立起来的，其基本职能是完成组织任务；正式群体是按组织的章程和组织规程建立起来的，列入组织的正式机构的序列之中；正式群体的成员有明确的编制，其领导者有正式的职务头衔，由组织赋予明确的职权与职责；正式群体是建立在组织效率逻辑和成本逻辑的基础之上的，按照组织的规程行事。例如，单位的基层党组织、大学里的教研室、工厂里的新产品开发小组均属于正式群体。

2. 非正式群体

群体中除了正式群体外，还存在许多非正式群体。非正式群体是指人们在交往过程中，由于共同的兴趣、爱好和看法而自发形成的群体。非正式群体可以在正式群体之内，也可以在正式群体之外，或是跨几个群体，其成员的联系和交往比较松散、自由。非正式群体是工作环境里的重要组成部分，对员工的生产力和工作满意度有很大的影响。非正式群体是个人、社会关系的网络，是在人际效应中自发产生的。非正式群体关注的是人及其关系，而正式群体强调以权力、责任体现的正式地位。一个群体中可能有多个非正式群体，因此可以拥有多个非正式群体的领导。例如，组织可能会就工资事宜求助某一位员工，就娱乐计划求助于另一位员工，而就技术问题求助于另外一位员工，则这些人都可能成为非正式群体的领导。

个体由于担任某个职位而具有的权力称为正式权力。一个人只有在该职位上才拥有这种权力。而非正式的权力属于个人，是由群体成员而非经理授予的。通常经理既拥有正式权力，又拥有非正式权力，但经理往往并不比其他组织成员拥有更多的非正式权力。

（1）非正式群体的优势

非正式群体具有许多独特的优势，特别是在组织凝聚力强、群体成员对企业有较高忠诚度的情况下，非正式群体的益处更易体现。这种优势表现在：

1）与正式群体交融在一起，共同组成一个更有效的整体系统。正规的计划、政策都是预先制订的，有时不能适应环境的发展变化，而自发又灵活的非正式关系可以更好地满足某些要求。

2）能够减轻管理负担。如果非正式群体协同经理开展工作，则经理可以省去繁重的监督检查工作，还可以实施分权。

3）对经理的支持可以促进协调合作，提高生产率。

4）填补经理能力的空白。例如，如果经理不擅长计划，员工可以通过非正式形式帮助经理完成计划。

5）会使员工有一种归属感和安全感，因而可以提高员工满意度，降低离职率。

6）为员工间相互交流提供有益的渠道。它可以帮助员工保持联系，可以进一步了解工作，理解周围发生的事情。

7）为员工的情绪宣泄提供一个安全阀门。通过与他人进行坦诚、友好的讨论，员工可以缓解精神压力。

8）促使经理制订计划和行事更加周详。因为经理知道非正式群体会限制滥用职权，而且如果计划欠周详，可能会被非正式群体否定。

（2）非正式群体的缺陷

非正式群体也存在如下缺陷：

1）往往是小道消息的传播渠道。人们常常通过非正式群体传播流言。

2）可能会导致员工的消极态度。一个非正式群体虽然可以欢迎、接纳并帮助新员工，使新员工感觉良好，但它也可能会抵制、扰乱、排斥一些员工，使他们产生消极的态度。

3）往往会抵制变革。非正式群体往往安于现状，而不愿实施变革。例如，如果过去在专制式管理下非正式群体需要限制它的生产力，当实行参与式管理后，该群体会认为现在依然需要限制生产力，而不愿意进行改变。

4）不直接受控于管理者。非正式群体可以在管理者控制范围之外进行运作。

5）会造成员工之间和群体之间的矛盾，给组织带来危害。非正式群体中的矛盾冲突及自私自利会降低员工的工作激情和满意度，导致生产力低下。

6）是造成员工从众的一个重要原因。非正式群体的作用在员工的日常生活中占有相当大的比重，它对员工所施加的强大压力，会使他们遵从已设定的生活规律。

7）可能引发群体成员的角色冲突。员工可能希望既满足非正式群体的要求，又满足雇主的要求，但这两种要求在一定程度上相互冲突，从而导致员工的角色冲突。

管理层可以对非正式群体施加影响，鼓励非正式群体健康发展，使其发挥积极作用，避免消极作用。

9.1.2 理解群体行为

采用群体的主要优势之一就是有机会获得协同效应（Synergy）：在群体中工作的人们能够创造出比个人单独工作所获成果之和数量更多、质量更高的产出。协同效应的精髓可以概括为"整体大于局部之和"。群体能够产生协同效应的原因主要是：在群体中工作时，成员之间可以相互启发、彼此纠正错误；一旦有问题出现，群体能够随时加以解决；在解决问题或者实现目标的过程中，群体成员能够提供必要的多样性知识；此外，群体还能够完成那些过于繁重以至于单凭个人能力难以完成的工作。

9.1.3 群体的发展

一个群体的发展通常要经历五个阶段：形成阶段、震荡阶段、规范阶段、执行阶段和终止阶段。具体如下：

第一阶段：形成阶段。它以群体在目的、结构、领导方面存在着大量的不确定性为特点。当群体成员把自己视为群体中的一分子来思考问题时，这一阶段就结束了。

第二阶段：震荡阶段。群体成员虽然接受了群体的存在，但仍抵制着群体对个体施加的控制，进一步，在由谁控制群体的问题上存在发生冲突的可能性。这一阶段结束时，群体内部出现了比较明朗的领导层级，群体成员在发展方向上也达成了共识。

第三阶段：规范阶段。群体进一步发展了密切的群内关系，同时表现出了内聚力。当群体结构比较稳定，群体成员也对正确的成员行为达成共识时，这一阶段就结束了。

第四阶段：执行阶段。此时群体结构发挥着最大作用，并得到成员的广泛认同。群体成员的主要精力从互相了解认识转移到完成当前的工作任务上。

第五阶段：终止阶段。该阶段一般存在于临时群体。在这一阶段，人们不再关心工作业绩，而是忙于善后事宜。

9.2 工作团队

9.2.1 工作团队与工作群体的区别

当前，越来越多的组织正在采用以团队为基础的结构，因为他们发现，相对于传统部门或其他形式的固定工作群体，团队能更灵活而迅速地应对不断变化的环境。团队可以快速地组成、分配、巩固和解散。那么，群体和团队是相同的吗？答案是否定的。在工作群体（Work Group）中，成员相互交流主要是为了共同分享信息并做出决策，进而帮助每个成员更有效率和效果更佳地完成工作。工作群体没有必要或没有机会参与那些需要经过共同努力才能完成的集体创作。而工作团队（Work Team）能通过成员积极的协作努力、个体和相互之间的责任及互补的技能，致力于共同目标的完成。

9.2.2 工作团队的类型

工作团队可以做很多事情，如设计产品、提供服务、协商谈判、协调项目、提供建议和做出决定。组织中最常见的四种工作团队类型是问题解决型团队、自我管理型团队、多功能型团队和虚拟团队。不同类型工作团队的效率和业绩是有差异的。

1. 问题解决型团队

在团队刚刚盛行时，多数都是问题解决型团队（Problem-Solving Teams）。这些团队的成员每周花费几个小时，共同讨论如何提高产品质量、生产效率，以及改善工作环境等问题，就如何改进工作程序和工作方法相互交换看法或提供建议。问题解决型团队有利于团队成员通过调查研究、集思广益厘清组织的问题、担忧和机会，拟出策略计划或执行计划，但是对调动成员参与决策过程的积极性方面略有不足。

2. 自我管理型团队

自我管理型团队（Self-Managed Teams）是一种由员工组成的正式群体，在没有管理者对整个工作过程负责的情况下，向组织内外用户提供产品和服务。自我管理型团队负责完成工作和自我管理，通常由 10～16 人组成。一般而言，自我管理型团队的成员掌握着多种技能，他们能够灵活地从一个领域转到另一个领域，从一个任务转到另一个任务，他们供职何处取决于哪里最需要他们。他们的责任范围包括控制工作节奏、决定工作任务的分配、安排工作休息。同时，自我管理型团队的成员拥有广泛的自主权，可以像经理般行使权力。可以说，自我管理型团队是一种真正独立自主的团队，其成员不仅探讨问题怎么解决，并且亲自执行解决问题的方案，并对工作承担全部责任。彻底的自我管理型团队甚至可以挑选自己的成员，并让成员相互进行绩效评估。

自我管理型团队模式最早起源于 20 世纪 50 年代的英国和瑞典。例如，沃尔沃公司位于乌德瓦拉的生产基地中，完全由自我管理型团队进行整辆轿车的装配。在美国，金佰利、宝洁等少数几家具有前瞻意识的公司在 20 世纪 60 年代初就开始采用自我管理型团队模式，并取得了良好的效果。很多公司逐渐从关注工作团队转变为强调员工参与决策和控制决策的实施，其中以团队成员自我管理、自我负责、自我领导、自我学习为特点的自我管理型团队越来越显示出其优越性，也逐渐被主流接受。施乐、通用汽车、百事可乐、惠普等公司都是推行自我管理型团队的著名代表。

3. 多功能型团队

多功能型团队（Cross-Functional Teams）由来自同一等级、不同工作领域的成员组成，他们走到一起的目的就是完成某项任务。多功能型团队是一种有效的组织方式，它能使组织内（甚至组织间）不同领域的员工之间相互交换信息，激发出新的观点，解决面临的问题，协调复杂的项目。当然，多功能型团队也有一些不足之处，主要表现在其形成的早期阶段往往要消耗大量的时间。一方面，因为团队成员需要学会处理复杂多样的工作任务；另一方面，在成员之间，尤其是那些背景不同、经历观点不同的成员之间建立起信任并能真正地合作，也需要一定的时间。

许多组织采用跨越横向部门界线的团队形式已有多年。例如，20世纪60年代，IBM公司为了开发卓有成效的360系统，组建了一个大型的任务攻坚队（Task Force），其成员来自公司的多个部门。任务攻坚队其实就是一个临时性的多功能型团队。多功能型团队的兴盛是在20世纪80年代末，当时，几乎所有主要的汽车制造公司——包括丰田、日产、本田、宝马、通用汽车、福特、克莱斯勒——都采用了多功能型团队来协调完成复杂的项目。

4. 虚拟团队

虚拟团队（Virtual Teams）是指在不同地域、空间的个人通过各种各样的信息技术进行合作。其团队成员可能来自同一个组织，也可能来自多个组织，甚至成员之间可能从未见过面。例如，波音公司在制造波音777飞机时就采用了虚拟团队的形式，因为他们的合作成员中有供应商（如GE公司）和客户（如美国航空公司）。与那些主要由同一组织成员构成的通过人与人之间亲自接触的团队不同，虚拟团队跨时间、跨地区甚至跨组织地工作。

虚拟团队可以进行其他一切团队所做的所有事情——共享信息，做出决定，完成任务。虚拟团队的优点主要是信息化带来的，如人才优势、信息优势、效率优势、竞争优势、成本优势。虚拟团队在发挥积极作用的同时也具有很多先天的缺点，比如团队环境干扰性，会导致信噪比的降低；团队临时性，不利于信任氛围的建立；分散性，导致成员的面对面交流少，当人们进行虚拟沟通时，影响力常常会降低。

9.3 高效团队的特征

组织采用团队的形式可以提高组织绩效，从而实现组织目标。但是，只有高效运作的团队才可以真正促成组织目标的实现。

在任何一个组织中，无论采取什么形式的团队运作方式，高效的团队都表现出以下特征，如图9-1所示。

9.3.1 内生性特征

1. 明确的目标

高效的团队除了对团队所要取得的目标有明确的理解之外，还对目标的重要性确信无疑。除此之外，目标的重要性使团队成员把个人事务放在一边，一心为实现组织的目标而全力以赴。在高效的团队中，每一个成员都全力工作，他们明确自己的任务，清楚大家应该怎

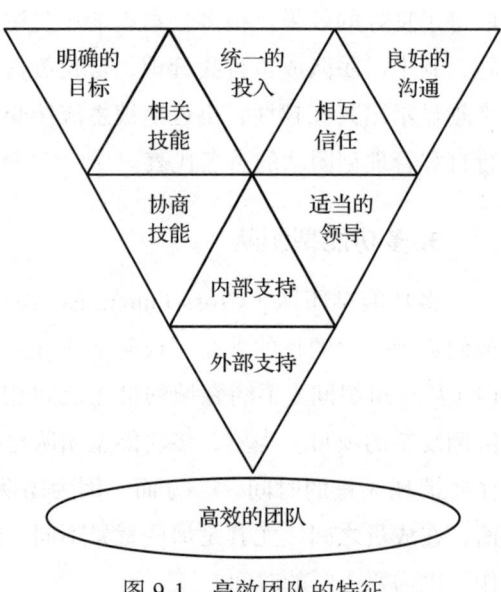

图9-1　高效团队的特征

样一起工作以实现目标。团队领导应该确定每一个成员都了解自己应该完成的任务，否则，组织所确定的目标就很难实现。

2. 相关技能

高效的团队是由称职的个体组成的。团队成员应具备必要的技术与能力，同时具备能与他人一起工作并取得优异成果所需的性格特征。这一点很重要，但往往容易被忽略。并不是每一个技术上称职的人都可以在一个团队中表现出良好的绩效。高效的团队具备既有技术能力又能够有效进行人际沟通的成员，这样可以增加团队成员的自信心，并帮助团队成员实现自我潜能的最大化。例如，一个团队的不同成员可能具备会计、工程、计算机、管理和营销等各方面的技能，但是，团队成员之间只有通过示范和解释相关概念、过程和步骤的方式，才可以把团队所具备的知识和技能发挥出来，为团队在应对具体问题时发挥作用。

3. 相互信任

高效的团队是以团队成员之间的高度信任为特征的。也就是说，团队成员之间相互信任彼此的诚实、品质和能力。但是，正如你在处理自己的人际关系时可能感受到的一样，信任非常脆弱，花费大量时间建立起来的信任可能很容易就被毁掉。因此，管理层应该特别关注并维护信任。团队的氛围在很大程度上会受到组织文化和管理实践的影响。重视坦诚、正直与合作的组织文化很可能会鼓励员工的参与，这样就很可能产生员工之间的相互信任。

4. 统一的投入

高效团队的成员一般表现出对团队的高度忠诚和对团队工作的奉献精神，他们愿意为团队成功做任何事情。这种忠诚与奉献称为统一的投入。对成功团队的研究表明，团队成员在团队中往往能够找到自我，他们通过对自己重新定义，把团队身份作为自我的很重要的一部分。统一投入的特征就是乐于为团队目标奉献，并且愿意花费额外的精力去实现团队目标。

9.3.2 外生性特征

1. 良好的沟通

高效的团队以良好的沟通为特征。团队成员之间应该以一种彼此愿意并且理解的方式进行沟通。这种沟通包括语言上的沟通和非语言的沟通。良好沟通的另一个特征是团队成员和管理层都可以获得一定程度的反馈。这样可以帮助团队成员消除误会。高效团队的成员之间应该可以迅速和有效地分享看法与感受。

2. 协商技能

关于团队成员在团队中的工作内容、工作描述、规定与程序都是事先设计好的，这样可以明确每一个团队成员的职责。与此同时，高效的团队还应该有一定的灵活性，可以不断进行调整，这就要求团队成员有足够的协商技能。在团队中，问题和关系是在不断变化的，这要求团队成员能够正视问题并解决分歧。例如，谁来做决定，预算该如何安排，团队成员的角色与责任是什么。

3. 适当的领导

有效的领导可以让团队在困难的情况下依然保持前进的动力。怎样才能做到这一点？领导可以指明目标，通过克服阻碍来证明变革的必要；领导还可以增强团队的信心，让团队成员发挥更大的潜能。重要的是，团队领导不一定是指导型和控制型的。事实证明，有效的团队领导更多扮演的是教练与支持者的角色。对于一些传统的管理者，放弃指导型的角色很难，但是，大部分管理者还是愿意与员工分享权力的。

4. 内部和外部支持

高效团队的最后一个特征是有支持性的环境。从内部角度来讲，团队需要有适当的培训、团队成员能够理解的考核体系、可以认同并奖赏团队活动的激励项目及支持性的人力资源体系，以上条件的满足可以加强团队的行为，促成高绩效的实现；从外部角度来讲，团队应配备完成工作所必需的资源。

9.4 群体动力与高绩效管理

群体动力有如下关键因素：群体规模、任务和角色，群体领导，群体规范，以及群体凝聚力。

9.4.1 群体规模、任务和角色

当管理者创建和保持高绩效的团队时，他们必须把群体规模、任务和角色考虑在内。

1. 群体规模

一个群体中的成员数量是决定成员工作动机和承诺以及群体绩效的一个重要因素。将群体保持在2～9人这个相对较小的规模有很多优点，因为与大规模群体中的成员相比，小规模群体中的成员倾向于：①彼此之间有更多的互动，更容易协调彼此的工作；②对工作有更高的积极性、满意度和责任感；③更容易共享信息；④更容易感受到个人贡献对群体获得成功的重要性。与大规模群体相比，小规模群体的不足之处在于其成员拥有的可用于实现群体目标的资源比较少。

大规模群体一般是指拥有10个或者10个以上成员的群体，它同样具有很多优点。与小规模群体相比，大规模群体控制着更多实现群体目标所需要的资源，包括群体成员的知识、

经验、技能和能力，以及他们实际的工作时间和精力。大规模群体还有一个优点，那就是管理者可以进行劳动分工——把工作分解成各种特定的任务，并将这些任务分派给不同的员工。在劳动分工的情况下，特定的员工专门负责一种特定的任务，从而能够提高履行任务的熟练程度。这将有利于群体绩效的提高。

当然，大规模群体也存在不少缺点。在大规模群体中，成员之间的沟通和协调很容易产生问题，且成员的工作动机、满意度和忠诚度水平往往比较低。想想看，16个人组成的群体与8个人组成的群体相比，前者显然更不易于实现信息共享，协调成员相互之间的活动也更困难。而且，大规模群体中的成员可能感受不到个人努力的重要性，觉得群体的绩效并不需要他们个人的努力，有时候甚至感觉不到自己是群体中的一员。

2. 群体任务

一个高绩效群体的恰当规模受群体所执行任务的影响。影响绩效的一个重要的群体任务特征是任务关联度（Task Dependence），即群体中的某一个成员执行的任务对其他成员执行任务的影响程度。任务关联度越高，群体成员越需要更加频繁、更加密切的互动，他们为工作所做的努力也必须更加协调，这样可以保证群体的高绩效。

3. 群体角色

群体角色（Group Role）是指根据成员在群体中所处的位置而被期望执行的一系列行为和任务。例如，贺卡公司的多功能团队中，文案的任务是为新贺卡创作诗文，美工的任务是画插图，设计师的任务是把诗文和图画组合起来，设计出吸引人的贺卡。高层管理团队中成员的角色主要是针对他们的专业领域确定的，如生产、营销、财务和研发等。但是，高层管理团队成员一般还会用到他们作为计划者、战略家所具有的广泛的专业知识和技能。在组建团队的时候，管理者必须与团队成员进行沟通，明确告诉他们，期望他们在其中扮演什么角色，对他们有什么要求，以及群体中的不同角色应当如何相互协调以实现群体目标。管理者还需要认识到，随着群体任务和目标的变化以及群体成员经验和知识的增加，群体成员的角色通常是不断变化和改进的。因此，为了获得由经验积累和"干中学"带来的高绩效，管理者应当鼓励群体成员主动承担适合自己的附加职责，并改进他们原有的角色。这个过程称为角色创造（Role Making），能够同时提高个人和群体的绩效。

在自我管理型团队和其他一些群体中，群体成员自己负责创造和分配角色，许多自我管理型团队甚至还可以挑选自己团队的领导者。当群体成员创造自己的角色时，管理者应当及时地向他们提供建议，帮助他们有效地解决冲突和分歧。

9.4.2 群体领导

毫无疑问，所有的群体都需要领导。有效的领导是产生高绩效的群体、团队和组织的关键。有时候管理者直接担任领导者的角色，在许多高层管理团队中就是如此。

此外，管理者也可以任命群体中的一名非管理人员担任群体的领导者，特别工作组和常务委员会就属于这种情况。在另外一些情况中，群体或者团队的成员可以自己选择领导者，有时候领导者还可以在群体成员共同致力于完成群体目标的工作过程中自然产生。当管理者向自我管理型团队的成员授权时，他们通常会让团队成员自己选择团队领导者。有一些自我管理型团队发现，让团队成员轮流担任领导者是一种相当有效的运作方式。不管群体或者团队的领导者是不是管理人员，也不管这些领导者是由管理者指派的还是群体中自然产生的，他们对于确保群体或者团队充分发挥自己的潜能都起到重要的作用。

9.4.3 群体规范

所有的群体都需要对自己成员的行为进行控制，以确保群体能够最有效地运作并最终实现群体目标。为每一个群体成员分配任务是控制群体行为的方法之一，另一种控制群体成员行为的重要方法是制定和实施群体规范。群体规范（Group Norm）是大多数群体成员都要遵循的共同的行为指导或者准则。群体规范主要针对群体成员各种各样的行为，包括遵守工作时间、群体成员之间信息共享、特定的团体任务应该怎样完成等，有的甚至规定了群体成员应该如何着装。

管理者应该协助群体成员建立起有助于提高群体绩效和实现群体目标的规范。例如，群体规范指出，在多功能型团队中，每一个成员都应该在其他成员需要时伸出援助之手，如尽快回复电话，通知其他团队成员自己的出差计划和可供联系的电话号码等。这种规范有助于确保团队的高效率，帮助团队获得高绩效，并实现团队的目标。又如，一项关于秘书的首要群体规范要求，在任何时候，工作量较轻的秘书都应该帮助工作量大的秘书。这种规范有助于确保群体能够及时并且有效地完成所有工作。在高层管理团队中，要求团队成员在做出重要决策之前应该向其他成员咨询的规范，有助于确保做出良好的决策，最大限度地减少失误。

群体成员遵循规范主要出于以下三个原因：①希望得到奖励，避免遭到惩罚；②想模仿自己喜欢或者崇拜的群体成员；③把群体规范内化成了自己的行为准则，认为遵循规范是正确和适当的行为。

当群体成员违背群体规范时，就产生了对规范的背离。群体中出现背离规范的行为，表明群体没有有效地控制每个成员的行为。群体一般对做出背离规范行为的成员采取下述三种措施：①群体可能会设法促使成员改变其背离规范的行为方式，使其遵循群体规范，团体的其他成员可能会设法使有违背规范行为的成员确信遵循规范是必要的，也可能会轻视甚至惩罚违背规范者；②群体可能会开除违背规范者；③群体可能会改变规范，使其与成员的行为保持一致。

第三种措施说明一些背离行为能够对群体产生作用和影响。当背离行为促使群体成员不再遵从某些失去效用但仍被群体视为理所当然的规范，并对这些规范进行重新评价时，背离行为就发挥了它的功用。通常，群体成员不会去思考他们为什么要遵循一定的行为方式或者为什么要遵循特定的规范而背离行为可以促使群体成员对他们的规范进行反思，并在恰当的时候加以改进。

下面来举例说明。在一个美容沙龙的接待员群体中有这样一条规范：所有的顾客预约都必须手写在预约记录本上，当一天的工作结束时，值班的接待员把预约记录输入美容沙龙的计算机系统中，最后再由计算机系统打印出美发师的工作日程表。有一天，一个接待员决定越过预约记录本这道程序，在顾客预约当时就直接把预约记录输入计算机系统中。这种背离规范的行为促使其他接待员开始思考，既然所有的预约记录最终都要输入计算机系统中，为什么还要多此一举，非得先在预约记录本上记录不可？在与沙龙老板协商之后，他们改变了自己的群体规范。现在，预约都被直接输入计算机系统中，这不仅节省了大量的时间，还减少了工作日程表中的错误。

鼓励群体在对规范的遵循和背离中取得平衡。为了有效地帮助组织赢得竞争优势，群体和团队需要在对规范的遵循和背离之间寻找一个恰当的平衡点。一个群体需要保持对规范一定程度的遵循，以确保它能够控制成员的行为，引导他们朝着高绩效和实现群体目标的方向努力；同时，一个群体也需要对规范一定程度的背离，这样才可以确保摒弃无用的规范，代之以新的、有用的群体规范。对于所有的群体来说，不论是高层管理团队、研发团队还是自我管理型团队，获得对规范的遵循与背离之间的平衡都是应当密切关注的问题。

管理者可以采取若干措施来确保群体对其成员的背离行为具有足够的容忍度，以便群体成员敢于摒弃无效的规范，并在出现背离行为时，积极地对被违背规范的恰当性进行反思，并在必要的时候对其进行改进。首先，管理者应当在自己管理的群体和团队中起到模范带头作用。如果管理者鼓励员工提出关于改变操作程序的建议并能够欣然接受，不固执地要求任务必须以特定的方式完成，并且当自己曾经支持的规范不再起作用时勇于承认这一事实，那么他们就向群体成员发出了这样的信号：不要以牺牲必要的变革和改进为代价来刻板地遵从规范。

管理者还应该鼓励群体和团队成员定期对现存规范的合理性进行评价。管理者应该让员工明白，总是存在很多方法可以改进群体运作程序和绩效水平，因此，也总是有可能取消现存的规范，代之以有助于群体实现目标和高绩效的新规范。

9.4.4 群体凝聚力

影响群体绩效和效果的另一个重要的群体动力因素是群体凝聚力（Group Cohesiveness），也就是群体和团队成员被群体和团队所吸引及其保持忠诚的程度。群体凝聚力强时，个人高度评价其群体成员身份，觉得群体很有吸引力，强烈渴望能够作为群体的一分子；群体凝聚力较低时，群体成员会感觉群体没有特别吸引自己的地方，几乎没有作为群体一分子的愿望。研究表明，管理者应该努力在其管理的群体和团队中维持适度的凝聚力，这会增强组织的竞争优势。

随着群体凝聚力的增强，群体成员参与到群体中的程度也逐渐增加，进而有助于群体绩效的提高。因为群体成员积极参与到群体中，可以确保他们努力完成群体的任务，欣然与其他成员共享信息，并进行频繁和公开的沟通。

适度的群体凝聚力有助于确保群体成员积极地参与到群体中来，并在彼此之间进行有效的沟通。群体凝聚力的增强会促使群体成员对群体规范的遵循度增强，而且，当群体凝聚力很强时，群体中就很少出现背离规范的行为，即使这些规范已成为障碍，群体成员也会忠诚地遵守；相反，群体凝聚力弱会导致过多的背离行为，并降低群体控制成员行为以及完成任务的能力。

本章小结

群体可以定义为两个或两个以上相互作用与影响、以实现共同目标为目的的个体的结合体。群体可以分为正式群体和非正式群体。

采用群体的主要优势之一就是有机会获得协同效应（Synergy）：在群体中工作的人们能够创造出比个人单独工作所获成果之和数量更多、质量更高的产出。

大多数群体都要经历五个发展阶段，依次是形成阶段、震荡阶段、规范阶段，执行阶段和终止阶段。

高效运作的团队应具有明确的目标、相关技能、相互信任、统一的投入、良好的沟通、协商技能、适当的领导以及内部和外部支持等特点。

群体动力有四个关键因素：群体规模、任务和角色，群体领导，群体规范，以及群体凝聚力。

复习思考

1. 正式群体的特征是什么？
2. 请阐述非正式群体的优缺点。
3. 高效团队的主要特征是什么？

本章参考文献

［1］罗宾斯，德森佐，库尔特. 管理学：原理与实践 原书第10版［M］. 毛蕴诗，等译. 北京：机械工业出版社，2019.

［2］陈国海. 组织行为学［M］. 6版. 北京：清华大学出版社，2020.

［3］PALANSKI M E, KAHAI S S, YAMMARINO F J. Team virtues and performance: an examination of transparency, behavioral integrity, and trust[J]. Journal of business ethics, 2011, 99(2): 201-216.

［4］BERKOWITZ L. Group standards, cohesiveness, and productivity[J]. Human relations, 1954, 7(4): 509-519.

第 10 章
CHAPTER 10

人员配备

学习目标

学习本章后，你应该能够：
- 阐释人员配备原则。
- 列举人员招聘渠道。
- 描述人员甄选工具与录用决策。
- 说明人员培训的分类、内容与方法。
- 领会绩效评估的内容与方法。

10.1 人员配备概述

人员配备是组织为每一个工作岗位招录、培训员工，并对其进行绩效考核的过程。这一过程的主旨是选人、育人与留人。人员招录旨在选人；人员培训旨在育人；人员考核旨在留人。

10.1.1 人员配备原则

1. 公开公平，程序规范

公开是指信息公开。组织有关人员招录、培训、考核等信息应在组织允许的范围内充分公开，使人员配备所涉及的各方主体能在充分了解信息的基础上做出决策。真实、准确、完整、及时是人员配备信息公开的基本要求。公开的形式可以是公告、报纸、刊物、网络媒体等。公平强调应聘人员或已入职员工面对机会和风险，组织不应因身份、地位、宗教等因素差别对待。程序规范要求组织严格按照既定的人员配备标准、规程办事，既保证应聘人员的就业权利，又能获得组织发展需要的人员。它是实现公开、公平原则的程序保障。

2. 因事择人，量才适用

因事择人是指根据不同的事情选择工作人员。组织职位需要和实际工作需求是确定所需人员类别和标准的依据。量才适用是按照人员的才能来分配其适当的工作。组织中的每个工作岗位都有其工作职责，这就要求到岗的工作人员应具备与岗位匹配的工作能力。由于每个员工的能力各有不同，组织必须根据人的能力差异安排不同的工作，让合适的人到适合的岗位，实现员工的最大价值。因事择人强调人员配备要以组织岗位的客观需要为依据；量才适用则突出人员配备应区分人的能力差异，才当其用。

3. 群体相容，动态平衡

组织具有分工细密、协作关系复杂的特点，这要求组织内部保持较高的群体相容度，以降低管理成本。群体相容主要包括群体目标相容、能力互补、精神契合。目标相容主要包括组织成员个人目标与组织目标相容、部门之间目标相容、部门目标与组织目标相容。员工加入组织是希望在推动组织目标实现的同时，实现个人发展的目标；部门目标是组织目标的分解，实现部门目标是实现组织目标的基础。只有三者协调统一，才能推动组织实现自身使命。能力互补是指人员配备必须考虑员工能力差异，应优先选择乐于与他人合作的成员加入组织，以便组织成员最大限度协同发挥整体能力。精神契合是指组织与其成员的价值认同和共同的精神追求，以及由此决定的行为一致性。在人员配备过程中，群体相容程度越高，组织的士气和效率就越高。

组织是不断发展变化的，初始人员配备的格局会随着组织自身发展而变化。当组织因应环境变化进行业务调整时，就会有新的岗位出现，原有岗位消失，组织成员的调整就不可避免。当组织内部成员随着自身能力的提高得到晋升，或为了更好的工作机会而离职，也会带来人员配备的变化。这就要求组织人员配备随时调整，选择合适的员工补充到空缺的岗位上，达到人与工作的动态平衡。

10.1.2 人员配备规划

人员配备规划是组织为确保未来有足够数量和类型的员工来生产特定水平的产品和服务所做的人员雇用计划。制定人力资源规划有利于满足组织未来的劳动力需求，避免人员短缺或人员冗余。

1. 确定人员需要量

组织设计出的岗位职务类型和岗位总数量是确定人员需要量的主要依据。岗位职务类型明确了组织需要什么样的人；岗位职务数量指明了每一种类型的职务需要多少人。构成组织结构基础的职务可以分成许多类型，为一个新建的组织选聘人员一般只需要利用上述职务设计的分类数量表来确定人员数量，向社会公开招聘。如果对现有组织机构的人员配备进行重新调整，就应根据组织的重新设计，对照检查组织内部现有的人力资源情况，确定需要从外部选聘的人员类别与数量。

2. 预估人员供给量

人员供给可能来自组织现有员工（内部供给），也可能来自组织外部劳动力市场（外部供给）。内部供给与组织内部人员流动密切相关，可以通过组织内部人力资源网络系统完成。员工的主要信息，包括基本的资料、进公司后的表现、特长、技能、业绩、个人的兴趣和愿望，都可以从系统中直接获取。外部供给需要了解全国和本地区人口的情况以及现有的就业机制，明确各类学校毕业生、流动人口、失业人员、复转业军人的基本情况，根据用人单位的竞争情况，以及社会文化、心理情况，来确定可供选择的候选人。

3. 平衡人员供求，确定配备计划

在对组织未来人员供求状况进行分析后，组织可能面临三种情况：①组织人员需求超过供给，此时组织可以通过员工培训、内部晋升、外部招聘方式满足人员需求；②组织人员供给预期超过需求，此时组织可以采用降薪、工作分享、裁员等方式减少工作岗位；③组织人员供需相当，此时组织人员供需处于平衡状态。

组织人员供给不平衡是一种常态，具体表现为人力资源不足、人力资源过剩及二者兼有的结构性失衡。其中，最难解决的不平衡是结构性失衡——需要的人员过剩，急需的人员却无从获取。因此，在进行人力资源规划时，必须将供给与需求对比分析，通过内部平调、职务晋升或外部补充的方式，来达到人力资源供给和需求的平衡。

10.2 人员招聘与录用

10.2.1 人员招聘

1. 人员招聘法则

能岗匹配是人力资源招聘的黄金法则，也是招聘成功的唯一标准。所谓能岗匹配，是指组织应尽可能使人的能力与岗位要求达成匹配。能岗匹配首先承认人的能力差别，认为不同能力的人应该承担不同的责任，最优秀的人员不一定是与岗位最匹配的，而最匹配的人员才是组织的最佳选择。

坚持能岗匹配的招聘法则，组织应该做到三个方面：人员技能与岗位职责相匹配、人员个性与岗位特点相匹配、人员价值观与组织价值观相匹配。

(1) 人员技能与岗位职责相匹配

具备岗位需要的技能是做好工作的前提，应聘者应具备履行岗位职责的基本技能。为此，组织应进行工作分析，明确岗位职责，把招聘职位的工作内容、特点、对人员的技能要求编制成职位说明书。通过职位说明书，明确岗位技能要求，应聘者可以了解岗位的任职条件，进行自我筛选。

(2) 人员个性与岗位特点相匹配

人员个性是源于遗传或通过后天学习形成的心理特质。有人外向热情，有人内敛安静，有人保守谨慎，有人开放冲动。这些不同的心理特质决定了人的行为模式，导致不同心理特质的人在问题解决能力、自主性、学习能力、人际关系技能等方面有所不同。因此，人员招聘要将人员的个性特征和行为模式与岗位要求有机结合起来，做到人员个性与岗位特点相匹配。

(3) 人员价值观与组织价值观相匹配

价值观是人认定事物、辨别是非的一种思维或取向，从而体现出人与事物一定的作用。价值观可以支配个体的行为。组织成员个体价值观与组织价值观的契合程度，决定了其对组织忠诚度的高低。组织成员越认同组织价值观，个人价值观与组织文化融合度越高，其忠诚度越高，就越有利于提高组织绩效。所以，组织应当向应聘者开诚布公地讲明本组织所持有的是非观念、组织文化的特点，让应聘者权衡选择，以增加组织成员的稳定性。

2. 人员招聘渠道

人员招聘渠道主要有内部渠道和外部渠道两种。内部渠道是从组织内部选拔所需人员，将当前的员工作为空缺职位的候选者；外部渠道是从组织外部招聘所需人员，满足组织的人员需求。

(1) 内部渠道

1) 员工内部晋升。内部晋升是指企业内部符合条件的员工从现有的岗位晋升到更高层次岗位的过程。由于组织对已有员工有比较深入的了解，能更准确地评价其对新职务胜任的能力和资格，从而保证选聘工作的正确性。内部应聘者也比较熟悉组织的管理方式、政策和文化，上岗后更容易适应新的岗位要求，有利于被选聘者迅速开展工作。因而，内部晋升能够较好地激励员工的积极性。但是，内部晋升也会减少组织从外部获取更优秀人才的机会，且加剧组织内部人员的同质性。

2) 工作轮换。工作轮换是一种短期工作调动，能在组织的不同职能领域为员工做出一系列的工作任务安排，或者在同一职能领域为员工提供在不同工作岗位之间流动的机会。工作轮换可以丰富员工的工作内容，扩大员工所掌握技能的范围，降低员工的离职率。当然，工作轮换也会提高组织培训费用，以及加大组织管理工作的难度。

3) 前任员工召回。组织在需要时可以将那些暂时离开工作岗位的人员召回原有工作岗位。这种方法支付的费用比较少，适用于商业周期明显的行业。

4) 人才储备。组织根据自身发展战略，通过招聘储备人才，使员工数量、员工结构能满足组织未来发展不断增长的需求。招聘储备人才旨在维持组织核心员工供给。一旦销售精英、技术精英、管理精英流失，储备人才能够填补岗位空缺，将核心员工流失的损失降到最低，保证组织人员数量与结构的稳定。

（2）外部渠道

1）社会公开招聘。组织通过发布招聘公告的方式，吸引符合条件的人来应聘，获取组织发展需要的人才。社会公开招聘具有广告效应，可以广泛传播招聘信息，能够吸引大量的外部求职者。这一方面可以给广大求职者提供平等的竞争机会；另一方面，过多的应聘者也会增加组织招聘的工作量及招聘成本。因此，组织在进行公开招聘时，应注意相对集中地投入人力、物力，逐渐建立人才信息库。

2）就业代理机构和猎头公司。组织可以通过与适当的代理机构接触，并告知招聘岗位所需的资格条件来进行招聘。就业代理机构可以是政府主办的人才市场、劳务市场、就业安置办、各类职业介绍所及猎头公司。各类就业代理机构接受组织委托，明确候选人资格要求，寻找和筛选应聘者，向组织推荐优秀的应聘者，以备进一步甄选。

3）内部人员推荐。组织内部人员以口头方式传播招聘信息，将组织外部人员引进组织的适当岗位。内部人员推荐的应聘者一般比通过其他方式招聘到的人员表现得更好，而且流动率较低。这是因为：一方面，内部人员因其对组织、职位以及应聘者的能力比较了解，容易推荐合适的人选到组织工作；另一方面，内部人员顾及自身的名声和信誉，会努力推荐高素质的应聘者。内部人员推荐也可能会降低组织人员的多样性，出现"举人唯亲"的现象。

4）校园招聘。校园招聘是组织通过各种方式直接从学校招聘各类专业、各层次应届毕业生。校园招聘的时间一般从9月中旬开始启动，主要集中在每年的9～11月和次年的3～4月。组织通常会根据各高校专业设置、学生特点确定目标学校，通过参与、赞助学校活动进行前期宣传，在学校或特定的招聘场所进行招聘。高等学校聚集了不同层次、各类专业应届毕业生，这使得校园招聘具有招聘人才集中、时间集中、招聘范围广等优势，从而成为组织重要的外部招聘渠道。由于应届毕业生没有社会工作经验，组织在后期培训投入较大。

5）网络招聘。网络招聘即招聘方通过网络发布信息，应聘方通过网络将个人信息提供给招聘方。网络招聘的方式一般有两种：一种是招聘方仅通过网络获得应聘方的信息，并进行初步筛选，随后进入初步获取的流程，这里网络仅仅起到发布信息、获取信息与初步参选的筛选作用；另一种是所有的招聘工作都在网络上完成，即通过网络筛选、网络面试来完成招聘。网络招聘能够节约招聘成本、提高工作效率。

10.2.2 人员甄选

1. 甄选工具

甄选是组织在具有资格的候选人中挑选最终受雇者的过程。甄选往往决定了组织人力资源的总体质量。

（1）职位申请表与简历

职位申请表与简历提供了有希望成为组织雇员的求职者的基本信息。组织通过浏览申请表和简历，对求职者的背景和经历有一个概略的了解，以便完成对应聘者的初步选择。申请表和简历提供的信息一般包括求职者的姓名、教育背景、籍贯、工作经历、文凭证书等。

（2）面试

面试是组织与应聘者正式交谈，客观了解应聘者的业务知识水平、工作经验、求职动机等信息的过程。由于职位申请表和简历不能反映应聘者的全部信息，组织还需要通过面试对应聘者进行深层次的了解，以便组织做出录用决策。常用的面试方法有情景化面试、职位能力面试、行为描述面试、心理面试等。不同面试方法的侧重点有所不同，组织进行面试时应根据员工类别与岗位要求进行设计安排。

2. 甄选策略

组织可以通过多重障碍策略、诊断策略、统计策略，实现对应聘者的甄选。多重障碍策略是组织在每种甄选方法完成之后做出初步决定，应聘者必须扫除每一项障碍，才能进入下一关，不能克服障碍的应聘者就会遭到淘汰。诊断策略是组织在收集好与应聘者有关的全部信息后，由决策者对所有信息进行主观评估，然后做出整体判断。统计策略是组织在收集好与应聘者有关的全部信息后，由决策者根据数学公式对各种信息进行整合，录取得分最高的应聘者。

当组织面对众多应聘者时，通常会采用多重障碍策略。在招聘实践中，统计策略通常比诊断策略更可靠、更有效，但大多数的组织比较偏好诊断策略。

10.2.3　人员录用

1. 录用决策

录用决策是招聘方对应聘人员是否录用的最后决定。如果应聘者被接收且后来被证实是成功的，或者应聘者被认为是不合适的且已拒绝，即决策者成功地接收了合适人员，或成功地拒绝了不合适人员，这都是正确的录用决策。但如果组织拒绝接收那些原本可以成功地完成工作的应聘者（拒绝错误），或接收了那些表现极差的应聘者（接收错误），就构成错误决策。一旦发生录用决策错误，组织的甄选成本与培训成本都将显著增加。

2. 录用背景调查

录用背景调查是对外部应聘者进行甄选的常用方法。它通过从应聘者提供的证明人或以前工作过的单位收集信息，来核实应聘者的个人资料。录用背景调查可以证实应聘者的学历教育、工作经历、个人品质、交往能力、工作能力、工作业绩等信息。组织应要求被调查者以书面形式签名同意对其进行录用背景调查。被调查者可以提交3～5名证明人及其联系方式，并将此书面声明与其他申请材料一起存档。档案查询、电话调查、当面访问、发函调查、委托调查公司调查都是录用背景调查常用的方法。

3. 录用面谈

录用面谈是新员工和组织相互增进了解的环节。由谁来执行录用面谈一般取决于录用岗位的级别：录用高级管理人员，一般由董事长、总经理或人力资源专家执行；录用中层管理人员，通常由分管的组织领导执行；录用基层管理人员，由部门主管或分管领导执行；录用普通员工，由人力资源部主管执行。录用面谈应让新员工对新岗位有切实了解，告诉新员工组织的基本规则，以明确其行为边界。

10.3 人员培训与发展

10.3.1 人员培训

人员培训是组织采用各种方式对员工进行有目的、有计划的培养、训练的管理活动。其目标是使员工不断更新知识、开拓技能、改进工作态度，更好地胜任现职工作或担负更高级别的职务，从而促进组织效率的提高和组织目标的实现。

1. 人员培训的分类

（1）入职培训

入职培训也称新员工导向培训、岗前培训，是组织为新员工提供有关组织工作背景介绍、与工作伙伴建立互动，从而转变为合格的组织成员的培训过程。通过入职培训，组织对新员工的工作态度、行为、方法等进行引导，增强新员工对组织的了解，提高其理性应对组织工作的能力。

（2）在职培训

在职培训是组织为使员工具备有效完成工作所需的知识、技能和态度，在工作中由上级有计划地对员工进行的教育培训。组织开展在职培训，可以不新增硬件设施，利用现有的人力、物力来完成。受训员工在培训学习期间也可以身不离岗，继续从事本职工作，保证组织生产运营稳定有序。

2. 人员培训的内容

（1）知识的学习

知识的学习是员工培训的主要内容，员工应通过培训掌握完成本职工作所需要的基本知识。组织应根据自身发展战略要求和技术变化的趋势，预测未来人力资源的数量与质量需求，有计划、有组织地设计不同层级、不同类型员工的学习内容，通过个性化知识学习，为组织发展储备人才。

(2) 技能的提高

知识的运用能够转化为一定的技能。组织在提供知识学习的基础上，还需要对员工岗位所需的技能进行培训。这里的技能既包括专业技术能力、业务理解能力，也包括沟通交流能力、分享协作能力。对于管理者，技能培训还要包括应变决策能力、创新能力等。

(3) 态度的转变

态度是个体对人或事物的信念或感受，以及由此引发的行为倾向。一个人的信念和感受会决定其公开行为。员工的工作态度与工作绩效直接相关。因此，组织应重视员工的态度，根据不同员工的特点，找到适合每个人的最有效的影响与控制方式，促进员工态度转变，最大限度地激发员工的工作积极性、主动性与责任感。

3. 人员培训方法

人员培训方法多种多样，且各有特点。组织应根据自身需要和可能性，合理地选择采用。

(1) 在职培训方法

常用的在职培训方法主要有实地工作培训、学徒培训、工作轮换等方法。

1) 实地工作培训。这种培训方法是要员工亲自去做，从实际操作过程中学习技能，边学边做，边做边学，再由技术熟练的工人及主管提出评价及建议，使受训员工从中获益、事半功倍。

2) 学徒培训。参加学徒培训的员工需长期、连续性地接受师傅的督导，进行实地操作和学习。学徒期满，受训员工的技术能够达到一定的水平。多数技能型行业，如建筑、工艺品制造等，会采取这种培训方法。

3) 工作轮换。组织可以提供工作轮换的机会，将受训员工安排到不同的部门实地工作，亲自体验及了解组织的整体情况。这样既可以拓展员工的知识和技能，激发其工作兴趣，又能增进员工对组织整体运行状况的了解，培养员工的大局观。

(2) 非在职培训方法

非在职培训是受训员工在专职的培训现场接受履行职务所必需的知识、技能、态度的培训。讲授、视听学习、规划学习、计算机辅助教学、讨论会或研讨会是常用的传授知识的非在职培训方法；模拟工具训练法、管理游戏、案例分析、文件筐等是常用的技能训练的非在职培训方法；角色扮演、感受训练是常用的改变态度的非在职培训方法。

10.3.2　职业发展管理

1. 职业发展管理的界定与分类

职业发展管理是将员工的个人成长、未来职业规划与企业战略发展要求相结合的管理。职业发展管理可以从员工和组织两个方面来理解。员工职业发展管理重在做好自我评估，明确自身在选择、发展职业时所围绕的核心要素。在此基础上，结合组织发展目标，判断自身职业发展的机会，确定自我发展目标，制订具体的职业发展计划。员工职业发展管理侧重于个人的职业生涯，而非组织的需要。员工个人的目标、技能和个性是其关注的焦点，同时兼顾组织内外部所有能够扩展个人职业发展的环境条件。组织职业发展管理的重点是对员工的职业发展进行引导，为员工提供职业发展机会，实现员工与组织的共同发展。组织职业发展管理侧重于铺设员工职务晋升路径，为员工提供多层次、多方向的职业阶梯。组织职业发展管理着眼于企业需要的满足，而员工职业发展管理则着眼于员工需要的满足。

2. 职业发展的模式

（1）纵向发展模式

纵向发展模式是传统的职业发展模式，员工沿着组织内的职业阶梯向上攀登，达到职业更高处即为成功的表现。纵向职业发展模式将组织视为一系列垂直方向的职业台阶，较高的台阶意味着更大的职权、责任和更高的薪资水平。员工一般从低层职位开始努力攀登，目标是组织层级中更高的层次。

（2）横向发展模式

横向发展模式是员工在组织内部不同职能部门之间进行轮换，或者走职业专家的路线。轮换可能持续较长的时间，为员工将来沿着职业阶梯向上晋升打下基础，但不可能成为发展的终身模式，而职业专家路线则可能成为最终的选择。

（3）螺旋发展模式

螺旋发展模式是涉及跨专业、跨学科流动的职业模式。这种职业模式需要对员工进行开发，以增强员工对自己职业的控制力。为此，组织要为员工提供两个方面的机会：一是明确自己的兴趣，以及在技能上的优势和劣势；二是制订并执行包括工作辅导、工作轮换以及正规教育课程在内的开发计划。

10.4 人员绩效评估

10.4.1 绩效评估的含义与功能

绩效一般包括两个方面的含义：一是员工的工作结果；二是影响员工工作结果的行为素质及表现。对组织而言，绩效是工作任务在数量、质量及效率等方面完成的情况；对员工个人而言，绩效则是上级和同事对自己工作状况的评价。绩效评估是考评主体对照工作目标或绩效标准，采用科学的考评方法，评定员工的工作任务完成情况、员工工作职责履行程度和员工发展情况，并将上述结果反馈给员工的活动过程。在组织中，绩效评估既是员工聘用、职务调整、人员培训、确定劳动报酬的依据，又是员工激励的手段。

10.4.2 绩效评估的内容与过程

1. 绩效评估的内容

（1）工作业绩评估

工作业绩评估是组织对员工在一段时间内的实际工作成果进行考评。其基本方法是用一定时期的计划完成工作任务目标来衡量员工实际完成的工作任务成果，考察其任务的完成情况。工作业绩评估所采用的评估指标主要包括完成工作任务量大小、完成工作的质量情况、相关职责的完成情况，以及在工作中的改进和创新情况。每一次评估的结果都反映了当期被考评员工完成工作任务的程度，以及对组织的贡献度。

（2）工作态度评估

工作态度评估主要反映员工的工作积极性、工作热情、工作自觉性、工作责任感，以及对待组织相关工作人员的态度。评估的目的是了解组织成员在工作上是否具有积极性、主动性，是否能够钻研业务、勇于创新，是否能够充分发挥自己的能力，是否具有较好的组织纪律性等。评估内容具体包括人际关系、团队合作、积极主动性、责任心、进取心、下属认可度。工作态度评估通常采用主观评定法，信息来源的可靠性与准确性、对观察结果的客观分析程度，都会影响工作态度评估的结果。

（3）能力评估

能力评估主要围绕员工的基础能力、业务能力和素质能力三方面进行。其中，基础能力和业务能力是工作业绩评估中能力评价的范畴；素质能力评估则需要通过智力测试、体能测试及心理测试等方法取得参考结果，通过适应性考察来评价。

2. 绩效评估的过程

（1）确定评估目标

根据职位的性质和特点，组织要有针对性地选择确定特定的考核评估目标，并据此设计科学的考评表。这是有效开展绩效评估工作的基本前提。

（2）制定评估标准

组织根据确定的评估目标，制定考核评估标准，设计科学的考核方法，选择合适的考核评估人员，并对其进行评估培训。

（3）收集岗位信息

根据考核标准和考评表，从多方面获取能够反映被考核员工岗位工作状态及其结果的信息，这些信息应当真实可靠。

（4）做出综合评价

在充分了解、详细分析考核信息的基础上，组织应采用科学的方法对被考核员工进行综合考评，得出科学有效的评估结论。

（5）评估结果反馈和备案

组织可以通过直接面谈或书面通知的方式，将评估结果及时反馈给考核对象。人力资源部门应将评估结果及时进行备案，作为确定考核对象职业发展方向和人力资源工作决策的依据。

3. 绩效评估的方法

（1）关键绩效指标考核法

关键绩效指标（KPI）是用于沟通和评估被考核者绩效的定量化、行为化的标准体系。制定关键绩效指标，首先要明确组织战略目标，并找出组织业务重点，即组织价值评估的重点，然后找出这些关键业务领域的关键业绩指标，即组织级KPI。其次，各部门主管依据组织级KPI建立部门级KPI，并对相应的部门KPI进行分解，确定相关的要素目标。再次，各部门主管和部门KPI制定人员共同将部门级KPI进一步细分为各职位的业绩衡量指标，这些业绩衡量指标就是员工考核的要素和依据。这种对KPI体系的建立和测评过程本身就是统一全体员工共同向组织战略目标努力的过程。确定指标体系之后，还需要设定评价标准。指标体系解决的是评价什么的问题，而评价标准解决的是被考核者怎样做、做多少的问题。最后，对关键绩效指标进行审核，以确保关键绩效指标既能够全面、客观地反映被评价对象的绩效，又易于操作。

关键绩效指标考核的目的是将组织战略转化为其内部过程和活动，建立一种不断增强组织核心竞争力的机制。关键绩效指标考核法可以使部门主管明确部门的主要责任，明确部门人员的业绩衡量指标，使业绩考评建立在量化的基础之上。

（2）360度考核法

360度考核法又称全方位考核法，是从被考核员工的上级、同事、下属、客户等不同主体处获得反馈意见，进行绩效评估的一种方法。实施360度考核法，首先，由与被考核员工有联系的上级、同事、下属、客户等分别匿名对被考核者进行评价，被考核者自己也对自己进行评价。其次，由专业人员根据有关人员对被考核者的评价，对比被考核者的自我评价做出分析，并向被考核者提供反馈。最后，帮助被考核者提高其工作能力和业绩水平。360度考核法因其评价信息更全面，打破了传统的单纯由上级考核下属的考核制度，可以反映不同考核者对同一被考核者不同的看法。但这种考核方法成本高，考核培训工作难度大。

◆ 本章小结

人员配备是组织为每一个工作岗位招录、培训员工，并对其进行绩效考核的过程。公开公平，程序规范；因事择人，量才适用；群体相容，动态平衡是人员配备的基本原则。组织通过内部渠道和外部渠道招聘员工，借助甄选测试做出录用决策。员工进入组织，参加入职培训和在职培训学习专业知识，提升工作技能，转变工作态度。员工应与组织协同配合，推进自身的职业发展。组织可以运用关键绩效指标考核法、360度考核法等对员工绩效进行评估，以识别组织发展最可依靠的员工群体。

复习思考

1. 什么是人员配备？
2. 人员配备的基本原则与人员招聘的黄金法则有何不同？
3. 不同的人员招聘渠道各有什么优势和劣势？
4. 如何设计自己的求职简历？求职面试应注意哪些问题？
5. 人员培训方法有哪些？人员培训应关注什么内容？
6. 请你结合所学内容设计自身职业发展路径。你认为哪种职业发展模式更适合自己？
7. 如果你是人力资源管理者，如何看待员工绩效评估？

本章参考文献

［1］《管理学》编写组．管理学［M］．北京：高等教育出版社，2019．

［2］戈麦斯-梅西亚，鲍尔金，卡迪．人力资源管理：第8版［M］．刘宁，蒋建武，张正堂，译．北京：北京大学出版社，2018．

［3］迈尔斯．社会心理学：第11版［M］．侯玉波，乐国安，张智勇，等译．北京：人民邮电出版社，2016．

［4］石金涛．培训与开发［M］．3版．北京：中国人民大学出版社，2019．

［5］潘连柏，曾自卫．管理学［M］．2版．北京：人民邮电出版社，2016．

第 4 篇
PART 4

领　　导

第 11 章　领导概论
第 12 章　激励
第 13 章　个体行为
第 14 章　沟通

第 11 章
CHAPTER 11

领导概论

学习目标

学习完本章后，你应该能够：
- 了解领导与管理的联系与区别。
- 掌握领导权力的来源和领导风格类型。
- 理解领导特质论、领导行为论和领导情景论。

11.1 领导的内涵

你是怎样鉴别出谁是领导的？你可以根据每个人的头衔找出谁是领导，当然也可以在员工会议上看到谁实际上在进行操纵和控制下属，在发挥领导作用，尽管他不具备领导的头衔。那么，什么是领导呢？一个专家们普遍接受的定义是：领导是个体影响群体中其他成员以求实现既定的群体或组织目标的过程，施加这种影响的个体就是领导者。

11.1.1 领导与管理

"领导"有两种词性含义：一是名词属性的"领导"，即"领导者"的简称；二是动词属性的"领导"，即"领导行为"的简称，是指领导者所从事的活动。

领导与管理有着密切的关系。从表面上看，两者似乎没有什么差别，人们通常将它们混为一谈。但实际上，两者既有紧密联系，又有很大差异。领导与管理的共同之处在于：从行为方式来看，领导与管理都是一种在组织内部通过影响他人的协调活动，实现组织目标的过程；从权力的构成来看，两者也都与组织层级的岗位设置有关。领导者与管理者既可能合一，又可能出现分离。两者合一就是说一个人既是领导者，同时也是管理者；两者分离表现为一个人可能是领导者，但不是管理者，或者一个人虽然是管理者，但不是真正的领导者。领导者的本质是被领导者出于追随领导者的意愿而心甘情愿服从领导者的安排，而不是取决于领导者的职位；管理者则不同，其依靠组织赋予的合法权力进行管理，被管理者往往因为追求奖励或担心惩罚等而服从管理。

11.1.2 领导的作用

领导就是指挥、带领、引导和鼓励部下为实现目标而努力的过程。因此，领导者必须具备三个要素：①领导者必须有部下或追随者；②领导者拥有影响追随者的能力或力量，既包括由组织赋予领导者的职位和权力，也包括领导者个人所具有的影响力；③领导行为具有明确的目的，可以通过影响部下来实现组织的目标。

领导者在带领、引导和鼓舞部下为实现组织目标而努力的过程中，具有指挥、协调和激励三个方面的作用。

1）指挥作用。领导的指挥作用是指在组织活动中，需要有头脑清醒、胸怀全局，能高瞻远瞩、运筹帷幄的领导者帮助组织成员认清所处的环境和形势，指明活动的目标和达到目标的路径。

2）协调作用。领导的协调作用是指组织在内外因素的干扰下，需要领导者来协调组织成员之间的关系和活动，朝着共同的目标前进。

3）激励作用。领导的激励作用是指领导者为组织成员主动创造能力发展空间和职业生涯发展的行为。

11.1.3 领导权力的来源

权力（Power）是指一个人影响决策的能力。无论管理者的领导风格是什么，有效领导的关键部分是拥有权力，赋予领导者影响他人行为并要求他们以特定方式行动的力量。领导者的权力包括以下几种类型：法定权力（制度权力）、奖赏权力、强制权力、专家权力和参照权力（感召权力）。在信息和关系越来越重要的今天，对信息的掌握和拥有良好的关系也成为领导权力的重要来源。

1. 法定权力

法定权力是指管理者依据自己在组织等级结构中的地位而获得的权力。当我们接受一份工作时，我们会了解谁是我们的直接领导，给我们指示，哪些人也是我们的上级，但是不与我们直接发生关联。我们接受上级的指导是因为我们认为这是他的职位所赋予他的权威。例如，卡罗尔·洛雷是一家贺卡公司的基层管理人员，领导着一个由15名美工和设计师组成的小团队。洛雷拥有雇用新员工、为美工和设计师分配任务、监督下属的工作以及评估他们的绩效等法定权力，并有效地运用了这些权力。她根据下属的兴趣为他们分配任务，尽可能地使下属喜欢分配给他们的任务；她监督下属的工作，以确保他们没有脱离正轨，但是从不进行严密的监管，因为这样会阻碍下属创造力的发挥；她还确保自己的绩效评估因时而异，以适应新的形势，并为下属提供他们可以在哪些方面加以改进等具体意见。

2. 奖赏权力

奖赏权力是指管理者给予或取消下属认为有价值的东西的权力。在大部分的组织里，管理者可以给下属奖赏，其中包括提薪、奖金、工作选择权、工作条件、表扬、支持和尊重等。组织成员正是被各种各样的奖赏所激励，才会高水平地进行工作。根据绩效决定是否授予奖励是权力的一个重要来源，它使得管理者能够建立一支受到高度激励的员工队伍。例如，戴姆勒-克莱斯勒和福特等汽车企业的经销商等，经常会使用奖赏权力来激励下属。上述这些组织中的下属人员经常收到组织根据自己的销售额支付的佣金和依据顾客服务质量发放的奖励，而这些奖励反过来又激励他们尽自己的最大努力去工作。

有效的管理者在运用奖赏权力时，会尽量使下属感觉得到奖赏是因为他们工作表现优秀，是对他们付出努力的赞赏。无效的管理者通过一种更带有控制性的方式（给予"胡萝卜"而不是挥舞"大棒"）来运用奖赏权力。这种方式会使下属产生被恩赐、施舍的感觉。管理者还可以采取措施增加自己的奖赏权力。例如，卡罗尔·洛雷拥有对下属的绩效进行评估的法定权力，但却没有奖赏权力，不能为下属涨薪水和分配年终奖金。直到后来，她与自己的上司进行协商，要求赋予她奖赏权力，并最终成为她用来激励下属的一种很有价值的手段。现在，洛雷每年都会收到公司分配的一笔资金，用来为下属提薪和发放奖金。并且，她拥有为她认为合适的人选分配这些资金的奖赏权力。

3. 强制权力

强制权力是指管理者惩罚他人的能力。惩罚包括口头批评、降薪或减少工作时间、解雇等。使用强制权力时，一定要考虑到它的负面效应，如果让过于依赖强制权力的管理者成为领导者，那么他们的领导往往是无效的，有时候甚至会给自己带来被解雇的后果。威廉·法伊夫（William Fife）就是一个例子。他原来是工业设备制造企业 Giddings & Lewis 公司的首席执行官。但是，由于他过度依赖强制权力，最终遭到了公司的解雇。在公司的会议上，法伊夫经常当面批评、攻击和为难高层管理人员。高层管理人员认识到法伊夫经常性地使用惩罚方式对他们和对公司都是有害的，所以他们向公司董事会提出投诉。经过一番慎重的考虑，董事会最终要求法伊夫辞职。

过度使用强制权力很少能够产生高绩效，并且也是有悖于伦理的。有时候，强制权力就相当于一种精神虐待，它剥夺了员工的尊严，并给他们带来过度的压力。滥用强制权力甚至有可能导致危险的工作条件。相反，使用奖赏权力能够产生更好的结果。里卡多·塞姆勒

（Ricardo Semler）在 21 岁时开始掌管自己的家族企业塞姆科公司（Semco）时就清醒地认识到了这一点。塞姆科公司是巴西一家专门制造泵、搅拌机和发动机等工业用品的企业。在塞姆科公司，使用强制权力是一种长期的传统：警卫监视着整个工厂，当工人们工作结束，准备离开工厂时，工厂都要对他们进行搜身；工人的休息时间也是被严格限制的；此外，任何人损坏了工厂设备，都得赔偿。在这种情况下，整个工厂里充斥着一种恐惧的情绪。尽管巴西其他一些传统企业也都使用类似的方式进行管理，但是，在一次生意失败以后，塞姆勒发现用这样一种方式管理塞姆科公司会导致非常紧张的气氛。于是，他发誓要使塞姆科公司成为"一个真正民主的地方，这里充满信任和自由，而没有恐惧"，目标是营造一个合乎道德的工作环境，在这里，所有的员工都会受到尊重，工作得有尊严。从所有相关的报道中可以看出，塞姆勒已经实现了自己的目标。

那么，塞姆勒是如何实现他的壮举的？经过认真地计划和分析之后，塞姆勒决定运用奖赏权力而不是强制权力来实现这些目标。工人们不再受到严密地监控，他们来去自由，并且可以选择自己的上司。除了为塞姆科公司的员工营造一个合乎道德的工作环境，减少他们的恐惧、猜疑和压力之外，塞姆勒推行的根本性改革还显著地改善了塞姆科公司的绩效。事实上，像美孚和 IBM 这样的大型跨国公司的管理者也纷纷到巴西考察，来了解塞姆科公司到底进行了什么样的变革。塞姆勒写了一本畅销书，名字叫《特立独行》(*Maverick*)，还在《哈佛商业评论》上发表了两篇文章介绍他的管理方法。

4. 专家权力

专家权力建立在领导者拥有下属认为有价值的知识、技能及专业技术的基础之上。专家权力的性质不是确定不变的。它取决于领导者在等级体系中所处的层级。基层和中层管理者通常具有与下属所从事工作相关的技术专长，他们的专家权力使得他们对下属有相当大的影响力。例如，卡罗尔·洛雷（Carol Lowry）就拥有专家权力，她本人是一名美工，她绘制和设计的一些贺卡曾经是公司最畅销的产品。

一些高层管理者也能从他们的技术专长获取专家权力。英特尔公司前任首席执行官安德鲁·格鲁夫（Andrew Grove）具有化学工程博士学位，并且对英特尔公司的商业领域——半导体和微处理器的生产了如指掌。类似地，微软公司创始人比尔·盖茨（Bill Gates）在软件设计方面也是专家级人物；大型制药企业默克公司的前任首席执行官罗伊·维戈罗斯（Roy Vagelos）是行业里一位杰出的科研人员。然而，许多高层管理者并不具备相关的技术专长，但是他们拥有作为决策者、计划者和战略家的能力，也能从这些能力中获得专家权力。通用电气公司的前任首席执行官杰克·韦尔奇（Jack Welch）是一位著名的领导者。他曾经这样总结道："作为公司高层管理人员，我们清楚我们不懂业务。但是，我希望我们拥有分配资源、人力和资金的能力。"有效的管理者一般都会采取一定的措施，保证自己获得一定的专家权力，以履行所必需的领导职能。他们可能会接受一些额外的业务培训和教育，确保自己跟得上最新的技术发展和变革；通过参与专业协会，保持对领域内的变化有所了解和跟进；通过广泛阅读，了解组织的任务环境和一般环境中发生的重大变化。管理者使用专家权力时，应该用指导或者教授的方式，而不能持傲慢和专横的态度，这样权力的使用效果才会更好。

5. 参照权力

参照权力相对来说就不那么正式了。参照权力是领导者人格特征的作用，它来自下属和同事的尊重、敬佩和忠诚。如果一个领导者很得人心，下属都把他作为榜样，那么这位领导者就更可能具有参照权力。

6. 信息权力

信息权力来自管理者对有关组织运作与未来计划的信息的掌握和发布的权力。管理者通常可以接收到比下属更多的信息，并且可以决定如何发布和在多大程度上发布信息给下属。

7. 关系权力

关系权力来自认识和熟悉最合适的人的能力。在今天的经济环境中，人际关系网络和建立良好的关系对于外包和合同雇用工作都非常重要。作为领导，应该在组织内部和外部都有良好的关系，这样才可以更快捷、高效地完成工作。

尽管所有的权力类型都非常有影响力，但是对每一种权力的使用可以产生不同的下属激励。下属可能对某个指令所做出的反应是投入工作、服从或者反抗。如果是投入工作，员工所表现出的可能是热情地为实现组织目标努力工作；如果只是服从，员工可能会付出最小的努力，也就只能表现出平常水平的绩效；如果表现出的是反抗，员工表面上可能会服从，但是一定会付出最小的努力，有时甚至会阻碍组织目标的实现。对专家权力和参照权力的运用通常会产生下属对员工工作投入的效果；而对法定权力、信息权力、参照权力和关系权力的运用可能会产生服从的效果；使用惩罚权力只会造成反抗。

11.2 领导风格类型

管理者的个人领导风格，也就是管理者所选择的影响他人的具体方式，影响着管理者进行计划、组织和控制的方式。组织内部各个层级上的管理者以及不同类型组织中的管理者都有自己的个人领导风格，这种风格实际上为组织中的所有活动确定了基调。例如，鲍勃·富兰克林（Bob Franklin）是澳大利亚一家小型企业的老板。他在管理中采取的是一种顾问式的方式，听取并且尊重员工的建议，公开面对事实并且信任有信息的人。他的这种领导风格为成功的组织文化的确立提供了最关键的因素。在每周的管理工作会议上，管理者都将实际工作的绩效与确定的标准进行比较，所有的员工都参与到从创新计划到实施的过程中。他的这种领导风格在实践中带来了公司的成功。

对于组织各个层级的管理者来说，形成一种有效的个人领导风格通常是一件极具挑战性的事情。这要求领导者不仅需要具备成为成功领导者所需要的特征，如驱动力、诚实与正直、自信、高认知能力、对相关行业知识的了解、创造性和灵活性，还需要能够根据不同的情况调整自己的领导风格。例如，美国人民捷运航空公司（People Express Airline）的前任首席执行官（CEO）道·伯尔（Don Burr），他的管理风格非常明确：他是一个高度民主和随意的领导，让员工参与到各种决策中，并且在工作中强调工作活动的自主性。

一些证据表明，领导风格不仅因人而异，还因为国家的不同和文化的差异而迥然不同。例如，欧洲的管理者一般不愿意解雇员工，如果情况要求必须解雇，他们也会采取谨慎的措施，力求把伤害降到最低程度。领导风格的跨文化差异还表现在时间观念的不同。在任何一个国家里，管理者的时间观念往往有所不同，这往往也与当地文化有关。例如，美国企业普遍追求短期利润，导致美国管理者的个人领导风格强调短期绩效；而日本企业一般定位于追求长期的发展，因而其管理者的个人领导风格侧重于强调长期绩效。欧洲的企业，至少是大型跨国公司，多奉行一种介于日本的长期发展取向和美国的短期利润取向之间的经营哲学。

对领导的这些方面以及其他与全球化领导相关的研究尚处于起步阶段，随着研究的深入，可能会在管理者的个人领导风格中发现更多的文化差异。

11.2.1 按创新方式划分

按领导者在领导过程中进行制度创新的方式，领导风格可以分为魅力型领导者和变革型领导者。

1. 魅力型领导者

魅力型领导者对他们的愿景充满了激情和热情，并将它们清楚地传达给下属。魅力型领导者的激情、热情和自信，有助于鼓舞下属热情地支持他们的愿景。人们往往会把魅力型领导者或者管理者看作具有英雄色彩的人物。但是，领袖人物超凡魅力的本质就是拥有一个愿景，并且满怀热情地向别人传达和强化这个愿景。因此，那些表面上看起很平和、诚挚的管理者同样能够拥有领袖人物的非凡魅力。

对魅力型领导者的特质，有许多不同的研究结果，也有许多种不同的概括方式。例如，豪斯将魅力型领导者的性格概括为 4 个方面，即支配欲、自信、对他人施加影响的需要，以及确信他们的信仰在道义上的正当性；休斯等人将其概括为愿景、言辞技巧、形象和信任构建，以及个人化的领导方式 4 个方面；纳哈更蒂将其概括为高度自信、对理想有强烈信念、高度热情和精力充沛、良好的表达与沟通能力，以及积极的形象和模范作用 5 个方面；达布林则将魅力型领导者概括为 11 个方面。综合他们的观点，魅力型领导者的最主要特质可以概括为以下 6 个方面。

(1) 对未来有美好设想

魅力型领导者是未来取向的，他能够感知到事物的现行运行方式与可能的或应该的运行方式之间的差距，能够认识到现存秩序的缺陷，并能够提出如何克服这些缺陷的令人兴奋的设想。他所设想的愿景不只是一种预测，而且表达了整个组织的未来理想。这种愿景为追随者解释各种事件和行为提供了共同的概念框架，因而它对追随者既具有激励的效用，也具有凝聚的效用。但休斯等人认为，魅力型领导者的愿景与变革型领导者的愿景是有差别的，前者是基于追随者的价值，后者是基于领导者自己的价值。

(2) 高度自信

魅力型领导者对自己的能力、正确性，以及自己的信仰在道德上的正义性高度自信。他们在情感、动机、情绪和价值观念上的内心冲突比其他人要少得多，在斥责团体成员时很少感到愧疚和不安。而那些非魅力型领导者在失败与批评面前则总是怀疑自己。越是自信的领导者，越能够对下属产生激励，激励下属全身心地投入，以实现领导者的愿望。许多魅力型领导者，如马丁·路德·金（Martin Luther King）、菲德尔·卡斯特罗（Fidel Castro）、贾迈勒·阿卜杜尔·纳赛尔（Gamal Abdel Nasser）等，都能在极大的压力下仍然坚持自己的信念。

(3) 精力充沛、充满热情、自我激励

魅力型领导者精神饱满、精力充沛，对实现目标充满激情，而且能够用各种方式充分和生动地表达自己的情感和热情。他们不需要别人的鼓励，而是自我激励。

(4) 善于言辞

魅力型领导者善于表达自己的思想，擅长运用各种言辞和非言辞的表达技巧。他们具有卓越的沟通能力，与下属交流时思想内容丰富、旁征博引，能够对追随者产生强烈的感染力。凭借这种表达能力，魅力型领导者能够使追随者理解他的愿景，激发追随者的热情，挑起人们对现状的不满，推动他们对新的未来设想的支持。

杰伊·康格（Jay Conger）和博厄斯·沙米尔（Boas Shamir）等人曾经对魅力型领导者的言辞方式进行了具体的研究。他们发现，魅力型领导者广泛地使用隐喻、类比和故事，而不是用抽象而缺乏色彩的理性说教来阐述他们的观点。当这些隐喻和故事被表达得引人入胜并引发强烈的情感时，会特别有效。他们还能够有效地使用各种演讲技巧，如重复、节奏、平衡和押韵，以加强其所传达信息的效果。他们对不同种类的群体采用不同的语言方式，从而能够更好地符合人们的精神和情感。

(5) 愿意冒个人风险

魅力型领导者通常都是冒险型的，敢于冒险会增加他们的魅力。康格和拉宾德拉·卡农戈（Rabindra Kanungo）认为，当领导者用一种无私的方式倡导他们的观点，并且表现出关心其追随者的需要而不是关心他们自己的利益时，就会被别人依赖。魅力型领导者将这些品质表现得淋漓尽致：他们将关心追随者的需要转化为以一种大公无私的方式投身于受到追随者共同支持的事业之中，其示范行为在追随者看来充满着个人风险，需要付出极大的代价和精力。这些个人风险可能包括经济损失或事业上失败的可能性、组织资源被撤销的可能性、被开除或降职的可能性。领导者为了共同的事业所付出的代价或牺牲越大，他们就越赢得别人依赖；领导者为实现共同理想准备承担的个人风险或所带来的个人损失越大，他们在值得完全依赖的意义上就越有魅力。

（6）对环境的敏感性

康格和卡农戈认为，魅力型领导者具有对现实的洞察力，他们实事求是地评估组织内的各种环境资源和条件限制，并基于对环境资源的现实评估来制定变革策略和非常规行动。领导者不是一旦形成某种目标就马上付诸行动，而是先进行基础准备工作，或者等待一个合适的时间、地点以及可利用的资源。当环境对他们比较有利时，他们才会实施其变革方案。然而，魅力经常会因缺乏对环境的敏感性而褪色。一旦一个领导者丧失了对现实的洞察力，或者一旦他的非常规行为不能实现目标，他就可能被人们从魅力型领导者降级为无效的领导者。

2. 变革型领导者

变革型领导把领导者和下属的角色相互联系起来，并试图在领导者与下属之间创造出一种能提高双方动力和品德水平的过程。拥有变革型领导力的领导者通过自身的行为表率和对下属需求的关心来优化组织内的成员互动；同时通过对组织愿景的共同创造和宣扬，在组织内营造变革的氛围，在富有效率地完成组织目标的过程中推动组织的适应性变革。

"变革型领导"作为一种重要的领导理论，是从政治社会学家詹姆斯·伯恩斯（James Burns）的经典著作《领导力》（*Leadership*）开始的。在著作中，伯恩斯将领导者描述为能够激发追随者的积极性，从而更好地实现领导者和追随者目标的个体，进而将变革型领导定义为领导者通过让下属意识到所承担任务的重要意义和责任，激发下属的高层次需要或扩展下属的需要和愿望，使下属为团队、组织和更大的政治利益超越个人利益。伯纳德·巴斯（Bernald Bass）等人最初将变革型领导划分为 6 个维度，后来又归纳为 3 个关键性因素。布鲁斯·阿沃利奥（Bruce Avolio）在其基础上将变革型领导行为的方式概括为 4 个方面，即理想化影响力（Idealized Influence）、鼓舞性激励（Inspirational Motivation）、智力激发（Intellectual Stimulation）和个性化关怀（Individualized Consideration）。具备这些因素的领导者通常具有强烈的价值观和理想，能成功地激励下属超越个人利益，为了团队的伟大目标而相互合作、共同奋斗。这 4 个方面具体如下所述。

（1）理想化影响力

理想化影响力是指能使他人产生信任、崇拜和跟随的一些行为。它包括领导者成为下属行为的典范，得到下属的认同、尊重和信任。这些领导者一般具有公认较高的伦理道德标准和很强的个人魅力，深受下属的爱戴和信任。大家认同和支持他所倡导的愿景规划，并对其成就一番事业寄予厚望。

（2）鼓舞性激励

鼓舞性激励是指领导者向下属表达对他们的高期望值，激励他们加入团队，并成为团队中共享梦想的一分子。在实践中，领导者往往运用团队精神和情感诉求来凝聚下属的努力以实现团队目标，从而使所获得的工作绩效远高于下属为自我利益奋斗时所产生的绩效。

（3）智力激发

智力激发是指鼓励下属创新、挑战自我，包括向下属灌输新观念，启发下属发表新见解，以及鼓励下属采用新手段、新方法解决工作中遇到的问题。通过智力激发，领导者可以使下属在意识、信念及价值观的形成上产生激发作用，并使之发生变化。

（4）个性化关怀

个性化关怀是指关心每一个下属，重视个人需要、能力和愿望，耐心细致地倾听，以及根据每一个下属的不同情况和需要区别性地培养和指导每一个下属。这时变革型领导者就像教练和顾问，帮助下属在应对挑战的过程中成长。

11.2.2 按思维方式划分

按领导者在领导过程中的思维方式，领导者可以分为两类：事务型领导者和战略型领导者。

1. 事务型领导者

事务型领导者是致力于维持现状的守业式领导者，其目的是维持秩序，使企业系统能高效、稳定地运行下去。因此，事务型领导者的管理使命是维持现状。

这种领导者通过明确角色和任务要求，激励下属向着既定的目标活动，并且尽量考虑和满足下属的社会需要，通过协作活动提高下属的生产率水平。他们对组织的管理职能推崇备至，勤奋、谦和、公正，对把事情理顺、使工作有条不紊地进行引以为傲。这种领导者重视非人格的绩效内容，如计划、日程和预算，对组织有使命感，并且严格遵守组织的规范和价值观。大多数领导都可以视为维持型领导者，他们主要通过遵循和维持企业的现状来引导、带领下属前进，以实现企业的目标。

2. 战略型领导者

战略型领导者是指具有战略管理思想，善于运用战略思维，具有战略能力，掌握战略实施艺术，从事研究和制定战略决策，指导企业开拓未来的企业高层决策群体。

战略型领导者的特征是用战略思维进行决策。战略，本质上是一种动态的决策和计划过程，追求的是长期目标，行动过程以战略意图为指南，以战略使命为目标基础。因此，战略的基本特性是行动的长期性、整体性和前瞻性。战略型领导者会将领导的权力与全面调动组织的内外部资源相结合，实现组织的长远目标，对组织的价值活动进行动态调整，在市场竞争中站稳脚跟的同时，积极竞争未来，抢占未来商机领域的制高点。战略型领导者认为，组织的资源由有形资源、无形资源和有目的地整合资源的能力构成。他们经常超越传统组织边界范围，进入组织之间的相互关系地带开展活动，并将这种区域视为组织潜在的利润基地。

11.2.3 按权力运用方式划分

按领导者的权力运用方式,领导者可以分为两类:集权式领导者和民主式领导者。

1. 集权式领导者

所谓集权,是指领导者将权力进行集中的行为和过程。因此,所谓集权式领导者,就是对管理的制度权力相对牢固地进行控制的领导者。由于管理的制度权力是由多种权力的细则构成的,如各级领导的法定权、奖赏权、惩罚权等,都有正式的规章制度严格地明文规定。这就意味着对被领导者或下属而言,受控制的力度较大。在整个组织内部,资源的流动性及其效率主要取决于集权式领导者对管理制度的理解和运用。同时,个人专长权和模范权是其行使上述制度权力成功与否的重要基础。这种领导者把权力的获取和利用看成是自我的人生价值。

显然,这种领导者的优势在于通过完全的行政命令,使管理的组织成本在其他条件不变的情况下,低于在组织边界以外的交易成本,以获得较高的管理效率和良好的绩效。这对于组织在发展初期和组织面临复杂突变的环境时,是有益处的。但是,长期将下属视为某种可控制的工具,则不利于下属职业生涯的良性发展。

2. 民主式领导者

与集权式领导者形成鲜明对比的是民主式领导者。这种领导者的特征是向被领导者授权,鼓励下属参与,并且主要依赖于其个人专长权和模范权影响下属。从管理学角度来看,这意味着这样的领导者通过对管理制度权力的分散,进一步激励下属去实现组织的目标。不过,这种权力的分散使得组织内部资源的流动速度减缓。因为分权一般会导致决策速度降低,进而增加组织内部的资源配置成本。但是,这种领导者为组织带来的好处也十分明显:通过激励下属,发展所需的知识,尤其是意会性或隐性知识,能够充分地提升组织的能力,下属的能力结构也会得到长足发展。因此,相对于集权式领导者,这种领导者更能为组织培育当今社会越来越需要的智力资本。

11.3 领导理论

11.3.1 领导特质论

早期研究认为,找出区别有效领导和无效领导之间的特质将有助于管理者成为优秀的领导者。特质被定义为个体的内在性质与特点。例如,身体上的特征(如身高、体重、长相等)和性格特征(如占有型、外向型、创造型等),技术和能力(如智慧、知识、技术能力)和社会因素(如人际沟通技巧和社会经济地位等)。

有关领导特质的早期研究主要关注：测评个体的不同的品质，然后将个体放在一个没有领导的群体中，来考察是否一些特质可以预测哪个个体可以成为领导。20世纪50年代，这种研究方法被放弃，主要是因为没有哪些特质可以明确地鉴别出领导与非领导。近期的科研成果表明，特质方法有助于对领导的鉴别。通过复杂的统计计算，有一些和领导特质相关的因素的确可以将领导与其他人区别开来。这些特质包括智慧、控制欲、雄心与果断。而且在一些情况下，特质可以预测领导。例如，美国电话电报公司（AT&T）发现，一些诸如口头沟通与人际关系能力、向上的动力、对压力的抵抗力、对不确定性的承受力、精力与创造性都可以预测管理者的发展。但是，现在仍然很难预测领导绩效。因此，近期的研究开始关注领导行为。

有效领导者具有的共同特质一般有以下几点。

1）努力进取，渴望成功。他们具有崇高的抱负和志向，并能为之付出全部精神，进行持之以恒的不懈努力。正是这种坚强的意志和毅力，使他们到达成功的顶峰。

2）强烈的权力欲望。他们具有强烈的领导欲望，遇事勤于思考，常常会提出与众不同的见解，并总想用自己的见解和理论去影响他人，试图赢得他人的信任、尊重和对理想的认同，从而争取得到更多的追随者。

3）正直诚信，言行一致。这是人类社会普遍推崇的价值观，只有具有这种特质的人才能取得他人的信任。尽管一些想成为领导者的人在这方面实际做得还有欠缺，但他们也在不遗余力地完善自己，尽量向人们展示自己公正直率、诚实可信、言行一致的形象，因为只有这样人们才愿意追随他。

4）充满自信。他们不怕任何困难、挫折，勇于面对巨大的挑战，对自己追求的事业永远充满自信，并且善于把这种自信传递给他人，使群体产生一种勇往直前的力量。

5）追求知识和信息。他们对新事物充满敏感和兴趣，尽一切可能坚持不懈地去获取有关的知识和有用的信息，努力使自己拥有更多的专长，在相关领域中使自己拥有更多的发言权，从而获得更多的追随者，或者使追随者更加理性和坚定。

每个领导者在上述各个特性方面的发展不可能完全均衡，因而形成了领导者各自的个性和领导风格。权力欲和自信心特别强的人可能更易于走向集权，反之则更乐于实行民主；特别重视正直诚信、渴望成功的人，可能更愿意采取务实的事务型领导风格；知识和信息方面能力更强的人，可能更倾向于战略思维。除此之外，每个领导者的性格、心态、所处的情景以及追随者状态都会对领导风格产生重大影响，这正是领导特质理论的不足之处。

11.3.2 领导行为论

领导行为论试图通过研究领导者的行为特点与绩效的关系，来寻找最有效的领导风格。以前的学者主要从领导者更关心工作绩效，还是更关心群体关系，以及是否让下属参与决策三个方面研究领导行为。

1. 俄亥俄州立大学的研究

经过 20 世纪四五十年代的全面研究，俄亥俄州立大学的研究人员设计了一套自己的研究战略。首先，他们设计了一份问卷来衡量不同的领导行为，并且最终追踪诸如团队绩效与满意度等因素，从而鉴别哪一种行为最为有效。尽管几种不同的行为都被认为是重要的，但是，其中两个方面被认为最重要：定规维度和关怀维度。

定规维度是指领导者为了确保工作能够得以完成，下属能够愉快地接受并履行职责，组织能够得到高效且卓有成效的经营，为个人或者工作团体确定任务，告诉下属组织期望他们做什么，决定完成工作的方式，制定工作日程，鼓励下属遵守规章制度，以及激励下属出色地完成工作。例如，马丁是一家高档服装店的经理，该服装店位于法国中部的一个城市，主要经营进口服装。马丁制定了每周的工作、午餐和休息时间表，以确保店堂里有足够的售货员；他还与下属共同讨论最新的款式设计，以便他们能够充分了解客户的需求；他要求员工遵守商店的退货和换货规定，鼓励他们提供优质的服务，杜绝强行推销。马丁的上述种种行为，都属于定规行为。

关怀维度是指领导者与下属之间建立相互信任，尊重、关心下属，尊重下属的想法，以及关心下属感受的行为。如果领导者真正关心下属的利益，就会尽自己的最大能力帮助下属，使他们感到满意，并能够从工作中获得乐趣。那么，这位领导者就是在实施关怀行为。

定规维度和关怀维度是两种相互独立的领导者行为。领导者可以在两个维度上都表现出较高的程度，也可以都表现出较低的程度，或者一个程度高、一个程度低。领导方面的研究人员还界定了其他一些与定规和关怀相类似的领导行为。例如，密歇根大学的研究人员确认了两种类型的领导行为——员工中心行为和工作导向行为，这两种行为基本上分别对应关怀行为和定规行为。在管理顾问中间流行的领导模型基本也是集中在这两种行为上。例如，罗伯特·布莱克（Robert Blake）和简·莫顿（Jane Mouton）的管理方格理论关注的是关心人（类似于关怀维度）和关心生产（类似于定规维度）。布莱克和莫顿认为，有效的领导通常要求领导者对人和生产都要给予高度的关注。

你可能认为有效的领导者会同时履行这两种行为，但是研究发现，这种情况并没有必要。关怀维度和定规维度的行为绩效与领导者的有效性这两者之间的关系还不是很明确。有些领导者即使没有实施关怀和定规行为，但他们的领导仍然是有效的；而另一些领导者即使实施了这两种行为，他们的领导依然是低效的。就像领导特质模型一样，仅仅使用行为模型不能够解释领导者的有效性。基于这一点，研究者开始致力于创建更为复杂的领导模型，这些模型不仅关注领导者本人和他们的行为，还关注他们领导的情境和环境。

2. 管理方格理论

管理方格理论是布莱克和莫顿提出的。该理论可用一张方格图来表示，在这张图上，横轴表示领导者对生产的关心，纵轴表示领导者对人的关心。每条轴划分为九小格，第一格代表关心程度最低,第九格代表关心程度最高,整个方格图共有 81 个方格,每个小方格代表一种领导方式,如图 11-1 所示。

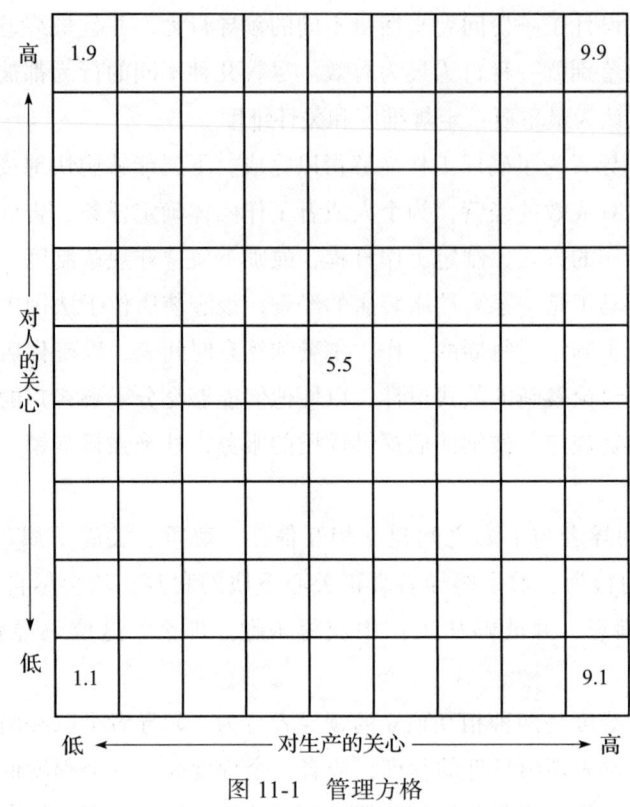

图 11-1 管理方格

布莱克和莫顿在提出管理方格时,列举了五种典型的领导方式。

(1) 9.1 型方式(任务型)

该方式只注重任务的完成,不重视人的因素。这种领导是一种专权式领导,其下属只能奉命行事,失去进取精神,不愿用创造性的方法去解决各种问题,也不能施展所有的本领。

(2) 1.9 型方式(乡村俱乐部型)

与 9.1 型方式相反,该方式特别关心员工。持此方式的领导者认为,只要员工精神愉快,生产自然会好。这种管理的结果可能很脆弱,一旦和谐的人际关系受到影响,生产业绩就会随之下降。

(3) 5.5 型方式(中庸之道型)

该方式既不过于重视人的因素,也不过于重视生产因素,努力保持和谐和妥协,以免顾此失彼,遇到问题总想敷衍了事。此种方式比 1.9 型和 9.1 型强一些,但由于固守传统习惯,从长远看,会使企业落伍。

(4) 1.1 型方式(贫乏型)

该方式对员工的关心和对生产任务的关心都很差。这种方式无疑会使企业失败,在实践中很少见到。

（5）9.9 型方式（团队型）

该方式对生产和人的关心都达到最高。在 9.9 型方式下，员工在工作上希望相互协作，共同努力去实现企业目标；领导者诚心诚意地关心员工，努力使员工在完成组织目标的同时，满足个人需要。应用这种方式的结果是员工都能运用智慧和创造力工作，关系和谐，出色地完成任务。

从对上述不同方式的分析中，可以得出以下结论：作为一个领导者，既要发扬民主，又要善于集中；既要关心企业生产任务的完成，又要关心员工的正当利益。只有这样，才能使领导工作卓有成效。

11.3.3 领导情景论

领导情景论认为，并不存在具有普遍适用的领导特质和领导行为，有效的领导者能因自己当时所处情景的不同而改变自己的领导行为和领导方式。

1. 菲德勒权变理论

弗雷德·菲德勒（Fred Fiedler）是最早承认有效领导取决于领导者的特点和他所处的情境特征的领导研究者之一。菲德勒的权变模型帮助解释了为什么同一个管理者可能在一种情境中是有效的领导者，而在另一种情境中则成为低效的领导者。该理论还就哪种类型的管理者最有可能在哪种情境中成为有效领导者提出了一些看法。

领导风格像特质模型一样，菲德勒也假设个人特质影响着领导者的有效性。他使用"领导风格"一词来指代管理者独特的领导方法，并区分了两种基本的领导风格：关系导向型和任务导向型。所有管理者都可以被归入其中的一类。

关系导向型领导者关心的主要是与下属建立起良好的人际关系，受到下属的爱戴。关系导向型领导者十分关注自己与下属之间是否保持了高质量的人际关系。当然，这并不意味着当关系导向型领导者掌权时工作就不用完成了，但是，它确实意味着与下属之间人际关系的质量是关系导向型领导者主要关心的事情。例如，曾任花旗金融（集团）公司（Citizens Financial Group Inc.）董事长的劳伦斯·菲什（Lawrence Fish）作为一名高层管理者，从来没有轻视过良好人际关系的重要性，在他任职期间每天至少要向一位下属写一张表示感谢的便条。

任务导向型领导者关心的主要是如何确保下属高水平地完成工作。任务导向型领导者关注任务的完成情况，以及如何确保工作被完成。例如，位于美国犹他州盐湖城的 C. R. England 冷藏货运公司是一个家族企业，其高层管理者就是典型的任务导向型领导者，他们每周都要执行严格的绩效测量和评估，以确保下属尽可能出色地完成工作。

菲德勒在进行相关研究时，通过请领导者根据一系列维度评价他们最难与之共事的同事，称为"最难共事者"（Least-Preferred Co-worker，LPC），来测量领导者的风格。这些维度包括此人是令人讨厌的还是有趣的、抑郁的还是欢快的、热情的还是冷淡的、合作的还是抵触的等。关系导向型领导者倾向于用相对积极的语言来刻画最难共事者，因为他们对良好关系的关心促使他们从积极的方面看待别人；而任务导向型领导者倾向于用相对消极的语言来形容最难共事者，因为他们关心的是任务完成情况，这使得他们总是从消极的方面看待那些难以完成工作的人。因此，关系导向型领导者和任务导向型领导者有时候也分别被称为高 LPC 领导者和低 LPC 领导者。

（1）情境特征

根据菲德勒的理论，领导风格是一种经久不变的特征，领导者不会改变他们的领导风格，即使在不同的情境中，他们也不会采取其他类型的风格。在这种观念的基础上，菲德勒确认了三个重要的情境特征，它们决定着情境是不是有利于领导的：领导者－成员关系、任务结构和职位权力。当一种情境有利于领导时，相对来说领导者就比较容易影响下属，使他们高水平地完成工作，为组织的效率和效果做出贡献；而当一种情境不利于领导时，领导者对下属施加影响则要困难得多。

1）领导者－成员关系。菲德勒描述的第一个情境特征就是领导者－成员关系（Leader-Member Relation），也就是下属爱戴、信任并忠诚于他们的领导者的程度。当领导者－成员关系良好时，情境就更有利于领导。

2）任务结构。菲德勒描述的第二个情境特征是任务结构（Task Structure），它是指准备完成的任务的明确程度，以便下属知道自己需要完成哪些工作以及如何完成它们。当任务结构高时，情境是有利于领导的；当任务结构比较低时，目标可能比较模糊，下属可能不知道自己应该做些什么，或者应该怎么做，这时情境就不利于进行领导。

例如，当杰拉尔丁·莱伯恩担任尼克少儿频道的高层领导者时，任务结构就非常低。她从来不清楚什么对小观众更具有吸引力，哪些观众的欣赏口味可以被改变，也不知道如何激励下属提出具有创造性的新奇想法。与之相反，赫尔曼·马斯哈巴是南非一家护发产品公司 Black Like Me 的创始人和所有者，在他的领导情境中，有着相对较高的任务结构。公司的目标是生产和销售面向非洲本土的价格低廉的护发产品，管理人员实现这个目标的方法也很简单：一是依靠简单而漂亮的包装吸引顾客；二是通过当地的美容院销售产品。

3）职位权力。菲德勒描述的第三个情境特征是职位权力（Position Power），是指领导者凭借其在组织中所处的地位而获得的法定权力、奖赏权力和强制权力的强弱。职位权力越强大，领导情境越有利于实施领导。

通过把所有好的和差的领导者－成员关系、高的和低的任务结构以及强的和弱的职位权力结合在一起，菲德勒确定了八种领导情境，这八种领导情境对于领导的有效程度各不相同（见图 11-2）。经过大量的研究之后，菲德勒发现，关系导向型领导者在中等有利情境（图 11-2 中的Ⅳ、Ⅴ、Ⅵ和Ⅶ类情境）中是最有效的；而任务导向型领导者在非常有利的情境（图 11-2 中的Ⅰ、Ⅱ和Ⅲ类情境）中或者非常不利的情境（图 11-2 中的Ⅷ型情境）中是最有效的。

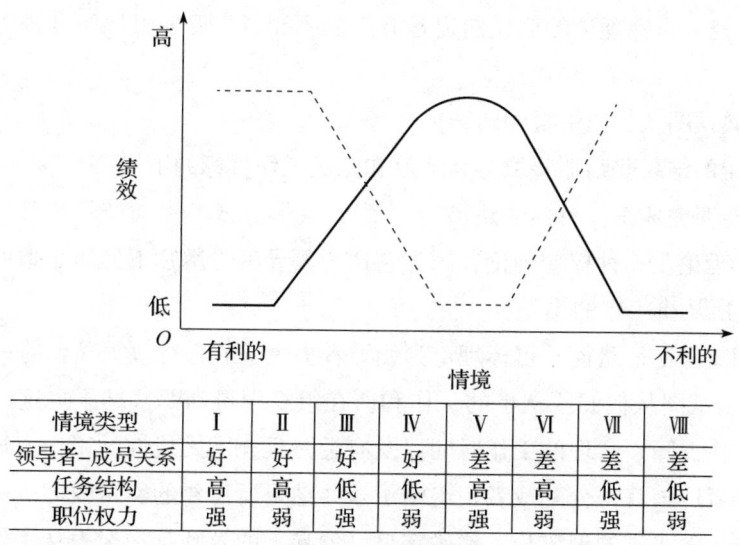

图 11-2　菲德勒模型

（2）权变理论在实践中的应用

根据菲德勒的观点，领导风格是一种永久性特征，领导者是无法改变它的。这意味着如果想进行有效的领导，要么把领导者放置在适合他们风格的领导情境中，要么改变领导情境来适应领导者的风格。例如，通过授予领导者更大的职位权力，或者采取诸如阐明目标之类的措施提高任务结构，以此来改变领导情境。

以马克·康普顿为例，他是一位关系导向型领导者，受雇于一家小型建筑公司。刚开始，他面对的领导情境非常不利，一度难以领导他手下的建筑工人。他的下属不相信他真的在为他们谋取最大利益（差的领导者–成员关系），他所监管的建筑工作是相当新奇和复杂的（低的任务结构），他无权控制对下属的奖励和惩戒（弱的职位权力）。认识到需要改善这些情况之后，康普顿的上司给予他更多的职位权力，允许他以奖金的形式奖励下属和加班人员，惩戒那些工作质量差和做出危险行为的下属。这样一来，康普顿面对的领导情境得到了改善，达到了一种中间状态。所以，他作为领导者的有效性和下属的高绩效水平也就发挥了出来。

实证研究结果比较倾向于支持菲德勒理论的一些观点，但是也指出，像其他大多数的理论一样，菲德勒的理论也需要进行一些修正。有些研究人员对最难共事者的界定尺度实际衡量了什么提出疑问，另一些研究者则对该理论关于领导者不能改变其风格的假设前提提出疑问。这些人认为，至少会有一些领导者能够分析自己所处的情境，并且会在自己的风格不适合这种情境时，主动改变自己的风格，使其更符合领导情境的需要。

2. 路径–目标理论

领导研究学者罗伯特·豪斯（Robert House）把自己的理论称为路径–目标理论（Path-Goal Theory）。该理论主要阐述了领导者能够做些什么来激励他们的下属努力实现团体或者组织的目标。路径-目标理论的假设前提是有效的领导者主要通过以下几种方式激励下属实现目标：

1）明确下属试图从工作中得到的结果。

2）用其期望的结果奖励那些取得高绩效和完成工作目标的下属。

3）为下属指明完成工作目标的路径。

路径-目标理论是一种权变理论，因为它认为领导者为激励下属所采取的措施取决于下属的特性和他们所从事工作的类型。

根据激励期望理论，路径-目标理论为领导者提供了成为有效领导者的三条指示：

1）明确下属试图从他们所从事的工作和所在组织中得到哪些结果。这些结果包括令人满意的薪酬和工作保障、合理的工作时间以及有趣并且充满挑战性的工作安排等。确认这些结果以后，领导者应该获得分配或者拒绝给予这些结果所需要的奖赏权力。例如，马克·克兰是一所规模颇大的小学的副校长，他确定自己领导下的教师正在努力从工作中获得以下这些结果：增加工资，在课堂上拥有自主权，以及自主选择教学年级。克兰拥有对后两种结果的奖励权力，但是每年拿出多少钱用于提高教师工资是由学校的正校长决定的。由于克兰是直接领导教师的一线管理人员，他对教师的教学成果是最了解的，因此，他请求正校长（他的老板）在提薪决策中给他一定的发言权。认识到这是明智之举之后，校长让克兰全权负责提高工资方面的事宜，只是需要在向教师通报提高工资的决定之前，请校长复核一下他的决定即可。

2）用期望的结果来奖励那些取得高绩效的和完成工作目标的下属。在克兰所在的学校里，教师和行政管理人员都十分重视对实现提供高质量教育目标至关重要的几项教师绩效维度：高质量的课堂指导，培养学生兴趣和丰富学习内容的特殊课程（如自然科学和计算机课程），以及与家长共同讨论学生的进步和一些特殊需要。克兰根据每一位教师在这几个维度上的绩效水平决定是否给予加薪，以及给予多大程度的加薪。高绩效水平的教师可以优先选择自己期望的教学年级，在课堂上也能够拥有完全的自主性。

3）为下属指明完成工作目标的路径，清除任何制约取得高绩效的障碍，并向下属表明自己对他们的能力充满信心。这并不意味着管理者必须告诉下属他们需要做什么，而是说管理者应该确保下属很清楚自己应该努力完成的目标是什么，确保他们拥有取得成功所需要的足够的能力、资源和信心。克兰就保证了所有的教师都明白三项指标的重要性，并经常询问他们，为实现这些目标是否需要为他们的班级提供一些特殊的资源或者援助。克兰还为那些看起来遇到麻烦的教师提供更多的训练和指导。例如，帕特里克·康诺利刚刚从大学毕业，在他从事教学的第一年，他不清楚在三年级的课堂上运用哪些特殊课程，也不知道该如何应付那些挑剔的学生家长。实际上，康诺利的教学是相当出色的，但是他仍然对自己如何做好教学工作感到心里没底。为了帮助康诺利树立信心，克兰告诉康诺利，他认为康诺利的确是学校最优秀的教师之一（这也是事实）。他还为康诺利出主意，提供了一些对三年级特别有效的特殊课程，比如书法课。克兰还和康诺利一起扮演老师和家长，演示两者之间是如何打交道的。康诺利扮演对老师或者学校特别不满或者很有情绪的学生家长，而克兰则扮演老师的角色。克兰为康诺利演示了如何处理这些潜在的问题，同时使家长确信他们孩子的需要得到了满足。克兰为康诺利指明实现目标路径的努力得到了回报，康诺利连续两年被当地的家庭教师协会评选为年度最佳教师。

路径－目标理论确认了四种激励下属的领导行为：

1）指示型行为。它与定规行为相似，包括设定目标、分配任务、告诉下属如何完成任务以及采取具体的措施提高绩效等。

2）支持型行为。它与关怀行为相似，包括对下属表示关心和为他们谋求最大利益。

3）参与型行为。它给予下属对各种影响他们的事务和决策的发言权。

4）成就导向型行为。它通过设定具有挑战性的目标，期望它们能够被实现以及相信下属的能力等措施，激励下属高水平地完成工作。

管理者到底应该采用哪一种行为来进行有效领导呢？这取决于下属的特点和他们所从事工作的类型。

当下属难以完成指定的任务时，指示型行为可能是很有益处的，但是，如果下属是善于独立思考的人，独立工作能够出色完成任务，这时指示型行为则可能是有害的。当下属正在承受着巨大的压力时，实施支持型行为通常是比较明智的。如果获得下属对决策的支持十分重要，那么参与型行为会特别有效。对于那些因为工作没有多少挑战性而产生厌倦情绪，但是能力很强的下属，成就导向型行为能够增强其动机强度，但是，如果把成就导向型行为用于那些已经发挥到能力极限的下属身上，则可能产生相反的结果。有效的领导者好像有诀窍，他们总是能够确定不同的情境需要哪种类型的领导者行为，而且结果往往能够提高领导的有效性。

3. 领导生命周期理论

美国管理学者保罗·赫塞（Paul Hersey）和肯尼斯·布兰查德（Kenneth Blanchard）提出领导生命周期理论。他们补充了另外一种因素，即领导行为在确定是任务绩效还是维持行为更重要之前应当考虑的因素——下属的成熟度（Maturity），并以此发展为领导生命周期理论。这一理论把下属的成熟度作为关键的情境因素，认为依据下属的成熟度水平选择正确的领导方式，决定着领导者的成功。

赫塞和布兰查德把成熟度定义为个体对自己的直接行为负责任的能力和意愿。它包括工作成熟度（Job Maturity）和心理成熟度（Psychological Maturity）。工作成熟度是下属完成任务时具有的相关技能和技术知识水平。心理成熟度是下属的自信心和自尊心。高成熟度的下属既有能力又有信心做好某项工作。

生命周期理论提出任务行为和关系行为这两种领导维度，并且对每种维度进行了细化，从而组合成四种具体的领导方式：①指导型（Telling）领导（高任务－低关系），即领导者定义角色，告诉下属应该做什么、怎样做以及在何时何地做。②推销型（Selling）领导（高任务－高关系），即领导者同时提供指导行为与支持行为。③参与型（Participating）领导（低任务－高关系），即领导者与下属共同决策，领导者的主要角色是提供便利条件和沟通。④授权型（Delegating）领导（低任务－低关系），即领导者提供较少的指导或支持。

在此基础上，领导方式和任务成熟度之间的关系如图11-3所示。图中，S代表四种领导方式，从 S_4 到 S_1 分别是授权、参与、推销和指导，它们依赖于下属的成熟度M，从 M_4 到 M_1 代表成熟度从高到低。

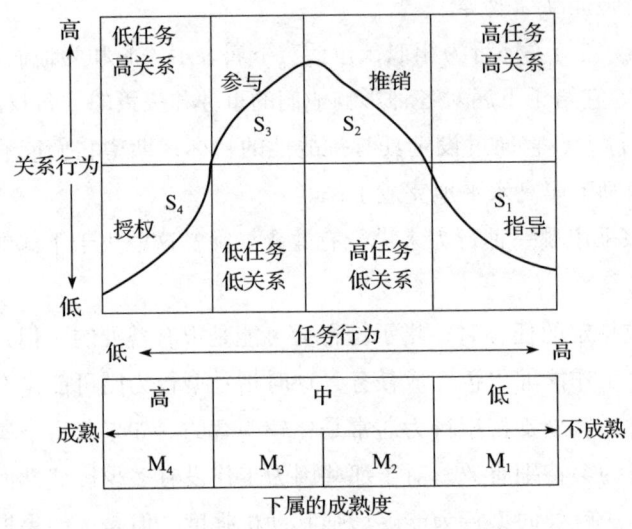

图 11-3　领导方式和任务成熟度之间的关系

这样一来，赫塞和布兰查德就把领导方式和员工的行为关系通过成熟度联系起来，形成一种周期性的领导方式。当下属的成熟度水平不断提高时，领导者不仅可以减少对活动的控制，而且还可以不断减少关系行为。例如，指导型领导方式 S_1 是对低成熟度的下属而言的，表示下属需要得到明确而具体的指导；S_2 表示领导者需要高任务－高关系行为，高任务行为能够弥补下属能力的欠缺，高关系行为则试图使下属在心理上领悟领导者的意图；S_3 表示可以运用支持性、非指导性的参与风格有效激励下属；S_4 是对高成熟度的下属而言的，表示下属既有意愿又有能力完成任务，领导者需要采用授权，从而减少任务行为与关系行为。

和菲德勒的权变理论相比，领导生命周期理论更直观，并且更容易理解。但它只针对下属的特征，而没有包括领导行为的其他情景特征。因此，这种领导方式的情景理论算不上完善，但它对于深化领导者和下属之间的研究，具有重要的基础作用。

❖ 本章小结

领导是个体影响群体中其他成员以求实现既定的群体或组织目标的过程，施加这种影响的个体就是领导者。在组织中，领导扮演着极其重要的角色。如果领导是有效的，组织中工作的人就可能发挥更大的作用，从而表现出更高的绩效；反之，组织目标的实现就可能成为泡影。在经济日益全球化的今天，领导除了需要完成原有的计划、组织和控制功能以实现组织目标，还需要从容应对全球化压力、创新和竞争所带来的挑战。

本章首先介绍了领导与管理的关系、领导的作用及领导权力的来源；然后阐述了领导风格类型，按创新方式可以把领导风格划分为魅力型领导者和变革型领导者，按思维方式可以把领导风格划分为事务型领导者和战略型领导者，按权力运用方式可以把领导风格划分为集权式领导者和民主式领导者；最后介绍了领导特质论、领导行为论和领导情景论。

复习思考

1. 什么是领导？领导的作用及权力来源有哪些？
2. 根据不同标准可以把领导风格划分为哪些类型？这些类型各有什么特点？
3. 管理方格理论的主要内容是什么？对管理者有何启示？
4. 菲德勒权变理论的主要观点是什么？该理论对管理者有何启示？
5. 路径－目标理论的主要观点是什么？该理论对管理者有何启示？
6. 领导生命周期理论的主要观点是什么？该理论对管理者有何启示？

本章参考文献

[1] 高闯. 管理学[M]. 2版. 北京：清华大学出版社，2009.
[2] 德鲁克. 管理的实践[M]. 齐若兰，译. 北京：机械工业出版社，2019.
[3] 周三多，陈传明，刘子馨，等. 管理学：原理与方法[M]. 7版. 上海：复旦大学出版社，2018.
[4] 罗宾斯，库尔特. 管理学：第13版[M]. 刘刚，程熙镕，梁晗，等译. 北京：中国人民大学出版社，2017.
[5] 焦叔斌，杨文士. 管理学[M]. 5版. 北京：中国人民大学出版社，2019.
[6] 凯斯勒. 管理学理论百科全书[M]. 韩殿秀，李达，译. 太原：山西经济出版社，2019.

第 12 章
CHAPTER 12

激　　励

学习目标

学习完本章后，你应该能够：
- 理解激励的概念和过程。
- 掌握激励理论。
- 了解相关的激励实务。

12.1　激励概述

12.1.1　需要、动机和行为

需要是对某种目标的渴求和欲望，是个体心理及生理反应的稳态需求在大脑中的反映。当人们缺乏所需事物而引起心理紧张时，就会产生需要，并为满足需要而采取行动。管理实践中，利用需要对行为的原动力作用，运用激励手段，通过提供外部诱因，满足员工需要，进而诱发积极行为，对提高管理效率和效果具有重要意义。

需要具有原动力作用，但其作为一种潜在的心理状态，并不能直接诱发行为。只有当需要指向特定目标，并与某种客观事物建立起具体的联系时，才能由潜在状态转化为激发状态，成为引发人们采取行动的内在力量。这种在需要与目标对象衔接基础上形成的、直接驱动行为的内在力量就是动机。

一般来说，人们产生某种需要而又未得到满足时，会产生一种不安和紧张的心理状态。在遇到能够满足需要的目标时，这种紧张的心理状态转化为动机，推动人们去从事某种活动，向目标前进。达到目标时，紧张的心理状态会缓解或消除，需要得到满足，这时又会产生新的需要，如此形成不断循环往复的过程，不断向新的目标前进。

动机是一种过程，体现了个体为实现目标而付出努力的强度、方向和坚持性，其中，努力、方向和坚持性是动机的三个关键因素。努力是强度或内驱力指标，受到激励的员工会更加努力地工作。但是，在关注努力强度的基础上，还要关注努力的质量。如果努力指向的并非有利于组织的方向，则高度的努力未必产生令人满意的工作绩效，只有指向组织目标并与其保持一致的努力，才是组织真正需要的。最后，动机的坚持性要求员工能够为实现最终目标而不懈努力。

凡是有意识的人类活动都称为行为。行为的产生原因是动机和需要，即人的行为是由动机决定的，而动机则是由需要支配的。

12.1.2 激励的类型、原则和作用

激励是通过一定手段使员工的需要和动机得到满足，以调动他们的工作积极性，使他们积极主动地发挥个人潜能，从而实现组织目标的过程。

1. 激励的类型

（1）物质激励与精神激励

1）物质激励。物质激励是从满足人的物质需要出发，对物质利益关系进行调节，从而激发人的向上动机并控制其行为的趋向。物质激励多以加薪、减薪、奖金、罚款等形式出现。人们工作的重要目的是获得薪酬，满足自身衣食住行等的需要。就需要层次来看，物质激励主要满足的是人的低层次需要，如生理需要和安全需要。尽管如此，物质激励仍是不可或缺的重要激励手段，对强化按劳取酬的分配原则和调动员工的工作积极性具有很大作用。

2）精神激励。精神激励是从满足人的精神需要出发，通过对人的心理施加必要的影响，从而产生激发力来影响人的行为。精神激励满足的是人的精神层面的需要。相对于物质需要而言，精神需要层次更高，也更难满足。管理实践中，精神激励主要是通过增加晋升机会、工作荣誉感和成就感等方式来激发员工的工作积极性，主要满足的是人的社交需要、尊重需要和自我实现需要。

（2）正激励与负激励

根据美国心理学家伯尔赫斯·斯金纳（Burrhus Skinner）的强化理论，激励行为可以分为正激励和负激励。正激励是对个体符合组织目标的期望行为进行奖励，以使这种行为更多地出现，提高个体积极性。负激励则是对个体违背组织目标的非期望行为进行惩罚，以使这种行为不再发生，使个体积极性朝正确的目标方向转移。

在管理实践中，正激励与负激励都是必要而有效的，这两种方式的激励效果不仅会直接作用于个人，还会间接影响周围的个体和群体。

（3）内激励与外激励

内激励是指工作本身带给人的激励，包括工作有趣味，让人有责任感、成就感、自豪感

等，这些属于工作本身，无法量化为货币形式，可以激发个体内在积极性。内激励是促进创新最重要和最关键的因素，对创新构想的产生和执行会产生积极作用。外激励是指工作以外的奖赏，包括增加报酬、提升职位、改善工作场所人际关系等。

传统激励重视以薪酬为代表的物质利益的外激励；在现代组织中，人们越发重视参与决策、个人成长、工作趣味等内激励因素。前者重视人的外部需要，后者则更加强调工作价值，即道德和精神层面的激励。相比之下，内激励能够产生更稳定、更持久、更明显的效果。

除了上述类型外，在管理实践中，常见的激励还包括目标激励、差别激励、公平激励、信任激励等。

2. 激励的原则

（1）目标结合原则

在激励过程中，设置目标是一个关键环节。目标设置必须同时体现组织目标和员工需要，才能在调动员工积极性的同时，更好地实现组织目标。

（2）物质激励与精神激励相结合原则

物质激励是基础，精神激励是根本。应在两者结合的基础上，逐步过渡到以精神激励为主。

（3）引导性原则

外激励措施只有转化为被激励者的自觉意愿，才能取得激励效果。因此，引导性原则是激励过程的内在要求。

（4）合理性原则

激励的合理性原则包括两层含义：①激励的措施要适度，要根据所实现目标本身的价值大小确定适当的激励量；②奖惩要公平。

（5）明确性原则

激励的明确性原则包括三层含义：①明确。激励的目的是需要做什么和必须怎么做。②公开。特别是涉及分配奖金、职位晋升等广受关注的事项，公开更为重要。③直观。实施物质奖励和精神奖励时都需要直观地表达相应的指标，明确奖励、惩罚的方式。

（6）时效性原则

要把握激励的时机，"雪中送炭"和"雨后送伞"的效果是不一样的。激励越及时，越有利于将个体的激情推向高潮，使员工创造力连续有效地发挥出来。

（7）正激励与负激励相结合原则

正负激励都是必要而有效的。应坚持有奖有罚，对符合组织目标的期望行为进行奖励，对违背组织目标的非期望行为进行惩罚，进而影响当事人及其周围个体的行为。

（8）按需激励原则

激励的起点是满足员工的需要，但员工的需要因人而异、因时而异，并且只有满足那些最迫切的、未被满足的需要，其效价才高，激励强度才大。因此，管理者需要深入调查研究，了解员工需要层次和需要结构的变化趋势，有针对性地采取激励措施。

3. 激励的作用

（1）为行为提供动力

激励能激发行为的动机，强化行为的动力，由消极的"要我做"转化为积极的"我要做"。在此情况下，个体处于被激励状态，动力强，行为积极。

（2）激发员工潜能

员工的工作绩效不仅取决于其能力大小，还取决于激励水平。有效的激励能够挖掘员工的最大潜能，在工作中充分调动其潜能和智慧，提高工作绩效。

（3）激发员工的工作积极性和创造性

通过有效的激励，员工对工作能够产生强烈、深刻、积极的情感，形成浓厚且稳定的兴趣。这会使员工产生高度的注意力、敏感性，自觉、主动、创造性地完成本职工作。

（4）吸引和留住人才

许多企业，尤其是竞争力强、实力雄厚的企业，往往通过丰厚的福利待遇、快捷而畅通的晋升通道吸引需要的人才。有效的激励能够把有才能的、符合组织需要的人吸引过来，并激励其长期为组织工作，这是组织获得持续竞争力的基础。

（5）创造良性竞争环境，增强凝聚力

科学的激励制度能够创造一种良性的竞争环境，形成良性的竞争机制。在良性竞争环境中，组织成员会感受到周围的压力，从而激励其努力工作。

12.1.3　激励过程

人类的有目的的行为都是出于对某种需要的追求。未得到满足的需要是产生激励的起点，进而导致某种行为。行为的结果可能使需要得到满足，之后再发生对新需要的追求；行为的结果也可能是遭受挫折，追求的需要未得到满足，由此而产生消极的或积极的行为。上述激励过程如图 12-1 所示。

12.2　激励理论

12.2.1　内容型激励理论

内容型激励理论着重研究激发动机的诱因，围绕着如何满足需要进行研究，故又称为需要理论。内容型激励理论主要包括需要层次理论、双因素理论、ERG 理论、成就需要理论等。

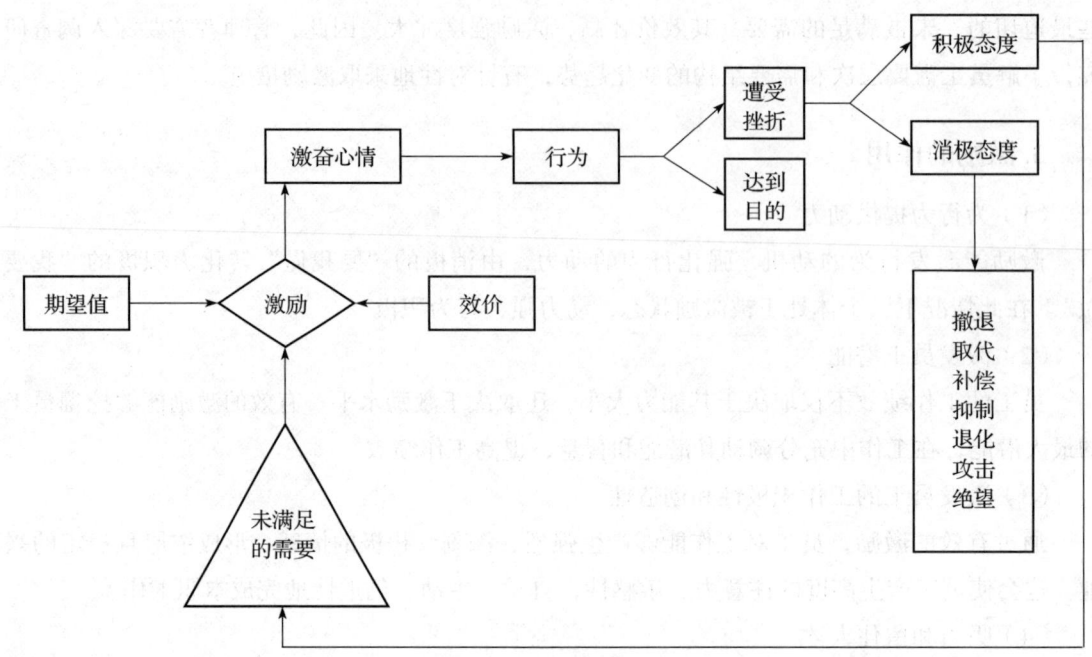

图 12-1　激励过程

（资料来源：周三多，陈传明，刘子馨，等. 管理学：原理与方法 [M]. 7 版. 上海：复旦大学出版社，2018.）

1. 需要层次理论

马斯洛需要层次理论（Hierarchy of Needs Theory）由美国心理学家亚伯拉罕·马斯洛（Abraham Maslow）在 1943 年出版的《人类动机理论》一书中首次提出，并在 1954 年出版的《动机与人格》一书中做了进一步阐释。马斯洛需要层次理论也称"基本需要层次理论"，他认为，每个人都有五个层次的需要，从低到高依次为生理需要、安全需要、社交需要、尊重需要、自我实现需要，如图 12-2 所示。

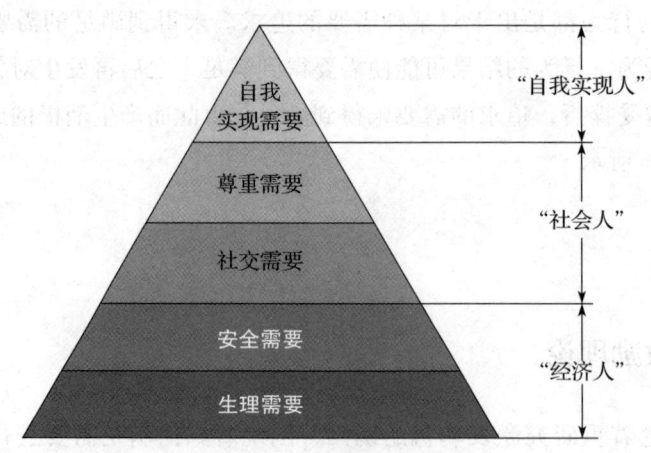

图 12-2　需要层次理论

（资料来源：罗宾斯，库尔特. 管理学：第 13 版 [M]. 刘刚，程熙镕，梁晗，等译. 北京：中国人民大学出版社，2017.）

①生理需要（Physiological Needs），是指食物、水、住所、性满足以及其他生理方面的需要。②安全需要（Safety Needs），是指保护自己免受身体和感情伤害等方面的需要，保证生理需要能够继续得到满足。③社交需要（Social Needs），是指爱情、归属、接纳及友谊等方面的需要。④尊重需要（Esteem Needs）：内部尊重需要包括自尊、自主及成就感等；外部尊重需要包括地位、认可和关注等。⑤自我实现需要（Self-Actualization Needs），是指成长、发挥自身潜能、实现理想等方面的需要，这些需要驱使个人追求自身能力的极限。

上述五个层次的需要可分为三个阶段。第一阶段基于"经济人"假设，包括生理需要和安全需要两个层次。生理需要是人们最原始的、最基本的需要，如吃、穿、住等，是保障人们生存的最底层需要。只有满足了生理需要，才能追求更高层次的需要。安全需要是在满足生理需要的基础上，寻求的高一层次的需要，当人们能够正常生存时，会寻求相应的安全保护，如劳动安全、生活稳定、避免伤害、未来保障等。第二阶段基于"社会人"假设，包括社交需要和尊重需要，是人们满足了第一阶段需要之后的更高层次的需要。社交需要也称作归属与爱的需要，是对人际交往的一种渴望，希望与人沟通，得到他人的理解与关爱，属于心理上的需要，不像生理需要和安全需要那样可描述、可衡量。尊重需要一般包括自我尊重、他人的认可与尊重和对权力的渴望。虽然尊重需要处在需要层次的中间部分，但是它往往很难得到完全满足，只要得到适当的满足就可以起到激励效果。第三阶段基于"自我实现人"假设，是指自我实现的需要。实现自我实现需要的过程是人们追求理想、超越自己的过程，是实现人生价值的重要一步。

马斯洛认为，人是有需要的动物，未满足的需要产生工作动机，也是激励工作的因素；只有未满足的需要才能影响人的行为，已经得到满足的需要不再起到激励作用。马斯洛还强调，人的需要具有层次性，由低层次的需要开始逐级向上发展到高层次的需要，低一级需要得到基本满足后，高一级需要就成为行为的驱动力。马斯洛认为，尽管人的需要会随各种因素的变化而改变，但任何人在某个时期都有主导需要、主导动机。马斯洛还指出，满足高层次需要比满足低层次需要的途径更多，但也更难以满足。

马斯洛需要层次理论从理论上系统地阐述了人的需要与行为之间的关系，并提出了人的需要的动态演变规律，强调了人的价值和尊严，概括了人在不同层次上的需要，一定程度上反映了人类行为和心理活动的共同规律，对于提高激励效果具有指导意义，因而得到了管理者的普遍认可。但该理论对需要层次的分析简单、机械，缺少理论依据和经验证据的支撑，也没有提出衡量各层次需要是否满足的具体标准。

2. 双因素理论

双因素理论（Two Factor Theory）由美国心理学家、行为科学家弗雷德里克·赫茨伯格（Frederick Herzberg）于1959年提出，也称激励-保健因素理论（Motivation-Hygiene Theory）。赫茨伯格和他的助手于20世纪50年代末期在美国匹兹堡地区对200多位工程师、会计师进行了调查访问，总结出导致员工满意和不满意的因素（见表12-1）。

赫茨伯格等经过分析发现，某些因素通常与工作满意有关，而其他一些因素则与工作不满意有关。满意因素是指可以使人得到满足和激励的因素，称为激励因素，主要包括工作本身、成就感、认同感、责任、晋升、成长等。激励因素通常都是工作的内在因素，这些因素如果得到满足，可以产生很强的激励作用；若得不到满足，也不会像保健因素那样令员工产生不满情绪。改善这些因素，能够增加员工的工作满意感，起到激励作用，提高工作效率。而不满意因素是指容易产生意见和消极行为的因素，即保健因素，往往是工作本身以外的一些外在因素，包括公司的政策与管理、监督、工资、同事关系、工作条件、地位、安全等。如果不能满足这些因素，会引发员工对工作的不满情绪；如果满足这些因素，则能消除员工的不满情绪，维持原有的工作效率，但不能激励其更积极的行为。

表12-1 双因素理论

导致不满意的因素 （1 844个事例）	导致满意的因素 （1 753个事例）
公司的政策与管理	工作本身
监督	成就感
工资	认同感
同事关系	责任
工作条件	晋升
地位	成长
安全	

（资料来源：罗宾斯，库尔特. 管理学：第13版［M］. 刘刚，程熙镕，梁晗，等译. 北京：中国人民大学出版社，2017.）

赫茨伯格认为，导致工作满意的激励因素和导致工作不满意的保健因素是有区别的，这两种因素是影响员工工作绩效的主要因素，工作中的满意感是激励工作行为的重要力量。

传统观点认为，满意的对立面是不满意。而赫茨伯格则认为：满意的对立面是没有满意而不是不满意；不满意的对立面是没有不满意，而不是满意；满意与不满意是质的区别而不是量的区别，如图12-3所示。此外，赫茨伯格还指出，人有两种需要，彼此独立，能够以不同方式影响人们的行为。

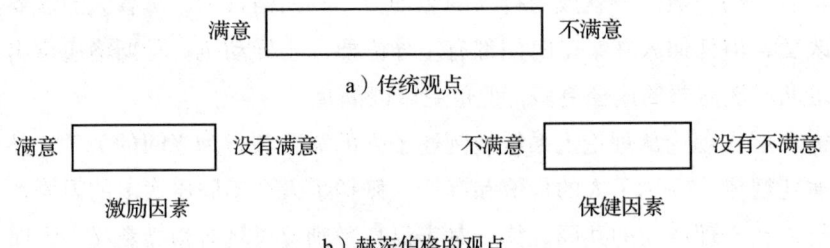

图12-3 传统观点与赫茨伯格的观点对比

（资料来源：罗宾斯，库尔特. 管理学：第13版［M］. 刘刚，程熙镕，梁晗，等译. 北京：中国人民大学出版社，2017.）

双因素理论对管理实践有着重要的启示。该理论强调内在因素即工作本身的激励，为激励制度和工作设计提供了新的思路，在20世纪60年代中期到20世纪80年代早期广为流传。然而，该理论在程序和方法等方面受到了许多质疑，也没有证实满意感和生产率之间的必然联系。

3. ERG 理论

ERG 理论是生存（Existence）、关系（Relatedness）、成长（Growth）需要理论的简称，是美国耶鲁大学组织行为学教授克雷顿·奥尔德弗（Clayton Alderfer）对马斯洛需要层次理论加以修改形成的一种激励理论。

（1）生存需要

这是维持人的生命存在的需要，相当于马斯洛需要层次理论中的生理需要和安全需要。这种需要包括衣、食、住以及工作组织为其得到这些因素而提供的手段，如报酬、福利和安全条件等。

（2）关系需要

这是个体对社交、人际关系和谐及相互尊重的需要，相当于马斯洛需要层次理论中的社交需要和尊重需要的外部因素。这种需要通过工作中及工作以外与其他人的接触和交往得到满足。

（3）成长需要

这是个体要求得到提高和发展，获得自尊、自信、自主及充分发挥自己能力的需要，相当于马斯洛需要层次理论中尊重需要的内在因素和自我实现需要。这种需要通过发展个体的潜力和才能得到满足。

奥尔德弗认为：各个层次的需要得到的满足越少，则满足这种需要的渴望就越大，即愿望加强律；较低层次的需要得到越多满足，则该需要的重要性就越小，满足高层次需要的渴望就越大，即满足前进律；当较高层次的需要遭受挫折、得不到满足时，人们就会退而求其次，对较低层次需要的渴求就越大，即受挫回归律。

与马斯洛需要层次理论不同的是，奥尔德弗认为：一种需要的满足不一定会导致需要层次上升的趋势；人的需要出现挫折，会导致需要产生倒退的现象；关系与成长需要的满足，有时不但不会转移，反而会有进一步上升和增强的趋势。

根据 ERG 理论，管理者要设法引导员工由较低层次需要向高层次需要转化，为其提供能满足高层次需要的环境和条件。如果不能满足高层次的需要，则应该为员工提供更多机会满足其较低层次的需要。

4. 成就需要理论

成就需要理论（Need for Achievement Theory）由戴维·麦克利兰（David McClelland）及其合作者提出。该理论认为，在人的生存需要基本得到满足后，成就需要（Need for Achievement）、权力需要（Need for Power）和归属需要（Need for Affiliation）将成为最重要的三种需要。

其中，成就需要，即达到标准、争取成功、追求卓越的需要；权力需要，即影响或控制别人且不受他人控制的需要；归属需要，即建立友好的、亲密的人际关系的需要。

经过多年的研究，麦克利兰和他的同事归纳出高成就需求者的三个特征：①事业心强，喜欢面对需要他本人负责解决的问题的挑战，具有创新精神；②有进取心，倾向于承担中等程度的风险，而不是过高或过低的风险；③希望得到对他们工作业绩的具体反馈，把个人成就看得比金钱更重要。

成就需求理论并没有忽略其他需要，麦克利兰专门研究和分析了权力需要与归属需要。他相信，权力也是重要的激励因素。他认为，成功的管理者具备四个明显与权力相关的特点：①认为在一个权威系统中，制度比个人更重要；②喜欢工作，喜欢工作纪律，因为只有这些工作纪律才能使管理工作井井有条；③是利他主义者，愿意为了组织而牺牲个人利益，并且这种牺牲要让众人都能看到；④坚持公正高于一切，对任何人都要一碗水端平。

关于归属需要，麦克利兰发现，许多成功管理者的归属动机不高，因为他们已在所从事的事业中获得了归属感。而那些有较高归属需要的人倾向于服从组织，宁愿作为组织成员也不愿成为领导者。当个人晋升到组织等级链的顶部时，归属需要趋于下降。

成就需要理论认为，事业心强、喜欢发挥独立解决问题能力的人的成就需要比较强烈。权力需要强烈的人敢于承担，责任感强，容易获得具有较高社会地位的工作，喜欢影响别人。归属需要强烈的人一般忠实可靠，高度服从群体规范，对人际关系比较敏感。麦克利兰认为，这些需要并不像马斯洛需要层次理论所指出的那样是本能的欲求，而是通过后天的学习获得的。

麦克利兰的成就需要理论对具有高目标值的企业家或经理人员的激励具有重要的指导意义。根据该理论，管理者可以训练员工，激发其成就需要。

12.2.2 过程型激励理论

过程型激励理论是研究从动机产生到最终采取行动的过程的理论，主要是通过找出影响人们行为的关键因素，并厘清这些因素之间的联系，从而预测和控制人的行为。具有代表性的过程型激励理论主要包括期望理论、公平理论、强化理论等。

1. 期望理论

期望理论（Expectancy Theory）由著名心理学家和行为科学家维克多·弗鲁姆（Victor Vroom）于1964年在《工作与激励》中提出，这是有关员工激励方面最广为接受的解释之一。该理论认为，人们采取某项行动的动力或激励取决于其对行为结果的价值评价和预期达成该结果的可能性的估计，只有当人们预期到某一行为能给个人带来有吸引力的结果时，才会采取这一特定行为。期望理论的基本观点可以用一个公式描述为

$$激励力（M）= 效价（V） \times 期望值（E）$$

式中，激励力（M）表示受到的激励程度；效价（V）表示个人对达到某种预期结果的偏好程度，即对工作目标有用性（价值）的评价；期望值（E）表示通过特定活动可带来预期成果的可能性，即对工作目标能够实现概率的估计。

从上面的公式可以看出,期望值与效价同时决定激励的效果,只有在期望值与效价同时提高的时候,激励效果才会比较明显。

根据这一理论,人们对待工作的态度取决于对三种联系的判断:

①努力-绩效的联系。需要付出多大努力才能达到某一绩效水平?我是否真能达到这一绩效水平?概率有多大?②绩效-奖赏的联系。当我达到这一绩效水平后,会得到什么奖赏?③奖赏-个人目标的联系。这一奖赏能否满足个人的目标?吸引力有多大?

期望理论以自我利益为基础,认为每个员工都在寻求获得最大的自我满足。期望理论的核心是双向期望,管理者期望员工的行为,员工期望管理者的奖赏。期望理论的关键是正确识别员工的个人目标和判断三种联系。期望理论的假设是管理者知道什么对员工最有吸引力。员工判断依据的是个人感觉,而与实际情况不相关。不管实际情况如何,只要员工以自己的感觉确认自己经过努力工作就能达到所要求的绩效,达到绩效后能得到具有吸引力的奖赏,他就会努力工作。目前,国内外企业对高层管理人员实行的期权激励就建立在该理论基础之上。

2. 公平理论

公平理论(Equity Theory)由美国心理学家约翰·亚当斯(John Adams)于 1965 年提出,也被称为社会比较理论。公平理论主要讨论报酬公平性对人们工作积极性的影响。该理论认为,员工在取得绩效得到报酬后,不仅关心自己所得薪酬的绝对值,而且关心所得报酬的相对值,通过比较来确定所得报酬是否合理。相对报酬的公平性会影响员工的积极性。比较的方法包括横向比较与纵向比较两种。

(1)横向比较

横向比较就是将"自己"与"别人"相比,来判断所获报酬的公平性,并据此做出反应。公式如下:

$$\frac{O_p}{I_p} \text{ 与 } \frac{O_a}{I_a} \begin{cases} \frac{O_p}{I_p} = \frac{O_a}{I_a} & \text{①} \\ \frac{O_p}{I_p} < \frac{O_a}{I_a} & \text{②} \\ \frac{O_p}{I_p} > \frac{O_a}{I_a} & \text{③} \end{cases}$$

式中,O_p 表示自己对所获报酬的感觉;O_a 表示自己对别人所获报酬的感觉;I_p 表示自己对所投入量的感觉;I_a 表示自己对别人所投入量的感觉。

投入量包括个体所受到的教育、能力、努力程度、时间等因素;报酬包括精神和物质奖励以及工作安排等因素;"别人"包括本组织之中的其他人以及别的组织中与自己能力相当的人。

出现情况①时,员工觉得报酬是公平的,可能因此而保持工作的积极性和努力程度。

出现情况②时，员工对组织的激励措施感到不公平，可能要求增加报酬或者自动地减少投入，以达到心理上的平衡，甚至也有可能离职。

出现情况③时，员工得到的报酬过高或付出的努力较少。在这种情况下，员工一般不会要求减少报酬，而有可能自觉地增加投入量；但一段时间之后，会因高估自己的投入而对高报酬心安理得，产出又会恢复到原先的水平。

（2）纵向比较

纵向比较是自己目前与过去的比较，来判断报酬的公平性。公式如下：

$$\frac{O_p}{I_p} 与 \frac{O_h}{I_h} \begin{cases} \frac{O_p}{I_p} = \frac{O_h}{I_h} & ① \\ \frac{O_p}{I_p} < \frac{O_h}{I_h} & ② \\ \frac{O_p}{I_p} > \frac{O_h}{I_h} & ③ \end{cases}$$

式中，O_p 表示自己对目前所获报酬的感觉；O_h 表示自己对过去所获报酬的感觉；I_p 表示自己对目前投入量的感觉；I_h 表示自己对过去投入量的感觉。

出现情况①时，员工认为激励措施基本公平，工作的积极性和努力程度可能保持不变。

出现情况②时，员工对组织的激励措施感到不公平，工作积极性会下降，除非管理者给他增加报酬。

出现情况③时，员工一般不会觉得所获报酬过高，因为他可能会认为自己的能力和经验有了进一步提高，其工作积极性不会提高多少。

公平理论表明，公平是一种平衡、稳定的状态，而报酬过高或过低都会使员工感到心理上的紧张、不安，紧张是一种不愉快的感觉。亚当斯认为，消极的紧张状态能提供一种动机使人们采取行动以纠正这种不公平，直至出现一种可以容忍的状态。尽管如此，人们总是倾向于过高估计自己的投入量，而过低估计自己所获得的报酬，对别人的投入量和所获得报酬的估计则与此相反。因此，管理者运用该理论时，应当更多地注意实际工作绩效与报酬之间的合理性。

3. 强化理论

强化理论（Reinforcement Theory）由美国心理学家斯金纳首先提出，也被称为行为修正理论。该理论认为，人的行为是其所获刺激的函数：如果这种刺激对其有利，则这种行为会重复出现；若对其不利，则这种行为会减弱直至消失。因此，管理者要采取各种强化方式，使个体的行为符合组织的目标。根据强化的性质和目的，强化主要分为正强化和负强化两种类型。

所谓正强化，就是奖励那些符合组织目标的行为，以使这些行为得到进一步加强，从而有利于组织目标的实现。正强化的刺激物不仅包含奖金之类的物质奖励，还包含表扬、提升、改善工作关系等精神奖励。正强化的方式一般有两种：连续正强化和间断正强化。实践证明，不定期、不定量的间断正强化效果更好。

所谓负强化，就是惩罚那些不符合组织目标的行为，直到这些行为被削弱甚至消失，从而保证组织目标的实现不受干扰。实际上，不进行正强化也是一种负强化，负强化还包含减少奖酬，或者罚款、批评、降级等。与正强化不同，负强化应以连续负强化为主，即对每一次不符合组织目标的行为都应及时予以负强化，以消除人们的侥幸心理，减少直至完全避免这种行为重复出现的可能性。

12.2.3 综合激励理论

美国心理学家、管理学家莱曼·波特（Lyman Porter）和爱德华·劳勒（Edward Lawler）于1968年在《管理态度和成绩》中提出"综合激励模型"。波特和劳勒的综合激励理论吸收了需要理论、期望理论和公平理论等的成果，比较全面地说明了各种激励理论的内容，如图12-4所示。

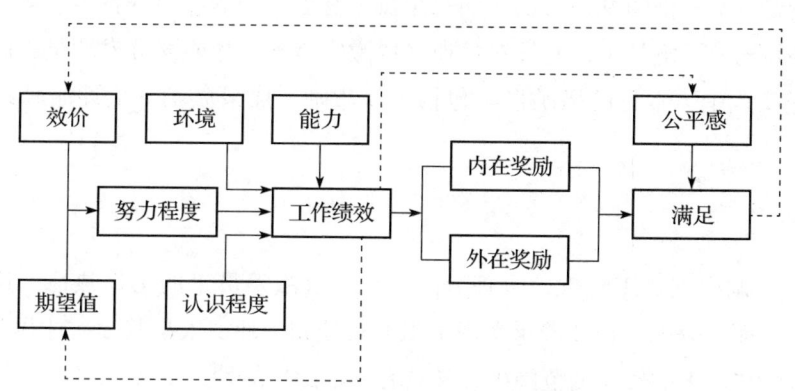

图 12-4　波特和劳勒的综合激励模型

（资料来源：娄成武，魏淑艳. 现代管理学原理 [M]. 3 版. 北京：中国人民大学出版社，2012.）

综合激励理论的主要观点包括：

1）个人是否努力以及努力程度不仅取决于奖励的价值，还受到个人觉察出来的努力和受到奖励的概率的影响。个人觉察出来的努力是指其认为需要或应当付出的努力；受到奖励的概率是指其对付出努力之后得到奖励的可能性的预测。

2）个人实际能达到的绩效不仅取决于其努力的程度，还受到环境、个人能力大小，以及对任务的了解和理解程度的影响。特别是对于比较复杂的任务，个人能力及其对此任务的理解较其付出的努力对所能达到的绩效的影响更大。

3）个人所应得到的奖励应当以其实际达到的工作绩效为价值标准，尽量剔除主观评估因素。要使个人看到，只有完成组织的任务，才会受到精神和物质上的奖励。不应该先有奖励，后有努力和成果；而应当先有努力的结果，再给予相应的奖励。

4）个人对所受到的奖励是否满意以及满意程度如何，取决于受激励者对所获报酬公平性的感觉。如果受激励者感到不公平，则会导致不满意。

5）个人是否满意以及满意程度将会反馈到其完成下一项任务的努力过程中。满意会导致进一步的努力，而不满意会导致努力程度的降低甚至离开工作岗位。

波特和劳勒的综合激励模型是对激励系统的比较全面和恰当的描述，在20世纪六七十年代影响力非常大，在今天仍具有现实意义。这一模型告诉人们，激励和绩效之间并不是简单的因果关系，要形成激励→努力→绩效→奖励→满足并因满足再回馈努力的良性循环，必须考虑奖励内容、奖惩制度、组织分工、目标设定、考核公平性等一系列综合因素，同时注意个人满意程度在努力中的反馈。

12.3 激励实务

12.3.1 激励的一般形式

激励理论是针对一般情况而言的，而每个员工有着不同的经历、特性、需要、目标、期望。管理者必须充分了解员工，有针对性地采取激励措施，才能充分发挥员工的潜能，提高效率。在管理实践中，常见的激励形式包括工作激励、成果激励、批评激励以及培训教育激励。

1. 工作激励

工作激励强调根据员工特性，合理分配工作，以激发员工的工作热情。这主要体现在两个方面：一方面，分配工作要着重考虑员工的长处和兴趣，人尽其才，才尽其用；另一方面，工作要求既在员工能接受的范围内，又具有一定的挑战性。

（1）分配工作要着重考虑员工的长处和兴趣

管理者需要了解员工的特长，即能做什么、善于做什么，继而根据员工的优势和爱好安排岗位，必要时可以因人设岗。管理者应该认识到，人无完人，能力再强、技术再过硬的员工也有缺点，而看起来一无是处、常常惹麻烦的员工也有可取之处。如何通过合理的岗位安排用其长而避其短是管理者必须做的功课。此外，人的精力是有限的，每个人只能专攻一块或几块很小的领域，所谓全才也无法面面俱到。因此，管理者在安排工作时应综合考虑每个人的特点，统筹安排，以使工作激励的效果最大化。

（2）工作要求能激发员工的工作热情

分配工作时，既要考虑员工的个人特性，也要设置合理的工作要求和目标，使其富有一定的挑战性，最大限度地激发员工的拼搏精神。如果将一项工作安排给能力远超过完成任务所需能力的员工，那这项任务对于员工而言就是驾轻就熟的。当他了解了这项工作的难度后，就会感到能力没有充分发挥，逐渐地，他可能对工作越来越不感兴趣，甚至产生厌倦情绪。相反，如果管理者为了迅速提高员工的技术水平和工作能力，而将工作交给一个能力远低于完成这项工作应具备能力的员工，虽然刚开始会在一定程度上激发员工的斗志，但是在多次尝试失败后，员工可能会十分灰心，不愿再进行尝试。因此，只有将工作交给能力略低于要求的员工，才可能引导员工为之努力，提高自身能力，圆满完成工作。

2. 成果激励

要实现成果激励，必须先正确设定评价指标体系。评价指标体系会向员工传递有效的信息，如组织要求做什么事，什么事做好了会受到奖励。大多数人的本能会驱使其朝着评价体系指定的方向努力，因此，工作成果的评价指标体系具有"指挥棒"的作用。设定评价指标体系时，必须秉承公平、公正、透明、公开的原则，从组织的战略目标出发，根据不同工作岗位的特性、职能以及战略地位设定评价指标体系。需要注意的是，在设定过程中还需分清主次，适合量化的就应量化，不适合的也不必勉强。

在对工作成果评价之后，必须给予报酬，可以是物质报酬，也可以是精神报酬，或是兼而有之。管理者给予员工的报酬应以奖励为主，但是适度的惩罚不可或缺。其中，奖励是对员工的努力和成果给予肯定，促使其更加努力工作；而惩罚的目的在于惩前毖后，尽量减少或避免再犯类似错误。

3. 批评激励

在管理实践中，各种违反规定的行为和不良现象的发生可以通过批评来减少。批评是管理者经常需要用到的手段。但是，批评不像罚款和处分那样"严苛"，只是通过双方的语言和感情交流，使违反者认识到错误，并且改正错误，从深层次起到激励作用，将消极因素转为积极因素。因此，在批评中要注意以下几点。

（1）明确批评的目的

在批评之前，首先要明确批评究竟是为了什么。例如：帮助被批评者认识错误行为的有害后果；警示被批评者不再犯同样的错误；补救这次错误造成的不利后果；分析造成错误的原因，并且让被批评者认识到自己可以把事情做得更好，恢复自信心。

（2）了解事实真相

在明确了目的的基础上，还必须了解要批评的事实。管理者要清楚地知道被批评者错在何处，为何出现错误，何人出错，何时出错等。只有全面了解了错误的事实情况，才能有理有据，使批评更有说服力，达到最佳效果。

（3）注意方式方法

1）要注意对事不对人。如果针对某一人给出批评，会让被批评者觉得领导对自己不满，并且这种批评会让被批评者觉得出问题与其自身的特性有关，造成被批评者出现反感和抵触情绪，听不进去；相反，如果针对问题提出批评，并且给予一定鼓励，对方更易于接受，并乐于纠正。

2）要注意用词。尽量在批评中给予被批评者启发，使用更婉转的用语，比如"如果我来做的话，我会……"。

3）要注意场合。除非特殊情况，最好不要在公共场合批评。公开的批评会令员工难堪，甚至损伤自尊，引起反感。相对放松的环境能够缓解被批评者的抵触情绪，使其接受批评。

4）选择合适的时间。一些西方管理学家认为，不要在午饭前和下班后批评员工。因为午饭前批评可能引起被批评者的不悦，并把不满带到饭桌，影响身体健康，还可能让这种情绪蔓延；而下班后，员工回家心切，不会十分留意批评，收效甚微。

（4）注意批评效果

在批评过程中和批评结束时，要了解被批评者是否明白了错在何处以及如何避免重复犯错，还应注意事后检查。批评的目的是避免此类错误再次发生，因此，批评工作不应随着谈话的结束而终止。要使批评有效果，还要注意批评后的追踪检查，以避免员工重犯类似的错误。

4. 培训教育激励

员工素质很大程度上决定了他们的工作态度和积极性。一般来说，素质高的员工具有较强的进取心，高层次的追求较多，对自己约束严格、要求较高，从而能够展现出更高的工作热情。因此，通过教育和培训，提高员工素质，增强自我激励的能力，是管理者的重要激励手段。素质的培训和教育主要围绕思想品德和业务技能两方面展开。

1）通过加强思想品德教育调动员工积极性，是我国企业管理的优良传统，必须在新形势下发扬光大。思想品德教育可以帮助员工正确认识肩负的使命，树立正确的人生观、价值观和道德观，形成崇高的理想和抱负，从而努力工作，在工作中展现高昂的热情。

2）培训员工的专业知识和技术能力。进取心与个人能力相辅相成：强烈的进取心会促使员工主动学习新知识和新技能，从而提高个人素质；反过来，良好的业务能力使得他们能够获得更多成功的机会，带来心理上的满足，而成功以及由此带来的心理满足的体验会激发他们努力去掌握更多的新知识和新技能，形成良性循环。

12.3.2　激励独特的员工群体

员工对管理者的期望因人而异，在每个员工眼中，管理者对他们的期望也是不同的。例如：有些员工认为，目前的工作能极大地满足他们的个人兴趣和人生追求，因而并不过分在意薪酬，也不会对更有挑战性的工作或一些员工评比感兴趣；而另一些员工则对工作的满意度很高，受到激励后愿意为工作付出更多。面对不同的员工，管理者需要了解特殊群体的不同激励需要。

1. 多元化的员工

面对越来越多元化的员工，管理者必须灵活安排工作，做到因人而异，以最大限度地激励每一位员工。例如，一般来说，多数男性更强调工作中的自主性，而女性则更看重学习的机会、灵活的工作时间以及良好的人际关系。管理者要认识到，激励一个单独抚养两个年幼孩子、靠全职工作维持生活的母亲和激励一个家境良好的单身年轻兼职员工的差别。面对不同的需要，管理者必须提供相应的激励措施，从而最大限度激发员工潜能。当前，很多企业纷纷对"一碗水端平"的传统激励措施做出了改进，如采取弹性工作制、远程办公、压缩工作周、工作分享、家庭-企业平衡制度等。值得注意的是，即使弹性的工作安排受到多数人的青睐，尤其是在一些特殊时期，但并不意味着适合所有人。就远程办公而言，有的员工更喜欢与同事和领导面对面交流、沟通，激发灵感和创造性，他们可能并不喜欢远程办公的方式。

2. 专业人员

相较非专业人员，专业人员对自己的专业技术领域有更强烈和持久的承诺，他们更多时候忠诚于专业而非管理者。他们需要不断学习领域内的前沿知识，跟上领域的发展，并且出于对职业的承诺，他们愿意投入更多时间在自己的工作上。对于专业人员而言，金钱和晋升通常并不是激励的首要因素，工作的挑战性反而会被排在更靠前的位置。他们喜欢寻找办法来解决问题，激励主要来自工作本身。专业人员还十分看重支持，他们希望别人支持自己所从事的工作，虽然这一点可能适用于所有员工，但是专业人员尤其重视自己的工作，把工作作为核心的生活乐趣。而非专业人员通常还拥有工作之外的其他兴趣，以满足在工作中没有实现的需要。

3. 灵活就业的员工

如今组织中的灵活就业员工数量在不断增加，然而对于灵活就业员工的激励并没有简单的解决办法。在这些员工中，小部分人喜欢的是临时身份的自由性，因而工作缺乏稳定性并不是主要问题。另外，对于报酬较高并且不希望受到全职工作束缚的内科医生、工程师、会计师或者财务规划师来说，临时工作可能更有吸引力。不过，这毕竟是特殊情况，大多数时候，临时工并不会主动选择这种身份。

哪些因素可以激励这些非自愿的临时工呢？一个答案是，提供成为长期员工的机会。由于长期员工多是从大量的临时工中挑选出来的，短期员工常常十分努力地工作以期成为长期员工。另一个答案是，提供培训机会。临时工能否找到新工作，在很大程度上取决于其技能水平。如果员工看到目前的工作可以帮助自己提升技能，则会提高工作积极性。需要注意的是，从公平理论的角度来看，如果长期员工与临时工从事同样的工作，长期员工不仅工资多，而且享受更好的福利待遇，那么临时工的绩效水平就会受到影响。因此，让这些员工分开工作，或将他们之间的相互依赖程度降低，可能会帮助管理者减少潜在的问题。

4. 低技能并获得最低工资的员工

假设你毕业后的第一个岗位是负责管理某个全部由缺乏技能且工资最低的工人组成的工

作群体。给这些员工在绩效基础上加薪是不可能的，因为公司根本支付不起。另外，这些员工的受教育程度和技能水平通常较差。尽管金钱是十分重要的激励物，但并不是激励这些人的唯一工具。管理者可以利用员工认可计划激励工资最低的工人。很多管理者认识到口头表扬的重要性，不过需要确保这种"拍拍你的后背以表示表扬"是真诚的，而且有正当理由。

12.3.3 设计恰当的薪酬体系

薪酬体系的设计需要根据组织的实际情况，并紧密结合战略和文化，系统、全面、科学地考虑各项因素，并及时根据实际情况进行修正和调整。薪酬体系应遵循内部公平性、外部竞争性、绩效相关性等原则，充分发挥薪酬的激励和引导作用，为组织生存和发展起到制度保障作用。一个设计良好的薪酬体系直接与组织的战略规划相联系，从而使员工能够把他们的努力和行为集中到提高组织竞争力的方向上。薪酬体系的设计还应该能够增强其他人力资源管理系统的作用，如人员选拔、培训和绩效评价等。

1. 薪酬体系设计的原则

薪酬作为分配价值形式之一，设计时应当遵循内部公平性、外部竞争性、绩效相关性等原则。

（1）内部公平性

按照承担责任的大小，需要知识、能力的高低，以及工作性质、要求的不同，在薪资上应合理体现不同层级、不同职级、不同岗位在组织中的价值差异。

（2）外部竞争性

保持组织在薪资、福利等方面的竞争性，能够吸引优秀人才加盟，减少优秀人才流失，有利于组织长远发展。

（3）绩效相关性

薪酬必须与组织、团队和个人绩效的完成状况密切相关。不同的绩效考评结果应当在薪酬中准确地体现，以增强员工的公平感，从而最终保证组织绩效目标的实现。

（4）激励性

薪酬以增强工资的激励性为导向，通过动态工资和奖金等激励性工资的设计激发员工的工作积极性。另外，还应设计和开放不同薪酬通道，使不同岗位的员工有同等的晋级机会。

（5）可承受性

确定薪资水平必须考虑组织的实际支付能力，应与经济效益和承受能力保持一致。人力成本的增长幅度应低于总利润的增长幅度，还应低于劳动生产率的增长速度。可通过适当增加工资，激励员工提高工作积极性和热情，实现可持续发展。

（6）合法性

薪酬体系的设计应当在国家和地区相关劳动法律法规允许的范围内进行。

（7）可操作性

薪酬制度和结构应浅显易懂，使员工能够理解，从而规范自己的行为，达到更好的效果。制度简洁明了、流程操作性强，既有利于迅速推广，也便于管理。

（8）灵活性

在不同的发展阶段和外部环境发生变化的情况下，组织应及时对薪酬体系进行调整，以适应环境变化和发展要求。这就要求薪酬体系具有一定的灵活性。

（9）适应性

薪酬体系应当能够体现组织自身的业务特点、性质，以及所处区域、行业的特点，并能够满足相应的要求。

2. 薪酬体系设计的基本步骤

（1）薪酬调查

薪酬调查是薪酬设计中的重要组成部分，解决的是薪酬的对外竞争力和对内公平问题，是薪酬设计的基础。只有实事求是的薪酬调查，才能使薪酬设计有的放矢，解决薪酬激励的根本问题，做到个性化和有针对性。薪酬调查通常包括薪酬现状调查、薪酬水平调查和薪酬影响因素调查三个方面。

（2）确定薪酬原则和策略

薪酬原则和策略的确定是薪酬设计后续环节的前提。在充分了解目前薪酬管理现状的基础上，确定薪酬分配的依据和原则，以此为基础，确定相关分配政策与策略。例如，不同层次、不同系列员工收入差距的标准，薪酬的构成和各部分比例等。

（3）职位分析

职位分析是薪酬设计的基础性工作。基本步骤包括：结合经营目标，在业务分析和人员分析的基础上，明确部门职能和职位关系；进行岗位职责调查分析；由岗位员工、员工上级和人力资源管理部门共同完成职位说明书的编写。

（4）岗位评价

岗位评价重在解决内部公平性问题。首先通过比较组织内部各职位的相对重要性，得出职位等级序列。岗位评价以职位说明书为依据，方法有很多，组织可以根据自身的具体情况和特点，采用不同的方法进行。

（5）薪酬类别的确定

根据组织实际情况和未来发展战略的要求，对不同类型的员工应当采取不同的薪酬类别。例如：对高层管理者可以采用与年度经营业绩相挂钩的年薪制，实施股票期权激励；对管理序列人员和技术序列人员可以采用岗位技能工资制；对营销序列人员可以采用提成工资制；对急需的人员可以采用特聘工资制，等等。

（6）薪酬结构设计

设计薪酬结构时，往往需要综合考虑以下几个方面的因素：①职位在组织中的层级；

②岗位在组织中的职系;③岗位员工的技能和资历;④岗位的绩效。上述因素分别对应薪酬结构中的不同部分。

◆ 本章小结

激励是研究如何根据人的行为规律来提高人的积极性,对于提高员工和组织效率至关重要。本章首先介绍了激励相关的概念和激励过程;接着阐述了内容型激励理论、过程型激励理论和综合型激励理论;重点介绍了需要层次理论、双因素理论、ERG理论、成就需要理论、期望理论、公平理论、强化理论及综合激励理论等内容;最后简要介绍了激励实务。

◆ 复习思考

1. 什么是激励?
2. 简述激励过程。
3. 阐述内容型激励理论。
4. 论述过程型激励理论。
5. 简述波特和劳勒的综合激励模型。
6. 你认为应如何激励普通员工和高层管理者?

◆ 本章参考文献

[1] 娄成武,魏淑艳. 现代管理学原理[M]. 3版. 北京:中国人民大学出版社,2012.
[2] 罗宾斯,库尔特. 管理学:第13版[M]. 刘刚,程熙镕,梁晗,等译. 北京:中国人民大学出版社,2017.
[3] 周三多,陈传明,刘子馨,等. 管理学:原理与方法[M]. 7版. 上海:复旦大学出版社,2018.

第 13 章
CHAPTER 13

个体行为

学习目标

学习完本章后，你应该能够：
- 掌握工作中的态度及其影响。
- 掌握个性特质的划分。
- 理解影响感知的因素和归因理论。

13.1 态度与绩效

13.1.1 态度概述

1. 态度的定义

态度是对事物、人或事件的评价性陈述。这种陈述可以是有利的，也可以是不利的，它能够反映人们关于特定对象的基本感受。作为一种心理现象，态度既包括人们的内在体验，又包括人们的行为倾向。一般而言，态度是潜在的，主要通过人们的言行反映出来。

人们的态度对象是多种多样的。在一个组织中，一个人会面对诸多事物并对其形成较为明确的看法，这些常见的态度对象包括各种合作者和同事、领导、属下、各种组织政策和实践、物质奖励、其他报酬、晋升机会、组织文化和氛围，以及其他各种广泛的组织特征等。

关于这些对象，有些人可能表示接受或赞成，有些人可能表示拒绝或反对，这种在心理上表现出来的接受、赞成、拒绝和反对等评价倾向就是态度。例如，当一名员工说"我喜欢我的工作"或者"我反对这项公司政策"时，就是在表达其对工作或者政策的态度。

2. 态度的构成

个体的态度具体由三个部分构成：认知成分、情感成分和行为成分。这些成分相互作用形成态度，并以各种形式表现出来。

（1）认知成分　认知成分是指个体基于已有的知识对某一事物进行的带有评价意义的陈述。陈述的内容包括一个人对态度对象的认识、理解、怀疑以及赞成或反对等。例如，一名员工说："那个工作小组的人总是消极怠工。"这一陈述代表了该员工对那个小组工作效率的认识并且对这一行为表示反对。

（2）情感成分　情感成分是指个体对某一事物的情绪、感觉或感情。也就是说，情感成分是一个人对态度对象的情感体验，包括尊敬、蔑视、同情、冷漠、喜欢和厌恶等。例如，上文的员工说："我不喜欢那个工作小组。"这一说法可以反映该员工对于那个小组的特定感情。

（3）行为成分　行为成分是指个体打算针对某一事物如何行动。行为成分体现了一个人对态度对象的反应倾向或行为的准备状态。例如，还是那名员工说："我拒绝调到那个工作小组。"这反映出该员工面对那个工作小组的一种行为意向，即不愿意被调去工作。

3. 态度与行为

态度在组织中十分重要，因为它会对员工的工作行为产生影响。例如，如果员工对公司分配给自己的任务很感兴趣，他可能会更加努力地完成自己的任务，进而影响整个公司的绩效水平。因此，了解员工对活动或组织的态度就变得很有意义。同时，根据个体的态度可以推测他的行为，这也体现了态度的重要性。例如，当员工认为，人力资源经理、审计人员和公司主管一起谋划，让他们出更多的力却支付给他们更少的钱时，员工对工作的态度就可能是消极的，管理者可以通过员工表现出的这种消极态度，推测出消极怠工等可能发生的行为。所以，管理者可以尝试去理解甚至改变员工的态度来影响行为的结果。

但是，值得注意的是，行为的发生并不单单由态度决定。除了态度以外，行为还决定于其他社会客观因素，如社会道德规范、传统的生活习惯以及当时的情境等。一些学者过于强调态度的行为倾向性，认为通过态度可以推测人的全部行为，通过行为可以推断人的全部态度，机械地把二者一对一地联系起来。事实上，在许多情况下，人们的行为往往与他们的态度不一致。例如，一个不喜欢喝酒的人，他没有喝酒的习惯，父母、妻子也不赞成他喝酒，但在某些工作场合，当同事或合作伙伴都喝酒时，他也可能选择喝酒。根据他平时对喝酒的态度，似乎可以推断出他不喝酒的行为；但在某些特殊情境中，他的态度与行为产生了不一致。

4. 认知失调理论

20世纪50年代，利昂·费斯廷格（Leon Festinger）提出了认知失调理论来总结和解释这种不一致。认知失调是指态度之间或态度与行为之间的不一致或不协调。认知失调理论认为，失调会使个体感到不舒服，个体会试图减少这种不一致和不协调，以使自己显得理性和始终如一。更为具体地，人们会通过以下三种方式来实现这一目标：改变态度；改变行为；为不一致寻找合理化的理由。回到刚刚的例子中，如果那个不喜欢喝酒的人在一次与客户的工作餐中需要喝酒，为了减少自己在态度和行为上的不协调，他可以选择：接受或喜欢喝酒；坚持不喝酒；和自己说下不为例。

认知失调理论认为，人们在减少失调时，所面临的困难程度由以下三个因素决定：造成失调的因素的重要性；个人认为他对这些因素的影响程度；失调可能带来的报酬。这些因素说明：如果失调问题的重要性很低，或者个人认为失调是自己难以控制的，或者抵消失调的奖赏足够多，那么个体减少失调的压力就不会很大。例如，偶尔喝酒对身体的影响小；这是重要客户的习惯，自己无法控制；合作成功会带来巨大的经济利益。这些因素都可能让那个不喜欢喝酒的人在选择与客户干杯时的压力变小。

13.1.2 工作中的态度及其影响

1. 工作满意度

工作满意度是关于工作相关态度研究最多的领域之一，许多学者都对其概念、含义、前兆及结果进行过研究。工作满意度是指员工对其工作的一般性态度。具体来说，某个人在组织内进行工作的过程中，对工作本身及其有关方面进行评价所产生的否定、肯定或者中性的心理状态。这些工作相关方面包括工作环境、发展机会、工作方式、工作压力以及工作中的人际关系等。员工的工作满意度高，意味着员工对工作持有积极的态度；员工的工作满意度低，意味着员工对工作持有消极的态度。

有许多理论可以用来解释工作满意度是如何形成的。其中一派理论认为，工作满意度是人们将其对一项工作的期待和工作现实加以比较的结果；另一派理论认为，工作满意度是个人需求实现程度作用的结果；还有一派理论主张工作满意度是一项工作所实现的工作价值重要程度作用的结果。不论如何，上述所有理论都指出工作满意度是人们对于其与工作之间适合或不适合程度的心理反应。例如，一名员工接受一份新工作时，期望自己在五年内可以得到晋升机会，但事实并未如此。所以在对期望和现实之间进行比较后，这名员工的工作满意度可能有所下降。

工作满意度的重要性主要体现在对组织多方面的影响。下面将从几个方面对这种影响进行具体解释。

（1）工作满意度和工作行为

当员工对工作产生不满时，可能呈现不同的行为反应。由退出、建议、忠诚和怠工组成的理论模型可以帮助理解这些工作行为：

1）退出，包括离开所在的组织，调到组织内的另一个工作单位，或者至少远离令人不满意的情况。

2）建议，包括任何试图改变的行为。这些行为既可以是建设性的，也可以是对抗性的。例如：向管理层谏言来改善情况就是一种建设性的反应；组成一个联盟来反对一项组织决定就是一种对抗性的反应。

3）忠诚，包括保持沉默，用耐心应对不满，等待问题自行解决或由别人解决。

4）怠工，包括不再像以往一样努力工作，不太注重工作质量，以及越来越多的旷工和迟到现象。

以上大多数工作行为一旦出现，对任何组织及其管理者都是一种挑战，而如果处理不当，会对组织产生负面影响。例如，优秀员工的流失等。

（2）工作满意度和工作绩效

自20世纪20年代的霍桑实验以来，近一个世纪中，对工作满意度高的员工生产率高这一观点一直存在争议。一些学者认为这种观点基本上是错误的，因为许多研究难以证明高满意度能够导致高生产率，或者高生产率能够导致高满意度。但是，现在有证据表明，这种观点也许存在其正确性，即工作满意度与工作绩效之间存在适度的关系。换言之，对工作更满意的员工在某种程度上生产率更高。关于工作满意度与工作绩效之间存在的这种适度关联，第一种解释是，工作满意度并不能非常准确地预测具体的个体行为；第二种解释是，当与具有价值的奖励挂钩时，工作绩效会影响工作满意度（而不是相反）；第三种解释是，工作满意度会更好地激励员工，但在员工无法控制自己的工作产出时，工作满意度并不能影响他们的工作绩效。

（3）工作满意度和顾客满意度

另一个有关工作满意度的观点是，对工作感到满意的员工会提高客户的满意度。换句话说，工作满意度对客户服务有积极的影响。这种关系可以从两方面来解释：第一，当员工对自己的工作和工作条件感到满意时，他们通常会向顾客展示出友好和乐观的一面，而这种品质是客户希望能体验到的；第二，对工作感到满意的员工离职率更低，所以他们在某一工作上会有更丰富的知识和技能为客户服务。低离职率也能保证员工为客户提供更加稳定的服务。一些证据表明，保持员工的低离职率往往会建立更高的客户忠诚度。但是，这种关系反过来也可能成立。例如，如果一名计算机销售人员时常碰到过分挑剔或言行鲁莽的顾客，会严重影响自己的工作满意度。

除了以上三种关系，员工满意度还与缺勤率、离职率及组织公民行为有关。首先，员工满意度和缺勤率之间呈负相关，但这种相关性为中等偏弱，也就是说，其他因素也影响着两者之间的相关程度。例如，组织提供病假福利可能会降低那些对工作不满意的员工旷工的可能性。其次，工作满意度和离职率之间也呈负相关。也就是说，感到满意的员工离职率更低，而对工作感到不满意的员工离职率较高。这种相关性要比人们看到的满意度与缺勤率之间的相关性更显著。但其他因素也会对这一关系产生影响。例如，如果当前劳动市场上的工作机会较少，那么对工作不满意的员工也有可能选择继续在该组织工作。最后，工作满意度与组织公民行为之间存在着中等程度的相关关系。感到满意的员工更可能以积极的态度来看待组织和他人，也更倾向于主动承担工作要求之外的更多责任。但是，这种关系会受到公平感的影响。例如，假设一名员工认为组织的薪酬制度是公平的，那么他会更信任自己的组织，也会更愿意主动承担正式要求之外的任务。

2. 组织承诺和组织支持感

（1）组织承诺

组织承诺是指员工认同所在组织及其目标并愿意留在该组织中的程度，也就是员工对组织的价值观和目标的信念，为组织而努力的意愿，以及想要成为组织成员的渴望。例如，一名员工非常认同其所在的公司所强调的具有创新精神的企业文化，并愿意为该公司做出贡献，那么这位员工就可能拥有更高程度的组织承诺。一些研究人员进一步从以下三个维度来讨论组织承诺：

1）情感承诺，是指员工对组织的感情依赖、认同和投入。员工对组织表现出忠诚和努力工作，主要是由于对组织有深厚的感情，而非物质利益。

2）持续承诺，是指员工对离开组织所带来的损失的认知。它是员工为了不失去多年投入所换来的待遇而不得不继续留在该组织内的一种承诺。

3）规范承诺，是指员工对继续留在组织中的义务感。它是员工由于受到长期社会影响形成的社会责任而留在组织内的一种承诺。

从整体上说，组织承诺与工作绩效之间呈正相关，但这种关系并不强。另外，组织承诺和缺勤率及离职率之间呈负相关。从具体的维度来看，情感承诺与组织结果有更强的相关性。更为具体地，对组织具有更高情感承诺的员工的离职率和缺勤率更低，工作绩效更高。又因为这类员工在组织中的工作时间更长，所以更有可能提高客户满意度，因为客户往往更喜欢和熟悉的员工打交道。但是需要注意的是，这类员工倾向于在工作中保持较高的一致性，因此可能导致较低的创造力。与情感承诺维度相比，持续承诺和规范承诺对组织结果的积极影响更小。尤其是持续承诺，反而会带来更低的工作绩效和更少的组织公民行为。例如，一名拥有低情感承诺和高持续承诺的员工很可能是因为当前没有更好的工作而选择留在该组织中。因此，这类员工对组织绩效的贡献可能并不大。

（2）组织支持感

组织支持感是指员工对组织如何看待他们的贡献并关心他们的利益的一种总体看法。这一概念有两个核心要素：一是员工对组织是否重视其贡献的感受；二是员工对组织是否关注其福利的感受。当员工对组织方面的支持产生积极的体验时，他们对组织本身也会产生比较正向的态度。例如，一名员工在完成一项任务后能得到来自上级的肯定和来自组织的奖金，则这种积极的感受会帮助该员工建立起对组织的正面态度。

组织支持感所强调的是员工对组织真诚地对待自己的程度的感知和认定，其背后所蕴藏的心理机制主要是员工与组织彼此之间所存在的社会交换。社会交换是建立在信任与互惠互利的基础上，双方发展出的相互间的权利与义务关系。在员工与组织之间关系的维持上，员工会通过在工作中付出努力和展现对组织的承诺及忠诚以换得物质和精神方面的奖励，如薪酬、福利、认同、赞赏及关怀等。反过来，当员工感知到组织支持自己时，便会产生自己对组织的义务感，进而通过提高自己的组织承诺以及展现出能够促进组织目标达成的行为来履行自己的义务。

关于组织支持感的影响，首先，员工的组织支持感对其情感维度的组织承诺具有显著的正向影响，说明随着组织支持感的提高，员工对组织的情感承诺也相应提高。其次，实证研究的结果显示，组织支持感对员工的工作满意度具有显著的正向影响，也即员工的组织支持感越强，其工作满意度越高。最后，研究表明，员工的组织支持感与其工作绩效以及工作质量（由外部客户评定）存在显著的正向相关，说明员工的组织支持感越高，他们的工作绩效和工作质量也相应越好。具有高水平组织支持感的员工对其主管的态度也更积极，其自身工作绩效的提高幅度也更为明显。

3. 工作投入和员工敬业度

（1）工作投入

工作投入是指员工认同自己的工作，积极参与工作，认为自己的工作绩效对自我价值重要的程度。工作投入程度高的员工会强烈认同自己所从事的工作，并且非常在意自己取得的工作绩效。需要说明的是，工作投入是认同自己所从事的工作，而组织承诺则是认同自己就职的组织。一般而言，工作投入程度高的员工往往也具有较高的组织承诺，反之亦然。但有时员工也可以具有较高的工作投入而组织承诺却较低，或具有较低的工作投入而组织承诺却较高。例如，一名员工可能对其就职的公司的组织文化心存疑虑，但保证自己较高的工作绩效和工作质量可能对该员工非常重要，是其个人价值的体现。

以往的相关研究考察了工作投入与工作满意度、组织承诺、离职率等多个关系，并得出了非常明确的结果。首先，与工作投入程度较低的员工相比，工作投入程度较高的员工其工作满意度更高。其次，工作投入与离职意愿呈显著的负相关。也就是说，一个员工对自己的工作认同程度越高，其离职的可能性就越低。此外，员工的工作投入与其工作绩效之间呈正相关。这可以解释为，工作投入程度高的员工对工作持有积极的态度，因此会驱使其以同样积极的方式努力工作，从而获得较高的工作绩效。

（2）员工敬业度

员工敬业度是指员工对工作参与度、满意度以及对工作的热情。高敬业度的员工对工作非常热情并与工作紧密联系；低敬业度的员工工作不认真，上班没有动力或激情。员工敬业度是一个相对较新的概念，与之前提到的工作满意度、组织承诺和工作投入等概念之间的关系和区别并不是非常明确。员工敬业度可能与这些概念都具有一些交叉部分。换句话说，这些概念的共性也许恰恰体现在了员工敬业度上。

虽然在理论上员工敬业度的概念需要进一步明确，但许多研究已经证明了员工敬业度对组织结果的影响，可以让组织获益更多。首先，员工敬业度高对工作绩效的影响明显。具体而言，有研究表明，敬业度高的员工实现其最高工作绩效的可能性要比敬业度较低的员工高出 2.5 倍。可以说，敬业度高的员工是推动组织利润增长的重要动力。其次，那些提高了员工敬业度的企业在改善生产力和获利能力的同时，其员工忠诚度和客户满意度也明显提高。最后，员工敬业度高的公司拥有更低的离职率。这可以减少组织对招聘和培训成本的投入。高员工敬业度产生的以上影响，有助于组织实现更高的经济效益。

13.1.3 认识员工态度的方法

因为员工工作态度对组织的作用明显，管理者需要了解员工的工作态度，分析影响工作态度的因素，并采取相应措施调整员工的工作态度，使其为组织目标的实现做出积极的贡献。那么，如何能够了解员工具体的工作态度呢？许多组织会定期进行态度调查。态度调查是指组织向员工提出一系列陈述或问题，来了解员工对自己的工作、工作群体或组织的看法。例如，为了解员工对办公环境的态度，一家企业的人力资源部发出 500 份调查问卷并回收 476 份。从这些问卷中，人力资源部确定了员工对工作环境有哪些不满意的地方，并制订了一份行动计划予以改进。

明尼苏达工作满意度调查问卷就是测量员工工作态度的一种常用量表。问卷从 20 个不同的工作侧面对工作满意度进行评估，然后将这些内容综合为总体工作满意度。具体问卷如表 13-1 所示。仔细阅读这些陈述，确定你对句子中所描述的关于你目前工作的某方面是否满意，然后圈出与你的满意程度一致的方框。请问一下自己：我对工作这一方面的满意度如何？

表 13-1 明尼苏达工作满意度调查问卷

序号	对你现在的工作感觉如何	非常满意	满意	不确定	不满意	非常不满意
1	能够一直保持忙碌的状态					
2	独立工作的机会					
3	时不时地能有做一些不同事情的机会					
4	在团体中成为重要角色的机会					
5	我的老板对待他的下属的方式					
6	我的上司做决策的能力					
7	能够做一些不违背我良心的事情					
8	我的工作的稳定性					
9	能够为其他人做些事情的机会					
10	告诉他人应该做些什么的机会					
11	能够充分发挥我能力的机会					
12	公司政策实施的方式					
13	我的收入与我的工作量					
14	职位晋升的机会					
15	能自己做出判断的自由					
16	自主决定如何完成工作的机会					

(续)

序号	对你现在的工作感觉如何	非常满意	满意	不确定	不满意	非常不满意
17	工作条件					
18	同事之间相处的方式					
19	工作表现出色时，所获得的奖励					
20	我能够从工作中获得的成就感					
总分						

注：5 = 非常满意；4 = 满意；3 = 不确定；2 = 不满意；1 = 非常不满意。

（资料来源：WEISS D J, DAWIS R V. Manual for the minnesota satisfaction questionnaire[Z]. Industrial Relations Center, 1967.）

13.2 个性与情绪

13.2.1 个性概述

1. 个性的定义

根据《现代汉语词典》，个性被定义为在一定的社会条件和教育影响下形成的一个人的比较固定的特性。在日常生活中，我们常常会听到人们对他人个性的评价，例如，"这个人个性很强"。英文的个性（Personality）来源于拉丁语 Persona，开始是指希腊罗马时代戏剧演员在舞台上所戴的面具，它代表剧中人的身份，后来指演员——一个具有特殊性格的人。无论如何，个性这个概念都在强调个体所具有的特别之处。

在管理学领域，个性是指个体独有的情感、思想和行为模式。它会影响该个体对环境的反应及其与他人的交往。个性通常是通过个体表现出来的一些可衡量的特点进行描述的。如主动、被动、内向、外向、紧张、随和等词语都是对个体的个性描述。

2. 个性的特征

根据对个性的定义和理解，个性的特征可以归纳为以下几点。

（1）独特性

个性的独特性是指人与人之间的心理和行为是各不相同的。由于个性组合结构的多样性，每个人的个性都有其自己的特点。例如，有些人的个性表现为沉默寡言，而有些人的个性呈现为热情活泼。即使同样的表现也可能源于不同的理由。例如，同样是沉默寡言的人，有的是出于严谨，有的是出于紧张等。这些同样行为的不同心理也是个性具有独特性的原因。

（2）整体性

个性的整体性是指构成个性的各种心理成分和特质，如能力、气质、性格、情感、动机、态度、价值观和行为习惯等，在一个现实的个体身上不是孤立存在的，而是密切联系，构成一个完整的功能系统。正常人的行动并不是某一特定成分（如能力或情感）运作的结果，而是各个成分密切联系、协调一致所进行的活动。

（3）稳定性

个性的稳定性是指个体的个性特征经常地、一贯地表现在心理和行为之中。例如，一个人经常地、一贯地表现得冷静、理智、处事有分寸，才能说这个人具有"自制"的性格特征。个性的稳定性并不意味着它在人的一生中是一成不变的，随着生理的成熟和环境的改变，个性也可能产生或多或少的变化。

（4）社会性

个性从其形成和表现形式上看，既受社会历史的制约，又受个人生理特征的影响。例如，需要、理想、信念、价值观、性格都是受社会影响而形成的，使个性带有明显的社会性。在一定的社会中，同一民族、同一阶级的人们在某些共同的生活条件下生活，逐渐掌握了这个社会的风俗习惯和道德观念，就会形成某些共同的人格特点。例如，在东亚出生成长的人总体比较内敛和含蓄，而在北美文化熏陶下的人个性则相对直接和外放。

13.2.2 个性特质的划分

1. 迈尔斯·布里格斯个性分类指标

迈尔斯·布里格斯个性分类指标是目前世界上应用最广泛的识别人与人差异的测评工具之一。事实上，在世界500强企业，如迪士尼、百事可乐和西南航空公司等，约有80%以上的高层管理者使用过这个工具。

该指标的英文全称是Myers-Briggs Type Indicator（MBTI），是由美国的心理学家凯瑟琳·库克·布里格斯（Katharine Cook Briggs）与伊莎贝尔·布里格斯·迈尔斯（Isabel Briggs Myers）研究并发展的。该指标以瑞士心理学家荣格的理论为基础，在一份有近100个问题的问卷调查的基础上，利用个性的四个维度划分出16种不同的个性类型。

其中，四个维度分别是外向和内向（EI）、感觉和直觉（SN）、思维和情感（TF）以及判断和知觉（JP）。具体而言：

维度一是外向和内向维度（EI），是指个体倾向于外部的环境世界（E）还是倾向于内心的思想和情感世界（I）。

维度二是感觉和直觉维度（SN），是指个体倾向于在实时信息基础上关注标准常规（S）还是关注整体并将各项事实相联系（N）。

维度三是思维和情感维度（TF），是指个体评价信息是倾向于用分析的方式（T）还是倾向于以自己的价值观和信念为基础（F）。

维度四是判断和知觉维度（JP），是指个体对待外部世界的态度是倾向于按计划和有序的方式（J）还是倾向于灵活和自发的方式（P）。

该指标根据以上四个维度得出以下16种个性特质的类型。

1）ISTJ：安静、严肃，通过全面性和可靠性获得成功。实际，有责任感。决定有逻辑性，并一步步地朝着目标前进，不易分心。喜欢将工作、家庭和生活都安排得井井有条。重视传统和忠诚。

2）ISFJ：安静、友好、有责任感和良知。坚定地致力于履行他们的义务。全面、勤勉、精确、忠诚、体贴，留心和记得他们重视的人的小细节，关心他人的感受。努力把工作和家庭环境营造得有序而温馨。

3）INFJ：寻求思想、关系、物质等之间的意义和联系。希望了解什么能够激励人，对人有很强的洞察力。有责任心，坚持自己的价值观。对于怎样更好地服务大众有清晰的远景。在实现目标的过程中有计划，而且果断、坚定。

4）INTJ：在实现自己的想法和达成自己的目标时，有创新的想法和非凡的动力。能很快洞察到外界事物间的规律并形成长期的远景计划。一旦决定做一件事就会开始规划，并直到完成为止。多疑、独立，对自己和他人能力与表现的要求都非常高。

5）ISTP：灵活、忍耐力强，是一个安静的观察者，知道有问题发生就会马上行动，找到实用的解决方法。分析事物运作的原理，能从大量的信息中很快找到关键的症结所在。对原因和结果感兴趣，用逻辑的方式处理问题，重视效率。

6）ISFP：安静、友好、敏感、和善。享受当前。喜欢有自己的空间，喜欢能按照自己的时间表工作。对自己的价值观和自己觉得重要的人非常忠诚，有责任心。不喜欢争论和冲突。不会将自己的观念和价值观强加到别人身上。

7）INFP：理想主义，对自己的价值观和自己觉得重要的人非常忠诚。希望外部的生活和自己内心的价值观是统一的。好奇心重，很快能看到事情的可能性，能成为实现想法的催化剂。寻求理解他人和帮助他们实现潜能。适应力强、灵活、善于接受，除非是有悖于自己的价值观的。

8）INTP：对自己感兴趣的任何事物都寻求找到合理的解释。喜欢理论性的和抽象的事物，热衷于思考而非社交活动。安静、内向、灵活、适应力强。对自己感兴趣的领域有超凡的集中精力深度解决问题的能力。多疑，有时会有点挑剔，喜欢分析。

9）ESTP：灵活、忍耐力强。实际，注重结果。觉得理论和抽象的解释非常无趣。喜欢积极地采取行动解决问题。注重当前，自然不做作，享受和他人在一起的时刻。喜欢物质享受和时尚。学习新事物最有效的方式是通过亲身感受和练习。

10）ESFP：外向、友好、接受力强。热爱生活、人类和物质上的享受。喜欢和别人一起将事情做成功。在工作中讲究常识和实用性，并使工作显得有趣。灵活、自然不做作，对任何新的事物都能很快地适应。学习新事物最有效的方式是和他人一起尝试。

11）ENFP：热情洋溢、富有想象力。认为人生有很多的可能性。能很快地将事情和信息联系起来，然后很自信地根据自己的判断解决问题。总是需要得到他人的认可，也总是准备着给予他人赏识和帮助。灵活、自然不做作。有很强的即兴发挥的能力，言语流畅。

12）ENTP：反应快、睿智，有激励他人的能力。警觉性强、直言不讳。在解决新的、具有挑战性的问题时机智而有策略。善于找出理论上的可能性，然后再用战略的眼光分析。

善于理解他人。不喜欢例行公事，很少会用相同的方法做相同的事情，倾向于一个接一个地发展新的爱好。

13）ESTJ：实际、现实主义。果断，一旦下决心就会马上行动。善于将项目和人组织起来将事情完成，并尽可能用最有效率的方法得到结果。注重日常的细节。有一套非常清晰的逻辑标准，有系统性地遵循，并希望他人也同样遵循。在实施计划时强而有力。

14）ESFJ：热心肠、有责任心、合作。希望周边的环境温馨而和谐，并为此果断地执行。喜欢和他人一起精确并及时地完成任务。事无巨细都会保持忠诚。能体察到他人在日常生活中的所需并竭尽全力帮助。希望自己和自己的所为能受到他人的认可和赏识。

15）ENFJ：热情、为他人着想、易感应、有责任心。非常注重他人的感情、需求和动机。善于发现他人的潜能，并希望能帮助他们实现。能成为个人或群体成长和进步的催化剂。忠诚，对赞扬和批评都会积极地回应。友善、好社交。在团体中能很好地帮助他人，并具有鼓舞他人的领导能力。

16）ENTJ：坦诚、果断，有天生的领导能力。能很快看到公司/组织程序和政策中的不合理性和低效能性，发展并实施有效和全面的系统来解决问题。善于做长期的计划和设定目标。通常见多识广，博览群书，喜欢拓宽自己的知识面并将此分享给他人。在陈述自己的想法时非常强而有力。

对于企业的管理者来说，MBTI能够让他们更好地了解自己、上司和下属，尤其可以帮助人力资源部门经理对不同类型的员工进行更好的组合。管理者可以借助MBTI的测试了解受测者的处事风格、特点、职业适应性、潜质等，从而提供合理的工作及人际决策建议。

2. 大五个性模型

了解个体个性的另一个常用工具是大五个性模型（Big Five Model）。该模型是一种通过五个因素考察个性的方法，这五个因素如下所述。

（1）外倾性

描述个体社会交际、健谈、自负程度的个性维度。这个维度将社会性的、主动的、个人定向的个体与沉默的、严肃的、腼腆的、安静的个体做对比。这个方面可由两个品质加以衡量：人际的卷入水平和活力水平。前者评估个体喜欢他人陪伴的程度，而后者反映了个体的节奏和活力水平。

外向的人喜欢与人接触，充满活力，经常令人感受到积极的情绪。他们热情，喜欢运动，喜欢刺激冒险。在一个群体当中，他们非常健谈、自信，喜欢引起别人的注意。内向的人比较安静、谨慎，不喜欢与外界过多接触。他们不喜欢与人接触不能被解释为害羞或者抑郁，这仅仅是因为比起外向的人，他们不需要那么多的刺激，因此喜欢一个人独处。

（2）随和性

描述个体和善、合作和诚信程度的个性维度。如果说外倾性是评估个体喜欢与他人一同出现的程度，而随和性则是考察个体对他人所持的态度。这些态度一方面包括亲近人的、有同情心的、信任他人的、宽大的、心软的，另一方面包括敌对的、愤世嫉俗的、爱摆布人的、复仇心重的、无情的。

高随和性的人是善解人意的、友好的、慷慨大方的、乐于助人的，愿意为了别人放弃自己的利益。他们对人性持乐观的态度，相信人性本善。低随和性的人则把自己的利益置于别人的利益之上。本质上，他们不关心别人的利益，因此也不乐意去帮助别人。有时候，他们对别人是非常多疑的，怀疑别人的动机。对于某些职位来说，太高的随和性是没有必要的，尤其是需要强硬态度和客观判断的场合，如科学家、评论家和士兵。

（3）责任心

描述个体负责、可信赖、执着、成就导向的个性维度。责任心是指人们控制、管理和调节自身冲动的方式，评估个体在目标导向行为上的组织、坚持和动机。它把可信赖的、谨慎的个体与懒散的、马虎的个体做比较，同时反映个体自我控制的程度以及推迟需求满足的能力。

冲动并不一定就是坏事，有时候环境要求人们能够快速决策。冲动的个体常被认为是快乐的、有趣的、很好的玩伴。但是，冲动的行为常常会给自己带来麻烦，虽然会给个体带来暂时的满足，但容易产生长期的不良后果。冲动的个体一般不会获得很大的成就。谨慎的个体容易避免麻烦，能够获得更大的成功。人们一般认为谨慎的人更加聪明和可靠，但是谨慎的人可能是一个完美主义者或者是一个工作狂。极端谨慎的个体让人觉得单调、乏味、缺少生气。

（4）情绪稳定性

描述个体冷静、热情、安心（积极）或者焦急、紧张、沮丧、不安心（消极）程度的个性维度。低情绪稳定性的个体倾向于有心理压力、不现实的想法、过多的要求和冲动，更容易体验到诸如愤怒、焦虑、抑郁等消极的情绪。他们对外界刺激反应比一般人强烈，对情绪的调节、应对能力比较差，经常处于一种不良的情绪状态下。并且，这些人的思维、决策，以及有效应对外部压力的能力比较差。相反，高情绪稳定性的个体则倾向于拥有较少的烦恼、较少出现情绪化，比较平静。

（5）开放性

描述个体富于想象、艺术性、智慧程度的个性维度。这个维度将那些好奇的、新颖的、非传统的及富有创造性的个体与那些传统的、无艺术兴趣的、无分析能力的个体做比较。开放性的人偏爱抽象思维，兴趣广泛。封闭性的人讲求实际，偏爱常规，比较传统和保守。开放性的人适合教授等职业。封闭性的人适合警察、销售、服务性职业等。

研究表明，这些个性维度和工作绩效之间有着重要的关系。其中，责任个性维度可以预测职业群体的工作。

3. 其他五项个性特征

除了以上两种工具，还有五项个性特征可以有效地解释组织内的个体行为。

（1）控制倾向

该概念是指人们相信他们能控制自己命运的程度，以及当处于困境时是倾向于责备别人，还是检查自己的活动。根据控制点的不同，控制倾向可以分为内部控制倾向和外部控制倾向两种个性特征。属于内部控制倾向的个体比较关心成就感，而且在遭遇挫折时倾向于采取积极、具有建设性的方式来应变突如其来的事件，对挫折的焦虑感也较少；相对地，属于外部控制倾向的个体则比较容易感到焦虑，并且在面对挫折时较倾向于非建设性的行为，多关心失败后的恐惧而少关心成功后的成就感。

（2）马基雅维利主义

该概念是以尼科洛·马基雅维利的名字命名的，此人著有关于如何获得和操弄权术的专著。马基雅维利主义的信奉者讲求现实，对人保持着情感的距离，相信为达目的可以不择手段，并缺乏足够的道德信仰。低马基雅维利主义者易受他人意见影响，阐述事实时缺乏说服力。高马基雅维利主义者比低马基雅维利主义者更愿意操纵别人，赢得利益更多，更难被别人说服，他们更多的是说服别人。但这些结果也受到情境因素的调节。

（3）自尊

人们可以根据喜爱或不喜爱自己的程度进行划分。自尊程度高的人相信他们拥有工作成功所需的能力，选择工作更加冒险，更有可能选择非常规性的工作。自尊程度低的人易受外界评价的影响，需要从他人那里得到积极的评价，更倾向于得到他人的认同，以及更倾向于按照自己尊敬的人的意志来行事。一些研究也表明，自尊程度低的人往往在培训中获益更多，因为他们更容易受到外界的影响。

（4）自我监控

该概念是指个体根据外部环境因素调整自己行为的能力。高自我监控者在根据外部环境因素调整行为方面表现出很强的适应性，他们对环境线索十分敏感，能根据不同情境采取不同行为，并能够使公开的角色与私人的自我之间表现出极大差异；而低自我监控者则不能以这种方式伪装自己，他们倾向于在各种情境下都表现出自己的真实性情和态度，因而在他们是谁及他们做什么方面存在着高度的行为一致性。有证据认为，高自我监控者会在管理岗位上更为成功，因为他们需要扮演多重甚至相互冲突的角色，并且能够在不同的观众面前呈现不同的"面孔"。

（5）风险承担

人们在冒险意愿上存在一定的差异。这种接受或回避风险的倾向性对管理者做决策所用的时间及做决策之前需要的信息量都有很大的影响。通常高冒险性的个体比低冒险性的个体可以更快地做出决策，且在做决策的过程中所用的信息更少。总体来说，大企业中的管理者倾向于不愿意冒险，尤其是与那些成长取向的创业者相比，后者主要致力于管理小型企业。

4. 个性与工作

据统计，大约62%的公司在招聘员工时会采用个性测试。管理者如果能使员工的个性与工作相匹配，将会得到更高绩效和更高满意度的员工，也会更好地理解为什么某一员工不习惯快速做出决策，或者为什么某一员工在解决问题之前坚持收集尽可能多的信息，还能更好地预测出与内控型个体相比，外控型个体的工作满意度较低，并且不愿意为他们的行为承担责任。在了解个体个性类别后，应该努力使合适的个性与合适的工作相匹配。

被引用最多的个性-工作适应理论是由约翰·霍兰德（John Holland）提出的，如表13-2所示。他划分了六种基本的员工个性类型：现实型、研究型、社会型、传统型、企业型和艺术型。他的理论指出，一名员工对工作的满意度以及辞职倾向取决于个体的个性与工作环境的匹配程度。

表 13-2 霍兰德个性类型与职业匹配

类型	个性特点	适合职业
现实型——偏好需要技能、力量、协调性的体力活动	害羞、真诚、执着、稳定、顺从、实际	机械师、钻井操作工、装配线工人、农夫
研究型——偏好需要思考、组织和理解的活动	分析、创造性、好奇、独立	生物学家、经济学家、数学家、新闻记者
社会型——偏好能够帮助和优化别人的活动	社交、友好、合作、善解人意	社会工作者、教师、议员、临床心理学家
传统型——偏好规范、有序、清楚明确的活动	顺从、高效、实际、缺乏想象力、缺乏灵活性	会计、业务经理、银行出纳员、档案管理员
企业型——偏好那些可以影响他人和获得权力的活动	自信、进取、精力充沛、盛气凌人	律师、房地产经纪、公共关系专家、小企业主
艺术型——偏好需要创造性表达的、模糊的、非系统化的活动	富于想象力、无序、理想化、情绪化、不实际	画家、音乐家、作家、室内装潢家

（资料来源：HOLLAND J L. Making vocational choices: a theory of vocational personalities and work environments[M]. Lutz: Psychological Assessment Resources, 1997.）

13.2.3 情绪和情绪智力

1. 情绪

情绪是指个体对某人或某事的强烈感受。喜、怒、哀、乐、惧等心理体验都属于情绪的范畴，这种体验是人对客观事物的态度的一种反映。情绪具有肯定和否定的性质。能满足人的需要的事物会引起人的肯定性质的体验，如快乐、满意等；不能满足人的需要的事物会引起人的否定性质的体验，如愤怒、憎恨、哀怨等；与需要无关的事物，会使人产生无所谓的情绪和情感。积极的情绪可以提高人的活动能力，而消极的情绪则会降低人的活动能力。

从不同的角度可以将情绪分为以下六类：①原始的基本情绪，往往具有高度的紧张性，如快乐、愤怒、恐惧、悲哀。快乐是盼望的目的达到后，紧张被解除时的情绪体验；愤怒是愿望、目的不能达到、一再受阻、遭受挫折后积累起来的紧张的情绪体验；恐惧是在准备不足、不能处理和应对危险可怕的事件时产生的情绪体验；悲哀是与所追求、热爱的事物丧失或所盼望的事物幻灭有关的情绪体验。②与感觉刺激有关的情绪，如疼痛、厌恶、轻快等。③与自我评价有关的情绪，主要取决于一个人对自己的行为与各种标准的关系的知觉，如成功感与失败感、骄傲与羞耻、内疚与悔恨等。④与别人有关的情绪，常常会凝结成为持久的情绪倾向与态度，主要是爱与恨。⑤与欣赏有关的情绪，如惊奇、敬畏、美感和幽默。⑥根据所处状态来划分的情绪，如心境、激情和应激状态等。

组织管理的对象是人，而人的情绪好坏会直接影响人的活动能力和工作效率。一般来讲，正面的情绪能够起到促进协调和组织的作用，有利于工作效率的提高。实验证明，中等愉快水平可以使智力劳动达到较优的效果，如果兴趣和愉快结合起来，相互作用、相互补充，能为智力活动和创造性工作提供最佳的情绪背景。情绪对人的行为的消极影响来自诸如焦虑、挫折感等负面情绪所引起的破坏、瓦解和干扰作用。实验证明，焦虑使人的认知水平和操作效率下降；挫折感使人的行为具有攻击、冷漠、幻想、退化、固执和妥协等倾向。此外，悲哀、愤怒、倦怠等消极心境会使人感到厌烦、消沉、枯燥无味，对人的创造性思维产生一系列消极影响，如害怕承担风险、过分追求稳定的秩序、过早地做出判断、酝酿能力降低等。

心理学家通过实验证明：惧怕是破坏性最大的情绪；痛苦则通过其压抑效应对智力操作起干扰、延缓的作用；而愤怒又有所不同，它比痛苦和惧怕有更高的自信度，从而使人在情绪释放后获得更好的工作效果。但是，如果愤怒情绪在体内积累而没有得到释放，就会同其他负面情绪一样起到负面作用。

因为情绪对个体行为的显著影响，企业的管理者需要想方设法掌握和控制员工的情绪，帮助员工克服消极的情绪，保持积极的情绪状态，从而保持生产和工作效率的持续高涨。根据一项研究，员工在适中的紧张情绪状态下的操作水平较高，而在身心完全放松和高度紧张情绪状态下的操作水平较低。在工作和生产中，应该使员工产生中等程度的焦虑，从而发挥出最高的工作效率。

2. 情绪智力

情绪智力（Emotional Intelligence，EI）的概念是由美国耶鲁大学的彼得·萨洛维（Peter Salovey）和新罕布什尔大学的约翰·梅耶（John Mayer）提出的。情绪智力是指非感知性的技巧、素质、能力的综合，这些因素影响一个人观察并管理情绪线索和信息的能力。情绪智力可以帮助个体识别和理解自己与他人的情绪状态，并利用这些信息来解决问题和调节行为。在某种意义上，情绪智力与理解、控制和利用情绪的能力相关。

情绪智力由以下五个维度组成。

（1）自我意识

该概念是指了解自己的感受。个体能认识自己的感觉、情绪、情感、动机、性格、欲望和基本的价值取向等，并以此作为行动的依据。例如，一个管理者最近经常向自己的员工发火,自我意识可以帮助他认识到自己想要发火的欲望和动机。

(2) 自我控制

该概念是指控制自己情绪及冲动的能力。个体对自己的快乐、愤怒、恐惧、爱、惊讶、厌恶、悲伤、焦虑等体验能够自我认识、自我协调。例如,当那位最近爱发火的管理者意识到自己的情绪波动时,可以对自己的情绪进行控制,在想要生气之前采用一些方法让自己的心情平静下来。

(3) 自我激励

该概念是指面对困难和失败,坚持不懈的能力。个体面对自己想要实现的目标,随时进行自我鞭策、自我说服,始终保持高度热忱、专注和自制,如此,使自己有高度的办事效率。

(4) 移情

该概念是指感受他人情感的能力。个体对他人的各种感受,能设身处地地、快速地进行直觉判断,了解他人的情绪、性情、动机、欲望等,并能做出适度的反应。在人际交往中,人们常从对方的语言及其语调、语气和表情、手势、姿势等来做判断。

(5) 社会技巧

该概念是指掌控他人情感的能力。个体的人缘、人际和谐程度都与这项能力有关。深谙人际关系者,容易认识人而且善解人意,善于从别人的表情来判读其内心感受、体察其动机想法。这种能力易使个体与任何人相处都愉悦自在。这种人能充任集体感情的代言人,引导群体走向共同目标。

一些关于情绪智力的研究表明,在情绪智力上并不存在性别差异。女性在情绪智力上并不比男性更聪明,反之亦然。研究发现:女性一般能更清醒地意识到自己的情绪,更富有同情心,更擅长人际交往;男性则更自信,更乐观,更能适应环境,以及能更好地应对各种激变。客观地说,无论是男性还是女性,在情绪智力上均有其长处,也有其不足。例如:一些人虽富有同情心,但缺乏处理自己苦恼的能力;而另一些人虽能敏锐地意识到自己情绪的细微变化,但对别人的情绪反应却无动于衷。

另外,情绪智力的水平并非由遗传所决定,也不是在儿童早期阶段就已发展定型的。智商在人们十几岁以后就不太发生变化,但情绪智力的水平在人的一生中都能通过不断学习而得以不断提高,它能从经验中不断地汲取营养。对人的情绪智力水平进行的一项追踪研究显示,随着个体越来越善于调控自己的情绪和冲动,更善于激励自己,以及移情能力的增强和社交技巧的不断丰富,人们在情绪智力上的能力表现也不断得到提高。

由于情绪智力可经由后天的学习和经验而不断提高,因此拥有高情绪智力并不是一件可望而不可即的事。要想成为一名成功人士,不仅应该学习相关领域的新知识、新技能,也应不断有意识地提高自己的情绪智力。研究表明,情绪智力在工作绩效中有着重要作用。这也表明,管理者在甄选过程中应将情绪智力作为考核标准之一,尤其是那些需要频繁社交的工作。同时,企业可以通过一些激励措施以及开展相关的培训,提高员工的情绪智力。

13.3 感知与归因

13.3.1 感知概述

1. 感知的定义

感知是一个过程，通过这一过程，个体组织和解释他们的感觉印象，从而给所处的环境赋予意义。例如，关于助手通常要用几天才能做出重大决策这一事实，一位管理者可以将其解释为这个助手反应迟钝、缺乏组织性、害怕做决策，而另一位管理者则可能将同一行为解释为这名助手考虑周全、细致、缜密。

感知可分为感觉过程和知觉过程。感觉过程中，被感觉的信息既包括有机体内部的生理状态和心理活动，也包含外部环境的存在以及存在关系信息。感觉不仅接收信息，也受到心理作用影响。知觉过程中，对感觉信息进行有组织的处理，对事物的存在形式进行理解认识。

2. 感知的特征

根据感知的定义及其表现，可以将感知的特征归纳为以下四点。

（1）选择性

客观事物作用于个体感觉器官的刺激有很多，但个体不可能对同时作用于他的刺激全都清楚地感知到，也不可能对所有刺激都做出相应的反应。在同一时刻里，他总是对少数刺激感知得格外清楚，而对其余的刺激感知得比较模糊。这种特性被称为感知的选择性。感知特别清楚的部分称为感知的对象，感知比较模糊的部分称为感知的背景。

（2）整体性

感知的对象是由不同的部分、不同的属性组成的，当它们对人发生作用的时候，是分别作用或者先后作用于人的感觉器官的。但人并不是孤立地反映这些部分、属性，而是把它们结合成有机的整体，这就是感知的整体性。刺激物的性质和特点及感知主体的经验是影响感知整体性的两个重要因素。

（3）理解性

人在感知当前的事物时，总是借助以往的知识经验来理解它们，并用词把它们标识出来。这种特性称为感知的理解性。在这一过程中，经验是最重要的，有经验的心理学家可以从一个人的眼神、动作、言语知道他心里想的是什么。感知的理解性会受到情绪、意向、价值观和定式等的影响。在感知信息不足或复杂的情况下，感知的理解性需要语言的提示和思维的帮助。感知的理解性使人的感知更为深刻、精确和迅速。

（4）恒常性

当感知的对象在一定范围内变化时，感知的映像仍然保持相对不变，这种特性称为感知的恒常性。视觉的恒常性表现得特别明显。感知的恒常性是因为客观事物具有相对稳定的结构和特征，而人们对这些事物有比较丰富的经验，无数次的经验校正了来自每个感受器的不完全的甚至歪曲的信息。如果感知的是一个全新的对象，而且周围没有熟悉的事物可以作为参照物，那么人们就不会有关于这个事物的感知恒常性。

许多因素影响感知的形成，这些因素存在于感知者、被感知的物体或目标以及感知产生的情境中。因为不能孤立地看待目标，所以目标与背景的关系影响着感知。将关系密切及相似的事物归于一类的这种倾向性也对感知有影响。观察目标或事物的情境、时间和其他环境因素也很重要。因此，可以将影响感知的因素分为三类：首先，与感知者相关的因素包括态度、动机、兴趣、经验、期望等；其次，与感知目标相关的因素包括运动、声音、规模、背景、类似性等；最后，与感知情境相关的因素包括时间、工作情境、社会情境等。例如，一位员工在接受一项新任务时，会借鉴自己的工作经验。这就是感知者的相关因素对其自身感知能力的影响。

13.3.2 感知的捷径

所有人，包括管理者在内，常常使用捷径来感知任务和解释、判断他人的行为。以下是人们感知和判断他人的四种捷径。

1. 选择性感知

选择性感知是指人们在某一具体时刻只是以对象的部分特征作为感知的内容。因为个体不能掌握其所观察到的所有信息，所以只能选择性地接受。这种感知方式取决于观察者的兴趣、背景、经验和态度。个体根据自己的需要与兴趣，有目的地把某些刺激信息或刺激的某些方面作为感知对象，而把其他事物作为背景进行组织加工。这种方式可以使人们快速阅读他人。

从广义上来讲，每个人都或多或少有这种感知行为，因为人们看事情的时候都基于自己的理解和参考。这可以理解为人们如何将感知类的信息通过喜好程度进行分类和理解。也就是说，选择性感知从某种程度上来说是一种偏见，因为人们用自己的方式来理解信息。心理学家认为这个过程实际上是自动的，也就是说是潜意识的。

选择性感知也可以被理解为一种心理学上的认知偏差，可以影响人们如何感知事物。人们在做出判断和决定的时候，会被一系列的认知偏差、感知偏差和动机偏差扭曲和误导，然而不会感觉到自己被误导。但是，人们又很容易察觉到（甚至是过分地察觉）别人在做出判断时的偏见。有一种解释认为，人们在日常生活中接收到太多的刺激信息，因此不可能对每一个事物都付出同样的注意力，所以只能选择对自己有用的信息。

2. 晕轮效应

晕轮效应是指人们根据个体的某种单一特征（如智力、社交能力或外貌）而形成对该个体的总体印象。一个人的某种品质或一个物品的某种特性，一旦给人非常好的印象，在这种印象的影响下，人们对这个人的其他品质或这个物品的其他特性也会给予较好的评价。这种爱屋及乌的强烈感知的品质或特点，就像月晕的光环一样，向周围弥漫、扩散，所以形象地称这一心理效应为晕轮效应。

晕轮效应的形成原因，与感知的特征之一——整体性有关。人们在感知客观事物时，并不是对感知对象的个别属性或部分孤立地进行感知的，而总是倾向于把具有不同属性、不同部分的对象感知为一个统一的整体，这是因为感知对象的各种属性和部分是有机地联系成一个复合刺激物的。另外，对人感知时的晕轮效应还在于内隐人格理论的作用。人的有些品质之间是有其内在联系的，特征也会在举止、表情上反映出来。于是，人们既可以从外表感知内心，又可以从内在性格特征泛化到对外表的评价上。

晕轮效应除了与人们掌握对方的信息太少有关外，主要还是个人主观推断的泛化、扩张和定式的结果。它往往容易形成成见或偏见，产生不良的后果，故在人才选拔、任用和考评过程中应谨防这种倾向发生。例如，在招聘面试中，当面试官对应聘者的某种特质形成好的或者不好的印象后，会倾向于根据这个特征去推断该应聘者其他方面的特征，从而影响面试考官评分的有效性。晕轮效应可能会让面试官对应聘者形成认知上的偏见。

3. 刻板印象

刻板印象是指人们以个体所属群体的印象为基础判断该个体。这种印象是人们对某个事物或物体形成的一种概括固定的看法，并把这种看法推而广之，认为这个事物或者整体都具有该特征，而忽视个体差异。例如，"与单身人士相比，已婚人士是更稳定的员工""女性员工比男性员工在工作中表现得更为情绪化"。

刻板印象可以通过直接或间接方式获得。通过直接方式获得，是指个体通过直接与某些人和某些群体接触，然后将这些特点固定化而形成的。通过间接方式获得，是指对一些没有直接接触的人，人们会根据间接的资料和信息产生刻板印象。例如，一位招聘者在没有接触应聘者之前，通过简历中没有留学经历的信息形成对应聘者外语水平有限的印象。

刻板印象对个体进行的社会信息加工起到很大的影响。这种影响既有积极的一面，也有消极的一面。从积极的影响来看，在对具有许多共同之处的某类人在一定范围内进行判断，不用探索信息，直接按照已形成的固定看法即可得出结论。这就简化了认知过程，节省了大量时间、精力，使人们能够迅速了解某人的大概情况，有利于人们应对周围的复杂环境。从消极的影响来看，在被给予有限材料的基础上得出带普遍性的结论，会使人在认知他人时忽视个体差异，从而导致感知上的错误，造成先入为主，妨碍对他人做出正确的评价。从一定程度上说，刻板模式基于一定的事实基础，因此它可能做出正确的判断，但当刻板印象缺乏事实依据时，便会歪曲判断。

4. 投射效应

投射效应是指将自己的特点归因到其他人身上的倾向，也就是以己度人，认为自己具有某种特性，他人也一定会有与自己相同的特性，把自己的感情、意志、特性投射到他人身上并强加于人的一种认知方式。例如，一位员工工作努力、敬业，可能认为其他员工也同样工作努力、敬业。

由于人有一定的共同性，有相同的欲望和要求，所以在很多情况下，人们对他人做出的推测是比较正确的。也就是说，当观察者与观察对象十分相像时，观察者的判断会很准确，但这并不是因为他们的感知准确，而是因为此时的被观察者与自己相似。

但需要注意的是，人与人之间是存在差异的，如果不能考虑到这种差异性，投射效应也会使人们对他人的感知产生失真。当投射使人们倾向于按照自己是什么样的人来感知他人，而不是按照被观察者的真实情况进行感知时，就可能产生感知偏差。

投射效应主要有以下三种表现形式。

（1）相同投射

由于彼此不了解，相同投射效应很容易发生，人们通常在不知不觉中从自我出发做出判断。例如，一名员工觉得办公室很热，可能认为其他员工也觉得室温高，所以他会选择调低空调的温度设置。这种投射的发生在于忽视了自己与他人的差别，在意识中没有把自我和对象区别开来，而是混为一谈。

（2）愿望投射

这是人们把自己的主观愿望强加给对方的投射现象。例如，一个自我感觉良好的员工，希望并相信上级对他的工作表现一定会给予好评，他可能最终会把上级对其的一般性评价理解成赞赏。

（3）情感投射

一般人们对自己喜欢的人，更容易感知其身上的优点；与此相反，对自己不喜欢的人，则越看越讨厌，越来越觉得他有很多缺点。这是一种认为自己喜欢的人或事是美好的，自己讨厌的人或事是丑恶的，并且把自己的感情投射到这些人或事上进行美化或丑化的心理倾向。

13.3.3　归因理论

1. 归因理论的内容

正如前文提到的，人们对个体行为的感知和判断很大程度上受人们对个体内在特征所做假设的影响。这些假设引导研究者提出了归因理论。

归因理论是说明和分析人们活动因果关系的理论，人们用它来解释、控制和预测相关的环境，以及随这种环境而出现的行为，因而也称"认知理论"，即通过改变人们的自我感觉、自我认识来改变和调整人的行为的理论。

具体而言，在日常的社会交往中，人们往往对发生于周围环境中的各种社会行为有意识或无意识地做出一定的解释，即认知主体在认知过程中，根据他人某种特定的人格特征或某种行为特点推论出其他未知的特点，以寻求各种特点之间的因果关系。

归因理论认为，人有两种强烈的动机促成了归因的行为：一是形成对周围环境一贯性理解的需要；二是控制环境的需要。为了满足这两种需要，个体必须对他人的行为进行归因，并且经过归因来预测他人的行为，唯有如此才有可能满足"理解环境和控制环境"的需要。

同时，该理论认为事件产生的原因无外乎有两种：一是内因，如情绪、态度、人格、能力等。例如，一位销售人员当天的销售额很低，可能是自己的负面情绪影响了客户满意度。二是外因，如外界压力、天气、情境等。例如，一位员工上班迟到，可能是因为当天遇到了大暴雪。

归因理论认为，人们如何对他人进行感知和判断，取决于对给定的行为归因于何种解释。这取决于三种因素：区别性、一致性和一贯性，如图13-1所示。

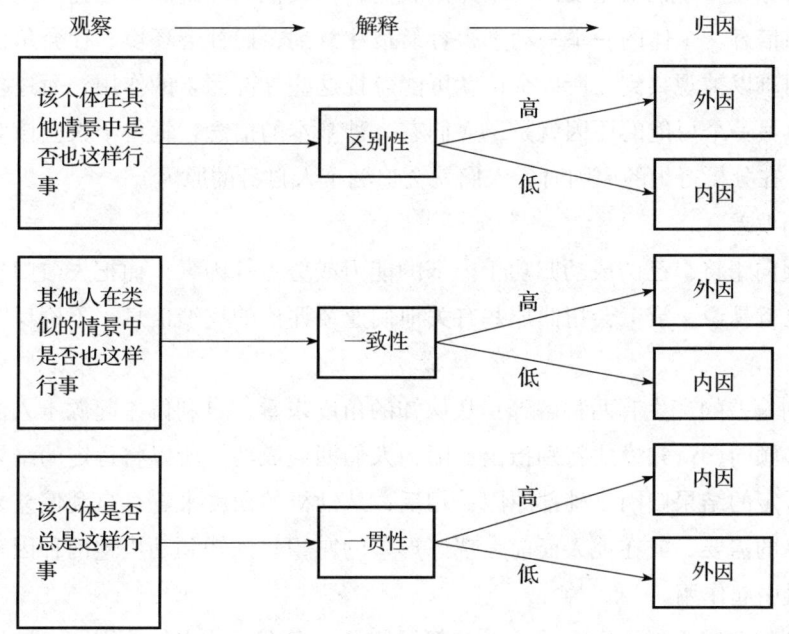

图13-1 归因理论

（资料来源：罗宾斯，库尔特. 管理学：第13版［M］. 刘刚，程熙镕，梁晗，等. 北京：中国人民大学出版社，2017.）

（1）区别性

该概念是指个体在许多情况下表现出这种行为，还是仅在特定环境下表现出这种行为。例如，一名今天迟到的员工是否被同事视为"游手好闲"之人？我们想知道的是这种行为是否不常见。如果是，观察者就有可能将这种行为归因于外部因素；否则，就可能判断这种行为由内部因素造成。

（2）一致性

如果每个人面对相似情境都有相同反应，就称其行为表现出一致性。如果一致性程度高，就把员工行为归因于外部因素；如果只是一个员工有这种反应，就把它归因于内部因素。

（3）一贯性

如果无论时间如何变化，一个人都能表现出同样的行为，就称这个人的行为表现出一贯性。行为越具有一贯性，观察者越倾向于将其归因于内部因素。

2. 归因理论的发现

归因理论得出的最有趣的发现是错误或偏差使归因失真。

（1）基本归因错误

当人们对其他人的行为做判断时，倾向于低估外部环境因素的影响，而高估内部或个人因素的影响。它可以解释，为什么销售经理可能倾向于将下属不佳的业绩归咎于他们的懒惰，而不是竞争对手引进了全新的产品线。

基本归因错误产生的最主要的一个原因就是，与其他的环境因素相比，一个人的行为是最容易观察的信息。个体的一举一动都很容易被注意到，而社会环境、社会角色、情境压力等外部条件则难以被观察到，所以个体就可能忽视这些外部因素的作用，而过多地强调个人自身的原因。另一个可能的原因就是，人们有一种基本的信念，觉得个人应该对自己的行为负责。于是，在分析行为的原因时，人们就会追溯个人自身的原因。

（2）自利偏差

个体也倾向于将自己的成功归功于内部的能力或努力等因素，而把失败归咎于外部的运气等因素。也就是说，员工会扭曲那些有关他们业绩评价的反馈信息，不论反馈是积极的还是消极的。

关于自利偏差的产生有两种解释：从认知的角度来看，自利偏差起源于人们加工社会信息模式的某些倾向，认知模式特别指出，因为人们期望成功，所以将肯定的结果归因于内部原因，而将否定的结果归因于外部原因；相反，从动机的角度来看，自利偏差来源于人们保护和提高自尊的需要，或在他人面前表现好形象的愿望。认知和动机这两种因素都有可能在这种归因错误中起作用。

不管自利偏差产生的原因是什么，它都可能是许多人际冲突的原因——它经常使合作中的人感觉是自己而不是合作者做出了主要的贡献。

◆ 本章小结

态度是关于事物、人或事件的有利或不利的评价性陈述。个体的态度由三个部分构成：认知成分、情感成分和行为成分。

工作满意度是指员工对其工作的一般性态度。组织承诺是指员工认同所在组织及其目标并愿意留在该组织中的程度。工作投入是指员工认同自己的工作，积极参与工作，认为自己的工作绩效对自我价值重要的程度。

个性是指个体独有的情感、思想和行为模式。它会影响该个体对环境的反应及其与他人的交往。个性特质的主要划分方式包括迈尔斯·布里格斯个性分类指标、大五个性模型等。

情绪智力是指非感知性的技巧、素质、能力的综合。

感知是一个过程，通过这一过程，个体组织和解释他们的感觉印象，从而给所处的环境赋予意义。

归因理论认为，人们如何对他人进行感知和判断，取决于将给定的行为归因于何种解释。

◆ 复习思考

1. 哪些重要因素会影响个体行为？如何影响？
2. 情绪智力由哪几部分组成？各部分的具体含义是什么？
3. 根据归因理论，我们如何对人们的行为进行判断？
4. 工作满意度、组织承诺、组织支持感、工作投入和员工敬业度如何影响工作绩效？
5. 迈尔斯·布里格斯个性分类指标和大五个性模型有哪些区别？

◆ 本章参考文献

［1］FESTINGER L. A theory of cognitive dissonance[M]. Palo Alto: Stanford University Press, 1957.

［2］WEISS D J, DAWIS R V, ENGLAND G W. Manual for the minnesota satisfaction questionnaire[Z]. Minnesota Studies in Vocational Rehabilitation, 1967.

［3］中国社会科学院语言研究所词典编辑室．现代汉语词典［M］．6版．商务印书馆，2012.

［4］MYERS I B. Introduction to type[M]. Palo Alto: Consulting Psychologists Press, 1980.

［5］HOLLAND J L. Making vocational choices: a theory of vocational personalities and work environments[M]. Lutz: Psychological Assessment Resources, 1997.

［6］GOLEMAN D. Emotional intelligence [M]. New York: Bantam, 1995.

［7］罗宾斯，库尔特．管理学：第13版［M］．刘刚，程熙鎔，梁晗，等．北京：中国人民大学出版社，2017.

第 14 章
CHAPTER 14

沟　　通

学习目标

学习完本章后，你应该能够：
- 界定沟通内涵与外延。
- 阐释沟通要素。
- 区分沟通方式。
- 厘清有效沟通障碍。

14.1　沟通要素与功能

14.1.1　沟通内涵与外延

1. 沟通内涵

沟通是人类社会交往的基本行为，但人们对这一行为的理解各不相同。美国管理学者斯蒂芬·罗宾斯认为，沟通是信息从一个人到另一个人的过程。决策学派的管理学家西蒙认为，信息沟通是一个组织成员向另一个组织成员传递决策前提的过程。美国学者桑德拉黑·贝尔斯、理查德·威沃尔将沟通定义为人们分享信息思想情感的任何过程。综上信息，沟通是指可理解的信息、思想、情感的传递或交换的过程。该定义包含了以下三个要点：①沟通是一个过程。这一过程具有动态、持续、循环、复杂的特点。②沟通是信息的传递。信息发送者将信息发送给信息接收者或两者进行信息交换。如果信息没有被传递或交换，就意味着沟通没有发生。③沟通是对信息的理解。沟通不仅是信息被对方所接受，更要为对方所理解。在沟通时，接收者接收到的仅仅是一些符号，而不是信息本身，接收者必须将这些符号进行翻译，正确理解信息发送者的意识，沟通才算成功。否则，沟通就不算成功。

2. 沟通外延

沟通可以在不同的层面发生。从沟通的层次来看，沟通可以分为自我沟通、人际沟通、组织沟通和与公众沟通。人们从内心将信息传送到身体的各个部位，引起思考或在心里寻找解决问题的办法，这是自我内心层面的沟通。两个人之间或一个群体之间，信息从一个人传递到另一个人，这是人际沟通。在组织内部，不同部门之间信息发送与接收是组织沟通。信息从一个消息源发出，在同一时间被传递给多个接收者，如报纸广告，这是与公众进行沟通。

14.1.2 沟通要素

沟通要素是沟通过程的组成部分。沟通是信息在发送者和接收者之间进行的传递，这一传递过程包含沟通主体、信息（沟通客体）、编码、渠道、解码、反馈、噪声七大要素。沟通过程的起点是发送者，他将信息编码成符号，再通过某种渠道传递给接收者。接收者对收到的信息进行解码，并解释发送者的意图。接收者也可能通过对发送者的信息做出反应，向发送者提供反馈。噪声经常会阻碍正确的理解，给沟通造成障碍。图 14-1 揭示了沟通过程以及沟通要素之间的关系。

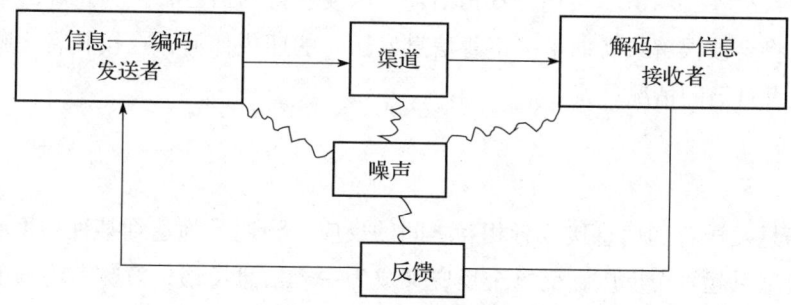

图 14-1　沟通过程以及沟通要素之间的关系

1. 沟通主体

沟通主体包括信息发送者与信息接收者，他们都是信息源。信息发送者是沟通的发起者，启动沟通过程。当其产生与他人沟通的意图时，发送者将需要沟通的内容进行信息编码，传递给沟通的对象。发送者的动机态度及可靠性对沟通效果有重要作用。信息接收者是信息发送者传递信息的对象，接收信息并将其解码理解后形成自身的想法。

2. 信息

信息是沟通主体要分享的思想和感情，这些思想和感情通过语言与非语言符号来表达。

关于信息，沟通主体需要关注针对特定的接收者提供什么信息可以实现沟通的目的，需要为接收者提供多少信息，接收者可能会产生何种疑虑，发送者将会对他们产生何种利益，怎样使发送者的信息具有说服力等。

3. 编码

编码就是将信息转换成可传输信号的过程，如文字、数字、图画、声音或身体语言等。这些信号应是信息接收者可以解码且表达清楚的信号。否则，信息编码的信号不清楚，将会影响接收者对信息的理解。

4. 渠道

渠道是信息发送者用于传递信息的媒介，是信息经过的路线。会议、面谈、书面通知、电话、电报、电视、网络、报刊、书籍都是信息传递的渠道。选择什么样的信息传递渠道要看沟通的场合、沟通双方所处的环境及拥有的条件。不同的信息传递渠道，信息传递效率也不尽相同。信息发送者选择适当的渠道对实施有效沟通极为重要。

5. 解码

解码是信息接收者的思维过程，是接收者根据自己已有的经验和可参考的框架进行解释的过程。信息接收者将渠道中加载的信息翻译成自己能够理解的形式。信息接收者在解码的过程中，需要与经验、知识、文化背景相结合，以使获得的信号转换为正确的信息。如果解码错误，信息将会被误解或者曲解。不管信息发送者的期望如何，在接收者头脑中进行的解码只反映接收者自己的情况。

6. 反馈

反馈是信息发送者和信息接收者相互之间的反应。沟通是为达到某种结果而进行的动态过程，一个信息引起一个反应，而这个反应又成为一个信息反馈，意味着沟通的每一个阶段都要寻求对方的支持，更重要的是给他们回应的机会。只有这样，发送者才会知道接收者在想什么，可能相应调整其发布的信息，使他们更有可能感觉到参与到这个过程中，并对其目标做出承诺。反馈能让沟通主体参与并了解信息是否按他们预计的方式发送和接收，以及是否得到分享。反馈构成了信息的双向沟通。

7. 噪声

沟通过程中对信息传递和理解产生干扰的一切因素都是噪声。根据来源，噪声可以分成三种形式：外部噪声、内部噪声和语义噪声。外部噪声源于环境，它阻碍人们听到和理解信息。常见的外部噪声可以是机器的轰鸣声、课堂外的喊叫声、刺眼的光线、过冷或过热的环境或者人们之间不太友好的关系，过于强调等级和地位的组织文化等。内部噪声发生在沟通主体身上，如注意力分散、存在某些信念和偏见、人们对词语情感上的拒绝反应等。其中，语义噪声就是由人们对词语情感上的拒绝反应引起的，如许多人不愿听带有亵渎语言的讲话，因为这些词语是对他们的冒犯。

14.1.3　沟通功能

（1）沟通可以促进组织科学决策

组织内外存在大量模糊的信息，沟通可以澄清事实、交流思想、倾诉情感，降低信息的模糊性，为组织科学决策提供依据。

（2）沟通可以调动员工积极性

管理者通过沟通可以了解员工的需求，并有针对性地满足员工的需求，有效激励员工。通过沟通，员工可以加深对组织的了解，增进对组织目标的认同，从而建立起相互信任的、融洽的工作关系。

（3）沟通可以推动组织自我更新

组织是一个开放的系统，时刻与外界进行信息与能量交换。通过沟通，组织能够与外部世界建立联系，输出内部信息，吸纳外部信息。这种信息流动有助于组织自我更新，与外部世界共生共荣，维持组织的竞争能力。

14.2　沟通方式

14.2.1　人际沟通

人际沟通是人与人之间的信息和情感的交流，其目的在于建立和维持人际关系。人际沟通通常采用口头沟通、书面沟通、非言语沟通和电子媒介沟通四种形式。

1. 口头沟通

口头沟通是经常采用的信息传递方式之一，包括开会、面谈、电话、讨论、演讲等形式。口头沟通的优点主要体现在快速、简便、及时反馈。口头沟通的弊端在于，可能会因思考不周而无法全面系统地阐明问题，或因遣词造句的疏忽而造成不必要的误解。当信息要经过多人传递时，就存在较大的失真可能性。口头沟通如不做记录，也容易造成口说无凭或容易遗忘的结果。

2. 书面沟通

书面沟通是一种比较正规的沟通方式，包括备忘录、协议书、信函、布告、通知、报刊文件等。书面沟通常见于比较重要的信息传递，如规章制度、各项计划、财务报表，以及那些需要信息接收者认真分析的信息。相较口头沟通，书面沟通能够更准确地表达作者所发表的信息，减少情绪等因素对信息传达的影响。因有文字为据，书面沟通更利于保存和核对，更易于复制传播。当然，书面沟通也有不足之处，如花费时间长，沟通速度较慢，且不能及时反馈。

3. 非言语沟通

非言语沟通是除言语沟通以外的各种沟通方式，如形体语言、空间沟通等。非言语沟通在实际沟通活动中起着非常重要的作用，甚至比通过言语表达的信息更为重要。有关研究表明，人际沟通过程中非言语信息量占人们所接受的总信息量的60%以上。人们可以通过动态无声的眼神、表情、手势、面部表情等身体运动，或是静态无声的身体姿势、空间距离、衣着打扮等形式来实现沟通，也可以通过声音变化，如重音、声调的变化、哭、笑、停顿等来实现沟通。

4. 电子媒介沟通

电子媒介沟通是随着电子信息技术兴起而发展起来的一种沟通形式。如传真、电视、录像、计算机网络、电子邮件、微博、微信等都属于电子媒介。这种沟通形式可以将大量信息以较低成本快速、高效地进行远距离传送。在电子媒介沟通中，沟通各方需要确认彼此身份与信息内容，以确保信息的真实性。

14.2.2 组织沟通

组织沟通是在组织内部进行的信息交流与传递活动。良好的组织沟通是疏通组织内外渠道、协调组织部分之间关系的重要条件。组织沟通通常包括正式沟通与非正式沟通、纵向沟通与横向沟通。

1. 组织沟通的形式

（1）正式沟通与非正式沟通

组织中既有正规的权力系统，也存在非正式的人际关系。因此，组织沟通可以分为正式沟通与非正式沟通两种形式。

1）正式沟通。正式沟通是在组织系统内，通过正规的组织程序，按照组织规定的渠道进行信息传递。正式沟通和组织结构密切相关，主要包括：正式组织系统发布的命令、指示文件，召开的政策会议，正式颁布的规章手册、简报公告；组织内部上下级之间或同事之间因工作需要而进行的正式接触；组织与组织之间的公函往来，组织内部的文件传达，上级向其下属布置任务或下属向上级请示；团体组织的参观访问、技术交流、市场调查等。

正式沟通的优点是有较强的约束力。在正式沟通中，信息沟通具有权威性，参与沟通的人员普遍具有较强的责任心和约束性,从而易于保密和保持所传递信息的准确性。通常,对重要的信息与文件的传达,组织的决策都采用正式沟通的方式。其缺点是依靠组织系统层层传递,沟通速度较慢,信息传播的范围受限制。信息在组织各层级间逐层传递,失真可能性较大。

2)非正式沟通。非正式沟通是组织内不按照正规的组织程序、隶属关系、等级系列进行的信息传递。组织内部,除了正式设立的部门外,还存在因朋友关系和兴趣相投等而结成的非正式组织。这些非正式组织的成员私下交换意见,进行朋友聚会,传播小道消息等,都属于非正式沟通。非正式沟通是正式沟通的有机补充,是形成良好组织氛围的必要条件。管理者应充分重视非正式沟通的作用,并充分利用它。

非正式沟通的优点是沟通方便、内容广泛、方式灵活、沟通速度快。在非正式沟通中,员工容易把真实的思想、态度、动机表露出来,能提供一些正式沟通中难以获得的信息。其缺点是一般以口头方式进行,不留证据、不负责任。因缺少正式管理系统的权力支撑,管理者较难控制非正式沟通。非正式沟通传递的信息有时不确切,容易传播流言蜚语,影响组织稳定和团体凝聚力。

(2)纵向沟通与横向沟通

根据信息的流向,正式沟通可以分为纵向沟通与横向沟通,它们是组织协调的重要手段。

1)纵向沟通。纵向沟通是信息按组织隶属关系,在较高的组织层级与较低的组织层级间流动的过程,具体分为下行沟通与上行沟通。

①下行沟通。下行沟通是信息从组织较高层级向较低层级的流动。当管理者与员工沟通目标安排、给予工作指导、解释公司制度和工作流程、提供绩效反馈时,就使用了下行沟通。下行沟通的目的是使员工了解组织目标,形成与组织目标一致的观点,并加以协调。这种沟通方式往往带有指令性、法定性、权威性和强迫性。下行沟通可以使下级部门和组织成员及时了解组织目标和管理意图,增强员工对所在团体的向心力与归属感;可以协调组织内部各个层级的活动,加强组织原则和纪律性。但下行沟通使用过多,会在下属中造成管理者独裁专横的印象,拉大上下级之间的心理距离,影响组织士气。

②上行沟通。上行沟通是信息从较低组织层级向较高组织层级的传递。它往往被用来向高层管理人员提供反馈、报告业务进展情况和现存的问题。上行沟通能够令管理者掌握员工对工作、同事和组织的看法,管理者也会依靠上行沟通来征求如何改善状况的建议。上行沟通主要有两种表达形式:一是组织成员依据一定的组织原则和组织程序逐级向上反映情况;二是减少中间层级,让决策者和团体成员直接对话。请示、汇报建议箱、座谈会、接待日等都是上行沟通的常见形式。上行沟通具有非命令性、主动性和积极性的特点。员工可以直接向上级反映自己的意见,从而获得一定程度的心理满足。这有利于形成良好的上下级关系,提高组织管理水平。但这种沟通有时会受到不同层次上级主管人员的阻碍,影响沟通效果。

2）横向沟通。横向沟通是在同一组织内，相同层级的工作部门之间、相同层级的管理者之间或员工之间发生的信息传递。在传统的正式沟通系统中，组织为了顺利开展工作，通过任务小组、协作会议、委员会、矩阵结构的办法，加强横向沟通。横向沟通简化了办事程序，节省了沟通时间，增进了部门之间相互了解，有助于培养员工的整体观念和合作精神，克服本位主义倾向。但从管理者的角度来看，横向沟通也容易产生沟通失调的冲突，如成员为了完成任务，在上司不知晓的情况下，组织成员已经采取行动，或者做出了决策。

2. 组织沟通网络

组织沟通的形式可组合成组织信息传递的多种模式，这些模式被称为组织信息沟通网络，表明了在一个组织中，组织信息传递或交流的方式。正式沟通网络包括链式、Y式、轮式、环式和全通道式五种类型，如图14-2所示；非正式沟通网络包括集束式、随机式、留言式和单线式四种类型。

（1）正式沟通网络

1）链式沟通网络。链式沟通网络是信息在组织成员之间进行单线、顺序传递的一种沟通网络（见图14-2a）。在组织内部的信息传递中，信息是一层一层或一级一级传递的，只有上行沟通和下行沟通，居于两端的人只能与其相邻的一个成员联系，而居中的人则可以分别与两端的人沟通信息。这种沟通信息传递速度慢，而且容易失真，难以适应快节奏管理的需要。但其结构严谨、形式规范，在传统组织结构中应用较多。

2）Y式沟通网络。Y式沟通网络是两名组织成员通过一个人或一个部门进行沟通而形成的沟通网络（见图14-2b）。在这种沟通网络中，只有一个成员位于沟通网络的中心。组织高层管理者与下级人员之间的沟通是较为典型的Y式沟通网络。如秘书处于该Y式沟通网络的中心位置，高层管理者与下属之间通过秘书来传递信息。这种形式适合管理人员的管理任务繁重，需要有人协助筛选信息和提供决策依据，同时又要对组织实行有效控制的情况。Y式沟通网络的集中化程度高，能减轻企业主管的负担，解决问题速度较快。但下属士气较低，并且因为增加了信息中转环节，容易导致信息扭曲和失真，组织成员的平均满意度较低。

3）轮式沟通网络。轮式沟通网络是信息由中心人物向四周传递的一种沟通网络（见图14-2c）。在这种沟通网络中，所有信息都通过中心人物进行交流，其他成员之间没有信息交互关系，中心人物具有权威性。总经理与各部门经理之间的信息沟通就属于轮式沟通。轮式沟通网络因没有中间环节，信息传递准确而快捷。但只有处于中心地位的人能全面了解组织情况，群体成员之间的沟通渠道少，互相缺乏了解，组织成员士气不高。

4）环式沟通网络。环式沟通网络是链式沟通网络的一种变形，它把链式的两端连接起来，形成一个封闭的环（见图14-2d）。这种沟通网络没有中心人物，每一个人都同时与两侧的人沟通，大家地位平等，组织成员具有较为满意的联络渠道。环式沟通网络允许每一个成员与邻近的成员联系，但不能跨越层次与其他成员联系。

5）全通道式沟通网络。全通道式沟通网络是一种全方位、开放式的沟通网络，无明显的中心人物，所有成员之间都能进行相互不受限制的信息沟通（见图14-2e）。全通道式沟通网络允许组织中的每一个成员与其他成员自由沟通，包含正式沟通所有的沟通形式。当组织面对涉及各方面人员的复杂问题决策时，通常采用这种信息沟通网络。全通道式沟通网络的信息传递速度和准确度较高，能加快解决问题的速度；由于沟通渠道较多，组织成员满意度高，组织合作氛围较好。但由于沟通渠道太多，容易拉长沟通过程，影响工作效率。

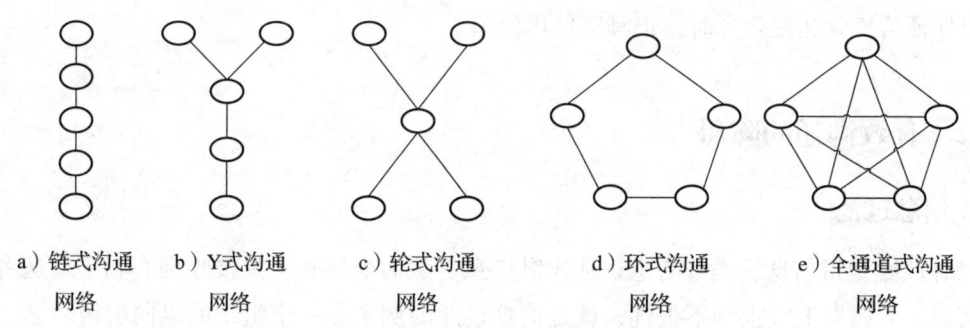

a）链式沟通网络　　b）Y式沟通网络　　c）轮式沟通网络　　d）环式沟通网络　　e）全通道式沟通网络

图14-2　五种正式沟通网络

（资料来源：潘连柏，曾自卫. 管理学原理［M］. 2版. 北京：人民邮电出版社，2019.）

组织的五种沟通网络各有利弊，在实际工作中，组织应根据工作性质做出相应选择。作为管理者，采用何种信息沟通网络主要取决于沟通目标的定位。链式沟通传递速度最快；环式沟通能够提高组织成员的士气；轮式沟通和链式沟通对简单问题最有效；环式沟通和全通道式沟通速度快，因能获得大量的信息，在处理复杂问题时比其他类型的信息网络失误少；Y式沟通兼有轮式沟通和链式沟通的特点，由于存在多头领导，在组织内部的正式沟通中一般不予采用。

（2）非正式沟通网络

非正式沟通网络包括集束式、随机式、留言式和单线式四种类型。

1）集束式非正式沟通网络。集束式非正式沟通网络是一种最普通的非正式沟通网络形式。它是信息拥有者将信息传递给经过选择的有限人员，其中的部分人员又将信息有选择地传递给其他人。

2）随机式非正式沟通网络。随机式非正式沟通网络是按照偶然的方式传递信息，信息拥有者在传递信息时并无选择性。

3）留言式非正式沟通网络。留言式非正式沟通网络是信息拥有者一个人把信息告知所有其他成员。

4）单线式非正式沟通网络。单线式非正式沟通网络是将信息按照一人传一人的方式依次传递。

14.3 沟通障碍

14.3.1 有效沟通的标准

有效沟通是指组织能够克服各种噪声干扰，保证信息交流的可靠性和准确性。有效沟通应该具备所传递信息数量、质量和时效三方面的品质。首先是信息数量品质。有效沟通能够确保向对方传达足够的信息量，即完整的信息，保证信息接收方能够全面理解信息。其次是信息质量品质。有效沟通不仅要向对方传递完整的信息，而且要保证所传递的信息真实、准确，保证信息接收方能够准确理解信息。最后是信息时效品质。信息发送方要及时传递信息，以保证信息到达接收方时，仍具有使用价值。

14.3.2 有效沟通的障碍

1. 信息过滤

信息过滤是指信息发送者有意识地操纵信息，从而令接收者只接收到有利于发送者的信息。例如，下属对上级报喜不报忧，就是信息过滤的例子。一个组织的纵向层级越多，信息过滤的程度就越高。只要组织存在地位差别，就会存在信息过滤。例如，下属担心传达坏消息波及自身或为逢迎上司，就可能进行信息过滤。

2. 选择性认知

沟通过程中，信息接收者会根据自己的需要、动机、经验、背景和其他个人特征，选择性地观察和聆听某些信息。信息接收者也会将自己的兴趣和期望带到沟通的解码过程中。例如，面试过程中，如果面试官事先就认为女性求职者会把家庭看得比职业重要，那么他/她可能会在所有求职者身上都看到这一点，而不论求职者是否真的这么认为。信息接收者看到的并不是真正的现实，而是对自己看到的事物进行自我解读后的现实。

3. 信息超载

信息超载是指个体必须处理的信息超过其信息处理能力的状态。每个人对信息加工处理的能力都是有限的，当个体所拥有的信息量超过其所能筛选和使用的能力时，就会选择忽略、遗忘某些信息，或延迟对信息的深度处理，直至信息超载的状况结束。这会导致个体丢失信息，影响沟通的效果。

4. 情绪

信息传递者与信息接收者的感觉会影响他们对信息的解释，因而不同情绪感受会使沟通主体对同一信息的解释完全不同。沟通主体处在气愤情绪与处在快乐的情绪时，对同一信息的解读方式可能不同。心情愉悦的人在阅读有说服力的信息时，会对自己的观点感到更加自信；心情低落的人更有可能挑剔和苛责信息的内容。狂喜、盛怒等极端情绪会影响沟通主体客观、理性的思维活动，做出情绪化的判断，成为有效沟通的障碍。

5. 知识、经验与能力

信息发送者将自己的观点编译成信息码时，只是在自己的知识和经验范围内进行编码，信息接收者也只是在自己的知识经验基础上进行解码。双方共有的知识和经验越多，沟通就越顺利；共有的知识和经验越少，在信息发送者看来很简单的问题，信息接收者也可能无从理解，从而导致沟通失败。此外，如果信息沟通者表达能力欠佳，如用词不当、口齿不清、逻辑混乱、自相矛盾、模棱两可等，也会使信息接收者难以准确理解信息发送者的真实意图。

6. 个性和人际关系

个体在性格、气质、态度、理解力、文化背景等方面的差异，会影响沟通的有效性。沟通双方的信任程度、信息来源的可靠程度、发送者与接收者之间的相似程度，同样会影响沟通有效性。沟通双方的信任程度越高、信息来源的可靠程度越高、发送者与接收者之间背景的相似程度越高，信息沟通的效率也就越高。

7. 组织氛围

组织氛围会对信息接收的程度产生影响。信息被发送至一个高度信任、开诚布公的组织，其被接收的可能性就要比那些成员相互猜忌的组织大得多。工作命令和请示过度正规化，也会影响沟通的有效性。如任何工作都必须由正式命令来安排，组织沟通就会缺乏弹性，非正式传达的信息就会较难被接收。

8. 文化语境

在沟通过程中，沟通主体所传递的信息，一方面来自语言本身，另一方面来自交流的场合，即语境。美国人类学家爱德华·霍尔（Edward Hall）根据高低语境的差异，将世界文化划分为高语境文化和低语境文化。在文化的语言交际过程中，信息的创造主要依靠语言交流的场合（交际语境），为高语境文化；信息的创造主要依靠语言本身，而不依赖于交际语境的，为低语境文化。在这两类文化中，语境和语言在沟通中的地位不同。在高语境文化中，人们高度依靠非语言线索和一些细微的情景因素来与他人沟通；在低语境文化中，人们主要通过语言和书面形式来传达意义，肢体语言则排在第二位。在高语境文化中，口头达成一致意见，意味着高度承诺；但在低语境文化中，只有书面的、措辞精确的、甚至高度法律化的合同文本才有效率。

14.3.3 克服沟通障碍的策略

1. 学会倾听

沟通是一种双向的信息交流行为,要使沟通有效,沟通主体应当积极投入交流。当沟通主体一方发表自己的见解时,另一方应当认真地倾听。积极倾听应遵循以下原则:一要从内在认识到倾听的重要性;二要从肯定对方的立场去倾听;三要有正确的心态,克服先验意识;四要学会给予对方及时的、合适的反应。积极倾听还需要把握倾听的技巧。美国学者罗宾斯提出,积极倾听要做到七个方面:目光接触、展现赞许的表情、避免分心的举动、提问、用自己的语言复述、避免打断讲话者及不要说得太多。

2. 重视反馈

反馈是指信息接收者给信息发送者发送一个信息,告知信息已收到以及理解信息的过程。反馈是沟通过程的最后一个环节,往往是决定沟通目标能否实现的关键。反馈既可以是语言的,也可以是非语言的。例如,信息发送者可以让信息接收者用自己的话复述信息,如果听到的复述正如信息发送者的本意,则确保了沟通的准确性。

3. 克服认知差异

为了克服认知和语言上的差异,信息发送者应该使信息清晰明了,尽可能使具有不同观点和经验的信息接收者都能够理解。只要有可能,信息发送者就应该尽力了解沟通对象的背景,尽可能设身处地从对方的角度看待问题,使用信息接收者更易理解的方式选择用词和组织信息。这样有助于提高沟通的有效性。

4. 控制情绪变化

情绪化反应,如愤怒、失望、恐惧、嫉妒等,会使信息的传递严重受阻或失真。处理情绪因素最简单的方法就是暂停沟通,直到完全恢复平静。管理者应该尽力预期员工的情绪化反应,并做好准备加以处理;管理者也需要关注自己的情绪变化,以及了解这种变化可能对他人造成何种影响。

本章小结

沟通是信息的传递过程。沟通主体、信息、编码、渠道、解码、反馈、噪声是组成这一过程的七大要素。人际沟通与组织沟通是两种主要的沟通方式。组织沟通是在组织内部进行的信息交流与传递活动,通常包括正式沟通与非正式沟通、纵向沟通与横向沟通。组织内部信息传递的路径不同,会形成不同的组织沟通网络。沟通所传递的信息数量、品质与时效是判断沟通是否有效的标准。信息过滤,选择性认知,信息超载,情绪，知识、经验与能力，个性和人际关系，组织氛围，文化语境都可能成为沟通障碍。学会倾听、重视反馈、克服认知差异、控制情绪变化等有助于克服沟通障碍。

◆ 复习思考

1. 什么是沟通？沟通有何意义？
2. 沟通是怎样发生的？发生在不同主体间的沟通有何不同？
3. 组织内的正式沟通与非正式沟通有何区别？
4. 组织的五种正式沟通网络各自具有什么优劣势？
5. 如何判断组织是否存在沟通障碍？怎样克服这些沟通障碍？
6. 请你设计一个评价组织成员倾听技能的调查表，并完成组织成员倾听技能调查。

◆ 本章参考文献

[1] 罗宾斯，德森佐，库尔特. 管理学：原理与实践 原书第10版[M]. 毛蕴诗，等译. 北京：机械工业出版社，2019.

[2] 西蒙. 管理行为[M]. 杨砾，韩春立，徐立，译. 北京：北京经济学院出版社，1991.

[3] 黑贝尔斯，威沃尔. 有效沟通：第11版[M]. 李业昆，何辉，译. 北京：电子工业出版社，2016.

[4] 潘连柏，曾自卫. 管理学原理[M]. 2版. 北京：人民邮电出版社，2019.

第 5 篇
PART 5

控　　制

第 15 章　控制工作
第 16 章　危机管理

第 15 章
CHAPTER 15

控制工作

学习目标

学习完本章后，你应该能够：
- 了解控制的概念。
- 掌握控制的类型。
- 了解控制的重点对象。
- 掌握控制的过程。
- 理解财务控制。
- 掌握预算控制。
- 了解产品质量控制和物流控制。

15.1 控制的内涵与类型

15.1.1 控制的内涵

组织在明确目标以及实现目标要完成什么样的工作活动之后，就要制定战略以实现这些目标，以及制订方案以协调和整合工作活动。但这些并不能保证组织目标的实现。管理者还必须时刻监控组织的绩效，将实际的绩效与预先设定的标准进行比较，如果出现了某种偏差并且这种偏差处于可接受的偏差范围之外，那么管理者就要采取行动来纠正工作活动，使其回归正轨。

1. 控制的概念

控制是指为了确保组织的各项活动圆满完成，各级管理者对组织的各种事项按照事先设定的计划和目标进行监控与比较，并对发生的偏差予以纠正的过程。

首先，控制有很强的目的性，即控制是为了确保组织的各项活动都按照计划进行；其次，控制是一个动态的过程，各级管理者要随时监控实际的工作绩效，并将实际工作绩效与标准进行比较；最后，控制能够在监控和比较的过程中提供及时的反馈信息，让管理者在偏差过大时采取纠正行动。控制实际上就是监控、比较和纠正的过程。

2. 控制的必要性

如果计划从来不需要修改，而且是在一个全能领导者的指导之下，由一个完全均衡的组织完美无缺地执行的，那就没有控制的必要了。如果企业面对的是一个完全静态的外部市场，市场中的供求关系永远保持不变，那么组织管理人员便可以以相同的方式来经营企业，组织中的员工也可以以相同的技术方法来生产产品，控制职能便不再重要。然而，这种理想状态在现实中并不存在，不断变化的外部环境使得一个组织的计划不管制订得多么完美，都会在实施过程中出现实际执行效果与预期标准偏离的情况。因此，组织的各级管理者必须实施控制职能。

面对动态的外部环境，没有控制就很难保证组织计划顺利执行，而计划不能执行，组织目标就无法实现。控制职能使管理者了解计划执行中的问题，并采取措施纠正问题，保证计划顺利进行，从而实现组织目标。

当企业的规模扩大到一定程度之后，管理者无法拥有足够的时间和精力来直接地、面对面地协调和组织员工的工作。管理者必须考虑通过员工授权来确保有效的领导。但是许多管理者不愿意实施员工授权，因为他们害怕授权之后如果员工出现差错，将由管理者来承担责任。然而，有效的控制系统可以帮助管理者减少这种担忧。一个有效的控制系统可以提供有关员工绩效的信息和反馈，从而减少出现潜在问题的可能性。此外，企业分权化程度越高，控制就越有必要。每个层次的管理人员都必须定期或非定期地检查直接下属的工作，以保证员工没有滥用职权，以及确保员工的活动符合组织目标的要求。如果没有有效的控制系统，管理人员就无法检查下级的工作情况，即使出现了权力滥用以及员工活动不符合组织目标要求的情况，管理人员也无法发现，更无法及时采取纠正行动。

由于不同的组织成员在认知能力和工作能力上存在差异，即使企业已经制订了完善的计划以及实现计划的方案和战略，控制依然是有必要的。计划的实施需要每个组织成员的协调与协作。由于组织成员在认知能力上存在差异，不同员工对同一个计划或方案的理解是不同的。即便所有员工都正确地理解了组织的方案或计划，但工作能力的差异也会使得员工在执行计划时出现偏差或失误，从而导致实际工作绩效与预期标准不符。因此，对组织成员实施控制是非常有必要的。有效的控制可以帮助组织成员更好地理解计划的要求，以及确保计划执行的效率和效果。

为了保证管理职能的有效运行，控制是必不可少的。通过回顾组织的使命，计划职能确定了组织的目标，以及实现目标的方案和战略，随后通过组织职能来确定由谁以及怎样完成工作活动，进而配备人员和整合组织力量，并通过领导职能来激励、引导组织成员为实现目标而努力。而控制职能则贯穿管理活动的全过程，它不仅可以维持其他职能的正常运转，而且可以通过采取纠偏行动来改变其他管理职能的活动。控制通过识别和纠正偏差，与计划、组织、领导三个职能紧密联系在一起，使管理过程形成一个闭合的系统。在这个系统中，控制既是一个管理过程的结束，也是一个管理过程的开始，并提供了返回到计划的关键纽带。

3. 有效控制的原则

（1）制定标准原则

控制职能的履行是由人来完成的，即便是最好的领导者和管理人员，在实施控制职能的时候也会受到自身性格、过往经历等主观因素的影响。由主观因素造成的控制偏差是不可避免的，因此，通过制定客观的、精确的衡量标准来实施控制职能可以有效弥补人的主观性造成的局限。

（2）及时性原则

一个有效的控制系统要求在实施控制职能的时候能及时发现工作偏差并采取行动予以纠正，甚至在活动进行之前就预测可能发生的偏差，事先采取管理行动，从而防患于未然。控制的及时性要求企业依靠现代化的信息管理系统，定期为管理者提供所需要的信息。管理者在正确的时间利用适量的正确信息来监控和测量组织的实际绩效，随时掌握工作进展情况，及时发现实际绩效与其标准之间的偏差，以便采取措施进行控制。

（3）控制关键点原则

组织中的管理人员受到精力和时间的限制，不可能对所有工作活动的所有细节都实施控制，所以要把主要精力集中到管理中的突出因素，找到关键的控制点，从而掌握系统状态，了解执行情况。控制关键点原则强调的是抓重点，控制了关键点也就控制了全局，起到"牵一发而动全身"的效果。控制关键点也可以提高控制工作的效率。

（4）灵活性原则

在实施控制时，除了要考虑制定客观、精确的标准并严格执行之外，还要考虑意外情况。具有灵活性的控制系统可以在遇到意外情况时依然有效。

15.1.2 控制的类型

按照不同的标准，控制可以划分为不同的类型，如表15-1所示。按控制的时点，控制可以划分为前馈控制、同期控制和反馈控制；按控制的集中程度，控制可以划分为集中控制、分散控制和分层控制。

1. 按控制的时点划分

管理者在一项活动开始之前实施的控制称为前馈控制；在一项活动进行期间实施的控制称为同期控制；在一项活动结束之后实施的控制称为反馈控制。

表 15-1 控制的类型

划分标准	控制类型	含义	优点	缺点
按控制的时点划分	前馈控制	在一项工作活动开始之前进行的控制	预测问题，防患于未然；使用范围广	信息获得困难
	同期控制	一项活动进行期间实施的控制	一旦发生偏差，马上予以纠正	应用范围狭窄；受到管理者时间和精力的限制；容易降低被控制者的积极性
	反馈控制	一项工作活动结束之后实施的控制	为管理者提供了关于其工作活动实际绩效的重要信息；反馈能够增强激励	只能事后发挥作用；偏差的发生和被发现有一段时滞，使得偏差的纠正效果受到影响
按控制的集中程度划分	集中控制	在组织的高层建立一个稳定的控制中心，由控制中心对组织中各个层级的工作活动进行控制	能够保证组织整体的一致性、统一性	是一种较低级别的控制，只适合简单的组织结构；底层管理人员积极性差；如果控制中心出现异常情况，会导致整个组织运行瘫痪
	分散控制	在组织内部建立多个且有一定相对独立性的子控制中心，各行其是，互不干涉，各自完成自己的控制工作	针对性、灵活性强；控制中心信息传递效率高	协调上存在困难，一致性较差
	分层控制	将组织的控制系统分解成多个层次、多个等级，并分布于组织的各个层级实施控制活动	组织整体一致性、灵活性强；控制信息传递效率高	控制系统复杂，需要较多的人力、物力

（1）前馈控制

前馈控制实际上是一种预防性控制，它是在一项工作活动开始之前进行的控制，控制的内容包括检查资源的筹备情况以及预测其利用效果两个方面。前馈控制是一种最理想的控制类型，因为前馈控制发生在实际工作开始之前，可以有效避免许多问题的发生，不必在问题发生之后再匆忙补救，从而起到防患于未然的作用。管理人员需要在一项活动开始之前检查所需资源的筹备情况，确保筹备到足够数量和质量的相关资源，如果资源不到位，管理者就需要修改计划或目标。在相关资源筹备齐全之后，管理者要对工作活动中可能出现的问题以及工作结果是否符合组织的需要进行预测，并采取防御性措施来避免问题的发生，以及当预期结果不符合组织的需要时，改变企业经营的运行过程及其投入。质量控制培训项目、预测、预算、实时的计算机系统都属于前馈控制。例如，在工程建设中，前馈控制是最重要的，因为路面建设具有不可逆转性，一旦形成事实则无法改变。比如，水泥路面不加强初期养护失水烧包，后期再用大量的水养护也无济于事。所以，为了不造成质量事故，前馈控制极为重要。管理过程理论认为，只有当管理者能够对即将出现的偏差有所觉察并及时预先提出某些措施时，才能进行有效的控制。

前馈控制采用的普遍方式是利用所能得到的最新信息,进行认真、反复的预测,把计划所要达到的目标同预测相比较,并采取措施修改计划,以使预测与计划目标相吻合。到目前为止,比较先进的前馈控制方法之一是计划评审法,又称网络分析法。

前馈控制的优点是管理者在问题发生之前就采取管理行动,从而避免损失的发生。此外,前馈控制的使用范围广泛,对组织中的任何一项活动都可以使用前馈控制。

前馈控制的缺点是要求及时、精确的信息来帮助管理者进行预测,而这些信息往往并不容易获得。

(2) 同期控制

同期控制又称过程控制,是在一项工作活动进行期间,对活动中的人和事进行指导和监督,以保证活动按规定的政策、程序和方法进行。例如,海尔在推出"自主经营体"模式之后,其财务预算方面发生了转型,在保留过去传统预算方式的同时,推出了新型的财务预算战略,并在其中加入了同期控制,包括每周进行总结,每日跟踪预案的执行情况,做到日事日毕,保障所有的预案执行到位,以保证组织实现良好的绩效。

最常见的同期控制方式之一是直接观察,或称走动式管理,即管理者在工作场所直接与员工进行互动和交流。同期控制最重要的是对活动中人员的控制。如果组织确定了目标、制订了计划,并为实现目标配备了相关人员,但是不去定期或不定期检查这些人员的工作情况,则难以保证工作活动按照预先设定的计划执行,以及不能保证目标的有效实现。通过实施同期控制,一方面,管理者可以面对面地向员工解释工作的要领和技巧,提高员工的工作能力;另一方面,管理者可以及时发现员工的工作与预期标准的不一致,纠正他们出现的失误和偏差,从而使问题消失在萌芽状态,或者避免已经产生的问题对企业不利影响的扩散,保证计划的执行和目标的实现。

同期控制的优点是在工作活动中一旦发现偏差,马上予以纠正,以保证本次活动尽可能少发生偏差,改进本次活动的质量。

同期控制的缺点首先是受到管理者的时间、精力、业务水平的影响,不能对所有工作都采取同期控制;此外,同期控制的应用范围较狭窄,对那些问题难以辨别、成果难以衡量的工作较难适用;最后,同期控制的方式容易形成控制者和被控制者的对立,使双方发生矛盾或冲突,容易损害被控制者的工作积极性。

(3) 反馈控制

反馈控制也称事后控制或结果控制,是对一项工作活动结束之后进行的控制。在一项活动结束之后,管理者对本次活动的资源利用情况及结果进行总结,并将其与最开始设置的目标要求进行比较。但是,不管结果是否符合企业的需要,都已经无法改变,所以反馈控制的作用就是通过总结过去的经验和教训,为未来计划的制订和活动的安排提供借鉴。例如,在安全生产中,事故发生后的控制就是反馈控制。在发生事故后,除了要先抢救受伤人员之外,在不会继续造成损失和危害的情况下要保护好事故现场,为分析和研究事故的发生提供依据。具体包括查找安全管理上的漏洞,查找事故中的薄弱环节或落实不到位之处,以及查找施工中的事故隐患和不安全因素。根据检查情况提出整改意见和有效的防范措施,坚决避免和杜绝日后同类事故再次发生。

反馈控制的优点是能为管理者提供关于其工作实际绩效如何的重要信息。如果反馈结果显示实际绩效与标准之间的偏差很小,表明管理者的计划是有效的;如果绩效偏差非常显著,那么管理者可以利用这些信息来修改原有计划或者制订新计划。反馈控制可对计划在实施过程中的每个步骤所引起的客观效果做出反应,并据此调整、修改下一步的实施方案,使计划的实施与原计划本身在动态中达到协调。此外,反馈能够增强对员工的激励作用。员工希望了解自己的工作绩效如何,从结果中发现自身的优势和不足,而反馈可以提供这些信息。

反馈控制的缺点是只能事后发挥作用。因为反馈控制主要是对结果的控制,而已铸成的事实是难以改变的,所以反馈控制唯一的作用是为以后类似的工作提供警示和经验。此外,偏差的发生和被发现有一段时滞,这使得偏差的纠正效果受到影响。而且,通过过去的经验来制订新计划,用新计划代替旧计划、新决策代替原决策有一个过程,需要一定的时间,由于系统不能很快适应情况的变化,将会给工作带来不必要的损失。但在很多情况下,反馈控制是唯一可以使用的控制手段。

2. 按控制的集中程度划分

按照控制的集中程度,控制可以划分为集中控制、分散控制和分层控制。

(1)集中控制

集中控制是指在组织的最高管理层建立一个稳定的控制中心,由控制中心对组织中各个层级的工作活动进行监控,发现问题并提出问题的解决方案。例如,许多集团会通过高层对财务实施集中控制,管理者首先利用互联网将交易信息传到集团总部审批,经审批同意后再行交易,交易完成后由集团总部进行实物变更记录和财务处理。分支机构及子公司在此过程中几乎没有任何决策权力。

集中控制的特点是组织中所有层级的所有信息都流入控制中心,由控制中心集中加工处理,而且所有的控制指令也全部由控制中心发布。在集中控制下,对组织人员工作活动的监控、比较和纠正都是由控制中心统一完成的。

集中控制的优点是能够保证组织整体的一致性、统一性。

集中控制的缺点是只适用于简单的组织结构,是一种较低级别的控制。由于控制的权力集中在高层的控制中心,容易造成下层管理人员缺乏积极性,出现官僚主义,甚至导致组织反应迟钝。如果控制中心出现异常情况,会导致整个控制系统运行瘫痪。

(2)分散控制

相对于集中控制只在组织的高层建立一个控制中心,分散控制是指在组织内部建立多个且有一定相对独立性的子控制中心。这些子控制中心在各自的范围内各司其职,互不干涉,各自完成自己的控制工作。例如,城市轨道交通信号控制方式之一就是分散控制。在这种控制方式下，各个车站就是分散的控制中心，由它们对车站列车的调度信息进行管制。各个子控制中心可以选择与列车进行直接的数据信息传递，对列车进行直接的操控，也可以选择只是监视整个列车的调度方案和实际运行情况，由各个车站负责列车的控制工作。

分散控制的特点是组织各个层级的信息流入不同的控制中心，由这些分散的控制中心各自处理，发现偏差并采取纠正行动；同时，控制命令也是由这些分散的控制中心发出的。分散控制适用于组织中较松散的部门，如城市各交叉路口的交通管理、企业集团的一些外围企业等。

分散控制的优点是针对性强，各个控制中心的信息传递效率高，系统适应性及灵活性强。

分散控制的缺点是由于子控制中心有多个且相互独立，在协调上存在困难，统一性、一致性较差。

（3）分层控制

分层控制又称等级控制或分级控制，是指将组织的控制系统分解成多个层次、多个等级，并分布于组织的各个层级，上一层次的控制中心对下一层次控制中心的活动进行指导性、导向性的控制。例如，在工厂生产成本控制中可以利用分层控制。厂部一级可以成立最高层控制中心，负责全厂成本控制的管理工作，并制定分级控制中心的责任，明确划分各级控制中心成本控制的职责范围，负责制定和审定成本控制目标，并落实到有关部门和人员；生产车间是中间一级的控制中心，生产现场成本控制活动主要由车间组织实施，车间主任是车间成本控制的负责人；生产班组是企业最基层的控制中心，生产成本中的物料消耗和工时消耗大部分在班组发生，班组成员对物资和劳动力的消耗情况最清楚，也最容易提出改进措施，所以通过班组可以进一步把控制目标分解到个人，实行人人控制。

分层控制的特点是既有集中控制那样的最高层控制中心，又有分散控制那样的相互独立的、分散的子控制中心。组织中每一个管理层级都有相应的控制中心，各个控制中心都能够独立地对工作活动进行监督、测量偏差，以及采取纠正措施。控制命令由最高层控制中心发送，并沿着组织的等级链层层传达到各个层级的子控制中心，再由各个子控制中心发出。控制的反馈信息则由下往上，被越来越精炼地传达到最高控制中心。

分层控制综合了集中控制和分散控制的优点，既有最高层控制中心来维持组织运行的协调性和一致性，又有分散在各个组织层级的子控制中心来提高控制信息的传递效率，控制系统的灵活性强。

分层控制的缺点是系统非常复杂，需要较多的人力和物力来维持运转。

15.2 控制的重点对象和过程

15.2.1 控制的重点对象

统计表明，人员、财务、产品/服务质量、安全、信息和组织绩效常常是各个组织控制的重点，管理者应该从不同方面对这些内容进行重点控制。

1. 人员

管理者总是通过他人的工作来实现其目标。为了实现组织的目标，管理者需要而且必须依靠下属员工。因此，管理者使下属按照其所期望的方式去工作是非常重要的。为了做到这一点，管理者必须对下属员工进行控制，提高员工的工作质量。最简明的方法之一就是直接巡视和评估员工的表现。

在对人员的控制中，要重点加强对监控人员的监控。监控人员的工作在于根据目标和计划要求，督促、检查、纠正实际操作过程中的偏差，保证工作的效率和效益。相对于一般的工作人员而言，监控人员更倾向于隐瞒工作的偏差和失误。如果监控人员失察，操作中存在的问题就会不断扩大；如果监控人员态度不积极，则操作中的偏差会因得不到及时纠正而逐渐恶化。

对监控人员实施监控的方法有健全组织监控体系、运用外部力量于监督过程、发动群众、岗位调动、对监控人员的违纪与违规进行严惩等。

2. 财务

几乎每个企业的首要目标都是获取一定的利润，在追求这个目标时，管理者必须借助财务控制。比如，管理者通过仔细查阅每季度的收支报告，就能够发现多余的支出；还可以通过预算，来保证有足够的资金支付各种费用或是控制开支。

财务控制并不只限于营利性组织，对于非营利性组织中的管理者来说，提高效率也是其主要目标之一。财务控制，如预算控制、成本控制等为管理者提供了明确的控制标准，更加有利于控制工作的开展，是一种重要的控制手段，被广泛应用于企业、医院、学校和政府部门。

3. 产品 / 服务质量

质量是一个组织工作水平的综合反映，是组织的生命线。只有提供高质量的产品或服务，组织才能得到消费者的认可，才能长久生存。

影响质量的因素有很多，因此，质量控制要有全面的观点，实行全面质量管理，进行全员、全过程控制和管理。

全面质量管理就是指企业内部的全体员工都参与到企业产品质量和工作质量的工作过程中，把企业的经营管理理念、专业操作和开发技术、各种统计和会计方法等结合起来，在企业中普遍建立从研究开发、新产品设计、外购原材料、生产加工，到产品销售、售后服务等环节贯穿企业生产经营活动全过程的质量管理体系。

所谓全员参与，是指从上到下每个部门、每个环节的工作人员都应围绕质量中心去完成质量目标所赋予的职能和任务，对自己的工作质量负责；全过程是指从访问用户、市场调研、产品设计方案论证开始，到产品设计、试制、生产、销售、售后的全过程，都要严格地实施质量管理，保证达到原定的质量标准。

4. 安全

安全控制是指对组织活动过程中的人身和财产保障的控制，包括人身安全控制、财产安全控制、资料安全控制、生产安全控制等内容。近年来，安全控制，尤其是生产安全控制逐渐引起各级组织重视，通过加强安全控制有利于组织成员人心的稳定，有利于组织活动的正常开展。

5. 信息

管理者需要信息来完成自己的工作，不精确的、不完整的、过多的或延迟的信息将会严重阻碍他们的行动。信息控制全过程应该包括信息的收集（输入）、整理、分析（处理）和利用（输出）。

应用计算机技术开发出来的管理信息系统为信息控制开启了方便之门，它能在正确的时间，以正确的数量，为正确的人提供正确的数据。实际工作中，管理者可以根据自己的需要去购买，或聘请专家设计适合本组织的管理信息系统。

6. 组织绩效

提高组织绩效一直是管理者的追求，所以要维持或改进一个组织的绩效，管理者应该关心绩效控制。

常用的组织绩效控制标准有生产率、产量、销售额、利润、员工士气和出勤率等。必须注意的是，在实际工作中，不能单独用某一个指标来衡量组织整体绩效，因为任何一个指标都不能等同于组织的整体绩效。例如，消费额要与利润最大化、生产率、员工士气相结合，如果较高的销售额背后是成本剧增、生产率下降、员工士气低下，那这样的组织会迅速走向衰败。

15.2.2 控制的过程

控制是根据计划的要求，设立衡量绩效的标准，然后把实际工作结果与预定标准进行比较，以确定组织活动中出现的偏差及其严重程度。在此基础上，有针对性地采取必要的纠正措施，以确保组织资源的有效利用和组织目标的圆满实现。不论控制的对象是新技术的研究与开发、产品的加工制造，还是市场营销宣传；是企业的人力资源、物质要素，还是财务资源，控制的过程都包括三个基本环节：制定控制标准、对照标准衡量工作成效、纠正偏差。

1. 制定控制标准

要控制，就要有标准，标准是衡量实际工作或预期工作成果的尺度，因此，控制工作的第一个步骤就是制定控制标准。计划和目标是控制的总的标准，为了对各项业务实施控制，还必须以计划和目标为依据，设置更加具体的标准作为控制的直接依据，这样更有利于控制工作的进行。

（1）常见的控制标准

控制标准是多种多样的，组织可以根据计划和目标的实际情况来设定控制标准，要做好对标准的记录，并做到实时更新。常见的控制标准主要有以下几种：

1）定量标准。定量标准是指能够以一定形式的计量单位直接计算的标准，也就是将设定的标准数值化。在一定程度上，量化的标准便于进行度量和比较，所以应当尽可能使用定量标准。例如，工程进度、费用开支、产量、销售利润、收益状况、质量等都可以数值化。

2）定性标准。定性标准是指难以用计量单位、用数值直接计算和衡量，而只能采用实物或定性描述的标准。例如，服装、酒类、大米等的外观质量，难以用数值表示，所以多采用实物标准，评定时采用样品比较和实物观察；又如，有关服务质量、组织形象、组织成员的工作表现（如士气、人际关系）等，也难以用数值化的指标来衡量。这时，通常由有经验的人进行观察，凭感觉来做出判断。

（2）制定标准的方法

控制的对象不同，制定标准的方法也不一样。一般来说，企业制定标准的方法有三种：利用统计方法来制定标准；根据经验和判断来制定标准；在客观的定量分析基础上制定工程标准。

1）统计性标准。统计性标准也称历史性标准，是以企业经营的历史数据为基础，为未来活动建立的标准。这些数据可能来自本企业的历史统计，也可能来自其他企业的经验；据此建立的标准，可能是历史数据的平均数，也可能是高于或低于中位数的某个数，如上四分位值或下四分位值。

利用本企业的历史统计资料为某项工作制定标准，具有简便易行的好处。但是，据此制定的工作标准可能低于同行业的卓越水平，甚至是平均水平。在这种条件下，即使企业的各项工作都达到了标准的要求，也可能造成劳动生产率的相对低下、制造成本的相对高昂，从而造成经营成果和竞争能力劣于竞争对手。为了克服这种局限性，在根据历史统计数据制定未来的工作标准时，充分考虑行业的平均水平并研究竞争企业的经验是非常必要的。

2）根据经验和判断来制定标准。实际上，并不是所有工作的质量和成果都能用统计数据来表示，也不是所有的企业活动都保存着历史统计数据。对于新从事的工作或统计资料缺乏的工作，可以根据管理人员的经验、判断和评估来为之制定标准。利用这种方法来制定工作标准时，要注意利用各方面管理人员的知识和经验，综合判断，制定出相对先进合理的标准。

3）工程标准。严格地说，工程标准也是一种用统计方法制定的控制标准，不过它不是对历史性统计资料的分析，而是通过对工作情况进行客观的定量分析来进行的。例如：机器产出标准是机器在正常情况下的最大产出量；工人操作标准是劳动研究人员在对构成作业的各项动作和要素的客观描述与分析的基础上，经过消除、改进和合并而确定的标准作业方法；劳动时间定额是利用秒表测定的受过训练的普通工人以正常速度按照标准操作方法对产品或零部件进行某个（些）工序的加工所需的平均必要时间。

2. 对照标准衡量工作成效

对照标准衡量工作成效是指在控制过程中将实际工作情况与预先确定好的控制标准进行比较，找出实际业绩与控制标准之间的差异，以便找出组织目标和计划在实施中的问题，对实际工作做出正确评估。为了能够及时、正确地提供能够反映偏差的信息，同时又符合控制工作在其他方面的要求，管理者在衡量工作成效的过程中应注意以下几个问题。

（1）通过衡量成效，检验标准的客观性和有效性

衡量工作成效是以既定的标准为依据的。但利用预先制定的标准去检查各部门在各个阶段的工作，这本身也是对标准的客观性和有效性进行检验的过程。

检验标准的客观性和有效性，是要分析对标准执行情况的测量能否取得符合控制需要的信息。在为控制对象确定标准的时候，人们可能只考虑了一些次要的因素，或只重视了一些表面的因素。因此，利用既定的标准去检查人们的工作，有时并不能达到有效控制的目的。例如：衡量职工出勤率是否达到正常水平，不足以评价劳动者的工作热情、劳动效率或劳动贡献；分析产品数量是否达到计划目标，不足以判定企业的盈利程度；计算销售人员给顾客打电话的次数和花费在推销上的时间，不足以判定销售人员的工作绩效。在衡量过程中对标准本身进行检验，得出能反映被控制对象本质特征的指标，从而选择最适宜的标准。

工作成效衡量过程中的检验就是要辨别并剔除那些不能为有效控制提供必需信息、容易产生误导作用的不适宜标准。

（2）确定适宜的衡量频度

控制过多或不足都会影响控制的有效性。这种"过多"或"不足"，不仅体现在控制对象、衡量标准的数目选择上，而且表现在对同一标准的衡量次数或频度上。对影响各种结果的要素或活动过于频繁的衡量，不仅会增加控制的费用，而且可能引起有关人员的不满，从而影响他们的工作态度；而检查和衡量的次数过少，则可能导致许多重大的偏差不能被及时发现，从而不能及时采取措施。

以什么样的频度在什么时候对某种活动的绩效进行衡量，取决于被控制活动的性质。例如：对产品的质量控制常常需要以小时或日为单位进行；而对新产品开发的控制则可能以月为单位进行就可以了。需要控制的对象可能发生重大变化的时间间隔是确定适宜的衡量频度所需考虑的主要因素。

（3）建立信息反馈系统

负有控制责任的管理人员只有及时掌握了反映实际工作与预期工作绩效之间偏差的信息，才能迅速采取有效的纠正措施。然而，并不是所有衡量绩效的工作都由主管直接进行，有时需要专职检测人员介入。因此，应该建立有效的信息反馈系统，使反映实际工作情况的

信息适时地传递给适当的管理人员，使之能与既定标准相比较，及时发现问题。该系统还应能及时将偏差信息传递给与控制活动有关的部门和个人，使他们及时知道自己的工作状况、错误原因，以及需要怎样做才能更有效地完成工作。建立这样的信息反馈系统，不仅更有利于保证计划的实施，而且能防止基层工作人员把衡量和控制视作上级检查工作、进行惩罚的手段，从而避免产生抵触情绪。

（4）确定可接受的偏差范围

在所有的活动中，都可预料到会存在一定的偏差，所以确定可接受的偏差范围是至关重要的。管理者应特别注意偏差的程度和方向，凡是超过了这一范围的偏差就是显著的，应引起关注。可接受的偏差范围如图 15-1 所示。

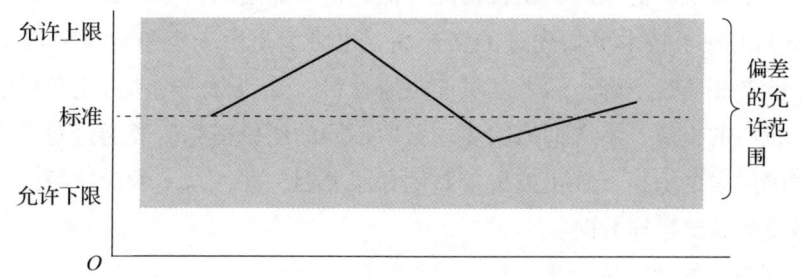

图 15-1　可接受的偏差范围

（资料来源：李海峰，张莹. 管理学：原理与实务［M］. 2 版. 北京：人民邮电出版社，2014.）

需要强调的是，并非所有偏离标准的情况都需要作为问题来处理。对于一个系统而言，其输出有一定的变异或波动是不可避免的。根据变异的特点和表现形式，它可以区分为两种主要类型：正常变异和异常变异。前者是由于偶然的原因造成的波动，具有一定的随机性，也称为随机变异，造成这类变异的原因称为一般性原因。主要受一般性原因作用的系统就是一个稳定的或受控的系统。后者是由系统性原因引起的系统误差所造成的变异，这类系统性原因称为特殊性原因。

对这两类变异应采取不同的对策。对由系统性原因引起的变异应当查明原因，坚决消除；由随机因素引起的正常变异是多种影响因素综合作用的结果，短期内应将其控制在一个可接受的范围内，从长远来看，可以通过持续改进将变异降到更低水平。

如果不理解上述两类变异的区别，管理者就有可能会犯两方面的错误：第一，把一般性原因引起的问题当作特殊性原因引起的问题来处理，这种情况下就会人为地干预一个稳定的系统，反而会增加系统的变异；第二，把特殊性原因引起的问题归咎为一般性原因，将错失消除特殊性原因从而减少变异的机会。

3. 纠正偏差

利用科学的方法，依据客观的标准，对工作绩效进行衡量，可以发现计划执行中出现的偏差。纠正偏差就是在此基础上，分析偏差产生的原因，制定并实施必要的纠偏措施。这项工作使控制过程得以完整,并将控制与管理的其他职能相互联结:通过纠偏,使组织计划得以遵循,使组织结构和人事安排得到调整。

为了保证纠偏措施的针对性和有效性,必须在制定和实施纠偏措施的过程中注意下述问题。

(1)找出偏差产生的主要原因

在采取任何纠偏措施以前,必须对反映偏差的信息进行评估和分析。首先,要判断偏差的严重程度,是否足以构成对组织活动效率的威胁,从而值得去分析原因,采取纠偏措施;其次,要探寻导致偏差产生的主要原因。

纠偏措施的制定是以偏差原因分析为依据的,而同一偏差可能由不同的原因造成。例如,销售利润的下降既可能是因为销售量的降低,也可能是因为生产成本的提高。前者既可能是因为市场上出现了技术更加先进的新产品,也可能是由于竞争对手采取了某种竞争策略,或是本企业产品质量下降;后者既可能是原材料、劳动力消耗和占用数量的增加,也可能是由于购买价格的提高。不同的原因要求采取不同的纠偏措施。要通过对反映偏差的信息的评估和对影响因素的分析,找出造成偏差的深层原因,并在众多的深层原因中找出最主要者,为纠偏措施的制定指导方向。

(2)确定纠偏措施的实施对象

管理者在采取纠偏行动之前,首先要决定应该采取立即纠偏行动还是彻底纠偏行动。所谓立即纠偏行动,是指立即将出现问题的工作矫正到正确的轨道上;而彻底纠偏行动则首先要弄清工作中的偏差是如何产生的、为什么会产生,然后再从产生偏差的地方开始进行纠偏行动。事实上,许多管理者常常以没有时间为借口而不采取彻底纠偏行动,并因此而满足于不断救火式的立即纠偏行动。事实证明,作为一个有效的管理者,对偏差进行认真分析,并花一些时间永久性地纠正实际工作绩效与标准之间的偏差,是非常有益的。

如果偏差是由于绩效不足造成的,管理者就应该采取纠偏行动。这种纠偏行动的具体方式可以是调整管理策略、组织结构、培训计划,或制定补救措施,也可以是重新分配员工的工作或做出人事调整。

工作中的偏差也有可能来自组织这些活动的计划或衡量这些活动的标准,也就是说标准定得太高或太低。例如:大部分员工没有完成劳动定额,可能不是由于全体员工的抵制,而是定额水平太高;企业产品销售量下降,可能并不是由于质量低劣或价格不合理,而是由于市场需求饱和或周期性的经济萧条。在这些情况下,首先要改变的是衡量这些工作的标准或指导工作的计划。但调整计划不是任意地变动计划,这种调整不能偏离组织总的发展目标。调整计划归根结底是为了实现组织目标。

既定计划或标准的调整一般是由两种原因决定的:一是原先的计划或标准制订得不科学,在执行中发现了问题;二是原来正确的标准和计划,由于客观环境发生了预料不到的变化,不再适应新形势的需要。负有控制责任的管理者应该认识到,外界环境发生变化以后,如果不对预先制订的计划和行动准则及时进行调整,那么,即使内部活动组织得非常完善,企业也不可能实现预定的目标。

（3）选择恰当的纠偏措施

针对产生偏差的主要原因，就可能制定改进工作或调整计划与标准的纠偏方案。纠偏措施的选择和实施过程中要注意以下几方面。

1）使纠偏方案双重优化。纠正偏差，不仅在实施对象上可以进行选择，而且对同一对象的纠偏也可采取多种不同的措施。所有这些措施，其实施条件和效果的经济性都要优于不采取任何行动、任偏差发展而可能给组织造成的损失，如果行动的费用超过偏差带来的损失，最好的方案也许是不采取任何行动。这是纠偏方案选择过程中的第一重优化。第二重优化是在此基础上，通过对各种经济可行方案的比较，找出其中追加投入最少、解决偏差效果最好的方案作为最终实施方案。

2）充分考虑既定计划实施的影响。对客观环境的认识能力提高或者客观环境本身发生了重要变化而引起的纠偏需要，可能会导致对既定计划与决策的局部甚至全局的否定，从而要求对企业活动的方向和内容进行重大调整。这种调整被称为追踪决策，即"当原有决策的实施将危及决策目标的实现时，对目标或决策方案所进行的一种根本性修正"。

追踪决策是相对于初始决策而言的。初始决策是所选定的方案尚未付诸实施，没有投入任何资源，客观对象与环境尚未受到组织决策的影响和干扰，因此是以零为起点的决策。进行重大战略调整的追踪决策则不然，企业的外部经营环境或内部经营条件已经由于初始决策的执行而有所改变，是非零起点的决策。因此，在制定和选择追踪决策的方案时，要充分考虑到伴随着初始决策的实施已经消耗的资源，以及这种消耗对客观环境造成的种种影响。

3）注意消除人们对纠偏措施的疑虑。任何纠偏措施都会在不同程度上引起组织的结构、关系和活动的调整，从而会涉及某些组织成员的利益。不同的组织成员会因此而对纠偏措施持不同态度，特别是纠偏措施属于对原先决策和活动进行重大调整的追踪决策时。虽然一些原先反对初始决策的人可能会幸灾乐祸，甚至夸大原先决策的失误，反对保留其中任何合理的成分，但更多的人对纠偏措施会持怀疑和反对的态度。一些原先决策的制定者和支持者因害怕改变决策标志着自己的失败，从而公开或暗地里反对纠偏措施的实施。执行原先决策、从事具体活动的基层工作人员则会对自己参与的已经形成或开始形成的活动结果怀有感情，或者担心调整会使自己失去某种工作机会，影响自己的既得利益，而极力抵制任何重要的纠偏措施的制定和执行。因此，控制人员要充分考虑到组织成员对纠偏措施的不同态度，特别是要注意消除执行者的疑虑，争取更多的人理解、赞同和支持纠偏措施，以减少在纠偏方案的实施过程中可能出现的人为障碍。

15.3 不同管理领域中的管理控制

管理过程包括计划、组织、领导与控制等基本职能，根据管理三维金字塔体系结构，每个管理领域都存在管理控制的问题，也都需要进行管理控制。而每个管理领域还包含许多细分的下属领域。因此，从管理领域来看，管理控制的内容是十分丰富的，在不同的管理领域，几乎所有的管理目标、决策方案和计划都需要进行控制。而不同的控制对象都有一些不同的控制内容和特殊性，需要分别进行研究。

15.3.1 财务控制

财务控制是指对企业的资金投入及收益过程和结果进行衡量与校正。其目的是确保企业目标以及为达到此目标所制订的财务计划得以实现。现代财务理论认为，企业理财的目标以及它所反映的企业目标是股东财富最大化（在一定条件下也就是企业价值最大化）。财务控制的总体目标是在确保法律法规和规章制度贯彻执行的基础上，优化企业整体资源综合配置效益，厘定资本保值和增值的委托责任目标与其他各项绩效考核标准。财务控制是企业理财活动的关键环节，也是确保实现理财目标的根本保证。所以，财务控制服务于企业的理财目标。

1. 财务控制的概念

财务控制作为现代企业管理水平的重要标志，是指按照一定的程序与方法，确保企业及其内部机构和人员全面落实与实现财务预算的过程。它运用特定的方法、措施和程序，通过规范化的控制手段，对企业的财务活动进行控制和监督。

2. 财务控制的内容

财务控制是内部控制的一个重要组成部分，是内部控制的核心，是内部控制在资金和价值方面的体现。财务控制的作用主要有以下三个方面：一是有助于实现企业经营方针和目标，它既是工作中的实时监控手段，也是评价标准；二是保护单位各项资产的安全和完整，防止资产流失；三是保证业务经营信息和财务会计资料的真实性与完整性。

财务控制的基本原则包括目的性原则、充分性原则、及时性原则、认同性原则、经济性原则、客观性原则、灵活性原则、适应性原则、协调性原则、简明性原则。

财务控制的主要特征有：以价值形式为控制手段；以不同岗位、部门和层次的不同经济业务为综合控制对象；以控制日常现金流量为主要内容。

有效的财务控制系统应当做到：确认并记录所有真实的经济业务，及时并充分、详细地描述经济业务，在财务会计报告中对经济业务做出适当的分类；计量经济业务的价值，在财务会计报告中记录其适当的货币价值；确定经济业务发生的时间，并将经济业务记录在适当的会计期间；在财务会计报告中反映经济业务、披露会计信息。

3. 常见的财务控制制度

要做好财务控制，必须建立严密的财务控制制度，具体包括以下几个方面。

（1）不相容职务分离制度

不相容职务分离要求企业按照不相容职务相互分离的原则，合理设置财务会计及相关工作岗位，明确职责权限，形成相互制衡机制。不相容职务包括授权批准、业务经办、会计记录、财产保管、稽核检查等职务。例如，有权批准采购的人员不能直接从事采购业务，从事采购业务的人员不得从事入库业务。

（2）授权批准控制制度

授权批准控制要求企业明确规定涉及财务会计及相关工作的授权批准的范围、权限、程序、责任等内容，单位内部的各级管理层必须在授权范围内行使职权和承担责任，经办人员也必须在授权范围内办理业务。例如，采购人员必须在授权批准的金额内办理采购业务，超出此金额必须得到主管的审批。

（3）会计系统控制制度

会计系统控制要求企业依据《会计法》和国家统一的会计制度，制定适合本单位的会计制度，明确会计工作流程，建立岗位责任制，充分发挥会计的监督职能。会计系统控制制度包括企业的核算规程、会计工作规程、会计人员岗位责任制、财务会计部门职责、会计档案管理制度等。良好的会计系统控制制度是企业财务控制得以顺利进行的有力保障。

（4）授权书控制制度

授权书控制是指在某项财务活动发生之前，按照既定的程序对其正确性、合理性、合法性加以核准，并确定是否让其发生所进行的控制。这种控制是一种事前控制。授权管理的方法是通过授权通知书来明确授权事项和使用资金的限额。授权管理的原则是对在授权范围内的行为给予充分信任，但对授权之外的行为不予认可。授权通知书除授权人持有外，还下达到公司相关的部门，这些部门一律按授权范围严格执行。

（5）财务结算中心制度

财务结算中心是办理企业内部各成员或分、子公司现金收付和往来结算业务的专门机构。它通常设立于财务部门内，是一个独立运行的职能机构。其主要工作是：集中管理各单位或分、子公司的现金收入，统一现金收入；统一拨付（贷款）各成员或公司因业务所需的货币资金，监控货币资金的使用方向；统一对外筹资，确保整个企业或集团的资金需要；办理各分、子公司之间的往来结算；实施财务控制等。财务结算中心的这些职责对增强企业活力、强化资金管理、控制财务收支、正确处理业务管理与资金管理的关系、完善企业经营机制等发挥着不可低估的作用。

关于上述各种实用性强的财务控制制度方法，应当指出的是，各种预算模式绝不是相互排斥的，企业可以以一种模式为主、其他为辅，也可以针对不同层次的企业组织特点选择多种模式，形成综合的、全面的、系统的财务控制体系。系统化的财务控制则是各种方式整合的结果，这种整合应该充分体现下列原则要求：集权与分权体制的结合；财务管理与人本管理的渗透；关注结果与监控过程的统一；激励与约束的交融；价值指标与实物指标的配套等。

15.3.2 预算控制

预算控制是企业根据预算规定的收入与支出标准，检查和监督各个部门的生产经营活动的控制。其作用是保证各种活动或各个部门在充分达成既定目标、实现利润的过程中对经营资源的利用，使费用支出受到严格有效的约束。其预算内容包括收入预算、支出预算、现金预算、资金支出预算和生产负债预算等方面。

1. 预算控制的概念

在管理控制中使用最广泛的一种控制方法就是预算控制。预算控制清楚地表明了计划与控制的紧密联系。预算是计划的数量表现。预算的编制是作为计划过程的一部分开始的，而预算本身又是计划过程的终点，是一种转化为控制标准的计划。然而，在一些非营利组织中，如政府部门、学校等，却普遍存在着计划与预算脱节的情况。在许多组织中，预算编制工作往往被简化为一种在过往基础之上的外推和追加的过程。而预算审批则更简单，甚至不加研究调查，以主观想象为根据任意削减预算，从而使得预算完全失去了应有的控制作用，偏离了其基本目的。正是由于存在这种不正常的现象，促使一些新的预算方法发展起来，它们使预算这种传统的控制方法恢复了活力。

2. 预算控制的内容

预算控制是包括筹资、融资、采购、生产、销售、投资、管理等经营活动的全过程。其基本要求是：①所编制预算必须体现单位的经营管理目标，并明确责任；②预算在执行中，应当允许经过授权批准对预算进行调整，以便预算更加切合实际；③应当及时或定期反馈预算的执行情况。

预算控制过程包括以下几个步骤：第一步，拟定标准。由于预算是以数量化的方式来表明管理工作的标准，其本身就具有可考核性，因而有利于根据标准来评定工作成效，找出偏差（控制过程的第二步），并采取纠偏措施，消除偏差（控制过程的第三步）。编制预算能使确定目标和拟定标准的计划工作得到改进。此外，预算的最大价值还在于它对改进协调和控制的贡献。当为组织的各个职能部门都制定了预算时，就为协调组织的活动提供了基础。同时，由于对预期结果的偏离将更容易被查明和评定，预算也为控制工作中的纠偏措施奠定了基础。预算控制可以帮助企业进行更好的计划和协调，并为控制提供基础，这正是预算控制的基本目的。

如果要使一项预算对任何一级主管人员都真正具有指导和约束作用，预算就必须反映该组织的状况。只有充分按照各部门业务工作的需要来确定、协调并完善计划，才有可能编制足以作为控制手段的分部门预算。把各种计划缩略为一些确切的数字，以便主管人员清楚地看到哪些资金由谁来使用，将在哪些单位使用，并涉及哪些费用开支计划、收入计划和由实物表示的投入量和产出量计划。主管人员明确了这些情况，就有可能放心地授权给下属，使其在预算的限度内实施计划。

3. 预算控制的种类

预算控制在形式上是一整套预计的财务报表和其他附表。按照不同的内容，预算可以分为经营预算、投资预算和财务预算三大类。

（1）经营预算

经营预算是指对企业日常发生的各项基本活动编制的预算。它主要包括销售预算、生产预算、直接材料采购预算、直接人工预算、制造费用预算、单位生产成本预算、推销及管理费用预算等。其中最基本和最关键的是销售预算，它是销售预测正式的、详细的说明。由于销售预测是计划的基础，加之企业主要是靠销售产品和劳务所提供的收入维持经营费用的支出和获利的，因而销售预算也就成为预算控制的基础。生产预算是根据销售预算中的预计销售量，按产品品种和数量分别编制的。生产预算编好后，还应根据分季度的预计销售量，经过对生产能力的平衡，排出分季度的生产进度日程表，或称为生产计划大纲。在生产预算和生产进度日程表的基础上，可以编制直接材料采购预算、直接人工预算和制造费用预算。这三项预算构成对企业生产成本的统计。而推销及管理费用预算包括制造业务范围以外预计发生的各种费用明细项目，如销售费用、广告费、运输费等。对于实行标准成本控制的企业，还需要编制单位生产成本预算。

（2）投资预算

投资预算是指对企业固定资产的购置、扩建、改造、更新等，在可行性研究的基础上编制的预算。它具体反映在何时进行投资、投资多少、资金从何处取得、何时可获得收益、每年的现金流量为多少、需要多少时间回收全部投资等。由于投资的资金来源往往是企业的限定因素之一，而对厂房和设备等固定资产的投资又往往需要很长时间才能回收，因此，投资预算应当力求与企业的战略以及长期计划紧密联系。

（3）财务预算

财务预算是指企业在计划期内反映预计现金收支、经营成果和财务状况的预算。其预算形式主要包括"现金预算""预算收益表"和"预计资产负债表"。必须指出的是，前述各种经营预算、投资预算中的资料，都可以折算成金额反映在财务预算内。这样财务预算就成为各项经营业务和投资的整体计划，故又称"总预算"。

现金预算主要反映计划期间预计的现金收支的详细情况。在完成了逐步的现金预算后，就可以知道企业在计划期间需要多少资金，财务主管人员就可以预先安排和筹措，以满足资金的需求。为了有计划地安排和筹措资金，现金预算的编制期应越短越好。西方国家有不少企业以周为单位，逐周编制预算，甚至还有按天编制的。我国最常见的是按季和按月进行编制。

预计收益表（或称预计利润表）是用来综合反映企业在计划期生产经营的财务情况，并作为预计企业经营活动最终成果的重要依据，是企业财务预算中最主要的预算表之一。预计资产负债表主要用来反映企业在计划期末那一天预计的财务状况。它的编制需以计划期间开始日的资产负债表为基础，然后根据计划期各项预算的有关资料进行必要的调整。

15.3.3　产品质量控制

1. 产品质量控制的概念

产品质量是指产品适应社会生产和生活消费的需要而具备的特性，是产品使用价值的具体体现。它包括产品内在质量和产品外观质量两个方面。产品内在质量包括产品的性能、寿命、可靠性、安全性、经济性、使用便利性和舒适度、可维修性和环保性等；产品外观质量包括产品的光洁度、造型、光泽和包装等。产品质量的形成主要经过产品的设计、原材料采购、制造（含加工、安装和调试）、包装、检验、运输、售后服务和辅助生产等过程，其中任何一个环节出问题都可能影响产品质量。产品质量控制就是在产品质量形成的各个环节上，通过测定产品的实际质量特性，将其与质量标准进行比较，并对它们之间存在的差异采取改进措施的过程。

2. 产品质量控制的内容

产品质量控制的内容十分丰富，下面就以下几个方面给予介绍。

（1）产品设计质量控制

产品设计是产品质量形成的最前沿的阶段，如果产品设计出了问题，将导致产品的先天不足，通过后续的质量控制是无法弥补的。因此，质量控制的重点应放在设计阶段，即产品质量控制应从制造阶段进一步提前到设计阶段。首先提出这一观点的是日本著名质量管理专家田口玄一。他的田口质量理论将产品质量控制分为离线质量控制（主要指产品设计质量控制）和在线质量控制（主要指产品制造质量控制），并认为产品质量首先是设计出来的，其次才是制造出来的。产品设计质量控制的内容包括产品能否满足用户需求和社会发展、产品的成本和经济效益、产品使用的安全性和可靠性、产品是否易于使用、产品的外观和包装、制造工艺和技术的先进性与合理性等方面的质量控制过程。

（2）原材料质量控制

原材料是指组织用于制造产品并构成产品实体的购入物品，以及购入的用于产品生产但不构成产品实体的辅助性物资等。原材料可分为原料及主要材料、辅助材料、外购半成品、修理用备件、包装材料、燃料等。原材料质量是决定产品质量的基础条件，采用劣质的原材料是不可能生产出高质量成品的。原材料质量控制的内容包括供应商的选择、原材料采购、原材料入库检验、原材料储存、原材料老化和筛选等方面的质量控制过程。

（3）工序质量控制

工序是指组成产品生产整个过程的各个加工环节，也指各个加工环节的先后次序。工序质量是构成产品质量的重要因素，因此，在产品生产过程中必须对工序质量进行严格控制。

工序质量是多种因素共同作用下的结果，其主要控制因素有六个：①人，即操作者的文化程度、技术水平、劳动态度、质量意识和身体状况等；②机，即机器设备及工艺装备的技术性能、加工精度、使用效率和维修状况等；③料，即原材料的性能、规格、成分和形状等；④法，即工艺规格、操作规程和工作方法的正确性、先进性和标准化等；⑤测，即测量器具和测量方法的精确度、先进性和科学性等；⑥环，即工作环境的温度、湿度、照明、噪声和清洁卫生等。工序质量控制就是对以上各种因素进行监督、检查和纠正偏差。此外，工序质量控制还需要其他质量控制过程的配合，如人力资源质量控制、原材料质量控制等。

（4）产品件质量控制

工序质量控制是对影响产品加工质量的各工序的条件和环境进行控制，以现场控制为主；而产品件质量控制是对在制品、半成品和产成品的质量进行控制，以反馈控制为主。其中，在制品是指正在加工、尚未完成的产品；半成品是指经过一半生产过程并已经检验合格，交付半成品仓库保管，但尚未制造完工成为产成品，仍需进一步加工的中间产品；产成品是指组织已经完成全部加工过程、合乎技术标准并已验收入库，可以送交订货单位或对外销售的产品。产品件质量控制的内容包括在各道工序中和加工后对在制品、半成品和产成品进行质量检验，对检验数据进行统计分析，发现和剔除不合格品，对质量问题进行处理和纠正等。

3. 产品质量控制的常用方法

产品质量控制的方法很多，下面仅列举几种质量问题分析和控制的方法。

（1）控制图法

控制图法是根据数理统计原理，为分析和判断工序或产品件质量是否处于稳定状态或规定范围内，采用控制界限图进行质量控制的方法。控制图的基本形式如图15-2所示。当产品质量超过上或下控制线时，说明产品质量出现了非正常状态，需要采取控制措施。

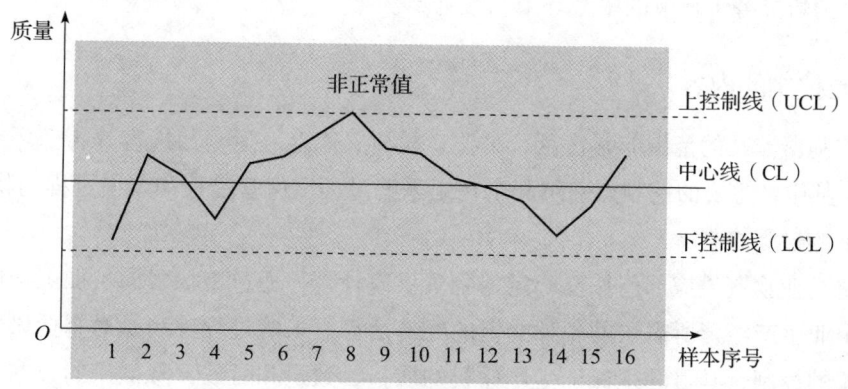

图15-2　控制图的基本形式

（资料来源：张智光，蔡志坚. 管理学原理：领域、层次与过程[M]. 2版. 北京：清华大学出版社，2010.）

（2）抽样检验法

抽样检验法是运用抽样检验技术，判断产品是否达到控制标准的产品质量控制方法。它是从已交检的一批产品 N 中，随机抽取数量为 n 的样本进行测试，将测试的不合格率与质量标准进行比较，以判断整批产品 N 是否符合质量要求。

（3）因果分析图法

因果分析图法是用图示的方法表示产生某质量问题的若干原因，以及各原因的原因，如此层层分析，直至找到其根本原因。这是一种透过现象看本质的质量分析方法。因果分析图又称鱼刺图、鱼骨图，如图 15-3 所示。

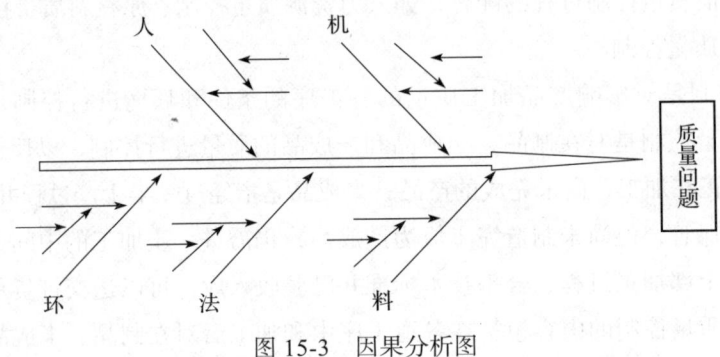

图 15-3　因果分析图

15.3.4　物流控制

1. 物流控制的概念

物流控制即控制企业物资流动的全过程，从原材料申购、投料、在制品、半成品到产成品的每一个环节都要严格监控，也就是控制资金在企业实物化的运动过程。加强物流控制是企业从内部增加利润的有效途径，也是企业增强竞争力的有力举措。物流控制的核心环节是库存控制，因为库存包含原材料、半成品和产成品等各类物资的仓储，也是联系采购、投料、运输和销售等各个环节的中心环节与缓冲器。

2. 物流控制的内容

物流控制所涉及的范围非常广泛，采购、投料、库存、运输和销售等各个环节都有物流控制问题。其中，主要的控制点归纳起来在于采购过程、保管过程和产出过程的物流控制。

（1）采购过程控制

采购是企业物资供应部门按已确定的物资供应计划，通过市场采购、加工定制等各种渠道，取得企业生产经营所需要的各种物资的经济活动。采购过程控制是对企业供应环节员工行为与物流的控制，其目的是保证生产原料的质量、数量和时效，降低采购成本。采购过程控制是物流控制的第一环节，对企业的经营至关重要。采购过程控制包括以下几个方面。

首先，建立严格的采购制度。规范采购基础工作，建立严格、完善的采购制度，不仅能规范企业的采购活动，提高效率，杜绝部门之间扯皮，还能预防采购人员的不良行为。采购制度应当明确规定物资采购的流程，采购合同的签订评审，各有关部门的责任和关系，物资采购的申请、审批权限等，强化对请购、审批、采购、验收付款等环节的控制。具体可通过各需要部门填制"请购单"进行控制，会计部门依据"请购单"核对库存、有关合同及预算，无误后筹资付款，以控制盲目采购。

其次，加强采购数量的控制。管理不善的采购作业所导致的生产缺料或物料过剩会造成企业的损失。因此，企业应根据生产状况，按计划用量和库存量的变化来控制采购量，科学地制定合理采购间隔时间和采购量。

最后，要严格控制采购价格。可以用原材料价格＝产品售价－目标利润－（生产阶段加工成本＋各项负担费用）这一公式控制采购价格。采购时要比质比价，即同等材料比价格、同等价格比质量、同等质量比服务，考虑质量、价格、服务、交货期、付款条件等综合因素，做到至少货比三家、综合分析。采购员经过货比三家后，将购货名称、价格、数量及其他条件填入"订货单"，一份送供应单位按时送货，一份留存备查。

另外，对企业大宗材料必须公开招标采购。应制定适合企业的物资采购和招标管理办法，成立公开采购管理小组，实施透明工程。这种方式可杜绝采购中的不正之风及暗箱操作，既缩短了物流时间，减少了流通费用，又能让供应商直接了解企业的需求。

（2）保管过程控制

物资的保管过程即物资的验收、储存、发放过程，简言之就是库房管理过程。保管过程控制就是对仓库管理过程的控制，这是物流控制的中间环节。加强这一环节的控制，对减少物资积压、浪费，压缩资金占用，降低发出物资差错损失，减少费用支出尤为重要。保管过程控制包括以下几个方面。

首先，所有材料购进后必须按规定验收入库。入库单必须得到采购人员、检验人员、保管人员和财务人员签字才能办理，他们之间的职能既严格区分，又相互约束。采购部门根据订货单、入库单和供应单位的发票，相互核对无误后，送交会计部门入账。供应部门和财务部门要相互配合，根据企业的实际情况，合理地界定库存量和库存类别，既保证使用不间断，又尽量压缩资金占用。

其次，仓库保管人员要经过严格训练。仓库保管人员对入库物资必须分清批号、进库日期，井然有序地分门别类、摆放整齐，并定期检查、及时整理。这样可以避免库房物资储存管理混乱，杜绝原料变质、偷盗丢失、私自挪用等不良现象的发生。同时要建立健全有关规章制度，如采用货品库存卡、货品标签，制定保安、防火、卫生制度，设置防盗报警器等进行控制。

再次，要建立定期库存盘点制度，全面清点库房的库存物资。定期进行实物盘点是为财产物资的安全完整而采取的控制措施，具体包括确定各账户余额下的财产数量和金额，将财产物资的结存数量与实物保管部门的保管账、卡及实存数量进行核对，以确保账账相符、账实相符，如不一致，则可能说明物资管理上出现错误、浪费、损失或其他不正常现象。为了防止差异再次发生，应加强保护控制措施，及时发现问题，以便实施有效控制。

最后，要严格执行凭单发料制度。领料单上应准确地记录仓库向各部门发放物资的数量、金额及经办人员姓名。领料单是库房发出材料的原始凭证，仓库管理员应认真仔细按照领料单上的材料进行发放。发料时要注意，领料单必须有部门领导核准签字、发料人及领料人签字，财务部门应随时勾稽账面余额与实存数量是否相符，以杜绝无单领料、少报多领、监守自盗等现象。这样有利于核算各领料部门的生产成本，控制材料的种类和数量，减少各部门车间的积压、降低消耗。

（3）产出过程控制

产出过程控制是指对产出半成品（在制品）在各车间、各工序间流转，最后形成产品、实现销售过程的控制。这是企业物流控制的最后环节。加强这一环节的控制，有利于减少因管理不善造成的半成品及产成品短缺、丢失、损坏等，保证提供客户所需的产品，确保标准的投入产出率。产出过程控制包括以下几个方面。

首先，建立半成品仓库。对外购半成品可按照物资采购方法进行控制；对自制半成品要严格按照企业内部制定的流转程序，上一个车间完工的半成品要填制入库单，办理入库手续，下一个车间生产领用需填制领料单，办理出库手续。车间、仓库、财务三方协同，做好库存数与账上数的核对工作，保证半成品完好无损、保质保量地进入下一道工序。

其次，强化产成品入库制度。这是保证企业生产的产品都能产生收入，防止企业资产流失的重要一关。企业必须加强对产成品的管理。产成品在经检验员检验合格后，必须及时入库，仓管员应按车间实际交给仓库的产品名称、规格、数量、批量开具成品入库单，办理入库手续。

最后，强化成品库管理。所有产品销售出库均采用统一发票，发票由会计部门统一管理，并定期复核。仓管员一定要认真核对发票与调拨单的品种、规格、数量，使之相符。提货单一定要有提货人签字，并及时登记库存减少账，发现核对不符者，不予发货；白条、欠条一律不予发货，违者将予以重罚。同时，成品库还应经常与财务对账，做到账账、账实相符，发现问题及时查找原因、解决问题。

3. 物流控制的方法

（1）实物控制必须切合实际且有效执行

企业对实物安全所采取的控制措施，应当考虑既定目标并遵循一定的原则，以保证实物控制科学、合理和有针对性。保护企业资产的安全完整要体现合法性、适应性、规范性和科学性原则。合法性原则，即企业制定的实物控制措施，应当符合并严格执行法律、法规的规定；适应性原则，即企业制定的实物控制措施，应当体现本单位的生产经营、业务管理的特点和要求；规范性原则，即企业制定的实物控制措施，应当全面规范本单位的内部管理，要符合并体现管理的基本原理和方法；科学性原则，即企业制定的实物控制措施，必须科学合理，以便于操作和执行，有利于控制和检查，同时要根据执行情况和管理需要不断完善。

（2）建立相互制约的内控制度

内控制度是指单位内部的管理控制系统，即为保证单位经济活动所采取的一系列必要的管理措施。其根本目标是保护单位财产、检查有关数据的正确性和可靠性、提高经营效率、贯彻既定的管理方针。内控制度的关键是实物流转环节的程序应当明确职责，对有关人员的职责分工要明确，对财产及其记录的接触使用要有保护措施，并有效防止舞弊。财物保管人员、记账人员的职责权限应当明确，做到职权明确、程序规范、责任清楚，避免因职责不清相互扯皮、推诿，甚至越权行事，造成管理失控，将失误、舞弊等问题控制到最低限度。

（3）加强物资的采购验收与发放管理

为强化控制，首先要选择合格称职的采购人员，如发现采购人员有违规舞弊行为，应立即调离岗位，同时对物资采购必须经过授权批准控制。在处理经济业务时，必须经过授权批准才能进行，否则不能进行。授权批准控制可以保证单位既定方针的执行及限制滥用职权。对物资采购还必须加强物资质量管理。其次，要建立严格的验收制度。物资入库的验收记录应当完整，制作验收入库单，开具收料单，办理入库手续，这对于加强物资控制是非常必要的。同时，对已入库的物资必须加强储存管理，防止物资变质、偷盗丢失、私自挪用等不良现象发生。最后，加强物资发放管理。物资发放手续应当齐全，一定要有提货人签字，严格执行凭单发货制度，杜绝无单发货。

（4）坚持定期进行财产清查

财产清查是加强财产物资管理的一项重要制度。有关会计制度规定，在编制年度财务会计报告之前必须进行财产清查，对账实不符的问题根据有关规定进行会计处理，以保证会计数据真实、完整。在实际工作中，有些企业不重视财产清查工作，造成财产不实、家底不清、账实不符，使会计资料质量难以保证，对内部经营管理的改善和经济效益的提高也带来非常不利的影响。因此，企业必须建立财产清查制度，明确财产清查的范围、期限、组织程序。企业通过定期或不定期、全面或部分地对各项财产物资进行实地盘点，可以确定各项财产的实存数，以便查明实存数与账面数是否相符，并查明不符的原因和责任，制定改进措施，做到账实相符，保护资产的安全与完整，以便实施有效控制。

（5）切实加强对企业物流的监管

加强对企业物流的监管，要通过加强对会计工作的监管来体现。企业资产是否安全与完整，从会计核算资料可以发觉，因此必须通过法律约束、社会监督、政府监督等手段来规范和约束会计行为，从而确保企业资产安全、完整。对会计工作的监管包括社会监督和国家监督。社会监督主要是指社会中介机构，如会计师事务所的注册会计师依法对受托单位的经济活动进行审计，并据实做出客观评价的一种监督形式。近年来，会计师事务所对企业出具的审计报告比较客观、公正，真实地反映了企业在物流控制中的问题，对企业如何加强物资管理提出了有效的整改建议，对帮助企业强化物流控制起到了积极作用。国家监督主要是指政府有关部门依据法律、行政法规的规定和部门的职责权限，对有关单位的会计行为、会计资料所进行的监督检查。《会计法》规定，财政部门为各单位的会计工作的监督检查部门，对各单位的会计工作行使普遍监督权，监督各单位是否依法设账、会计资料是否真实完整、会计核算是否符合法定要求、财产物资是否安全完整。国家监督从客观上督促企业强化物流控制。

（6）建立责任追究制度

对于企业物流失控而导致的财产物资盘盈、盘亏、被盗、霉烂变质等情况，应分析具体原因。因个人责任而引起的，应当追究相应的责任，包括行政责任和刑事责任。企业物流控制必须实施全员、全程、全方位管理，任何一个人、一个环节、一个方面出现问题都可能带来极大危害，因此必须落实责任追究制度。

◆ 本章小结

控制是组织管理活动不可或缺的一环。控制通过识别和纠正偏差，与计划、组织、领导三个职能紧密联系在一起，使管理过程形成一个闭合的系统。在这个系统中，控制既是一个管理过程的结束，也是一个管理过程的开始，并提供了返回到计划的关键纽带。

本章首先介绍了控制的内涵与类型，指出了控制的必要性、有效控制的原则和控制的分类；然后阐述了控制的重点对象和基本过程，指出开展控制工作要遵循制定控制标准、对照标准衡量工作成效和纠正偏差的顺序；最后介绍了不同管理领域中的管理控制，主要包括财务控制、预算控制、产品质量控制和物流控制。

◆ 复习思考

1. 控制是什么？为什么需要控制？
2. 要想实现有效控制，应遵循哪些原则？
3. 控制的重点对象有哪些？
4. 控制的过程包括哪几个步骤？
5. 工作中发现偏差就一定要采取纠偏措施吗？
6. 常见的控制标准有哪些？
7. 以你所在的或熟悉的组织为例，思考常用的控制方法有哪些。
8. 常见的财务控制制度有哪些？
9. 预算控制包括哪些种类？
10. 产品控制包括哪些主要内容？
11. 什么是物流控制？

◆ 本章参考文献

[1] 罗宾斯，库尔特. 管理学：第13版[M]. 李原，孙健敏，黄小勇，译. 北京：中国人民大学出版社，2017.

[2] 西斯克. 工业管理与组织[M]. 段文燕，译. 北京：中国社会科学出版社，1985.

[3] 高闯. 管理学[M]. 2版. 北京：清华大学出版社，2009.

[4] 焦叔斌，杨文士. 管理学[M]. 4版. 北京：中国人民大学出版社，2014.

[5] 周三多，陈传明，刘子馨，等. 管理学：原理与方法[M]. 7版. 上海：复旦大学出版社，2018.

[6] 李海峰，张莹. 管理学：原理与实务[M]. 2版. 北京：人民邮电出版社，2014.

[7] 张智光，蔡志坚. 管理学原理：领域、层次与过程[M]. 2版. 北京：清华大学出版社，2010.

第 16 章
CHAPTER 16

危机管理

学习目标

学习完本章后，你应该能够：
- 理解危机和危机管理的基本含义。
- 理解危机预警体系和危机管理计划。
- 了解危机处理的原则。
- 理解危机恢复的任务。

16.1 危机和危机管理概述

16.1.1 危机概述

1. 危机的定义

危机是指突发的、严重影响组织的生存与发展的一种状态。具体到商业机构，企业危机是指企业经营活动中的突发性事件，会严重威胁公众生命和财产安全，并产生严重社会影响。这些事故和影响直接关系到企业的生存和发展。宏观环境的突然变化（如国家标准、行业问题的暴露），以及企业在经营过程中没有按照规范进行生产运营、未达到客户的要求等，可能引发的一系列危害企业的行为，都属于企业危机的范畴。

在现代社会，政治、经济、文化、社会环境都发生了前所未有的变化，企业时刻面临着危机。这些危机可能出现在组织的各个层面，包括经营危机、制度危机、管理危机、安全危机和竞争危机等。例如，现代经济中的企业管理活动，不再是单纯的微观企业行为，还涉及社会伦理道德以及生态环境保护问题。一旦企业的经营行为对生态环境产生负面影响，管理者将可能面临受影响方的控诉、社会舆论的谴责以及政府机构的整治。

但需要注意的是，企业危机实际上是企业发展过程中因为若干方面的矛盾激化而导致的一种非常规的状态，与困难、灾难性事件不完全等同。企业危机是企业中已出现或潜在的危及企业生存与发展的因素，需要对自身进行有效的变革才能克服的非常规状态。

2. 危机的特征

企业危机一般具有以下五种特征。

1）普遍性。企业生存的环境是在快速变化的，任何企业在成长过程中，都不可避免会遇到危机，危机的发生是必然的，也是普遍存在的。从某种意义上说，企业在经营与发展的过程中遇到危机是一种正常现象。

2）隐蔽性。危机在什么时间、什么地点发生，破坏性多大，往往是难以预料的，特别是自然灾害、科技新发明等带来的冲击是难以预知的。危机的隐蔽性是危机防范的难点；但也表明，及时发现潜在危机，也易于将其消灭在萌芽之中。

3）紧急性。危机发生后，情况往往瞬息万变，危机的应对和处理具有很强的时间限制。具体而言，紧急性有两层含义：一是指企业由于外部环境突然出现变化或内部因素长期积累到一定程度突然爆发而形成危机；二是指危机一旦发生，是不会保持原状态一成不变的，而是会在很短的时间里进一步扩大范围、加剧程度。

4）公开性。在现代社会，随着大众传播业的发展，信息传播渠道的多样化、速度的高速化、范围的全球化使企业的危机情境迅速公开化，成为公众关注的焦点。因为组织的危机事件会影响公众利益，所以公众会对整个事件高度关注。同时，公众不仅关注危机本身，更关注组织的处理态度和采取的行动。媒体对危机报道的内容和所持态度也影响着公众对危机的看法和态度。

5）双重性。危机的本质在于它的危险性与机会性同在。对于企业来说，解决危机的同时，也伴随着新的机遇。危机必然会给企业造成不同程度的破坏，但处理危机的过程也是体现企业决策能力、应变能力的时机，更是展示企业形象、塑造企业形象的难得机遇。如果企业可以抓住这个机会，反而可能提高自身的知名度和美誉度。

3. 危机的类型

关于企业危机类型的划分有很多种方式，以下是常见的七种分类方式。

1）按企业生产经济活动遭受严重打击与损失的程度划分为效益滑坡型危机、亏损（亏损趋势）型危机和破产型危机三种类型。

2）按企业危机在企业生产经营活动中的破坏强度划分为低度危机、中度危机和高度危机三种类型。

3）按企业危机的运动形态划分为稳定型危机和多变型危机。

4）按企业危机的活动区域划分为整体危机和局部危机。

5）按企业危机的时间形态划分为连续型危机和非连续型危机或暂时危机和长期危机。

6）按企业危机的作用形式划分为直接危机和间接危机。

7）从企业危机的破坏后果范围划分为内部破坏的封闭型危机和危害社会的开放型危机。

4. 危机的成因

引发危机的因素来自企业的外部环境和内部环境两方面。

（1）外部环境因素

如果外部环境的变化是突发性、致命的，会使企业措手不及，来不及做出反应就陷入危机。可能引起企业危机的外部环境因素主要包括以下方面。

1）政治和法律因素，如行政命令、法令法规、国际关系、政治事件等。

2）社会文化因素，如环保卫生、消费者行为、新闻舆论等。

3）经济因素，如经济政策（价格、税收、信贷等）、竞争态势、资源供给、经济纠纷等。

4）自然因素，如自然灾害等。

具体而言，政治和法律因素及经济因素是指政治制度、经济政策、法律法规等因素的变化对组织既得利益产生影响而造成的危机。社会文化因素也可能对企业造成重大影响。例如，失实报道引起的危机。社会公众对事件本身缺乏详细而全面的了解，对事情的本质也很难进行科学的分析。一般公众对新闻媒体的信任度高，习惯将报道的内容理解为事实。但如果新闻媒体报道失实、不全面，甚至曲解事实、报道失误，可能会导致公众对企业的误解，使企业形象受损。另外，不可抗力造成的灾难，如火灾、地震、台风、水灾造成的自然灾难，或人为原因造成的重大事故，也可能导致企业危机的出现。

（2）内部环境因素

企业内部危机的来源是经营管理的危机，是企业内部管理出现了问题，只是通过不同的外在形式表现出来。可能引起企业危机的内部环境因素主要包括以下方面。

1）组织管理因素，如员工素质、决策过程、财务结构、公共关系、规章制度。

2）技术因素，如产品设计、工艺过程、质量控制、设备状况等。

具体而言，如果企业管理层缺乏危机意识，社会责任、公众利益意识淡薄，那么当组织利益与社会利益发生矛盾时，可能会维护组织自身利益，损害公众利益，导致危机出现。另外，企业产品、服务产生质量问题也是企业危机的主要来源之一。产品质量是企业形象的基础，尤其是食品、药品、饮料行业，一旦发生产品质量和安全事件，会使该组织在很长一段时间里花费大量的时间和资金修复公众对其企业形象和产品口碑的印象。最后，企业人员素质低也是诱发企业危机的原因。很多时候公众是通过与企业一线员工互动，观察企业员工的行为举止，来了解、认识组织形象的。因此，员工的不当行为会给组织形象带来恶劣后果，甚至引发危机事件。

5. 危机生命周期理论

危机生命周期理论是指危机从出现到处理结束的过程中，具有不同的特征。具体而言，危机从潜伏到消亡相当于完成了一个生命周期，在这个生命周期里，危机随着时间的变化而变化，因而具有不同的特征。企业根据危机的不同特征采取不同的应对方式，可以预防或者减轻危机的发生和危害。危机的生命周期有四个显著阶段：潜伏期、爆发期、持续期、解决期。

1）潜伏期。这是危机处理最容易的阶段，但也是最不为人所知的阶段。危机潜伏期是导致危机发生的各种诱因逐渐积累的过程。在这个阶段，企业危机已表现出一些征兆，预示着危机即将来临。在危机爆发前，如能及时发现其征兆，并提前采取措施将危机遏制在萌芽状态，则可避免可能造成的危害。

2）爆发期。这是四个阶段中时间最短但感觉最长的阶段，它对人们心理造成的冲击也是最严重的，是企业危机造成损害的时期。危机爆发之后，如果能立即处理，就可将危机的影响控制在可掌控的范围之内；如果不立即处理或处理不当，危机将可能进一步升级，影响范围和强度有可能进一步扩大。

3）持续期。这是四个阶段中时间较长的一个阶段，如果危机管理运作恰当，将会极大地缩短这一阶段的时间。在这一时期，要科学调配人力、物力、财力等应急保障资源，进行危机救援处理，控制危机的危害范围与程度，实施危机沟通，减少危机连带影响。

4）解决期。解决期已从危机的影响中逐渐解脱，但是仍须保持警惕，因为危机可能会去而复返。这提示了危机管理循环往复的过程性。此时组织应该进行积极的自我分析和检查，从而回到正常运作状态，并且要分析危机发生的诱因，寻找危机发生的本质，并提出针对性的改进措施，防止危机可能引起的各种"后遗症"和卷土重来。

危机生命周期理论的价值在于通过对危机的症候学研究或过程学研究来寻求与各阶段相适应的策略。危机生命周期理论是从动态视角分析危机管理过程，它告诉人们：危机是有迹可寻的，但不一定是线性发展的；危机处理的最佳时间点是越早越好，或让危机永远无法形成，或一形成就被处理掉；不同的危机阶段有其不同特征，能辨识端倪，才能有效处理；在危机生命周期中，危机扩散最具破坏力，甚至会造成连锁反应，产生另外的危机，损害控制是危机管理的重点。因此，掌握危机不同发展阶段的特征，对处理和化解危机至关重要。危机生命周期理论的指导思想在于通过对危机发生和发展规律的认识与把握，将非常态的危机事件纳入常态化的管理轨道。

16.1.2　危机管理概述

1. 危机管理的定义

危机管理是指组织为应对各种危机情境所进行的规划决策、动态调整、化解处理及员工培训等活动过程。其目的在于消除或降低危机所带来的威胁和损失。具体而言，危机管理是企业为避免或者减轻危机所带来的严重损害和威胁，而有组织、有计划地学习、制定和实施一系列管理措施和应对策略。危机管理是包括危机规避、危机控制、危机解决与危机解决在内的动态过程。

在某种意义上,任何防止危机发生的措施、任何消除危机产生的风险的努力,都是危机管理,但人们更强调危机管理的组织性、学习性、适应性和连续性。危机管理就是要在偶然性中发现必然性,在危机中发现有利因素,把握危机发生的规律性,掌握处理危机的方法与艺术,尽力避免危机所造成的危害和损失,并且缓解矛盾、变害为利,推动企业的健康发展。

企业危机管理是指企业所面临的与社会大众或顾客有密切关系且后果严重的重大事故。为了应对危机的出现,应在企业内预先建立防范和处理这些重大事故的体制和措施。企业的危机管理能否有效解决组织面临的危机,需要具备一些基本条件。这些条件被称为危机管理要素。

1)配备专业的危机管理人员。只有配备专业的管理人员,对危机进行全面深入的研究,制定严密的预控措施和应对方案,才能实施有效的危机管理。

2)采取先进的危机预测手段和措施。开发或引进先进的危机预测手段,提高危机预测的科技含量,对于现代危机管理是十分必要的。

3)及时、有效地消除、处理危机。提高应对危机的能力及反应速度,最大限度地降低危机所带来的损失是十分重要的。

2. 危机管理的特征

危机管理有三个明显特征,即预防性、及时性和创新性。

(1)预防性

危机管理把在危机发生前采取措施、防止危机爆发作为一个重要特征。防患于未然永远是危机管理最基本和最重要的特征。危机管理的重点应放在危机发生前的预防上,预防与控制是成本最低、最简便的方法。为此,建立一套规范、全面的危机管理预警系统是必要的。现实中,危机的发生一般具有多种前兆,很多危机都是可以通过预防来化解的。危机的前兆主要表现为产品或服务等存在缺陷、企业高层管理人员大量流失、企业负债过高而长期依赖银行贷款、企业销售额连续下降及企业连续多年亏损等。因此,企业要从危机征兆中透视企业存在的危机,越早认识到存在的威胁,越早采取适当的行动,就越可能控制住危机的发展。

(2)及时性

及时性是针对在紧急状态下,危机处理时间极其有限这一特点。危机的解决,速度是关键。危机降临时,当事人应当保持冷静,采取有效的措施,隔离危机,要在第一时间查出原因,找准危机的根源,以便迅速、快捷地消除公众的疑虑。危机的突发性特征决定了企业对危机做出反应和处理的时间十分紧迫,任何延迟都会带来更大的损失。另外,危机的迅速发生会引起各大传媒以及社会大众对这些意外事件的关注,使企业必须立即进行事件调查与对外说明。同时,企业必须以最快的速度启动危机应变计划,并立刻制定相应的对策。如果是内因,就要及时处置相应的责任人,给舆论和受害者一个合理的交代;如果是外因,要及时调整企业战略目标,重新考虑企业发展方向。在危机发生后,企业要时刻同新闻媒体保持密切的联系,借助公正、权威的机构来帮助解决危机,承担起对公众的精神和物质补偿责任,做好恢复企业的事后管理，从而迅速有效地解决企业危机。

（3）创新性

危机爆发前的征兆可能不是很明显，因而企业对危机出现与否及出现的时机难以做出预测。同时，当危机出现时，危机本身的类型、特点、属性以及可能造成的影响对于企业可能是全新的情况。因此，危机管理既要充分借鉴成功的处理经验，也要根据危机的实际情况，尤其要借助新技术、新信息和新思维，对危机的处理方式或者危机产生影响的程度和范围等方面的预测进行大胆创新。企业危机意外性、破坏性、紧迫性的特点，更需要企业采取超常规的创新手段处理危机。

3. 危机管理的过程

根据危机的特征，危机管理的过程可以分成三个阶段：危机预防、危机处理和危机恢复。

（1）危机预防

这一阶段，企业需要培养危机意识，通过各种必要的危机检测、危机培训和危机演习等建立危机预警制度。例如，为确保处理危机时有一批训练有素的专业人员，企业平时应进行专门培训，包括培养员工的危机意识和临危应变救防能力。危机管理的重点在于危机预防。几乎每次危机的发生都有预兆性。如果企业管理人员有敏锐的洞察力，能根据日常收集到的各方面信息，对可能面临的危机进行预测，及时做好预警工作，并采取有效的防范措施，就可能避免危机发生或减少危机造成的损害和影响。出色的危机预防管理不仅能够预测可能发生的危机，积极采取预控措施，而且能为可能发生的危机做好准备，拟订计划，从而有效应对危机。

（2）危机处理

危机发生时，企业管理者要保持冷静，采取有效的措施隔离危机，不让事态继续蔓延，并迅速找出危机发生的原因，同时选择适当的危机处理策略，根据危机发展的趋势，审时度势，主动中止承担某种危机损失。由于危机发生往往具有关联效应，如果一种危机处理不当，就可能引发另一种危机。因此，当某一危机产生之后，企业应迅速采取措施，切断危机同企业其他经营领域的联系，及时将爆发的危机予以隔离，以防扩散。另外，企业管理者还要建立快捷、高效的危机管理团队，对危机进行评估，以及维护企业形象，做好危机公关等。

（3）危机恢复

危机恢复是危机管理的目的。危机恢复包括危机事后总结经验教训、整顿企业、抓住危机带来的机遇振兴企业。具体而言，首先，企业应该对危机发生原因和相关预防处理的全部措施进行系统调查；其次，企业应该对危机管理工作进行全面的评价，包括对预警系统的组织和工作内容、危机应变计划、危机决策和处理等各方面的评价，要详尽地列出危机管理工作中存在的各种问题；最后，企业应该对危机管理中存在的各种问题综合归类，分别提出整改措施，并责成有关部门逐项落实。

接下来的几节将具体介绍危机管理的三个阶段。

16.2 危机预防

16.2.1 危机预警体系

1. 危机预警体系的定义

危机预警体系是指把各项预警指标组织起来，形成一定的系统，共同反映企业的危机状态。危机预警体系研究企业预防危机、应对危机、解决危机的策略，设计企业危机预警分析指标，以增强企业的免疫力、应变力和竞争力。

因为危机预警体系对于防范危机产生或将危机消除在萌芽状态作用重大，企业有必要对建立起来的危机预警体系提出以下几点基本要求：

1）危机预警体系要能采集到危机预警所需要的信息。

2）危机预警体系能准确地预警危机，既不会对不是危机发生的信号发出错误的预警，也不会忽视危机发生的征兆。

3）危机警报能被应该接收警报的人接收到，并能被警报的接收者正确地理解。

4）各种危机警报之间不会相互干扰而影响危机警报的接收。

危机预警体系最为常用的形式是指标性危机预警体系。这种体系是指对组织中那些不容易根据获得的信息直接判断危机发生与否的危机，将信息转化为一系列较好识别的指标，然后根据指标的异常进行危机预警的体系。对于这种危机，企业一般无法根据直接获得的信息判断危机发生与否，而需要对信息进行加工，使原始信息转化为一系列指标，然后综合各种指标以判断危机发生与否；而且判断也不是直接的，需要有一定的知识和经验，还要结合组织的内外环境，才能做出较为准确的判断，并决定是否发出警报。

2. 危机预警指标

预警指标要具有灵敏性、概括性，才能使指标体系正确、迅速、全面地反映企业各个方面的危机隐患。

从指标涉及的时间跨度，危机预警指标可以分为以下三类。

（1）月度指标

企业应该对此类指标每月统计一次，进行分析控制。这类指标包括销售增长率、人均劳动生产率、生产事故发生率、外部信息获得能力等。

例如，销售增长率是指企业本月销售收入增长额同上月销售收入总额之比。本月销售增长额为本月销售收入减去上月销售收入的差额。其计算公式为

$$销售增长率 = \frac{本月销售增长额}{上月销售总额} = \frac{本月销售额 - 上月销售额}{上月销售总额}$$

销售增长率是衡量企业经营状况和市场占有能力、预测企业经营业务拓展趋势的重要指标，也是企业扩张增量资本和存量资本的重要前提。该指标越大，表明其增长速度越快，企

业市场前景越好；反之，则说明企业增长速度变慢。如果一段时间内该指标呈现下降趋势，对企业管理者来说就是一个重要的危机预警信号。

（2）季度指标

企业应该对此类指标一个季度进行一次统计分析。这类指标包括市场占有率、员工离职率、企业积累率、R&D（科学研究与试验发展）经费、顾客满意度、对战略伙伴的依赖性、内部畅通性等。

例如，员工离职率是指一定时期内离职员工人数占组织总人数的比率。其计算公式为

$$离职率 = \frac{离职人数}{离职人数 + 期末数} \times 100\%$$

员工离职率是企业用以衡量企业内部人力资源流动状况的一个重要指标。企业通过对离职率的考察，可以了解企业对员工的吸引力和满意程度。离职率过高，一般表明企业的员工情绪波动较大、劳资关系存在较严重的矛盾、企业的凝聚力下降等，它可能导致人力资源成本（含直接成本和间接成本）增加、组织效率下降。但并不是员工离职率越低越好，在市场竞争中，保持一定的员工流动，可以使企业利用优胜劣汰的人才竞争制度，保持活力和创新意识。因此，一般企业年员工离职率低于2%或者高于10%即存在问题，企业管理者需要对危机预警信号做出反应，对问题进行分析。

（3）年度指标

企业应该对此类指标进行年度统计分析。这类指标包括投资收益率、资产负债率、贷款回收率、企业信誉等级、自有资产增值率、设备先进度、高级技术员工比例、高级管理人员素质等。

例如，投资收益率又称投资利润率，是指投资收益（税后）占投资成本的比率。其计算公式为

$$投资收益率 = \frac{投资收益}{投资成本} \times 100\%$$

投资收益率可以反映投资的收益能力。这一危机预警信号与企业关键性的投资决策密切相关。当该比率明显低于企业净资产收益率时，表明其对外投资是失败的，应改善对外投资结构和投资项目；而当该比率远高于一般企业净资产收益率时，则存在操纵利润的嫌疑，应进一步分析各项收益的合理性。

3. 预警体系的实施

企业危机预警指标体系建立后，重要的是将其操作落实，并作为一种模式在企业内固定下来，保证其正常运转，即构建企业危机预警运行机制。

企业危机预警机制包括五个部分：各职能部门、录入部、计算机预警系统、危机预警部和管理决策部。

1）在这个运行机制中，各职能部门按照指标要求准时统计出各个定量指标值并递交录

入部，把收集到的定性指标信息直接反映给危机预警部。

2）录入部将收到的预警指标值分类输入计算机系统。

3）计算机系统根据事先编好的程序命令，输出不在安全区域内的指标。

4）危机预警部针对超出安全区域的指标，查找原因，给出两个以上初步解决方案。危机预警部是虚拟部门，部门成员由各个职能部门的资深员工和高级管理层的部分人员组成，只有出现异常状况时，才组成工作团队，平时则在自己的工作岗位上各司其职。

5）管理决策部门进一步核查原因，筛选方案，做最终决定。最后，各职能部门贯彻执行危机预警方案，预防危机。

纵观整个流程，呈现两个明显的特点。危机预警流程的第四步是危机预警系统的关键，原因找得是否正确，直接影响着危机预警措施是否奏效，因此，危机预警部成员的选配一定要慎重。另外，整个流程是循环的，各职能部门既是流程的起点又是终点。

4. 预警体系存在的问题

预警体系在运行的过程中可能会出现一些执行方面的问题，这些问题可能是人为因素，也可能产生于预警体系的设计。

（1）当事人反应不及时

预警体系的一个重要问题是人们如何对系统的表现做出反应。人们可能会对最初的预警有所怀疑，这种怀疑会导致行动延迟。假如形势和时间都非常紧迫，会对所选择的行动造成损害。

（2）组织和结构反应不及时

危机预警体系往往是多人协作运行的，如果结构过于复杂或松散，可能对危机信号的反应不够及时。这种组织结构因素会让重要的预警信号不能及时在决策层和执行层流动。

（3）影响预警接收的不确定因素

预警体系所接收的信息质量和数量存在变化，包括信息清晰度、信息连贯性、信息的频率、信息源的权威性等。如果信息的清晰度低，那么就需要重复性沟通，这会降低预警体系的运行效率。

（4）企业危机预警体系失灵或错误预警

企业危机预警体系由信息收集子系统、信息加工子系统、决策子系统和警报子系统四个部分组成，任何一个环节出错都会导致危机预警系统的失灵，即或者没有对危机进行预警，或者警报子系统没有及时发出危机信号。

16.2.2 危机管理计划

1. 危机管理计划概述

危机管理计划是企业事先制订的在紧急状态下进行危机预控和处理的组织指挥、行动方案、物资装备、通信联络、培训演练等方面的计划。该计划是能够有助于危机解决的、具有普遍意义和一致性观点表达的步骤和方案，是克服危机的基石和纲领性的具体内容。

危机管理计划的作用比较明显：它能够使企业决策者和危机管理者拥有较强的信心，做到心中有数；能够明晰职责，使企业人员各司其职；能够依据危机事态发展，通过系统性的计划强化企业决策及应变的能力；能够系统收集并掌握危机发展的关键性数据和信息。如果没有危机管理计划，一旦危机爆发，企业可能会失去方向，在危机发展的过程中越陷越深。

需要强调的是，由于危机发展原因的不确定性、时间的不确定性、资料和信息获取的不确定性、危害程度大小及决策后果的不确定性，对危机管理计划的拟订提出了较高的要求。企业需要把制订危机计划放在较为优先的位置，在计划的过程中要吸取来自上级、员工和制订危机计划过程中其他人的建议。尤其在计划拟订之前，需要反复推敲和讨论危机可能影响的各种因素及产生的后果，最后制订的危机计划必须具有前瞻性、原则的指导性、备案性、普遍意义的可执行性和过程的可修正性。有时为了确保危机公关的成功，甚至需要准备一两个备用方案。

由于危机管理计划的重要性，在制订和修改该计划时，需要注意以下方面，以保证危机管理计划的完善和效能。

1）危机管理计划必须是具体的、可以操作的，不应该有任何含糊之辞。计划的内容不应该是抽象难懂的，而应该是明确的；计划的语言也应该是清晰的，让计划执行者可以容易理解和操作。

2）危机管理计划必须保持系统性、全面性和连续性，应明确所涉及组织及人员的权力和责任，对人员进行有效配置，做到事事有人管、人人有事做，从而使企业全体成员在危机来临时都能够迅速找到自己的位置，发挥主观能动性。如果危机管理计划体系混乱、杂乱无章，相关人员就会反应迟钝或混乱不堪。

3）危机管理计划必须保证其灵活性、通用性和前瞻性。由于企业所处的环境瞬息万变，加之危机发生时的情形充满未知，因此危机管理计划不能过于僵化和教条，不要把重点放在细节上，不要把精力放在描述特定的危机事件上，从而确保企业在遭遇没有预知的紧急状况时，能够在遵循总体原则的前提下，采取针对性的策略和方法。

4）危机管理计划的制订应该是全员参与的，应该是决策者、管理者及执行者精诚合作的结果。没有决策者的重视或者执行者的积极响应，危机管理计划只会成为漂亮的摆设。因此，应使危机管理计划的实施者对计划了如指掌，从而在思想上、认识上有机地统一起来，顺利地将危机管理计划付诸实施。

5）危机管理计划的制订应建立在对信息的系统收集和传播与共享的基础上。负责制订和实施危机管理的人员应充分了解企业内外部的信息，并及时充分地沟通；同时应与相关利害关系各方（如政府部门、行业协会以及紧急服务部门等）加强联系。企业如果没有系统地收集制订危机管理计划的信息，就会在制订危机管理计划时顾此失彼、漏洞百出。

6）计划制订者应该对危机管理计划的细节给予极大的关注，要确保计划中每一项细节的准确性，否则，任何一个细节的疏忽都可能导致灾难性的后果。任何人都必须从根本上认识到，其决策都事关企业的声誉和未来。

7）危机管理计划应该具有标准的报告流程和清晰的业务流程。这样在执行该计划时，操作人员就可以根据标准流程采取行动，从而确保信息及时充分地沟通，以及危机管理计划迅速有效地实施。

8）危机管理计划应该具有轻重缓急、主次优劣的区分。首先对危机管理的目标进行优先排序，然后对一系列多种同时发生的危机也应按照先急后缓、先重后轻的原则进行应对。

9）危机管理计划必须有危机管理预算。危机管理预算和营销预算同等重要。企业制订危机管理计划必须以自身的人力、物力、财力资源为基础，而不能以危机事件的种类为依据，否则危机管理计划会脱离实际情况。

10）为保证危机管理计划的有效性，应定期对计划进行检查及更新。最好的危机管理计划是能够解决问题的计划。制订好危机管理计划后，应定期组织外部专家及内部责任人员进行核查和更新，保证计划能够适应新的情境。

2. 企业危机计划书

危机计划书需要具备具体性和广泛性，最好使用所有三种类型的计划：完整的、策略的和以业务单元为导向的。完整计划可以提供非常详尽的细节；协调一致的反应活动要在策略计划中有所描述；特定的个体和团体所采取的行动可在短期行动的以业务单元为导向的计划中有所描述。

一份完整的危机计划书包括以下三个基本部分。

（1）前置部分

封面：包括计划名称、生效日期及文件版本号。

总裁令：由公司最高管理者致辞并签署发布，确保该文件的权威性。

文件发放层次和范围：明确规定文件发放层次和范围，确保需要阅读或使用本计划的人员能够正确知悉本计划的内容。同时，文件接收人应签署姓名和日期，以表明对本计划的认可。

关于制订、实施本计划的相关管理制度：包括保密制度，制订、维护和更新计划的方案，计划审计和批准程序，以及启动本方案的时机和条件。

（2）正文部分

危机管理的目标和任务：对建立危机管理体系的意义、在企业中的地位及要达成的目标进行描述。

危机管理的核心价值观和企业形象定位：这是企业进行危机管理的纲领。

危机管理的沟通原则：包括内部和外部沟通原则，为危机管理的沟通定下基调。

建立危机管理小组：包括确定危机管理经理、危机管理小组的组成人员，并对各成员的权力和责任进行描述与界定等。

危机管理的财物资源准备：包括危机管理计划的预算、财物资源的管理及财物资源的应急措施等。

法律和金融上的准备：紧急状态下在法律和金融方面的求助程序。

危机的识别与分析：包括对企业的薄弱环节及内外部危机诱因进行列举；对危机发生的概率及严重性进行分析和评估。

危机的预控措施：包括预控的政策，以及检查和督促工作的内容等。

危机的发现、预警和报告程序：包括建立危机预警体系的程序、危机信息汇报的原则和程序，以及危机预警后的反应措施等。

危机的应变指挥程序：包括界定不同的危机应变的方式和危机管理人员的应变职责等。

恢复和发展计划：包括恢复和发展的原则，恢复正常的组织运营程序和经营活动的安排，消除外部公众和媒体的疑问，稳定债权人、股东、供应商等。

危机管理的评估：危机结束后，对危机管理的评估程序。

（3）附录部分

流程图：危机管理各流程的图表。

应用性表单：整个危机管理程序中所涉及的环节中必须应用的表单，如危机记录和监控表单、危机汇报表单等。

内部联络表：包括危机管理人员的姓名、职位、联系方式及职责。

外部联络表：在危机应对过程中，外部相关组织（如政府、行业协会、银行、保险公司、供应商、经销商等）的联络方式。

16.3　危机处理

16.3.1　危机处理的原则

1. 承担责任原则

危机发生后，公众一般会关心两方面的问题：一方面是利益问题。利益是公众关注的焦点，因此企业应该勇于承担责任。即使受害者在事故中有一定责任，企业也不应首先追究其责任，否则会各执己见，加深矛盾，引起公众的反感，不利于问题的解决。另一方面是感情问题。公众很在意企业是否在意自己的感受，因此企业应该站在受害者的立场上表示同情和安慰，并通过新闻媒体向公众致歉，解决公众深层次的心理、情感关系问题，从而赢得公众的理解和信任。

2. 真诚沟通原则

企业处于危机旋涡中时，是公众和媒体的焦点，一举一动都将接受质疑，因此不要抱有侥幸心理，企图蒙混过关，而应该主动与新闻媒体联系，尽快与公众沟通，说明事实真相，促使双方互相理解，消除疑虑与不安。

真诚沟通是处理危机的基本原则之一。这里的真诚，即诚恳、诚实、有诚意。如果企业能做到，则许多问题都可以迎刃而解。

3. 速度第一原则

在危机出现的最初 12～24h 内，消息会高速传播。而这时候可靠的消息往往不多，会充斥着谣言和猜测。企业的一举一动将是外界评判企业如何处理这次危机的主要根据。媒体、公众及政府都密切关注企业发出的第一份声明。

因此，企业必须当机立断、快速反应、果决行动，从而迅速控制事态；否则会导致突发危机的范围扩大，甚至可能失去对全局的控制。危机发生后，能否首先控制住事态，使其不扩大、不升级、不蔓延，是处理危机的关键。企业如果果断发布事件相关信息，不仅可以避免眼下的形势继续恶化，还将提升自身的信誉，从而帮助重建公众的信任。

4. 系统性原则

在逃避一种危险时，不要忽视另一种危险。在进行危机管理时，必须系统运作，绝不可顾此失彼。只有这样，才能透过表面现象看本质，创造性地解决问题，化害为利。这些系统化流程在企业业务正常运作时不起作用，但是发生危机时会及时启动并有效运转，对危机的处理发挥重要作用。

5. 灵活性原则

危机发生的具体时间、实际规模、具体态势和影响深度是难以完全预测的，需要进行有针对性的、灵活性的处理。由于危机多属于突发性的，不可能事先准备好所有的措施和手段，因此，企业危机的意外性、破坏性、紧迫性特点，可能需要企业采取超常规的、灵活多变的手段加以处理，根据实际情况，找到最适合的处理方式。

16.3.2 危机处理的内容

1. 危机处理的沟通对象

在危机处理的过程中，通常要与以下四类对象做好沟通。

（1）对各级管理部门

及时与各级管理部门沟通，接收关于事态发展的报告；对外回答敏感问题之前，需要在管理团队内部达成一致，严格按照统一的口径对外发布信息。

（2）对企业内部员工

迅速而准确地把事件的发生和将采取的对策告知员工，使大家齐心协力、共渡难关。

（3）对受害者

认真了解受损情况，实事求是地承担责任，并诚恳道歉；冷静地倾听受害者的意见，对受害者要求给予重视；给予受害人同情和安慰，避免出现为自我辩护的言行，保持与受害者的联系。

（4）对新闻媒体

主动与新闻媒体取得联系，向其提供事实真相和相关的信息，并表明企业的态度；公开发布新闻的时间，并按照规定的时间发布新闻，在部分事实结果没有明朗之前，不信口开河，不盲目加以评论；充分利用新闻媒体与公众沟通，引导和控制舆论局势；如果有关危机的新闻报道与事实不符，应及时予以指出并要求更正，但应保持冷静和理性的态度；及时对新闻媒体的合作表示感谢。

2. 危机处理的基本步骤

在处理危机时，管理者可以遵循以下几个基本步骤。

（1）立即调查情况，制订计划以控制事态发展

在处理危机时，首先应组织有关人员，尤其是专家参与，成立危机处理小组，对危机的状况做全面的分析：危机产生的原因是什么？发展状况及趋势如何？受影响的公众有哪些？谁是危机的直接受害者、间接受害者和潜在受影响者？具体受影响的程度如何？他们可能希望通过什么方式予以解决？危机信息对外扩散的发布渠道和范围是怎样的？这些问题必须弄清楚，因为这将是企业采取补救措施的直接依据。

（2）迅速反应，把握主动，积极沟通，有效管理信息的进出

危机的属性就是公开性，危机处理也可以说是危机沟通。在传播与沟通中，企业一定要掌握报道的主动权。因为一旦外界通过其他渠道了解到某些事实真相，将会使组织陷于非常不利的局面。具体办法是由企业发言人在最短时间内发表坦诚的声明，承诺将迅速对危机进行处理，并及时对外通报；及时安排准确的信息披露，以进行有效的舆论引导，避免媒体的炒作。

（3）当组织与公众的看法不一致、难以调解时，善于依靠权威发表意见

要善于借助公正和权威的机构来帮助解决危机，如邀请第三方协助调查，以赢取公众信任。事实证明，在很多情况下，权威的介入将对危机处理起决定性作用。

（4）做好善后工作，尽快挽回声誉

特别是出现重大责任事故，导致社会公众利益受损时，组织必须承担起责任，给予公众一定的精神补偿和物质补偿。

3. 网络时代下的危机公关

网络时代给危机应对提出了新的机遇和挑战。公关强调的是人与人之间的交流，但企业通常很难站在舆论的最前沿。因为站在社会伦理的立场上，企业是不准控制舆论的，而对企

业的自办媒介（宣传册、内部刊物等）又只能面向企业及行业所属的范围。因此，网络的开放性给企业提供了很好的宣传自己、规避风险的途径；同时，网络信息的高速传播和广大的受众覆盖面又成为危机得到迅速控制的有力保证。

网络因其优势可以使企业更快地将有利信息传达给尽可能多的公众，但也同样会加快不利信息的传播，带来难以想象的舆论压力。自媒体的高速发展使个体的声音开始发挥更大的影响力，给企业危机管理带来了新的挑战和诸多不确定性因素。因此，企业必须清楚网络时代的危机处理规则与技巧，才能将不利转化为有利。

首先，企业应该建立日常的网络维护和检测系统。企业通过建立自己的网页，及时把企业信息传达给受众，在线回答消费者问题，引发讨论，并适时与消费者进行线上线下的互动。危机之前与公众的关系亲疏决定了危机的扩散程度和解决速度，同时也方便了危机发生时，受众在第一时间内获得有利信息。而且，良好的检测系统使企业可以随时通过搜索引擎来检索有关企业的有利和不利信息，清楚企业的舆论环境，建立网络防护网，及时防止流言的快速传播，降低公众对企业信息的不确定性。

其次，危机中企业可通过电子公告板、电子邮件、社交媒体以及知名新闻网站等信息渠道对外发布信息，特别是前三种方式，可以实现传统媒体所难以达到的互动性，将一种由上至下的信息流通方式延伸为"滚雪球"式的平行传播。在这种平等开放的交流平台上形成的舆论影响超过了传统媒介中企业告知方式产生的影响。每个人都可以自由地发表自己的言论，自己的言论又会受到他人的重视和传播，这种被尊重、被认同的心理优越感可以极大地减少企业的信息流通时公众的抵制情绪。同时，网络还具有信息的"放大"功能。例如社交媒体，企业发布一则信息不仅针对的是其账号的关注者，还存在一个转发的潜在群体。这个关键因素可以称为群体感，就是说接收信息者在转发这一信息的过程中，可以充分表现自己的聪明睿智，展示自己正直向善的品质。信息的受众不断扩大，信息的效应也随之被放大。而且，这种群体感的认同是企业引导舆论时的良好受众心理基础。

最后，还可利用网络的多种媒介平台和形式的多样性，如网络直播平台，采用对企业处理危机的过程实况转播报道、危机中和危机后的民意调查等形式，与受众进行深入的互动沟通，配合其他传播方式，形成强大的信息网络，尽快扭转局势、重建形象。

网络作为近年来危机处理的一种新手段，除了在内容和形式上的创新外，如何通过对信息流通渠道加强管理或采用其他方法提高网络信息的信任度也是一个值得关心的问题，因为诚实始终被放在危机公关的第一位。

16.4 危机恢复

16.4.1 危机恢复的目标

当危机基本得到控制以后，企业经营秩序变得相对平稳。但这并不意味着危机过程已经结束，而是企业危机管理进入一个新阶段：危机恢复期。

危机恢复是指危机本身基本解决后，其主体利用各种措施和资源进行恢复和重建的过程，其中既包括社会、经济、生态环境、组织秩序等内容的恢复，也包括受到影响的组织及个体的恢复。

从整体上来说，在危机后的重建恢复工作中，主要针对有形危机及无形危机进行恢复。

对企业来说，发生危机可能会给企业造成两方面的损害——有形损害和无形损害。所谓有形损害，即危机所造成的企业在物质、人力、财力上的损失，相对于无形损害来说，这种损害持续的时间较短，恢复较容易；而所谓无形损害，则会伴随着企业长期存在。

有形危机的恢复一般都能通过相对有效的措施，有条不紊地进行，考验的是企业的资金储备状况及资源保障。因为很多企业可能在危机中丧失了房屋、设备及器材等生产资料，由此造成的直接损失使得产品生产和销售的能力相对不足，而且会逐渐失去生产和销售产品的能力。如果不能很快得到保险金或政府援助，其恢复将耗费大部分资金储备。尤其是水、电、汽油等能源的缺乏及能源供应渠道的破坏，会使得企业无法继续进行生产经营活动。即使这些设施在结构和实体形态上仍保持一定的完整性，但由于没有维持其运作的物质供给和供给渠道，也会使企业的各项业务被迫停止。而企业人事上的断层和客户的流失同样会使已遭受重创的企业降低产量或结束业务，使其效益大为降低。

相对于有形危机来说，无形危机显得更为复杂和难以琢磨，比如涉及企业的形象、企业的资金流或企业的股票市场遭到损伤等。针对这些无形危机情况，正确的反应是增加企业形象管理的力度。这就要求企业所提供的服务和产品必须是高质量和及时的，并且有一套有效的、能与公众和客户保持良好关系的服务系统。这与人们忽略管理过程，只注重结果的做法有关。企业如果不能达到这些要求，不仅会引起市场占有率的下降，并且有损企业形象。比较困难的一点在于无形危机本身无法量化，无形危机的详情细节通常是无法被识别或充分认识的，因此很难制定精确的恢复措施。这就有赖于管理者的个人经验和能力。因此，企业在制定无形危机的恢复措施时，应该以保护或恢复企业形象和可信度，以及缓解因无形危机引起的混乱和压力等因素为基础，强调服务支持系统的完善，保证社会资源和企业资源的按时送达。

从企业在危机基本解决之后生存和发展的角度来看，企业在危机恢复期往往有以下两个目标需要实现。

1）消除危机产生的影响，维持企业的生存。危机造成的直接损失较易计算，但危机的总体影响却难以估计，影响持续的时间也会很长。消除危机的影响、降低损失、维持企业的生存，是危机恢复管理的首要目标。危机造成的损失一般都会打断企业的正常运营，影响企业运作的连续性。如果运作的连续性遭到破坏，企业的生存会受到严重威胁。因此，企业应以维持生存为主。

2）抓住危机带来的机会，为企业重新崛起做准备。现代企业面对不稳定和不利环境的可能性越来越大，而不利的环境会使企业陷入危机。但如果能抓住危机中的机会，将会促使企业进行持续变革，重塑企业形象，增进企业内部团结，使企业恢复到井然有序的状态，为企业崛起做准备。

16.4.2 危机恢复的任务

1. 危机恢复的程序

在明确企业危机恢复的目标后，管理者可以遵循以下基本程序来设计和组织危机恢复的具体实施活动。

（1）建立危机恢复小组

1）危机恢复小组的目的是使企业从危机的影响中恢复过来。

2）危机恢复小组的主要职能是恢复管理的决策、监控和协调。

3）危机恢复小组的成员大多来自企业内部。

4）危机恢复小组的决策多由企业的全体成员共同执行，当企业内部的人力资源不够时，也可以雇用外部组织参与该企业的恢复工作。

（2）获取危机影响的信息

危机恢复小组要制定危机恢复决策，必须获得有关危机的信息，了解危机的破坏性质和严重程度。信息可以来自危机的受影响者，如危机的受害者、危机反应人员、帮助企业进行危机反应的其他企业成员和受到危机影响的利益相关者。他们可以为危机恢复小组提供一些详细的、容易评估的信息，而那些难以做出评估的信息，则需要企业的专门人员对危机造成的影响进行评估。

信息搜集过程中，危机恢复小组一方面通过对受危机影响者的调查了解危机的第一手信息，另一方面通过专门人员进入危机现场，对危机的损失进行评估和现场调查。综合两方面的结果，危机恢复小组对危机损失进行分门别类的归纳和整理，形成对危机损失的全面认识。

（3）确定危机恢复对象及其重要性排序

1）确定需要恢复的所有潜在对象。危机造成的损害不仅是那些显而易见的损害，危机恢复小组需要对危机进行全面的评估，以了解需要进行恢复的所有潜在对象。确定所有的潜在对象，需要全面地了解信息和进行集体讨论。

2）决定危机恢复对象的重要性排序。潜在的危机恢复对象是非常广泛的，确定危机恢复的潜在对象可以使危机恢复工作考虑得更为全面。但实际能够进行恢复的对象是有限的，因为用于危机恢复的资源和时间是有限的；同时，危机恢复的目的也限定了企业需要进行恢复的对象。因此，需要对危机恢复对象进行重要性排序。

（4）制订或确认危机恢复计划

危机恢复计划的常规项目是所有危机管理计划书中都有的内容，危机恢复小组可以根据一定的格式制作和填写。常规项目包括封面、联系方式、危机恢复目标、计划书阅读者和政策部分。其中,计划书阅读者规定了哪些人有权阅读计划书,阅读后要在计划书上签字。危机恢复计划的具体内容主要是指导危机恢复具体工作的开展,规定如何对各个危机恢复对象采取行动。

(5)恢复计划的执行

在危机恢复计划指导下,企业开始全面的危机恢复行动。然而,危机恢复计划在执行中要充分考量其他各个因素的变化,从而适当调整计划。除此之外,在危机恢复的执行中,企业要完成修补和建设两项任务:一方面,弥合危机带来的损害和伤痕;另一方面,利用危机带来的转型和机会,对企业的运作机制、形象系统和价值系统进行优化和改善。

2. 危机恢复的措施

在危机恢复期间,企业管理者应该选择有效的措施达成危机恢复的目标。以下为一些常用的具体措施。

(1)加强人员培训,提高企业管理者的危机管理意识

要向企业管理者介绍一些危机管理方面的知识,以培养管理者的危机管理意识。具体的做法是邀请危机管理专家为企业管理者课堂讲解有关危机管理的知识,并且以所发生的危机事件为案例,让大家就其展开讨论,明确危机管理的要领,为未来的管理提供相关资料。其主要目的在于培养管理者对企业内外发生的重要事件进行追踪报道、解惑释疑,对错误言论进行批评和更正的能力,使他们在关键时刻能够主动出击,遏制危机的扩大。

(2)加强对大众、消费者的宣传,实现心理恢复

传播过程中引发的危机对企业和消费者来说都是深刻的教训,危机过后,人们会因各种不确定性而身心不安,心中因危机而留下严重的心理阴影。这时一定要做好企业形象、产品、服务的宣传工作,使消费者打心底里信任企业的信誉、产品质量等,通过宣传,也可以让他们感受到企业的真诚。

(3)合理利用危机,实现由"危"到"机"的转化

危机与机会虽有本质上的不同,但二者还是具有一定关联性的。把危机与机会联系在一起具有一定的合理性。因为,这首先体现了认识的辩证性,一分为二地看待问题,这是唯物辩证法的精髓;同时,它体现了管理思想的乐观性,在危机中发现机会也是减轻危机创伤的心理良药。

(4)加强危机恢复管理工作的考核,评估危机管理绩效

考核是危机恢复工作中最为重要的一个阶段,它可以帮助企业管理者辨别清楚发生了怎样的危机,寻找可以防范危机再次发生的措施和考虑完善危机管理的措施。同时,只有对企业的危机恢复计划和安排定期进行检查和考核,才能使它们发挥应有的效用。

制定一系列考察目录和问卷将有助于工作的展开。根据各项评价指标的重要性,考核小组可以为其赋予一定的权重,全面征集各方意见给其打分,最后计算出评价的量化结果。这样一来,就可以清楚地看到危机处理小组的基本目标是否达到,以及其工作绩效和决策效果如何。

总之，消除危机给企业带来的负面影响、减少危机所造成的损失、完善企业可持续性发展机制，是企业危机恢复管理的重要任务。危机恢复工作在危机持续过程中就要着手进行。当危机处理基本告一段落之后，企业就应该着手消除危机过程中给企业造成的各种消极影响，并且通过一系列管理措施来完善企业的内部管理和外部公关，以使企业的日常工作早日走上正轨，并且通过反思危机过程中的经验和教训，对企业的"漏洞"进行修复，以获得更大的发展空间。

本章小结

企业危机是指企业经营活动中的突发性事件，会严重威胁公众生命和财产安全，并产生严重社会影响。这些事故和影响直接关系到企业的生存和发展。

危机管理是指企业为应对各种危机情境所进行的规划决策、动态调整、化解处理及员工培训等活动过程。其目的在于消除或降低危机所带来的威胁和损失。

危机预警体系是指把各项预警指标组织起来，形成一定的系统，共同反映企业的危机状态。

危机处理的原则包括承担责任原则、真诚沟通原则、速度第一原则、系统性原则和灵活性原则。

危机恢复的目标包括两个方面：消除危机产生的影响，维持企业的生存；抓住危机带来的机会，为企业重新崛起做准备。

复习思考

1. 什么是危机管理？它包含哪些阶段？
2. 什么是危机生命周期理论？它包含哪些阶段？
3. 危机预警指标包含哪些类别？具体指标有哪些？
4. 在危机处理时，应该与哪些相关方进行沟通？如何进行沟通？
5. 危机恢复阶段包含哪些目标？有哪些具体操作方法？

本章参考文献

[1]《管理学》编写组. 管理学[M]. 北京：高等教育出版社，2019.
[2] FINK S. Crisis management: planning for the inevitable[M]. New York: Amacom, 1989.
[3] 高敏. 哈佛模式：公司危机管理[M]. 北京：中央民族大学出版社，2003.
[4] 勒翰，法比亚尼，古登泰格. 斯坦福大学危机管理课：危机控制的十条忠告[M]. 张尧然，杨颖玥，译. 北京：中国青年出版社，2015.
[5] 孙继伟，李晓琳，王轶群. 企业危机管理中自媒体舆论引导策略的探索性研究[J]. 管理科学，2020（5）：101-115.

第 6 篇
PART 6

创　　新

第 17 章　创新概述
第 18 章　创新原理

第 17 章
CHAPTER 17

创新概述

学习目标

学习完本章后，你应该能够：
- 掌握创新的内涵。
- 了解创新的特征。
- 理解创新的价值。
- 了解创新的原则。
- 掌握创新的分类。

17.1 创新的内涵

"Innovation"（创新）一词来源于拉丁词根"Novus"（新的），而学术界公认的创新的概念来源于约瑟夫·熊彼特（Joseph Schumpeter）的著作。1912年，美国经济学家熊彼特在其著作《经济发展理论》一书中首次提出了创新的概念。他认为创新是对"生产要素的重新组合"，即把一种从来没有的关于生产要素或生产条件的"新组合"引进生产体系中，以实现对生产要素与生产条件的"新组合"。具体来说，创新包括以下五种情况：①采用一种新的产品，也就是消费者还不熟悉的产品，或一种产品的一种新的特性；②采用一种新的生产方法，也就是在有关的制造部门中尚未通过经验验证的方法，这种新的方法不一定要建立在科学新发现的基础上，也可以是商业上处理一种产品的新方式；③开辟一个新的市场，也就是以前不曾进入的市场，不管这个市场以前是否存在过。④获得或控制原材料或半成品的一种新的供应来源，无论这种来源是已经存在的，还是第一次创造出来的。⑤实现新的组织形式，比如建立一种垄断地位，或打破一种垄断地位。由此可知，创新是新产品的开发、新生产经营管理方式的引进、新市场的开拓、新生产要素的发现及新组织形式的实施。德鲁克在熊彼特提出的创新概念的基础上，对创新的本质又进行了进一步阐释。他认为"创新不是一种技术用语，而是经济或社会的一种变革，是一种价值"。因此，创新不同于发明创造，必须将发明创造引入经济领域，实现潜在的经济价值，才能成为创新。创新是将具有创造力的想法转化为一个有用的产品、服务或者运营方法的过程，创新型组织应具有将创造力转化为有用的结果的能力。

创新职能与其他管理职能不同，它着眼于资源的更有效运用，是一个将资源从低效率使用转向高效率使用的过程。管理过程一般从计划开始，通过组织、领导到控制结束，各职能之间相互交叉渗透、循环往复，把工作不断推向前进。创新则是通过对计划、组织、领导、控制职能的创新，推动组织管理更有效地运用资源。

17.2 创新的特征

创新活动对经营管理而言十分重要，正确认识创新活动的特征有助于管理。创新的主要特征包含五个方面。

1. 创新的不确定性

任何创新都具有不确定性，创新的程度越高，不确定性就越大。目前，主流经济学界认为，创新的不确定性来自以下两个方面。

（1）市场不确定性

创新的市场不确定性主要体现在三个方面。首先，市场不确定性体现在市场需求不易把握的基本特征。当出现根本性创新时，由于市场方向无从确定，也就无法确定需求。如计算机刚出现时，有人估计全美国只有几十台的需求，这显然同实际情况相距甚远。其次，创新的市场不确定性体现在不确定如何将市场需求融入创新过程或创新产品中，即不确定如何用创新来反映用户的需求。此外，当存在创新竞争者时，市场不确定性还体现在创新的组织能否在市场竞争中战胜对手。

（2）技术不确定性

创新的技术不确定性主要是指创新如何用技术来体现、表达市场中消费者的需求，以及能否设计并制造出可以满足市场需求的产品。对于不少产品的新构思，按其设计出来的产品，要么缺乏适合的技术而无法制造，要么技术不够成熟而导致制造成本过高，使得产品的新构思不具有商业价值。另外，新技术与现行技术之间的不一致也是一个重要的不确定性来源。

2. 创新的保护性和破坏性

不同创新对组织产生影响的范围、程度和性质是不同的，两个极端的情况是保护性创新和破坏性创新。

保护性创新会提高组织现有能力的价值和可应用性。例如，产品技术的创新可能解决了设计中的难题，或者消除了设计上的缺陷，从而使现在的产品更具吸引力和更高效。这类创新保护了组织已有的能力，并会加固这些能力，提高了市场进入壁垒，降低了组织被替代的威胁，进一步确保了组织的竞争优势。

破坏性创新不是提高和加强组织现在的能力，而是使组织现有的技能和资产遭到破坏与淘汰，导致组织原有的资源和能力无法满足市场需求，甚至由于完全过时而被淘汰。破坏性创新正是熊彼特创新理论和经济发展理论的核心。熊彼特认为"创造性破坏"是经济发展的推进器，它对竞争的影响是通过重铸竞争优势的实现基础而实现的。有的"创造性破坏"影响如此深远、广泛，以至于它们常常能创造出一个新的产业或者破坏一个现有的产业。

3. 创新的受抵制性

创新活动常常受到来自各方面的排斥和抵制。习惯于原有生活方式和思维方式的人们往往不欢迎任何改动和变革，因此，"创新恐惧症"已成为现代组织，如企业、学校、政府的一种通病。不幸的是，很多组织的高层管理者也感染了对创新抱有抵制态度的情绪。高层管理者希望所处的环境保持不变，这样才能没有麻烦、没有威胁，也没有紧迫感。这意味着任何一项创新都是一场推进创新力量和抵制创新力量之间的角逐，而管理者需要在两股力量中间保持平衡。

4. 创新的复杂性

有人说，创新过程就像一根链条，只要增加上游的研究投入，就可以直接增加下游的创新成果。但在实际经济活动中，创新有许多起因和知识来源，可以在组织运作的任何阶段发生。创新是诸多因素之间相互渗透、共同作用的结果；创新不是一个独立的事件，而是由许多小事组成的一个螺旋式上升的轨迹，是一个复杂的系统过程。

5. 创新的动态性

事物是发展变化的，不仅组织的外部环境和内部环境在不断发生变化，而且组织的创新能力也在不断积累、不断提高，因此决定创新能力的创新要素也要进行动态调整。从企业间的竞争来看，随着企业创新的扩散，企业的竞争优势将会消失，这就要不断推动新的一轮又一轮创新，以便不断确立企业的竞争优势。因此，创新绝不是静止的，而是动态的。不同时期，组织的创新内容、方式、水平是不同的。创新活动的不断开发和创新水平的不断提高，正是推动组织发展的动力。

17.3 创新的价值

创新能带来哪些价值呢？创新的价值可以体现在以下三个方面。

1. 创新可以促进人类社会的发展

人类社会发展的历史就是一部创新的历史,特别是近 200 多年来,创新为人类社会的发展带来了巨大的飞跃。18 世纪中叶在英国发起的第一次工业革命是人类近代史的一次伟大创新历程。这次工业革命以珍妮纺纱机的发明为起点、以蒸汽机的广泛使用为标志,使人类进入了以机器取代人力、以大规模工厂化生产取代个体工厂手工生产的时代。第一次工业革命不仅包含纺织机等工具上的创新、蒸汽机这一动力上的创新,还包含工厂制度这一组织方式上的创新,标志着现代工业的确立,在生产力发展的同时促进了生产关系的发展。第一次工业革命使生产力大大提高,市场上的商品越来越丰富。第二次工业革命发起于 19 世纪六七十年代,以电力的广泛应用为主要标志。这一阶段的创新主要表现在四个方面,即电力的广泛应用、内燃机和新交通工具的创制、新通信手段的发明和化学工业的建立。第二次工业革命使人类进入电气时代,使电力成为取代蒸汽动力的新能源,电力工业和电器制造业迅速发展。生产力的飞跃再次促进生产关系的发展,出现了以福特公司大规模生产流水线为代表的标准化大规模生产体制这一组织模式,形成了高质量、低成本的生产体系,促进了经济的快速发展。第三次工业革命从 20 世纪中叶开始,以原子能技术、航天技术、电子计算机技术的应用为代表,还包括人工合成材料、分子生物学和遗传工程等高新技术。这次工业革命不仅极大地影响了人类的生活方式和思维方式,使人类的衣、食、住、行、用等日常生活的各个方面发生了重大变革,同时也为社会的发展提供了雄厚的物质基础。随着第三次工业革命带来的生产力发展,网络组织、平台型组织等标志着新型生产关系的组织模式也逐渐涌现。由此可见,生产力的发展和人们生活的改善离不开创新,创新促进了人类社会的发展。

2. 创新能够提升国家和地区竞争力

当今世界,科学技术的进步与创新是经济社会发展的决定性力量。国家或地区如果不掌握核心技术和自主知识产权,不具有创新能力,就难以掌握未来发展的主动权。多年的实践经验表明,真正的核心技术是买不来的,必须通过自主创新来破解关键技术受制于人的问题,在发展这些关键技术时必须强调国家意志。只有通过自主创新掌握关键技术,提升产业技术水平,才能为提高社会生产力和综合国力提供必备的支撑。

我国已充分意识到创新对提升国家竞争力的重要作用。2006 年,党中央提出建设创新型国家的战略决策,指出要把提高自主创新能力作为调整经济结构、转变增长方式、提高国家竞争力的中心环节;2012 年,党的十八大明确提出实施创新驱动发展战略,强调科技创新是提高社会生产力和综合国力的战略支撑;2017 年,党的十九大提出加快建设创新型国家,指出创新是引领发展的第一动力,是建设现代化经济体系的战略支撑;2022 年,党的二十大再次强调要完善科技创新体系、加快实施创新驱动发展战略,指出要坚持创新在我国现代化建设全局中的核心地位,加快实现高水平科技自立自强。

3. 创新为企业的长期持续发展提供动力

随着时代的发展，越来越多的企业意识到，低廉的价格、优良的品质已经不足以保持市场竞争优势，要想在市场中获得长期持续发展的动力，创新已经成为必不可少的手段。企业只有不断创新，才能提供独一无二的产品或服务，持续改进性能，保持价格和质量的优势。尤其是在当今技术快速发展的时代，技术生命周期越来越短暂，一项技术从发明到商业化成功的时间显著缩短。20世纪上半叶，电话走进50%的美国家庭用了长达60年的时间，而互联网进入美国家庭只用了5年时间。目前，大型家电产品的迭代周期为18～36个月，而一些优质企业的产品迭代周期已经达到了1年两次迭代。由此可见，企业如果不能快速创新，将发现随着自己的产品过时，其市场份额便会开始下降。此外，如果没有自主创新的知识产权，企业发展将难以突破其他技术发达国家及其跨国公司的技术垄断，难以获得有利的贸易地位。没有自主知识产权作为技术基础的企业，不可能具有真正意义上的持久的国际竞争力。由此可见，创新是企业长期持续发展的关键驱动力。

17.4 创新的原则

组织有意识、有目的地推进创新的过程中，必须遵循若干基本原则。具体而言，包括以下三条基本原则。

1. 扬长避短原则

在组织进行创新的过程中，创新的内容与方向会受到组织历史基础的影响。因此，组织在进行创新时，一定要从自身现状出发，充分认识自身的优势与劣势，学会扬长避短。所谓"扬长"，就是一定要保留自己的优势特色，这是组织竞争力所在。很多组织在管理创新、结构调整的过程中迷失了自我，改来改去，把自身的特长和优势都改没了。例如，本土企业进行管理制度创新时，要积极发挥了解本土市场需求的特长，不要盲目照搬跨国公司的业务流程，导致企业的本土市场知识陷入"无用武之地"的窘境。而"避短"则要求组织必须对自身的劣势有明确的认知。这种劣势同样深深植根于组织的历史基础，它包括两方面：一是那些易于察觉的缺陷，即公认的短板；二是组织的历史优势所具有的惯性，这种惯性往往反映为一种自上而下的共同信念和共同环境，而这种信念有可能影响组织知识的更新与演进，甚至成为组织无视外部剧烈变化的认知障碍。例如，芬兰的诺基亚公司由于没能正确认识智能手机的发展潜力而错失生产智能手机的最佳时机，导致从手机市场的霸主地位沦落到退出手机市场的境地。

2. 统一性与灵活性相结合原则

创新必须有统一明确的目标、相互协调的行动、优势集中的人力。没有统一明确的目标，创新活动将失去方向，导致盲目乱干；没有相互协调的行动，创新人员就不能团结合作，容易形成各自为政、相互割裂的局面；没有优势集中的人力，创新力量分散，则会延缓创新时间，导致痛失良机，甚至失败。因此，创新需要在组织内部达成共识，形成具有统一性的创新目标。由于创新本身具有偶然性或机遇性，并不都在可以预料的计划之内，且多数创新者往往是"骑在丰富想象力上获得冒险成功的人"。因此，创新的组织应具有灵活性，要适当放松对员工的控制，使计划具有弹性，如允许创新者自己确定题目，允许他们使用部分工作时间去探索新的设想，为他们提供一定的创新尝试所需要的资金、物质条件和试验场所，允许他们自己选择合作伙伴等。这样既有利于充分调动人们创新的积极性，又有利于及时捕捉创新机会。因此，创新还应具有灵活性。

3. 鼓励创新、允许失败原则

由于创新具有创造性、风险性和效益性，是组织取得成功的必要途径，因此组织应鼓励创新，对创新者的劳动及其成果进行公正评价和合理奖励。对所有的创新建议，组织都要实施正向的激励政策。对创新成果确有重大价值并得以采用的，要在物质上给予重奖。同时，由于创新者的创新动机有一种对个人成就感的追求和自我实现的满足，因此对创新的精神奖励不仅是必要的，甚至是更为重要的，应对创新者在职称、职务上予以破格晋升。创新是不断探索、经常受挫又努力改进提高的过程，一帆风顺是极为罕见的。因此，允许失败也是对创新者积极性、创造性的鼓励与支持。创新组织的管理者对待失败不应冷眼相看、横加指责，而应采取宽容的态度，热情主动地帮助创新者总结经验、吸取教训，鼓励创新者坚持不懈，继续进行大胆的探索和试验，直到取得成功。这样，创新者才不会悲观失望、半途而废。

17.5　创新的分类

创新可以从四个不同的角度进行分类。

1. 从创新的规模角度划分

从创新的规模角度来看，创新可以划分为局部创新与整体创新。

（1）局部创新

局部创新是指在组织的性质和目标不变的前提下，组织活动的某些内容、某些要素的性质或其相互组合的方式，组织的社会贡献的形式或方式等发生变动。

（2）整体创新

整体创新往往改变组织的目标和使命，涉及组织的目标和运行方式，影响组织的社会贡献的性质。

2. 从创新与环境的关系角度划分

从创新与环境的关系角度来看，创新可以划分为防御型创新与攻击型创新。

（1）防御型创新

防御型创新是指由于外部环境的变化对组织的存在和运行造成某种程度的威胁，为了避免威胁或由此造成的组织损失的扩大，组织在内部展开的局部或全局性调整。

（2）攻击型创新

攻击型创新是指在观察外部世界运动的过程中，敏锐地预测到未来环境可能提供的某种有利机会，从而主动地调整组织的战略和技术，以积极地开发和利用这种机会，谋求组织的发展。

3. 从创新的组织化程度划分

从创新的组织化程度来看，创新可以划分为自发创新与有组织的创新。

（1）自发创新

任何社会经济组织都是在一定环境中运转的开放系统，环境的任何变化都会对组织的存在和存在方式产生一定影响。组织内部与外部直接联系的各组织单元接收到环境变化的信号以后，必然会在其工作内容、工作方式、工作目标等方面进行积极或消极的调整，以应对变化或适应变化的要求。同时，社会经济组织内部的各个组织单元是相互联系、相互依存的。组织的相关性决定了与外部有联系的组织单元根据环境变化的要求自发做出调整，之后必然会对那些与外部没有直接联系的组织单元产生影响，从而要求后者也做出相应调整。组织内部各组织单元的自发调整可能产生以下两种结果。

1）各组织单元的调整均是正确的，从整体上说是相互协调的，从而给组织带来的总效应是积极的，可使组织各部分的关系实现更高层次的平衡。这种结果一般很难出现，除非在极其偶然的情况才可能会出现。

2）各组织单元的调整有的是正确的，另一些则是错误的。这种结果是通常可能出现的情况，因此，从整体上说，调整后各组织单元的关系不一定协调，给组织带来的总效应既可能为正，也可能为负（这取决于调整正确与错误的比例）。也就是说，组织各部门自发创新的结果是不确定的。

（2）有组织的创新

与自发创新相对应的为有组织的创新，有组织的创新需要包含以下两方面内容。

1）组织的管理人员根据创新的客观要求和创新活动本身的客观规律，制度化地研究外部环境状况和内部工作，寻求和利用创新机会，计划和组织创新活动。

2）与此同时，组织的管理人员要积极地引导和利用各组织单元的自发创新，使之相互协调，并与组织有计划的创新活动相配合，使整个组织内的创新活动有计划、有组织地展开。

有组织的创新能给组织带来有预期的、积极的、比较确定的结果。鉴于创新的重要性和自发创新结果的不确定性，有效的管理要求进行有组织的创新。但是，有组织的创新也有可能失败，因为创新本身意味着打破旧的秩序、打破原来的平衡，因此具有一定的风险，更何况组织所处的社会环境是一个错综复杂的系统，这个系统的任何一次突发性的变化都有可能打破组织内部创新的程序。当然，有计划、有目的、有组织的创新取得成功的机会无疑要远远大于自发创新。

4. 从创新的结果和效应划分

从创新的结果和效应角度来看，创新可以划分为渐进式创新与破坏性创新。

（1）渐进式创新

渐进式创新是指通过不断的、连续的小创新，实现创新的目的。渐进式创新是在原有基础上的创新，具有短周期、快速迭代、连续性、累积性和递进性的特征，因此组织面临的不确定性小、风险低。

（2）破坏性创新

破坏性创新是指找到一种新路径、一种新的生产函数和模式。破坏性创新不依附于原有的路径，而是另辟蹊径，开辟新的发展方向。破坏性创新一般周期较长，组织面临的不确定性和风险较高。

本章小结

本章首先介绍了创新的内涵，即创新是一个将资源从低效率使用转向高效率使用的过程；明确了创新具有不确定性、保护性和破坏性、受抵制性、复杂性、动态性等特征；阐述了创新可以促进人类社会的发展、提升国家和地区竞争力、为企业的长期持续发展提供动力等；介绍了在推进创新的过程中应遵循的扬长避短、统一性与灵活性相结合、鼓励创新和允许失败的原则；最后从四个不同的角度介绍了创新的分类。

复习思考

1. 什么是创新？创新的价值体现在哪些方面？
2. 创新活动具有什么特征？
3. 为什么要进行创新？创新能带来哪些好处？
4. 以你所在的或熟悉的组织为例，思考该组织在进行创新活动时遵循哪些原则。
5. 从创新的组织化程度角度来看，创新可以划分为哪几种类型？

本章参考文献

[1] 熊彼特. 经济发展理论：对于利润、资本、信贷、利息和经济周期的考察[M]. 何畏，等译. 北京：商务印书馆，2017.

[2] 陈洪安，江若尘. 管理学通论：创新、成长、价值、幸福[M]. 北京：北京大学出版社，2018.

[3] 王硕，胡宁，韦丽丽，等. 管理学原理[M]. 北京：清华大学出版社，2018.

[4] 罗宾斯，德森佐，库尔特. 管理学：原理与实践 原书第10版[M]. 毛蕴诗，

等译．北京：机械工业出版社，2019．
[5] 何颖，唐葆君，孙星．创新管理[M]．北京：经济管理出版社，2009．
[6] 陈劲，郑刚．创新管理：赢得持续竞争优势[M]．3版．北京：北京大学出版社，2016．
[7] 人民教育出版社历史室．世界近代现代史[M]．2版．北京：人民教育出版社，2006．
[8] 高良谋．管理学高级教程[M]．北京：机械工业出版社，2015．
[9] 孙喜．管理学原理[M]．北京：中国人民大学出版社，2018．
[10] 周三多，陈传明，刘子馨，等．管理学：原理与方法[M]．7版．上海：复旦大学出版社，2018．
[11]《管理学》编写组．管理学[M]．北京：高等教育出版社，2019．

第 18 章
CHAPTER 18

创新原理

学习目标

学习完本章后，你应该能够：
- 了解创新的基本内容。
- 掌握创新的基本过程。
- 理解激发创新的因素。
- 了解新时代的创新发展趋势。

18.1 创新的基本内容

组织在运行中的创新涉及很多方面，主流观点认为，创新主要包含如下几方面内容。

18.1.1 战略创新

战略创新旨在发现和变革组织目标，探寻新的行动路径的管理决策活动。组织战略创新首先表现为组织各个时期的具体目标需要适时地根据环境和客户需求的特点及变化趋势加以调整和变革，每一次调整和变革都是一种创新。组织战略创新的永恒目标就是进行战略革命，打破旧的行业规则，确立新的行业规则。战略创新是打破现有行业规则和竞争现状，重新定义现有商业模式并重新整合现有客户市场，以实现客户价值和组织利润显著增长的创新形式。通常一个行业内存在三类组织：规则制定者、规则遵循者和规则破坏者。进行战略创新的组织是行业内的规则破坏者，能够调整现存行业模式，在为客户创造新价值的同时，寻求差异化的来源，塑造自身在行业内的竞争优势。例如，苹果公司在出品 iPhone 1 时，首次提出将计算机放入手机的战略目标。它在将人类引入智能手机时代的同时，颠覆了整个行业原有的竞争模式。作为行业新进入者，其自身面对激烈的竞争依旧形成了强劲的竞争优势，并获得了巨大的成功。

18.1.2 技术创新

技术创新是组织创新的主要内容，组织中出现的大量创新活动都是技术方面的，因而一些人将"技术创新"视为"组织创新"的同义词。技术水平是反映组织竞争力的一个重要标志，那些不断进行技术创新的组织能够顺应并引导社会技术进步的方向，并能够在激烈的竞争中处于主动地位。由于一定的技术都是通过一定的物质载体和利用这些载体的方法来体现的，因此组织的技术创新主要表现在三个方面：要素创新、要素组合方法的创新及作为前两种创新结果的产品创新。

1. 要素创新

组织在生产过程中需要投入的要素包括材料和设备两类，因此要素创新包括材料创新和设备创新。

（1）材料创新

材料创新的内容主要表现在如下几个方面：①开发和利用成本更低的替代性材料；②提高材料的质量；③改进材料的性能。随着科技的发展，生产产品的材料不再局限于由大自然提供，越来越多的人工合成材料不断出现。由此，合成材料的创造在材料创新中占据了越来越重要的位置。

（2）设备创新

设备创新的内容主要表现在如下几个方面：①通过将先进的科学技术成果用于改造和革新原有设备，以延长设备的技术寿命，提高设备的效能；②有计划地进行设备更新，以更先进、更经济的设备来取代陈旧的、过时的老设备，使企业建立在先进的物质和技术基础上。

2. 要素组合方法的创新

利用一定的方法将不同的生产要素加以组合，这是形成产品的先决条件。要素的组合包括生产工艺创新和生产过程创新两个方面。

（1）生产工艺创新

生产工艺创新既要根据新设备的要求，改变原材料、半成品的加工方法，也要求在不改变现有设备的前提下，不断研究和改进操作技术与生产方法，以求使现有设备得到更充分的利用，使现有材料得到更合理的加工。工艺创新与设备创新是相互促进的，设备的更新要求工艺方法做出相应的调整，而工艺方法的不断完善又必然促进设备的改造和更新。

（2）生产过程创新

生产过程创新包括设备、原材料、劳动者在空间布置和时间组合上的创新。空间上的布置不仅影响设备、原材料的利用效率，而且影响人机配合，从而直接影响劳动者的劳动生产率。各生产要素在时间上的组合会影响对设备、原材料、劳动者的占用数量，从而影响生产成本、影响产品的生产周期。因此，组织应不断地研究并采用更合理的空间布置和时间组合方式，以提高劳动生产率、缩短生产周期，从而在不增加要素投入的前提下，提高要素的利用效率。

3. 产品创新

产品创新包括许多内容，这里主要分析物质产品本身的创新。物质产品创新主要包括品种创新和产品结构创新。产品创新是企业技术创新的核心内容，它既受制于技术创新的其他方面，又是其他技术创新效果的集中展现。新的品种、新的产品结构，要求组织利用新的机器设备和新的工艺方法等要素与要素组合创新来实现；新设备、新工艺等创新的运用，最终体现为产品的创新。

（1）品种创新

品种创新要求根据市场需要的变化与消费者偏好的转移，及时地调整企业的生产方向和生产结构，不断开发出受用户欢迎的、适销对路的产品。

（2）产品结构创新

产品结构创新在于不改变原有品种的基本性能，对现在生产的各种产品进行改进和改造，找出更加合理的产品结构，使其生产成本更低、性能更完善、使用更安全，从而更具市场竞争力。

18.1.3 组织创新

组织由人组成，是人的集合体。组织内的成员通过采取各种努力的行为，为组织做出有效贡献，使组织获得预期绩效、实现预期目标。因此，组织必须通过一定办法引导成员的行为按照预期发生，这些办法包括制度、组织结构和文化。因此，组织创新包含制度创新、组织结构创新和文化创新三方面内容。

1. 制度创新

制度是组织运行方式的原则规定。企业组织的制度是所有者、经营者和劳动者之间通过企业的权力机构、决策和监督机构形成各自独立、权责分明、相互制约的关系，并通过法律和企业章程得以确立和实施。企业制度创新的方向是不断调整和优化企业所有者、经营者和劳动者三者之间的关系，使各方面的权力和利益得到充分体现，使组织内各类成员的作用得到充分发挥。企业制度主要包括产权制度、经营制度和管理制度三个方面的内容，因此制度创新可以从这三个方面进行梳理。

（1）产权制度创新

产权制度是决定企业其他制度的根本制度，它规定了企业最重要的生产要素的所有者对企业的权力、利益和责任。企业产权制度的发展经历了三种形态，即业主制产权制度、合伙制产权制度和公司制产权制度。合伙制产权制度的出现是对业主制产权制度的创新，公司制产权制度是对合伙制产权制度的创新。由于在经济学的分析中，生产资料是企业生产的首要因素，因此，产权制度也可以被狭义地理解为企业生产资料的所有制。目前存在的两大生产资料所有制为私有制和公有制（或更准确地说是社会成员共同所有的"共有制"），但这两种所有制在实践中都不是纯粹的。私有制正越来越多地渗入公有制的成分，被"效率问题"所困扰的公有制则正在或多或少地添加私有制的因素。未来企业产权制度的创新也许应朝着寻求生产资料的"个人所有"与"共同所有"的最适度组合的方向发展，如我国目前实行的混合所有制改革就是一种产权制度创新的尝试。

（2）经营制度创新

经营制度是有关经营权的归属及其行使条件、范围和限制等方面的原则规定。它表明了企业的经营方式，确定了谁是经营者，谁来组织企业生产资料的占有权、使用权和处置权的行使，谁来确定企业的生产方向、生产内容和生产形式，谁来保证企业生产资料的完整性及其增值，谁来向企业生产资料的所有者负责及负何种责任。经营制度的创新方向应是不断寻求企业生产资料最有效利用的方式。

（3）管理制度创新

管理制度是行使经营权、组织企业日常经营的各种具体规则的总称，包括对材料、设备、人员及资金等各种要素的取得和使用的规定。管理制度创新是指企业具体管理规则和方法的改进。例如，分配制度创新就是管理制度创新中的一种。分配制度创新在于不断地追求和实现报酬与贡献的更高层次的平衡，以激发劳动者的工作热情。

产权制度、经营制度和管理制度三者之间的关系是错综复杂的，实践中相邻两种制度之间的划分甚至很难界定。一般来说，一定的产权制度决定着相应的经营制度，但是，在产权制度不变的情况下，企业具体的经营方式可以不断进行调整创新；同样，在经营制度不变的情况下，具体的管理规则和方法也可以不断改进创新。而管理制度的改进创新一旦发展到一定程度，则会要求经营制度做相应的调整创新；经营制度的不断调整创新，必然会引起产权制度的革命式创新。因此，管理制度创新会反作用于经营制度；经营制度创新也会反作用于产权制度。

2. 组织结构创新

组织的正常运行，既要求具有符合组织及其环境特点的运行制度，又要求具有与之相适应的运行载体，即合理的组织结构。因此，组织制度创新必然要求组织结构的变革和发展。

从组织理论的角度来考虑，组织结构是由不同成员担任的不同职务和岗位的结合体。这个结合体可以从两个不同层次去考察：第一个层次是部门分工问题。组织在构建结构时，根据一定的标准，将那些类似的或为实现同一目标有密切关系的职务或岗位归并到一起，形成不同的管理部门。它主要涉及管理劳动的横向分工的问题，即把对组织生产经营业务的管理活动分成不同部门的任务。第二个层次是权力关系问题。各管理部门之间存在何种权力关系，即所谓的集权和分权（管理权力的集中或分散）问题。不同的部门设置，要求不同的权力关系；即使部门设置完全相同，但部门之间的权利关系不一样，也会形成不同的组织结构。由于部门设置和权力关系的形成受到组织活动的内容、特点、规模、环境等因素的影响，因此，不同的组织有不同的组织结构；同一组织在不同的时期，随着经营活动的变化，也要求其组织结构不断调整。组织结构创新的目的在于更合理地管理成员，提高管理效率。

3. 文化创新

组织可以利用制度和组织结构来规范与制约组织成员在组织中的行为，对这些行为的范围和形式做事先的预测与界定。然而，组织活动的复杂性决定了有些行为的范围和形式很难通过制度与组织结构来预测，而组织文化的功能便是在制度和组织结构难以触及的地方发挥作用，调节那些用制度与组织结构难以预测的行为。组织文化会引导组织成员自觉地做出符合组织价值观的行为选择，特定的价值观会激励成员在特定的环境中表现出符合组织需要的行为。受同一价值观的影响，组织成员在不同时空的行为准则必然会趋向相互协调一致。

文化创新是从生存环境的变化入手，对组织文化进行变革，清除旧的习俗与理念，将组织文化与组织创新活动相匹配，适应外部环境的变化，获取竞争优势。近年来，随着组织外部环境变化的加剧，组织发展过程中面临着诸多问题。因此，为了适应外部环境的变化，越来越多的企业开始开展文化创新来应对新形势带来的挑战。

18.1.4　环境创新

环境是企业经营的土壤，同时也制约着企业的经营。企业与环境的关系，不是单纯地去适应，而是在适应的同时去改造、去引导，甚至去创造。环境创新不是指企业为适应外界变化而调整内部结构或活动，而是指通过企业积极的创新活动去改造环境，引导环境朝着有利于企业经营的方向变化。例如，通过企业的公关活动，影响社区政府政策的制定；通过企业的技术创新，影响社会技术进步的方向和市场需求。

18.2　创新的过程

创新是一个杂乱无章的过程，要想有效地组织系统的创新活动，就必须研究和揭示创新的规律。创新是对旧事物的否定，对新事物的探索。其遵循的逻辑是学习→批判→创新。对旧事物的否定，必然要求创新突破原先的制度，破坏原先的秩序，不遵守原先的章程；对新事物的探索，创新者只能在不断的尝试中去寻找新的程序、新的方法，在取得最终的成果之前，可能要经历无数次反复、无数次失败，因此，它看上去必然是杂乱的。但这种"杂乱无章性"是相对而言的。就创新的总体来说，其必然依循一定的步骤、程序和规律。

成功的创新一般要经历寻找机会、提出构想、迅速行动、忍耐坚持四个阶段，如图 18-1 所示。

18.2.1 寻找机会

创新是对原有秩序的破坏。原有秩序之所以要打破，是因为其内部存在着或出现了某种不协调的现象。这些不协调对系统的发展提供了有利的机会或造成了某种不利的威胁。创新活动正是从发现和利用旧秩序内部的这些不协调现象开始的，不协调为创新提供了契机。

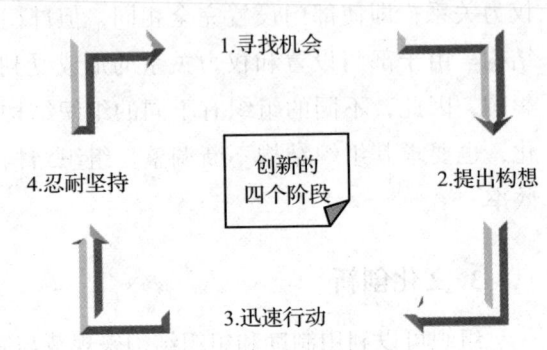

图 18-1　创新的过程

（资料来源：周三多，陈传明，刘子馨，等. 管理学：原理与方法 [M]. 7 版. 上海：复旦大学出版社，2018.）

旧秩序中的不协调既可存在于系统的内部，也可产生于对系统有影响的外部。

（1）源于系统外部的创新契机

就系统外部来说，可能成为创新契机的不协调主要包括以下几个方面。

1）技术的变化，从而可能影响组织资源的获取、生产设备和产品的技术水平。

2）人口的变化，从而可能影响劳动市场的供给和产品销售市场的需求。

3）宏观经济环境的变化，如迅速增长的经济可能给组织带来不断扩大的市场，而整个国民经济的萧条则可能降低产品需求者的购买能力。

4）文化与价值观念的转变，从而可能改变消费者的消费偏好或劳动者对工作及其报酬的态度。

（2）源于系统内部的创新契机

就系统内部来说，引发创新的不协调现象主要有以下几个方面。

1）生产经营中的瓶颈，可能影响劳动生产率的提高或劳动积极性的发挥，因而始终困扰着组织的管理人员。这种卡壳环节，可能是某种材料的质地不够理想，且始终找不到替代品，也可能是某种生产工艺方法不完善，又或是某种分配政策不合理。

2）派生产品的销售额，其利润贡献不声不响、出人预料地超过主营产品；老产品经过精心改进后，结构更加合理、性能更加完善、质量更加优异，但并未得到预期数量的订单等出乎预料的情况，往往可以打破组织原先的思维模式，从而成为创新的一个重要源泉。

组织的创新往往是从密切地注视、系统地分析社会经济组织在运行过程中出现的不协调现象开始的。

18.2.2 提出构想

敏锐地观察到不协调现象产生以后，还要透过现象究其原因，并据此分析和预测不协调的未来变化趋势，估计它们可能给组织带来的积极或消极后果；并在此基础上，努力利用机会或将威胁转换为机会，采用头脑风暴法、德尔菲法、焦点访谈法等方法提出多种能够解决问题，或消除不协调，或使系统在更高层次实现平衡的创新构想。

18.2.3 迅速行动

创新成功的关键还在于迅速行动。提出的构想可能还不完善，甚至可能很不完善，但这种并非十全十美的构想必须立即付诸行动才有意义。"没有行动的思想会自生自灭"，这句话对于创新思想的实践成功尤为重要。一味地追求完美，以减少受讥讽、被攻击的机会，就可能坐失良机，把创新的机会白白地送给竞争对手。创新的构想只有在不断地尝试中才能逐渐完善，组织只有迅速行动才能有效地利用"不协调"提供的机会。从某种意义上说，面对瞬息万变的市场，创新行动的速度可能比创新方案的完善更为重要。

18.2.4 忍耐坚持

构想经过尝试才能成熟，而尝试是有风险的、可能失败的。创新的过程就是不断尝试、不断失败、不断提高的过程。因此，创新者在开始行动以后，为取得最终的成功，必须坚定不移地继续下去，绝不能半途而废，否则便会前功尽弃。要在创新中坚持下去，创新者必须有足够的自信心和较强的忍耐力，能正确对待尝试过程中出现的失败。

既要为减少失误或消除失误后的影响采取必要的预防和纠正措施，又不能把一次"战役"（尝试）的失利看成整个"战争"（创新）的失败，知道创新的成功只有在屡屡失败后才姗姗来迟。伟大的发明家爱迪生曾经说过："我的成功乃是从一路失败中取得的。"这句话对创新者应该有所启示。创新的成功在很大程度上归因于"最后五分钟"的坚持。

18.3 创新的激发

创新对组织的发展具有重要的价值，那么应如何在组织内部激发创新呢？系统模型（输入→转换→输出）能帮助人们理解组织如何变得更加创新。一个组织如果想要拥有合意的输出（创新的产品和工作方法），那么它必须通过输入和转换才能得到。这些输入包括组织中具有创造力的个人和群体。但是，仅仅具备有创造力的人是不够的，还需要合适的环境把这些输入转化为创新的产品或工作方法，正如花朵需要恰当的土壤、浇水和照明这些环境因素才能开放。那么，合适的环境应该是什么样的呢？具备哪些因素环境才能够激发创新呢？有三类因素能够激发创新：结构因素、文化因素和人力资源因素，如图18-2所示。

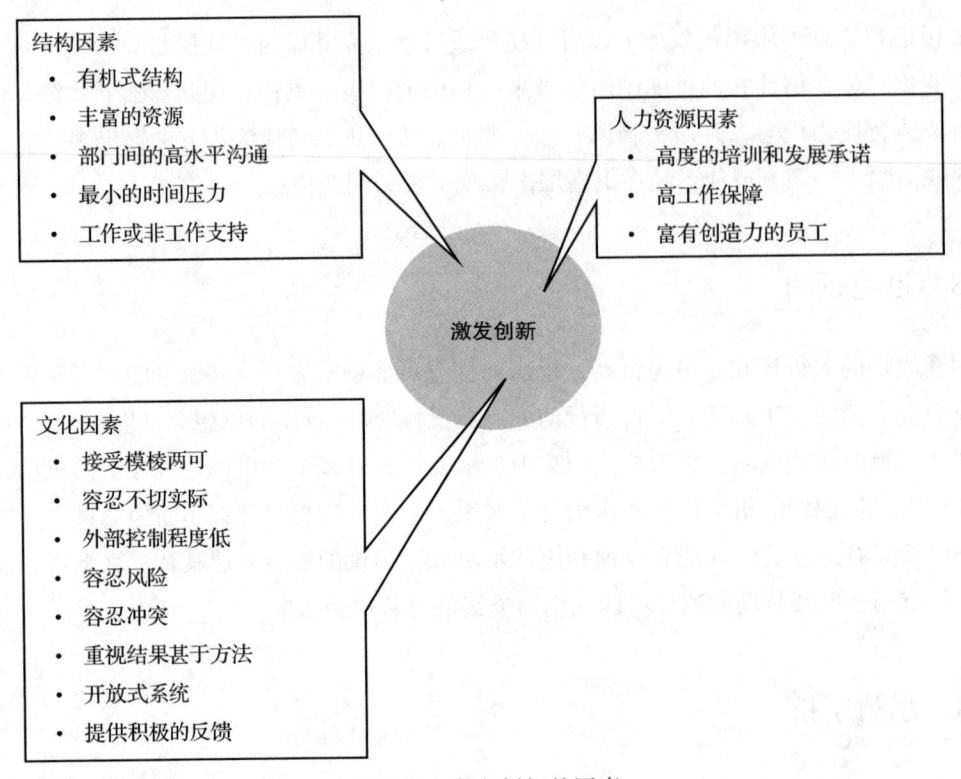

图 18-2 激发创新的因素

（资料来源：罗宾斯，德森佐，库尔特. 管理学：原理与实践 原书第10版［M］. 毛蕴诗，等译. 北京：机械工业出版社，2019.）

18.3.1 结构因素

组织的结构能够对其创新性产生重大影响。基于大量研究，可以总结出有关结构因素对创新作用的五点结论。

1）有机式结构对创新有正面的影响。因为这种结构的规范化、集权化与工作专业化程度均较低，所以可以提高组织的灵活性，有利于思想共享，这对创新具有至关重要的意义。

2）丰富的资源是创新的一个关键基础。充裕的资源使管理层可以购买创新成果，承担追求创新的巨大成本，并能够承受失败的损失。

3）部门间的高水平沟通有利于清除各种影响创新的潜在障碍。跨职能团队、任务小组和其他有利于跨部门互动的组织设计，有助于促进不同部门之间的交流和互动，因而在创新型组织中得到了广泛应用。

4）即使面对"激流泛舟式"的环境，创新型组织也总是力图最小化创新活动的时间压力。尽管时间压力可能会让人更努力工作，但研究表明，时间压力会削弱人们的创造力。

5）研究表明，当组织结构明确地支持创造力时，员工的创造力会得到更好的发挥。有效的支持手段包括鼓励、开放式交流、倾听和有效的反馈等。

18.3.2 文化因素

创新型组织往往具有相似的文化。这些组织鼓励尝试，不论成功与失败都予以奖励。充满创新精神的组织文化通常具有如下八项特征。

1）接受模棱两可。过于强调目的性和专一性会限制创造性。

2）容忍不切实际。不打击对提出的问题做出不切实际回答的员工。最初看起来不切实际的回答，可能会带来对问题的创新性解决。

3）外部控制程度低。规则、条例、政策这类控制被保持在最低限度。

4）容忍风险。鼓励员工大胆试验，不用担心失败的后果，并将错误看成学习机会。

5）容忍冲突。鼓励不同的意见。个人或单位之间的一致和认同并不意味着能实现很好的绩效。

6）重视结果甚于方法。在提出明确的目标后，鼓励个人探索实现目标的各种可能方法。重视结果表明对于给定的问题可能有好几个正确答案。

7）开放式系统。组织时刻监控环境的变化并迅速做出反应。

8）提供积极的反馈。管理者向员工提供积极的反馈，鼓励员工，给予员工支持，让员工感到他们富有创意的想法得到了重视。

18.3.3 人力资源因素

在人力资源这一类因素中，富有创新能力的组织总是积极推动员工培训和员工发展，以保持其知识的更新，并向员工提供高工作保障，以减少他们对因犯错误而遭解雇的顾虑，同时鼓励员工成为"创意带头人"：一旦产生新思想，"创意带头人"会积极、热情地将这一思想深化。组织要提供支持并克服阻力，以确保创新得到推行。研究表明，"创意带头人"有一些共同的性格特征：异乎寻常的自信、有持久力、精力充沛、敢于冒险。他们也显示出了与动态式领导相似的特征：他们会以创新带来的潜在美好前景及自己对使命的坚信不疑来激励和鞭策他人，也善于从他人处争取支持其使命的承诺。另外，"创意带头人"的工作被赋予相当大的决策自主权，这有助于他们引入并推行创新。

18.4 新时代的创新

18.4.1 基于数字思维的创新

随着进入数字时代，开发和利用数据等信息资源的数字经济活动迅速扩大，并逐渐取代了工业生产活动，成为国民经济活动的主导内容。数字时代的创新与创新管理的首要焦点在于商业思维模式的变革，即形成"数字思维"。它是在互联网、物联网、云计算、大数据等大量信息冲击下，产品、员工、用户、企业价值链乃至整个商业生态系统进行重新审视的一种思考方式。

基于数字思维，小步快跑的迭代式创新模式、与用户高度融合于企业创新过程中的融合创新模式占据了主导地位。在数字时代，由于可以通过全样本数据对市场进行全面的观测，所以企业可以对其用户、产品、竞争者进行更为全面的理解；全样本数据也可以让企业通过了解数据中的异常点来发现重要的颠覆式创新契机。在这种背景下，企业无须采用传统的一整套创新流程，而可以随时根据数据信息提示，在企业尚未完全确认市场需求之前，先推出能满足基本需求但并不成熟的产品和服务，验证现有产品是否符合用户需求，再通过获取和积累用户反馈信息，快速地推出改善版本，实现灵活快速地开发产品，再不断对产品进行更新迭代，通过"小步快跑"的方式抢占市场。与以往的用户参与创新和用户创新不同，数字时代背景下，从创新想法的产生、开发到产品营销的整个阶段，用户都可以参与其中，高度融合于企业创新过程中，即形成了融合创新的新一代创新模式。与传统的用户创新实践中的用户创新者概念不同，企业无须邀请海量用户参与到创新过程中，用户也无须具有高水平创造力，而是企业通过收集用户交易数据、使用行为数据、社会关系数据、情感数据等多维度信息，让用户不自觉地参与到创新活动中，为企业开发创造出满足市场需求的产品和服务做贡献。

在此基础上，企业的组织模式也形成了深度变革。以往的顾客融入企业并与企业进行交互，成为用户，作为企业的战略资源与企业实现共创共赢，企业的创新、资金、制作、销售、定价、管理、薪酬、思想都可来自用户。以往的员工成为自组织者、社会人，成为企业的节点与平台，通过在线工作、全球共享自身价值，与企业形成合作关系。企业自身成为生态系统，基于外部共建、共生、共享、共荣，与外部进行能量交换；将非核心能力板块业务在全世界范围内进行众包，核心能力板块业务对全世界范围内进行共享。这样一来，非核心能力板块业务借助平台、网络实行大出；核心能力板块业务借助平台、网络实行大进。无论是大出还是大进，都是与外界能量进行交换，即能量输出和能量输入，由此构成了一个生态系统。

18.4.2 开展有责任的创新

技术创新在推动社会进步的同时，也会带来一定的社会危害。例如，原子能应用下的核安全问题、转基因技术对于人类与生物转基因道德与安全议题等。这些由创新带来的社会进步与社会危害双重性问题，使人们开始关注创新的责任议题。有责任的创新本身是对传统创新研究范式从面向创意到产品商业化过程的重新审视，它是在认可创新行为主体认知不足的前提下，在预测特定创新活动可能的负向结果的范围内，通过更多成员参与和响应性制度建立，将创新引导至社会满意与道德伦理可接受的程度，以实现最大限度的公共价值输出。作为新兴概念，有责任的创新的基本特征主要包括：①显著关注社会生态与伦理价值的需求与挑战；②将更大规模的利益相关者参与作为一种承诺，并实施共同学习与决策机制；③针对创新本身预测潜在问题，评估价值选择及审视潜在价值、假设基础、信仰与规范；④提出并构建这个创新理念实施的共同参与的适应性机制。

有责任的创新的框架最早由西方学者斯塔尔（Stahl）提出，在此基础上，中国学者梅亮、陈劲提出了更适合发展中国家情境的有责任的创新的理论框架，如图18-3所示。

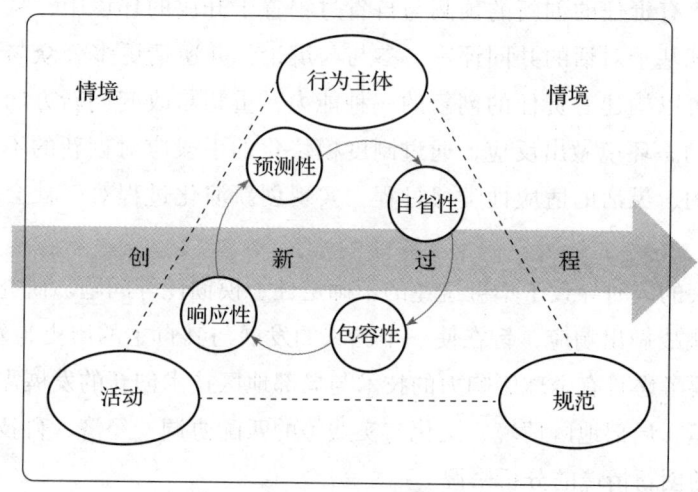

图18-3　有责任的创新的理论框架

（资料来源：梅亮，陈劲．创新范式转移：责任式创新的研究兴起［J］．科研与管理，2014（3）：3-11.）

有责任的创新由行为主体、活动、规范构成了一个三度空间框架。由于有责任的创新将创新视作一个未来导向、不确定、复杂以及集体的行为，因此其包含更广泛意义的行为主体参与。政府、研究机构、大学、商业组织、非政府组织、民间团体等广泛利益相关者是有责任的创新的核心行为主体；独立的研究者、研究组织、科学道德委员会及其成员、研究与创新的用户、民间社会组织成员、各层面的政策制定者、专业机构、立法者、教育组织、公共机构等可以构成有责任的创新的行为主体。异质性的行为主体的参与，一方面有利于挖掘利益相关者的需求，另一方面有利于通过多利益相关者的协调提升创新的合理性、可接受性、政策影响力以及决策的民主性。有责任的创新涉及的活动可以被划分为五类：关注创新社会与环境效益的活动，更好地促进社会与公众参与的活动，对当下与未来进行道德因素、环境因素等评估活动，经济与社会角度有效的、适应的、响应式的活动，以及过程开放与透明的研究与创新活动。有责任的研究与创新依赖基本的规范，以评价特定的研究与创新是否真正被期望与可接受。创新依据正确的影响导向、社会价值，比如竞争性的社会市场经济、可持续发展以及高质量的生活等，在道德可接受的、社会期望的、安全与可持续的目标路径下演化发展。

有责任的创新包含四个内核属性，分别是预测性、自省性、包容性、响应性。预测性将创新视作一个未来导向的、不确定的、复杂的集体行为,通过对创新活动涉及的产品、流程、目的开展预测分析,更广泛地考虑社会、道德、环境问题,并构建灵活和自适应的系统来处理研究创新所带来的意想不到的后果,形成创新的前瞻性治理,从而使创新沿着社会价值满意的轨道发展。自省性意味着认识到创新与发展没有标准路径可循,需要承认个体与组织的认知的局限性,形成对个体与组织的行为、承诺、假设、能力的镜像。包容性涉及创新主体更广范围利益相关者的参与,通过职权范围、角色、劳动分工、跨学科研究以及创新的开放、透明与民主化管理,实现更多的人丰富充实创新过程并创造更好更可持续的创新产品的目标。包容性将有责任的创新的预测与自省过程置于开放的环境中,从而形成更广泛的预测与自省,实现基于对话的共同评审、参与与辩论,并邀请更多公众与更多样利益相关者参与。响应性可以构建有责任的创新的一种能力,重塑与改变创新方向,以对利益相关者和公众价值与动态环境做出反应,通过制度模块化的手段应对创新的不确定性,建立一个交互的、持续的、灵活的适应性学习过程,实现创新演化过程对于社会价值响应的制度耦合。

创新驱动发展的同时导致了不可避免的不确定性、模糊性等问题。研究与创新的本质在于对社会面临的挑战做出响应,旨在使一个国家的发展与其自主的历史与发展情境相匹配。有责任的创新需要考虑具有全球影响力的技术与局部地区技术创新的发展需要,实现有责任的创新与国家情境、局部地区情境、文化与实践等的匹配协调。经济、科技、社会等因素都可以成为有责任的创新情境的分析来源。

综上所述,以上内容构成了有责任的创新的理论框架,如图18-3所示。伴随创新过程的演进,行为主体、活动、规范构成了有责任的创新的基本要素,创新过程嵌入国家与地区情境之中。预测性、自省性、包容性及响应性共同构成了每一项有责任的创新项目推进的内核,从而形成多利益相关主体参与下有责任的创新活动。该创新活动需符合环境情境与社会规范,并逐步发展成为对预测性、自省性、包容性及响应性进行制度耦合的整合过程。

◆ 本章小结

本章首先介绍了创新的基本内容,创新主要包含战略创新、技术创新、组织创新、环境创新这几方面的内容;阐述了创新的过程,创新需要经历寻找机会、提出构想、迅速行动、忍耐坚持四个阶段的过程;介绍了激发创新的三类因素,即结构因素、文化因素和人力资源因素;最后从数字思维和责任的视角简要介绍了新时代的创新发展趋势。

◆ 复习思考

1. 创新主要包含哪几方面的内容?
2. 创新会经历哪些阶段?每一阶段的关注点分别是什么?
3. 如何在组织内部激发创新?试描述用以激发创新的技巧。
4. 谈谈你对新时代创新的认识。

本章参考文献

[1] 《管理学》编写组. 管理学[M]. 北京：高等教育出版社，2019.

[2] 周三多，陈传明，刘子馨，等. 管理学：原理与方法[M]. 7版. 上海：复旦大学出版社，2018.

[3] 王硕，胡宁，韦丽丽，等. 管理学原理[M]. 北京：清华大学出版社，2018.

[4] SCHLEGELMICH B B, DIAMANTOPOULOS A, KREUZ P. Strategic innovation: the construct, its drivers and its strategic outcomes[J]. Journal of strategic marketing, 2003, 11(2): 117-132.

[5] KIM W C, MAUBORGNE R. Strategy, value innovation and the knowledge economy[J]. Sloan management review, 1999, 40(3): 41-54.

[6] 刘福金，张向前. 美国家族企业文化创新对我国的启示[J]. 科学学与科学技术管理，2010（5）：126-130.

[7] 罗宾斯，德森佐，库尔特. 管理学：原理与实践 原书第10版[M]. 毛蕴诗，等译. 北京：机械工业出版社，2019.

[8] 丁雪辰，柳卸林. 大数据时代企业创新管理变革的分析框架[J]. 科研管理，2018（12）：1-9.

[9] 李海舰，李文杰，李然. 新时代中国企业管理创新研究：以海尔制管理模式为例[J]. 经济管理，2018（7）：5-19.

[10] 梅亮，陈劲. 创新范式转移：责任式创新的研究兴起[J]. 科研与管理，2014（3）：3-11.

后 记
POSTSCRIPT

当今世界正处于百年未有之大变局,这一科学的战略性重大论断深刻揭示了我们所处时代的新特征以及未来人类将面临的机遇与挑战。我们正处在一个新的数字化技术和经济时代,一个全新的世界正等待我们去认知和探索。当今数字化技术和经济时代的前沿思想家埃里克·布莱恩约弗森(Eric Brynjolfsson)和安德鲁·麦卡菲(Andrew McAfee)在其所著的《第二次机器革命》一书中指出:"数字化技术将给我们带来难以想象的巨大变革,数字化技术给我们带来极大便利的同时也给各领域带来了永久性、颠覆性改变。各种公司将被迫转型,否则只能消亡。"与数字技术握手已经成为企业发展过程不可回避的现实。书中还指出:"一年是一年,那是200年前;一月是一年,属于20年前;一天是一年,那就是现在。"我们正处在一个瞬息万变的、"灰犀牛"满地跑、"黑天鹅"满天飞的动态复杂环境中。如何更好地审视如此变化的环境,获取更有利的发展机遇,是管理学研究面临的新挑战。

如果要用一个关键词来描述这个时代给人类社会带来的变革,"颠覆"两个字可能更为准确。人类面临一场颠覆性的变革,迫使我们必须重新思考未来企业发展应该建立在怎样的理论基础上,用怎样的思维方式从什么角度去认知和解释企业发展中的问题,一些传统的理论对新问题解释已经显得无力。大数据时代,无论是学者还是企业的决策者,都面临着越来越多的困惑,原有支撑企业发展的理论对企业实践的指导逐渐失去了价值,很多问题运用传统的方法和思维逻辑已经无法找到解决答案。大数据时代不仅改变了传统的市场竞争环境,更重要的是颠覆了传统的理论和思维逻辑。这种颠覆性变化使得企业原有的竞争优势难以支撑企业如今的生存与发展。同行业中具有竞争优势的成功企业突然之间辉煌不再,甚至退出市场,创业期的企业突然间就会夭折……企业衰败的过程没有明显的迹象表现,也看不到渐进的发展过程,很多企业是顷刻之间衰落的。大数据时代,企业生命周期的轨迹也发生了变化,由于大量企业出现"猝死"的现象,出现断崖性衰败,企业生命周期越来越难以判断。一些企业的死亡过程不再按照已有生命周期曲线的轨迹演进,

"抛物线"形的生命周期曲线被"折线"形生命周期曲线所替代。随着大数据、云计算、物联网和人工智能的应用，人类社会的各项活动联系越来越紧密，蝴蝶效应产生的概率要比以往大得多，而且哪只翅膀将要在何时抖动也越来越难以预测，企业面临的不确定性风险越来越高。

管理是一项非常复杂的系统工程，管理过程受到诸多因素的影响，管理的效率来源于管理理论的指导和实践经验的积累。面临新的环境变化，如何继承和发展管理理论，构建适合企业适应未来发展的新理论体系，是管理学界需要思考和解决的问题。今天，当我们再一次面临管理学理论将发生重大变化的时候，可以借用20世纪60年代西方过程管理学派的主要代表人物、著名管理学者孔茨曾经提出过的"管理理论丛林"概念对这一问题进行探讨：我们将在一个非主流学派理论不断涌现的新时代，再一次"走进管理理论丛林"，寻求从"混沌"的理论世界中探索具有指导意义的新理论和新方法。理论是管理学的基础，管理学是观察和探索企业发展的显微镜，运用科学有效的管理理论才能打开企业微观世界的"黑箱"，指导企业寻求自身的发展优势。

纵观管理理论的演进，我们可以看到，管理理论的产生大都来源于微观经济学理论，主要是对生产和需求问题进行了比较深入的研究，更多研究的是一般厂商的发展规律，主要方法是运用过去产生的数据和模型预测未来的发展趋势，研究的是共性规律，而不是将企业"黑箱"彻底打开。伴随着现代化工业不断发展，企业发展遇到了不同的问题，运用微观经济学理论无法解释和解决面临的问题，管理学理论就应运而生了。管理学研究的视角和内容与经济学不同。经济学更多的是研究宏观环境下社会资源如何有效配置，研究的目的是为政府决策提供依据，而管理学更多的是关注微观组织行为，强调组织如何构建特色与寻求长期竞争优势，研究目的是为企业如何占有更多资源提供解决对策。管理学的发展也是伴随工业现代化的不断发展而发展的，发达国家工业化开始较早，因而管理理论的产生也大都源于西方管理理论。从近代的工业化发展现状看，很多发展中国家的现代化工业水平不断提高，它们在实践中总结出很多适合企业发展实践的管理理论，使管理理论不断充实，管理学科的发展也不断完善。已有的研究根据理论发展阶段将管理理论发展分为四个主要阶段：早期管理思想（20世纪前）、古典管理理论（20世纪初）、行为科学管理理论（20世纪20年代）、现当代管理理论（20世纪80年代后）。早期管理思想的主要代表包括柏拉图、亚里士多德、马基雅维利等人的理论。古典管理理论主要包括科学管理理论和古典组织理论，比如泰勒的科学管理理论、福特的规模生产理论、甘特的生产控制理论、法约尔的一般组织理论、韦伯的行政集权组织理论等。行为科学管理理论主要包括早期的人际关系学说、个体行为理论、群体行为理论和组织行为理论。其中，人际关系学说的主要代表人物是梅奥；个体行为理论主要包括马斯洛的需要层次理论、赫茨伯格的双因素理论、麦克利兰的成就需要理论、弗鲁姆的期望理论、波特-劳勒的综合激励理论、亚当斯的公平理论、凯利和韦纳的归因理论、斯金纳的强化理论、麦格雷戈的X-Y理论等；群体行为理论主要包括勒温的群体动力学理论、贝尔森等人的信息交流理论、莫雷诺等人的群体关系理论等；组织行为理论包括亨利等人的领导品质理论、布莱克和莫顿的管理方格理论等。现代管理理论包括孔茨的过程学派理论、巴纳德的社会系统理论、西蒙的决策理论、卡斯特的系统管理理论、德鲁克的经验主义理论、劳伦斯和洛希的权变理论、兰彻斯特和希尔的管理科学理论、明茨伯格的经理角色理论等。当代管理理论包括波特的竞争战略理论、彼得·圣吉的学习型组织理论、沃纳菲尔特的资源基础理论、普拉哈拉德和哈默的核心能力理论、布迪厄的社会资本理论、戴明的质量管理理论、沙因和霍夫斯泰德的企业文化理论、钱皮的企业再造理论、布伦兰特的可持续发展理论等。近些年来，伴随着主流管理理论的发展，基于不同的影响因素又出现了一些最新理论，这些理论主要是从科学技术、制度基础和生物进化的角度提出的，包括企业网络理论、企业蜕变理论、企业非市场战略理论、企业基因理论、企业国际化理论、企业成长理论、共生理论、创新理论等。长期以来，管理学强调的是过程管理，即管理目标的确定、管理资源整合、管理方法运用、管理优势的构建等不同过程阶段。在企业发展的实践中，实现这一过程的基本前提就是基于一定的管理理论，管理的理念及思维方式在管理过程中具有重要的地位和作用。在数字化经济时代，由于大数据、人工智能、物联网等技术的应用，企业管理过程更多地体现在对新技术和大数据的应用能力上，将科学的理论和科学技术方法有效结合是未来企业管理目标实现的重要途径。

人类社会面临着从未有过的挑战和冲击，这种变革深刻地影响着人类的生存、生活、工作、娱乐方式。这种变革与以往的科技革命带来的冲击力度和影响完全不可比拟，它不仅仅是一种改变和变革，更多的是一种颠覆，它颠覆了人们的认知、技术手段、管理理论、思维方式。在这样的时代背景下，管理学也面临着挑战，诸多学者都在孜孜不倦地努力探索和发现新的内容与方法，这部教材就是我们经过努力做出的一些探索。

编　者

2023 年 5 月